Gisela Loose und Rainer Voigt

Tessin

Kunst und Landschaft
zwischen Gotthard und Campagna Adorna

DuMont Buchverlag Köln

Abb. Umschlagvorderseite: Valle Verzasca, Blick auf Corippo
(Photo: Toni Schneiders)

Abb. Umschlaginnenklappe: S. Bernado bei Monte Carasso, Szene aus dem Leben des Nikolaus von Myra
(Photo: Rainer Voigt)

Abb. Umschlagrückseite: Ronco sopra Ascona am Lago Maggiore, im Hintergrund Ascona
(Photo: Rainer Voigt)

Frontispiz: Blick auf Bellinzona

Unser besonderer Dank gilt Marco Bronzini, Hanspeter Manz, Gertrud Oesch, Helga und Kurt Rasbach, Elfi Rüsch, Gertrud Teirich sowie Margareta und Max Wermelinger.

CIP-Kurztitelaufnahme der Deutschen Bibliothek

Loose, Gisela:
Tessin : Kunst und Landschaft zwischen Gott-
hard u. Campagna Adorna / Gisela Loose u. Rainer
Voigt. – Köln : DuMont, 1986.
    (DuMont-Dokumente : DuMont Kunst-Reiseführer)
    ISBN 3-7701-1113-3

NE: Voigt, Rainer:

Satz und Druck: Rasch, Bramsche
Buchbinderische Verarbeitung: Bramscher Buchbinder Betriebe

Printed in Germany   ISBN 3-7701-1113-3

Kunst-Reiseführer in der Reihe DuMont Dokumente

In der vorderen Umschlagklappe: Übersichtskarte des Tessin

In der hinteren Umschlagklappe: Zeittafel zur Geschichte des Tessin

Inhalt

Tessin – Land der Täler und Seen

Alpentäler und weiche Hügellandschaften, Wildbäche und weitverzweigte Seen, die Herbheit der alpinen Pflanzenwelt und üppige mediterrane Vegetation, Italianità und Schweizer Gastlichkeit, Ticino Romanico im Norden und Ticino Barocco im Süden – das sind die Gegensätze, die Tessinreisende immer wieder begeistern.

Ab Gotthardtunnel-Südportal ist alles ganz anders – müßte alles ganz anders sein – meint der Urlauber in Erwartung eines Hauches von Italien. Doch das Tessin nimmt uns ganz sanft auf, Stufe für Stufe senkt sich die Leventina zur Riviera hin ab, und schnell bringt man die wenigen Kilometer hinter sich, die einen noch vom Verbano trennen. Nach etwa 50 km hat man mehrere Klimazonen durchmessen und befindet sich in Locarno am tiefstgelegenen Ort der Schweiz.

Unter den Arkaden einer Piazza bei einem Merlot sitzend, mag man überlegen, wohin es einen am meisten zieht. Eine Fülle von herrlichen Landschaftseindrücken an den Seen und in den Tälern und viele Kunstschätze – oft im Verborgenen – erwarten den Gast.

Im Spannungsfeld des deutschen und italienischen Kulturraums haben Natur und Klima die Architektur jahrhundertelang geprägt. Im nördlichen Tessin, dem Sopraceneri, sieht man noch Häuser in der typischen Holz-Stein-Mischbauweise, von der unteren Leventina an Steinhäuser mit Außentreppen und Steinplattendächern. Das Landschaftsbild des südlichen Kantonsteils, des Sottoceneri, wird von verputzten Bauten mit lombardischen Höfen, langen Arkaden und Rundziegeldächern geprägt.

Stehen in der Leventina die schlanken Campanili der romanischen Kirchen wie gewachsen auf den Trogschultern, die die Eiszeit hinterlassen hat, so thronen an den Hängen des Luganese und Mendrisiotto Barockkirchen mit ihren prunkvollen Fassaden.

Angezogen von der weltoffenen Atmosphäre des südlichen Tessin ließen sich hier seit Anfang des Jahrhunderts Literaten, Maler und Philosophen nieder. Trotz des Baubooms der vergangenen Jahre und der zahlreichen Touristen, die der naßkalten Witterung nördlicher Breiten entgehen wollen, findet man in Ascona, Lugano und Locarno noch kleine Gassen und eindrucksvolle Bauwerke vergangener Jahrhunderte. Wer die Stille bevorzugt, wird eher im Norden verweilen und vielleicht als einziger Gast in abgelegenen Tälern das ›andere‹ Tessin entdecken. Oft führt nur ein schmaler Weg zu den Kirchen und Kapellen – Spaziergänge, die sich nicht nur für Kunstfreunde lohnen, sondern auch wegen der einmaligen Aussicht unvergessen bleiben.

So bietet das Tessin für jeden Reisenden das, was er sucht: Zeugnisse der romanischen Bau- und Malkunst im Norden, Wanderungen in der Bergwelt, Beispiele reicher Renaissance- und Barock-Architektur im Süden oder ganz einfach Erholung an den Seen. Unsere gemeinsame Reise zu den Sehenswürdigkeiten des Tessin orientiert sich an der geographischen Folge der Täler, Bergzüge und Seen, wobei jede Landschaft in ihrer Eigenart beschrieben wird.

Ein historischer Überblick

Ein Keramikofen sowie Geräte aus geschliffenem Stein, die man bei Ausgrabungen auf dem Burghügel des Castello Grande in Bellinzona fand, bewiesen erst 1984 endgültig die Hypothese, daß das Tessin-Tal schon vor 6000 Jahren ständig besiedelt gewesen sein muß. Reicher sind die Funde aus der Bronzezeit in der Umgebung von Arbedo, Locarno und Rovio. Seit dem 8. Jh. v. Chr. war das Gebiet des lombardischen Voralpenraums von den Ligurern besiedelt. Sprachforscher nehmen an, daß die Flur- und Ortsnamen, die auf -asco oder -osco enden, ligurischer oder keltischer Herkunft sind. Um 390 v. Chr. drangen Insubrier und der keltische Volksstamm der Lepontier von Süden in die von Ligurern besiedelten Gebiete ein. Im Gegensatz zu den Ligurern, die Landbau betrieben, widmeten sich die Gallokelten der

Römischer Merkuraltarstein vor dem Municipio in Stabio

Jagd, waren weniger seßhaft und lebten in losen Stammesverbänden zusammen. Inschriften in etruskischen Buchstaben, die man auf Gräbern im Sottoceneri, aber auch in Vira am Lago Maggiore fand, weisen auf Berührungen mit der Kultur der Nordetrusker hin, mit denen die Gallokelten rege Handelsbeziehungen gepflegt haben müssen.

221 v. Chr. schlugen die Römer die Gallier bei Casteggio südlich von Pavia und eroberten 196 v. Chr. die Festung *oppidum Comum* (Como) sowie das gesamte Land bis zu den caninischen Feldern zwischen Bellinzona und der Magadino-Ebene. Die Eroberer betrieben Weinbau und Glasmanufakturen und errichteten ein Bacchus-Heiligtum in Muralto. Ausgrabungen in der Umgebung Locarnos belegen, daß die Römer einen Handelsplatz mit Handwerkszentren errichteten. Häuser, ganze Dörfer, Wasserleitungen und Straßen wurden gebaut. Auch heute noch findet man römische Bauelemente in einigen Höfen des Mendrisiotto.

Die kleinste politische Verwaltungseinheit war der *vicus,* eine Art Genossenschaft, dem die *villae* (heute die *frazioni*) unterstellt waren. Als Verwaltungszentren dienten Como und Mailand (Mediolanum). Unter Kaiser Augustus (31 v. Chr. – 14 n. Chr.) drangen die Römer weiter nach Norden vor. Am Splügen, am Septimer und am San Bernardino schufen sie Paßübergänge. Das heutige Tessin gehörte als Provinz Rätien im Norden und als Gallia Transpedana im Süden 500 Jahre zum Römischen Reich.

Waren Mailand und Como zunächst römische Verwaltungszentren, so gewannen sie zur Zeit der Christianisierung des südlichen Alpenraums als Bischofssitze zusätzlich an Bedeutung. Nachdem Kaiser Konstantin 313 n. Chr. mit dem Edikt von Mailand das Christentum geschützt hatte, begann in den Gebieten des heutigen Tessin die Christianisierung. Der Mailänder Bischof Ambrosius (340–397) sandte Felix als ersten Bischof nach Como. Ihm folgten S. Provino und S. Abbondio (Bischof in Como 450–468). Während diese von Como aus hauptsächlich das Südtessin missionierten, gingen die Sendboten des Ambrosius in das nördliche Tessin. Noch heute gilt in den sogenannten ambrosianischen Tälern, dem Val Leventina, dem Val di Blenio und der Riviera sowie in einigen südlichen Enklaven der ambrosianische Ritus, der sich, von Rom bestätigt, nur unwesentlich vom römischen Ritus in den übrigen 190 Gemeinden des Tessin unterscheidet.

Die Missionare Mailands kamen zu Schiff den Lago Maggiore herauf und errichteten an seinen Ufern die ersten Kapellen und Kirchen. Von S. Vittore in Muralto aus wurde das Christentum am Lago Maggiore und in den Alpentälern verbreitet.

Eines der bedeutendsten noch erhaltenen Baudenkmäler jener Zeit im Sottoceneri ist das Baptisterium in Riva San Vitale. Gemeinden mit einer Taufkirche wurden *pieve* (lat. plebs = Volk) genannt, eine Bezeichnung, die man später für Pfarrbezirke übernahm. Da die Mailänder Missionare bis nach Tesserete im Luganese vordrangen, gab es Überschneidungen mit dem Missionsgebiet Comos. Die daraus entstandenen Rivalitäten zwischen Como und Mailand sollten sich auf politischem Gebiet noch jahrhundertelang fortsetzen.

Nach dem Untergang des Römischen Reiches im 6. Jh. war zwar die Christianisierung vor allem im Südtessin weitgehend abgeschlossen, wurde jedoch auch nach dem Einfall der Langobarden 568 nicht unterbrochen. Während der 200 Jahre andauernden Herrschaft der

Langobarden in der nach ihnen benannten Lombardei waren die Kirchen der Staatsmacht unterstellt; das Gebiet des heutigen Tessin gehörte zu den Grafschaften Seprio und Angera. Bis zur Regierungszeit der Hohenstaufenkaiser war die heutige Schweiz Teil des Deutschen Reiches. An der wichtigen Alpenroute über den Lukmanier lag das kaisertreue Kloster Disentis, zu dessen Einflußbereich das Val di Blenio gehörte und dessen Besitzungen bis nach Locarno und Brissago reichten. Nicht nur Kaufleute und Pilger fanden dort Herberge, auch die ottonischen Kaiser, die über den Lukmanier-Paß nach Italien zogen, wußten sich im Schutz dieses Klosters. Otto I. zog dreimal über diesen Paß, Kaiser Friedrich Barbarossa überquerte sechsmal den Lukmanier. Die fränkischen Könige sicherten sich mit großen Schenkungen die Unterstützung der Kirchen und Klöster. 948 schenkte Bischof Atto von Vercelli die Leventina, das Val di Blenio und die Riviera dem Domkapitel von Mailand, das diese Täler von geistlichen Grafen verwalten ließ. Die kaisertreuen Adelsfamilien der Rusca, Orelli, Muralto und Duni erbauten Schlösser in Locarno, Magliaso, Ascona sowie die Burg Serravalle im Val di Blenio und setzten sogenannte Capitanei ein, die das Marktrecht besaßen und Abgaben und Zölle eintrieben.

Auseinandersetzungen zwischen den kaisertreuen sogenannten Ghibellinen und den Guelfen, Papstanhängern, die auf Seiten der italienischen Kommunen standen, mit denen die Bevölkerung sympathisierte, prägten die Geschichte des heutigen Tessin im Mittelalter. Nachdem Barbarossa 1176 in der Schlacht bei Legnano vom lombardischen Bund vernichtend geschlagen wurde, mußte er den Städten im Frieden von Konstanz die Selbstverwaltung gestatten. Unter der Leitung Mailands hatten sich bis auf die kaisertreuen Städte Como und Pavia alle oberitalienischen Zentren zum Lombardischen Bund gegen die Kaiserherrschaft zusammengeschlossen. Diese Freiheitsbewegung ermutigte die Bevölkerung der Alpentäler, sich gegen die Willkür der kaiserlichen Vasallen zu erheben und sich wieder unter die mildere Herrschaft des Domkapitels von Mailand zu begeben. Mit der Unterstützung der Domherren kam es 1182 in Torre (Valle di Blenio) zu einem Volksaufstand: im ›Schwur von Torre‹ wurden demokratische Rechte und Freiheiten proklamiert und den kaisertreuen Familien, deren Burgen und Schlösser zerstört werden sollten, jegliche Herrschaftsansprüche aberkannt. Die Privilegien des Domkapitels in Mailand wurden anerkannt, die Autorität der Kommune unter einem gewählten Podestà wiederhergestellt. Dieser Schwur wird als Vorbild für den einhundert Jahre später abgelegten Rütlischwur der Eidgenossenschaft angesehen.

Obgleich jene Zeit von den anhaltenden kriegerischen Auseinandersetzungen zwischen Adelsfamilien gekennzeichnet war, verdanken wir ihr die schönsten romanischen Kirchen, wie zum Beispiel S. Nicola in Giornico, S. Vittore in Muralto, S. Ambrogio Vecchio (Negrentino) und S. Biagio in Bellinzona.

Wehrten sich die Eidgenossen nördlich des Gotthard gegen die Habsburger, mußten die Bewohner der südlichen Alpentäler gegen die Herzöge der Visconti in Mailand um ihre Freiheit kämpfen, die nach der Eröffnung des Gotthard-Passes vor allem die Zolleinkommen in der von ihnen beherrschten Leventina sichern wollten. Die Leventinesi sahen ihre von den Domherren in Mailand gewährten Freiheiten in Gefahr: Ihr Aufstand gegen die

Giornico, Westfassade von S. Nicola, der bedeutendsten romanischen Kirche im Tessin

Visconti unter Führung des Alberto Cerro aus Airolo wurde blutig niedergeschlagen. Schon Cerro hatte die Idee einer Eidgenossenschaft nördlich und südlich des Gotthard, sein Einigungswunsch sollte im 15. und 16. Jh. Schritt für Schritt verwirklicht werden.

Die Visconti in Mailand wurden nicht nur von ihren eigenen Untertanen bekämpft. Die wirtschaftlich armen Urkantone Uri, Schwyz und Unterwalden, die sogenannten Waldstätte, suchten neue Absatzmärkte für ihre landwirtschaftlichen Produkte. Die Straße über den Gotthard zu den Märkten der Lombardei führte jedoch durch das Herzogtum Mailand, das hohe Zölle verlangte. Da Zollerleichterungen auf dem Verhandlungswege nicht zu erreichen waren, drangen die Urner mit Unterstützung von Schwyz und Unterwalden um 1330 erstmals über den Gotthard in die Leventina vor.

Als sie im Jahr 1403 erneut wegen Zollstreitigkeiten die Leventina besetzten, kam ihnen der Freiheitswille der Leventinesi entgegen, die sich von der Mailänder Herrschaft lösen wollten: Sie schlossen mit den Urnern einen Schutzvertrag gegen die Übergriffe der Mailänder. Der Kampf der Eidgenossen um die Gebiete südlich des Gotthard hatte begonnen. Zwar konnten die Urner im Gegenschlag gegen Beutezüge der Herren des Ossola-Tales das Gebiet bis Domodossola besetzen und dem Grafen von Sax sogar Bellinzona abkaufen, doch der letzte Herzog der Visconti, Filippo Maria, ließ durch seinen Heerführer, den Grafen von

11

Carmagnola, die Leventina wieder besetzen und drang durch das Val d'Antigorio bis zum Gotthard vor; auch Bellinzona fiel wieder in die Hände der Mailänder. Die den Schweizern zugebilligten Zollrechte wurden wieder aufgehoben. Bei dem Versuch der Urner und Nidwaldener, Bellinzona zurückzuerobern, unterlagen sie in der Schlacht von Arbedo am 30. Juni 1422 der Mailänder Übermacht. Die auch Chiesa Rossa genannte kleine Kirche S. Paolo erinnert an die 500 Gefallenen dieses Kampfes. Im Frieden von Bellinzona, der 1426 in der Collegiata geschlossen wurde, mußten die Eidgenossen auf alle Gebiete bis auf die Leventina verzichten, erhielten jedoch 31 000 Gulden und zehnjährige Zollfreiheit bis zur Stadt Mailand. 1446 gaben die Domherren den Urnern die Leventina als Unterpacht. Unklarheiten des Vertrages führten zu weiteren Auseinandersetzungen zwischen Mailand und den Eidgenossen. Als Verhandlungen keine Ergebnisse brachten, erklärte die Tagsatzung, der Schweizer Bundestag, dem Herzogtum Mailand den Krieg.

Ende Dezember 1478 zogen die Mailänder mit einem 14 000–16 000 Mann starken Heer über den Monte Ceneri. Den nur 600 Mann des eidgenössischen Heeres unter dem Anführer Capitano Stanga gelang es am 28. Dezember, die bei Giornico wie in einer Falle sitzende Truppe der Mailänder zu verwirren und in die Flucht zu schlagen.

Die Eidgenossen erhielten im nachfolgenden Frieden von Luzern 1480 zwar die Leventina, jedoch nicht die anderen Täler am Südfuß des Gotthard zurück. Im Jahr 1500 entschieden sich die Bürger Bellinzonas für einen Anschluß an die Innerkantone. Die gewaltige Murata sowie die Burgen der drei Orte Uri, Schwyz und Unterwalden schoben den Kriegszügen von Süden her einen Riegel vor.

1512 wandte sich Papst Julius II., von Franzosen, Spaniern und Österreichern bedrängt, an die Eidgenossen. In dem sogenannten ›großen Paviazug‹ marschierten 20 000 Eidgenossen in die Lombardei ein und eroberten Pavia. Der Papst dankte den ›Beschützern der Kirche‹, indem er ihnen die eroberten Gebiete zusprach. Mailand mußte den Eidgenossen 15 000 Dukaten Kriegsentschädigung zahlen und eine jährliche Rente von 4000 Dukaten ›auf ewige Zeiten‹ entrichten.

Wegen der Mailand gegenüber eingegangenen Hilfsverpflichtung zogen die Eidgenossen 1513 erneut in die Lombardei und konnten die eingedrungenen Franzosen bei Novara schlagen. Als aber 1515 das modern ausgerüstete Heer des Franzosenkönigs Franz I. unter dem Heerführer Trivulzio gegen Mailand zog und mit einer Übermacht von 55 000 Mann den Eidgenossen in der Schlacht von Marignano eine vernichtende Niederlage beibrachte, verzichteten diese fortan darauf, sich in die internationale Politik einzumischen.

Franz I. stellte 1516 die Eidgenossen im sogenannten ›ewigen Frieden von Freiburg‹ vor die Wahl, entweder die Tessiner Gebiete zu behalten oder sie für 300 000 Goldkronen an Frankreich abzutreten. Die Schweizer entschieden sich für das Tessin und gliederten es, in Vogteien unterteilt, ihrem Bundesstaat ein.

Anfang des 16. Jh. regten sich in Italien nach dem Feuertod des Dominikanermönches Savonarola Bestrebungen einer innerkirchlichen Reform. Als die Inquisition zum Gegenschlag ausholte, flohen Neugläubige aus Italien in die südlichen Alpentäler. In Locarno bildete sich eine kleine protestantische Gemeinde, der Handwerker, Ärzte, Kaufleute und

Übergang über den Gotthard-Paß in das Tessin um 1700, Titelkupferstich der 1716 erschienenen ›Natur-Historie des Schweizerlandes‹ von Johann Jacob Scheuchzer

Advokaten angehörten. Als es im Schloß von Locarno bei einer Disputation zwischen Alt- und Neugläubigen über Glaubensfragen zu keiner Einigung kam, wandte sich der Landvogt Wirz 1554 an die Tagsatzung in Basel, die den Neugläubigen von Locarno das Ultimatum stellte, entweder zum alten Glauben zurückzukehren oder die Stadt zu verlassen. Die Protestanten entschlossen sich zur Auswanderung; 1555 zogen etwa 150 Menschen zunächst ins reformierte Misox und von dort über den Bernardino nach Chur und Zürich.

In jener Zeit trat der Erzbischof von Mailand, Carlo Borromeo, als Gegenreformator hervor. 1538 als Sohn einer Adelsfamilie in Arona geboren und von Papst Pius IV., seinem Onkel, zum Kardinal erhoben, beabsichtigte er, die Lombardei und die Alpentäler von der Ketzerei zu befreien. Er unternahm fünf Visitationsreisen, auf denen er versuchte, nicht nur die Menschen lehrend und ermahnend zum alten Glauben zurückzuführen, sondern auch die Korruption einzudämmen und die verwilderten Sitten der Geistlichkeit zu korrigieren. Er unterstützte die Armen, gründete Schulen und Krankenhäuser und scheute sich nicht, Pestkranke zu besuchen, als die Seuche in Locarno 1577 allein 3000 Menschen dahinraffte. 1584 starb Borromeo auf einer Reise an der Pest.

1512 richteten die Kantone der Nordschweiz auf dem Gebiet des heutigen Tessin acht Vogteien als Untertanenländer ein. Da diese südlich der Alpen lagen, nannte man sie in der Nordschweiz die ›ennetbirgischen Vogteien‹, der Gesandte von Bonstetten bezeichnete sie als ›italienische Ämter‹. Die zwölf nordschweizerischen Kantone (zwölf Orte) delegierten die Verwaltung des Gebietes an Vögte, deren Amtszeit zwei Jahre dauerte. In einem sogenannten Syndikat zusammengefaßte Gesandte kontrollierten die Amtsführung dieser Vögte. Während die Leventina von Uri allein beherrscht wurde und die Riviera, Bellinzona und das Val di Blenio den Kantonen Uri, Schwyz und Unterwalden unterstanden, regierten in den übrigen Vogteien die zwölf Orte gemeinsam.

Während der 300jährigen Herrschaft der Vögte erhoben sich nur die Bewohner der Leventina 1755 gegen die immer härter regierenden Urner, die daraufhin mit 2500 Mann über den Gotthard zogen, Airolo und Faido besetzten, die Unterführer des Aufstandes vor ein Kriegsgericht stellten und sich mit Sanktionen an den Leventinesi rächten.

Nachdem Napoleon Bonaparte die Gebiete Venetiens zur Cisalpinischen Republik erklärt hatte, plante er das Untertanengebiet der italienischen Vogteien dieser Republik anzugliedern wie er es auch schon mit den bündnerischen Untertanenländern des Veltlin, Bormio und Chiavenna getan hatte. Die Anhänger dieser Idee nannten sich Patrioten, die Mehrheit der Bevölkerung bezeichnete sie jedoch als Briganti und Jakobiner. Die Bewohner der Leventina erklärten Frankreich den Krieg und versuchten, nur mangelhaft ausgerüstet, zusammen mit den Urnern im sogenannten ›Mistgabelkrieg‹ die Franzosen zu vertreiben.

Unter Napoleon war aus dem Staatsverband der freien Kantone der Einheitsstaat der Helvetischen Republik entstanden, dem das Gebiet der italienischen Vogteien, unterteilt in die Distrikte Bellinzona und Lugano, angegliedert wurde. Die Tessiner wollten jedoch weder Teil der Cisalpinischen Republik mit einer importierten französischen Verfassung werden noch einen selbständigen Staat gründen, sondern als freier Kanton Mitglied des förderalistischen Staatenverbandes der schweizerischen Eidgenossenschaft (Liberi e Svizzeri!) sein.

In der Schweiz hatten sich die Parteien der Unitarier, die den bestehenden Einheitsstaat verteidigten und der Föderalisten, die die alte Eidgenossenschaft wiederherstellen wollten, etabliert. 1802 zog Napoleon seine Truppe aus der Schweiz zurück und bot seine Vermittlung zwischen beiden Parteien an, deren Vertreter ›Helvetische Konsulta‹ genannt wurden. Ergebnis der Vermittlung war die sogenannte Mediationsakte von 1803, mit der 19 Kantone geschaffen wurden: zu den 13 ›alten‹ Orten kamen sechs neue hinzu, zu denen das Tessin als ›freie Republik und Kanton‹ gehörte. Oberste Bundesbehörde der Kantone war die Tagsatzung in Bern.

Politische Unerfahrenheit und fehlende Finanzmittel waren schlechte Voraussetzungen für den Start in die Selbständigkeit sowie den Aufbau eines neuen Staatswesens. Die Auseinandersetzungen zwischen Bellinzona und Lugano um das Prestige, Hauptstadt des Kantons zu sein, wurden erst von Napoleon beigelegt, der darauf bestand, Bellinzona zur Hauptstadt zu erklären. 1810 hatten italienisch-französische Truppen erneut das Land besetzt. Gleichzeitig beabsichtigte Napoleon, im Zuge einer Grenzregulierung mit Italien das südliche Tessin Italien anzugliedern. Napoleons Niederlage während des Rußlandfeldzuges 1812 verhinderte die Verwirklichung seiner Pläne, 1814 wehrten sich die Tessiner aus Furcht vor

›Erinnerungen an den Krieg in Italien. Ein Quartier im Tessin‹. Nach einer Originalzeichnung von E. Rittmayr

der Bevormundung der Berner Tagsatzung gegen die neue Verfassung, die nach der Ungültigkeitserklärung der Mediationsakte durch den Wiener Kongreß erklärt worden war.

Schwerem Druck Österreichs war das Tessin ausgesetzt, als der Kanton den italienischen Freiheitskämpfern in der von den Österreichern besetzten Lombardei Asyl gewährte und die Kämpfer des Risorgimento tatkräftig unterstützte. Es kam mehrfach zu Blockaden der italienischen Grenzübergänge, die Einfuhr von Getreide war behindert, so daß die Bevölkerung des Tessin unter Nahrungsmittelknappheit litt. Auf die erschwerten Lebensbedingungen reagierten zahlreiche Tessiner mit der Auswanderung, die sie nicht nur in das benachbarte Italien und andere europäische Länder führte, sondern auch 1848/49, in der Zeit des Goldrausches, nach Kalifornien, wo heute noch 27000 Bürger Tessiner Abstammung leben. Mit der finanziellen Unterstützung der Auswanderer konnten in der alten Heimat Schulen, Krankenhäuser und Kindergärten gebaut werden.

1848 kämpften die Tessiner unter ihrer liberalen Regierung auf Seiten der Protestanten im Sonderbundskrieg gegen die katholischen Kantone (Uri, Schwyz, Unterwalden, Luzern, Zug, Freiburg, Wallis). Nachdem General Dufour diesen Krieg für die protestantische Seite entscheiden konnte, wurde 1848 eine neue Bundesverfassung erklärt, die aus dem Staatenbund der Kantone einen Bundesstaat machte.

›Die Gotthardpost‹ von Rudolf Koller

Auch das religiöse Leben hatte bewegte Zeiten durchgemacht. Seit der Christianisierung waren die Gläubigen von Como und Mailand aus verwaltet worden. Nach langen Verhandlungen mit dem Vatikan vereinigte man das neugegründete Bistum Tessin mit dem Basler Bistum. Sitz der Bischöfe, die zumeist gebürtige Tessiner sind, ist Lugano.

Zur wirtschaftlichen Entwicklung des Tessin trug im 19. Jh. vor allem der Straßenbau bei. Gleichzeitig begann man mit der Regulierung von Flüssen und der Melioration der Magadino-Ebene. Der Bau der Gotthard-Bahn zwischen 1872 und 1882, von Deutschland und Italien initiiert und zum großen Teil finanziert, war von größter wirtschaftlicher Bedeutung für das Tessin, da die Bindung des Kantons an die Nordschweiz und der Warenaustausch, vor allem von Nord nach Süd, verstärkt wurde. Eine industrielle Revolution fand im Tessin nicht statt, da die ausschließlich auf lokale Bedürfnisse beschränkte gewerbliche Wirtschaft nicht konkurrenzfähig war. Der Ausbau der großen Alpenübergänge allerdings brachte der Bauwirtschaft Impulse. Nach der Jahrhundertwende wurden industrielle Betriebe angesiedelt, billige Arbeitskräfte für die Nahrungsmittel- und Bekleidungsindustrie waren reichlich vorhanden.

Die Zuwanderung von Gastarbeitern und von Schweizern, die hier ihren Lebensabend verbringen wollten, führte ab 1960 zu einem Zuwachs der Bevölkerung. 1983 zählte der Kanton ca. 276000 Einwohner, 1980 kamen auf 100 Einwohner 59 Tessiner, 13 Bürger aus anderen Schweizer Kantonen und 28 Ausländer, vor allem Italiener. Die Bevölkerung des Tessin ist heute zu 85 % italienischsprachig und zu 90 % katholisch, mehr als die Hälfte der Einwohner lebt in den Ballungsgebieten Lugano, Locarno, Bellinzona und Chiasso. Nicht zuletzt wegen der Nähe Luganos, dem drittgrößten Bankenplatz der Schweiz, sind die südlichen Bezirke des Tessin am stärksten industrialisiert. Mit etwa 25 % trägt der Tourismus zum kantonalen Sozialprodukt bei. 9000 Beschäftigte, Saisonkräfte nicht mitgerechnet, finden hier Arbeit.

Für zahlreiche Freunde der Region wurde das Tessin zur zweiten Heimat. Der Verkauf von Grund und Boden stellt jedoch die kulturelle und wirtschaftliche Eigenständigkeit der einheimischen Bevölkerung immer mehr in Frage.

Anfang der achtziger Jahre begann eine Rückbesinnung auf die alte Tessiner Kultur. Die Arbeiten junger Wissenschaftler sind ein Versuch, zu retten, zu schützen und zu restaurieren, was zu zerfallen oder einem hemmungslosen Bauboom zum Opfer zu fallen drohte.

Zur bildenden Kunst und Baukultur im Tessin

Eine detaillierte Geschichte der Tessiner Kunst fehlt bis heute, was nicht verwunderlich ist, wenn man bedenkt, daß die Gesellschaft für Schweizerische Kunstgeschichte in ihrer Reihe »Die Kunstdenkmäler der Schweiz« neun Bände für den Kanton Tessin plant. So wird auch dieses Kapitel keinen umfassenden kunsthistorischen Überblick bringen, sondern nur einige interessante Zusammenhänge beleuchten.

Giornico, romanische Außenplastik am Westportal von S. Nicola

Aufgrund der religiösen Durchdringung sämtlicher Lebensbereiche hatte die Kunst im Mittelalter einen didaktischen, von der Kirche definierten Sinn. Weltliche Machthaber übten als Grundherren, Geldgeber und Stifter häufig fördernden Einfluß auf kirchliche Initiativen aus, indem sie durch den Bau von Kirchen und Klöstern das sich ausdehnende Christentum stärkten. Diese Bauten dienten auch als Stützpunkte an den Routen, die deutsche Kaiser bei ihren Alpenübergängen benutzten.

Die schönsten Beispiele romanischer Architektur im Tessin findet man daher an den alten Paßwegen, allein im Sopraceneri rund 40 Campanili mit ihren typischen Rundbogenfriesen, Blendarkaden und Zeltdächern: ein Hinweis auf den Einfluß von Handel und Transit. Dort, wo kein Durchgangsverkehr stattfand und eine Region politisch-strategisch weniger interessant war, wie z. B. das Maggia- oder Verzasca-Tal, fehlen diese Bauten.

Als bedeutendste Kirche dieser Zeit entstand Anfang des 12. Jh. S. Nicola in Giornico, ein großartiges Zeugnis lombardischer Baukunst, die weit über die Grenzen der Lombardei hinaus berühmt war.

Vom 10. Jh. an wurden in Campione und im heutigen Tessin Zentren der sogenannten *magistri comacini*, Steinmetze und Baumeister, die sich in Genossenschaften zusammengeschlossen hatten, gebildet. Stilvergleiche in Sant'Abbondio (Como), S. Vittore (Muralto), S. Nicola (Giornico), Schänis und Zürich (Großmünster) lassen die gleiche lombardische Steinmetzschule vermuten. Ein Teil der Chorschranke aus Sant'Abbondio in Como, heute in Castel S. Pietro (Chiesa Rossa) zu betrachten, ist ein herrliches Beispiel mittelalterlicher Flechtbandornamentik: neun miteinander verknüpfte Kreise als Grundform werden überlagert von geraden, sich kreuzenden und verschlungenen Linien – ein geometrisch sinnvolles Labyrinth ohne Anfang und Ende.

Auch die Bauplastik weist eindrucksvolle Beispiele auf: an den Portalen und Kapitellen von S. Nicola und S. Vittore sind Skulpturen mit tiefem Symbolcharakter zu finden. Eine besonders schöne Malerei, die Christus als Richter und Erlöser darstellt, ist in S. Ambrogio vecchio di Prugiasco zu sehen. Hier sowie in Muralto und Sorengo blieben Werke von hohem künstlerischen Rang erhalten, während die erst vor wenigen Jahren in Dino und Sureggio entdeckten Fresken in eher ländlichem Stil gehalten sind. Auch in Riva San Vitale,

Rovio, Cademario und Camignolo können wir bedeutende romanische Malereien finden, in denen vor allem der byzantinische Einfluß deutlich wird.

Ein kleiner Exkurs in die europäische Geschichte des 14. Jh. erläutert Zusammenhänge, die auch die Kunst im Tessin bestimmten. Nach der kollektiven Erfahrung der Pest, die zwischen 1348 und 1352 in Europa wütete, wandte sich die Malerei Themen zu, ›die das Leiden, die Qualen der Hölle und das Jüngste Gericht zum Gegenstand hatten‹ (Seidler). Die Pest legte auch die Suche nach Helfern nahe: Die Madonna della misericordia hält mit ihrem ausgebreiteten Mantel die Pfeile der Pest ab, der Hl. Sebastian lenkt diese Pfeile auf sich und schützt somit andere. Zusammen mit Sebastian wird häufig Rochus dargestellt, der selbst als Helfer der Erkrankten im 14. Jh. der Pest zum Opfer fiel.

Im 15. Jh., aus dem die meisten spätgotischen Malereien im Tessin stammen, wird zunehmend die Madonna del latte, oft in erstaunlicher Freizügigkeit, dargestellt. Dieser mütterli-

Ronco di Gerra, Gambarogno.
Mater lactans um 1500 aus der
Schule des da Tradate

19

chen Figur, deren Bildnis man an Hauswänden und Ställen findet, könnte eine besondere Bedeutung zukommen. Nach den Menschenverlusten der Pestjahre bestand großes Interesse bei kirchlichen und weltlichen Machthabern an dem schnellen Zuwachs der Bevölkerung. Gleichzeitig begann die Hexenverfolgung, die mit der Vernichtung der ›weisen Frauen‹ – in den meisten Fällen Hebammen, die die Mittel der Empfängnisverhütung kannten – auch deren Wissen über die Geburtenkontrolle für Jahrhunderte ausrottete. Eine Mater lactans, als personifizierte Mütterlichkeit außen an die Hauswand gemalt, hielt jeden Verdacht fern, daß hier eine der sieben Todsünden der Empfängnisverhütung begangen werden könnte.

Aufgrund der eindringlichen Befragung der Bevölkerung durch Bruderschaften, die von visitierenden Bischöfen gegründet worden waren, kam es zu ungewöhnlichen Äußerungen der religiösen Redlichkeit: Um jeden Zweifel auszuschließen, wurde das Glaubensbekenntnis auf die Hauswand gemalt mit der üblichen Schlußformel: F. F. L. P. O. P. S. D.: *fatto fare la presente opera per sua devozione* (ließen das zu sehende Werk zur Andacht schaffen). Diese Glaubenserklärung wurde häufig auch öffentlich abgelegt, als Beschluß einer Gemeinde, die einen Tabernakel oder eine Kapelle an Bergpfaden errichten ließ.

In der zweiten Hälfte des 15. Jh. traten die Malerfamilien und Werkstätten der Seregnesi sowie des Antonio da Tradate, deren Spuren sich bis in die Leventina und das obere Blenio-Tal verfolgen lassen, aus der früheren Anonymität der Künstler heraus. Man kann vermuten, daß ihre Arbeiten in den armen Bergdörfern gerade noch bezahlt werden konnten, denn die Malerei in Oberitalien war in ihrer Entwicklung schon weiter fortgeschritten als die stilistisch recht stereotypen Werke der Seregnesi und da Tradate: Im Alpenrandgebiet, dem armen Hinterland des lombardischen Herzogtums Mailand, kam es zu ›Stilverspätungen‹.

Zu den herausragenden Malern der Renaissance, die im Tessin tätig waren, zählen Bernardino Luini, dessen Passionsfresko den Lettner von S. Maria degli Angioli in Lugano schmückt, sowie der Mailänder Meister Bartolomeo Suardi, gen. Bramantino, dessen ›Flucht nach Ägypten‹ in der Wallfahrtskirche Madonna del Sasso in Locarno betrachtet werden kann.

Im 17. Jh. wanderten zahlreiche Bildhauer und Architekten des Gebiets um den Luganer See aus und schufen überall in Europa bedeutende Kunstwerke – nur nicht in ihrer Heimat, in der keine Fürsten und Mäzene lebten, die Aufträge vergeben konnten.

Vor allem im Sottoceneri erlebte die Kunst des Barock eine Blüte, allerdings – von wenigen Ausnahmen abgesehen – ohne profilierte Künstlerpersönlichkeiten hervorzubringen. In dieser Zeit wurden in den Dekreten des Tridentinischen Konzils Anweisungen für die Sakralkunst formuliert, die den Glauben zu verherrlichen hatte und der ›Verklärung der geistlichen Macht‹ dienen sollte, ›die von der Kirche wiedergewonnen wurde‹. Eine Folge dieser Dekrete war die bischöflich angeordnete Übermalung alter Fresken, deren Inhalte als fremd, zu freizügig oder heidnisch empfunden wurden. Erstaunlicherweise hinterließ der Gegenreformator Carlo Borromeo Aufzeichnungen von der Lage dieser übermalten Bilder, so daß man zum Beispiel in Biasca genau wußte, was sich unter der barocken Farbschicht befand.

Grotto bei Bignasco im Val Maggia

Eine besondere Kunstform, der man im Tessin sehr häufig begegnet, ist die sogenannte Scagliola-Technik. Vor allem im 18. Jh. entstanden zahlreiche Altarfronten, bei denen die frühere, viel teurere Marmor-Intarsientechnik ersetzt wurde. Eine Mischung aus Gips, Wasser und Farben wurde so verarbeitet, daß die farbigen und polierten Stuckpasten den Eindruck von Intarsien vermittelten. Die Pancaldi aus Ascona beherrschten diese Technik meisterhaft.

Als bedeutendste Tessiner Künstler des 19. Jh. gelten einige Baumeister, die vornehmlich im Ausland wirkten, sowie der Bildhauer Vincenzo Vela und die Maler Antonio Rinaldi und Antonio Ciseri.

Beispielhaft ist die *Baukultur* in den Tälern und Bergregionen: Die geschlossenen Siedlungen mit kubischen Baukörpern aus genial-einfach bearbeitetem Gneis scheinen aus der Landschaft herauszuwachsen, sie sind Teil der natürlichen Umgebung und bieten den Menschen funktionalen Schutz. Noch mehr als bei den kleinen Granitbauten, den *rustici*, kann man bei den *grotti*, den früher zur Vorratshaltung dienenden Naturkellern, von ›Landschaftsstimmigkeit‹ sprechen. Aus dem kleinen ›Ökosystem‹ Fels, Stein, Wald und Wasser

21

entstand ein Ort, an dem man im Sommer den ganzen Tag verbringen konnte. Seit einigen Jahren versucht man, dieses Stück Tessiner Siedlungsgeschichte zu erhalten.

Während sich in den nördlichen Tälern die lombardische Steinbaukunst mit walserischer Holzbaukultur verband, bringt das Sottoceneri mit verändertem Baumaterial auch neue Konstruktionsweisen hervor: einen offenen Baustil verputzter, mit Rundziegeln gedeckter Häuser, häufig mit Loggien und *corti* oder *cortauri* versehen, die so ganz zur lombardischen Landschaft gehören.

Heute kann man von einer ›Architektur des Widerstands gegen die Trostlosigkeit einer rücksichtslos verbauten Landschaft‹ (Bachmann, Zanetti) sprechen, deren Bild von dem zerstörerischen Bauboom der letzten Jahrzehnte geprägt wurde. Die phantasievollen Objekte zeichnen sich durch Rückgriffe auf lokale Bautraditionen verbunden mit schöpferischen neuen Formen aus.

Wachsendes Interesse genießen in den letzten Jahren auch die regionalen Museen, in denen die Lebenspraxis vergangener Zeiten dokumentiert wird. Diese Bemühungen richten sich auch ›gegen Ignoranz, Gleichgültigkeit und Opportunismus, die nach wie vor die Zerstörung der Wohn- und Kulturlandschaft Tessin betreiben . . .‹ (Max Wermelinger).

Das Sopraceneri

Auff Mitten des Godthardtes ist ein eintzig
Hauß, der Hospital genant, allwo untenvor
ein Capelle ist, darinnen die auff dem Godt-
hardt erfrohrne Leüthen gestelt werdten.
Hans Jakob Faesch (1638–1706)
»Jenseiths Bürgische Reiß-Beschreibung«
(1682)

Valle Leventina – Romanik am Saumweg

Nach der Fahrt durch den Gotthard-Tunnel ist das Tessin erreicht, vor uns liegt das Val Leventina. Vor der Weiterreise lohnt sich ein Abstecher in das **Val Bedretto**, das, vom eiligen Touristen meist vergessen, im Sommer und Herbst vor allem für Wanderer *(strada alta di Bedretto)* ein lohnendes Ziel ist. Die fast stufenlose Talsohle fällt von 2100 m auf 1100 m bei Airolo ab, zeigt aber nicht die steilen Felswände der Leventina. Seinen Namen erhielt das Tal von dem lombardischen Wort für Birke: *bedra*, die jedoch heute hier kaum noch wächst. Lawinen, die in regelmäßigen Abständen die Orte heimsuchen und deren verheerende Spuren man überall sehen kann, sind das größte Problem des Val Bedretto, in dem sieben Monate im Jahr Schnee liegt. Nach den Rodungen der Besiedlungszeit von 700–1100 und der Abholzung in der ersten Hälfte des vorigen Jahrhunderts waren die Orte schutzlos der Lawinengefahr ausgesetzt. Durch starke Mauern, Faschinen und Aufforstung versucht man heute größere Katastrophen von den Dörfern abzuwenden.

Häufige Brände, Lawinen und Bergstürze zerstörten fast den gesamten alten Baubestand im Bedretto. Früher fand man noch schindelgedeckte Häuser in der typischen Holzstrick-bauweise, bei der die Balken horizontal miteinander verbunden werden, heute nimmt die Wellblechbedachung überhand. Während die Bewohner des Tales bis in die zwanziger Jahre vom Ackerbau leben konnten – das Getreide mußte allerdings auf Kornhisten, den soge-nannten *rascane*, nachreifen –, kam man nach dem Bau der Straße billiger an andere Nah-rungsmittel; die Landwirtschaft ging zurück, nur die Alpwirtschaft behielt ihre Bedeutung. Die langen Winter führten zur saisonalen Auswanderung der Bewohner, die fehlenden wirtschaftlichen Möglichkeiten schließlich zur Emigration und damit zur Entvölkerung des Tales. Durch den Bau der Straße bis All'Acqua und der Nufenenpaß-Straße 1966–1969 konnte das Tal touristisch erschlossen werden, seither stagniert die Abwanderung.

Armut und Abgeschiedenheit ließen hier keine großen Kirchenbauten entstehen. Eine architektonische Besonderheit jedoch ist der fünfeckige Grundriß des Campanile der *Pfarr-kirche SS. Maccabei* in **Villa**, der hangseitig eine Spaltecke gegen die Lawinen bildet. In

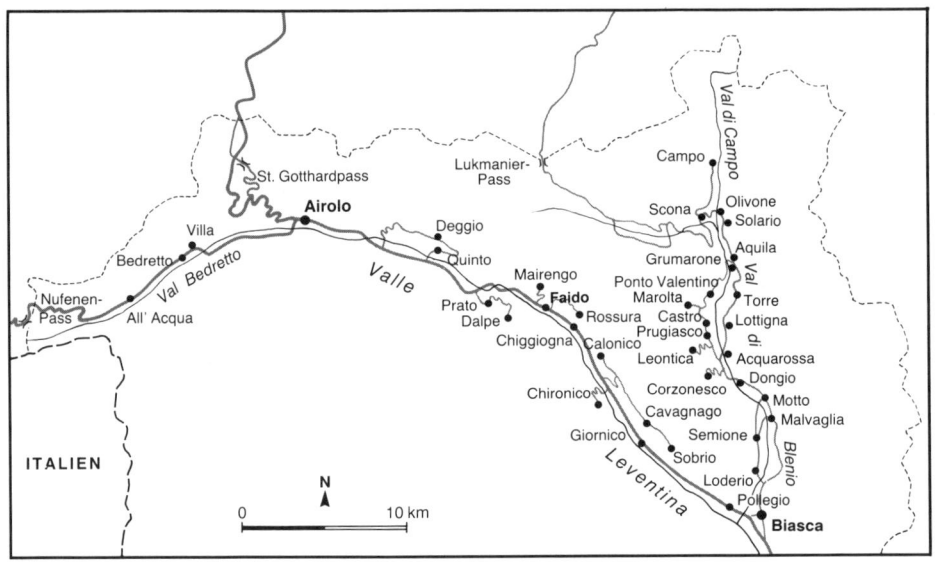

Regionalkarte: das Val Bedretto, Val Leventina, Val di Blenio und Val di Campo

Brücke über den Ticino in der oberen Leventina (Rohbock und Umbach) ▷

S. Maria delle Grazie in **Bedretto** findet man das farbig bemalte Lärchenholzrelief einer rustikalen Schutzmantelmadonna aus dem 15. Jh. Erwähnenswert ist auch das alte Hospiz von All'Acqua, das vermutlich im 16. Jh. am Kreuzungspunkt der Wege zum Nufenen- und S. Giacomo-Paß entstand.

Kehren wir zurück nach Airolo und folgen dem Ticino durch die **Leventina** nach Süden. Die Geschichte des Ticino-Tales ist mit der Geschichte des zentralen Alpenübergangs und der Bezwingung des Gotthard eng verbunden. Kurz nach 1100 war mit der waghalsigen Konstruktion der ›Stiebenden Brücke‹, einer an Ketten aufgehängten, hölzernen Brücke längs der Schöllenenschlucht eine direkte Verbindung zwischen der Po-Ebene und dem Rheintal und damit zwischen dem Norden und Süden Europas geschaffen.

Wenn man heute auf der kühn ins Tal geklotzten Autobahn gen Süden fährt, sollte man sich bewußt werden, daß diese Straße das Ergebnis der über 800 Jahre dauernden Bemühungen ist, Menschen und Waren möglichst sicher und schnell von Deutschland nach Italien zu bringen, und daß diese Verkehrsader keineswegs für das Tessin, sondern durch das Tessin gebaut wurde. Die Orte an der alten Gotthard-Straße sind jetzt zwar ›verkehrsberuhigt‹ – unhörbar fahren die Autos auf hohen Brücken und durch Tunnel Richtung Süden – in den umliegenden Dörfern mußten jedoch Gaststätten und Tankstellen schließen. Bei gutem Wetter sollte man sich Zeit nehmen und über den Gotthard-Paß fahren, um den berühmtesten Alpenübergang mit dem Hospiz, dem Zollgebäude und der ans Hospizgebäude angebauten Kapelle zu sehen. Neuere archäologische Untersuchungen haben ergeben, daß die

Ursprünge der Kapelle bis in vorromanische Zeit zurückreichen und der Paß eine natürliche Verbindung zwischen dem Tessin-Tal und der Achse Chur – St. Maurice war.

Schon im 13. Jh. gab es einen Saumweg über den Paß, an dem 1331 das erste Hospiz gegründet wurde. Den Berg Elvelinus benannte man nach dem deutschen Bischof Godehard (geb. 960) aus Passau. Der Ingenieur und Festungsbaumeister Pietro Morettini aus Cerentino baute 1708 einen 64 m langen Tunnel durch den Kirchberg, der die stiebende Brücke ersetzte und als ›Urner Loch‹ bekannt wurde. Bis zum Beginn des 19. Jh. überquerten wöchentlich 300 Reisende mit Saumrossen den Berg, in den Dörfern der Leventina gab es Pferdestallungen, Gasthöfe, Schmiede und Sattler.

Die Leventina fällt zwischen Airolo und Biasca in drei Stufen von 1159 m auf 300 m ab. Nach der Stalvedro-Schlucht unterhalb von Airolo beginnt geographisch die Leventina, zwei weitere jähe Gefällstufen am Monte Piottino und an der Biaschina teilen das Tal in drei Abschnitte. Diese Stufen mit ihren Schluchten und senkrechten Felswänden mußten jahrhundertelang auf hoch angelegten Saumwegen überwunden werden. Hierzu wurde ein System mit sogenannten Susten (it. *sosta* = Rast) entwickelt, an denen Waren gelagert und Tiere gewechselt werden konnten. Säumerkorporationen besaßen das Transportmonopol für die Wegstrecken von einer Sust zur nächsten und sorgten für die Instandhaltung. Leinwand, Wolle, Tuch, Vieh und Salz wurden nach Italien, Seide, Wein und Spezereien nach Norden transportiert.

1513 gelang es den Urnern, einen Hohlweg in die Felsen des Monte Piottino zu hauen. Bis 1600 entstand so die *strada nuova*. Dort erhoben die Urner den *dazio grande*, den Zoll zur Finanzierung des Durchgangs, nach dem die Stelle, an der heute noch das alte Zollgebäude steht, benannt ist.

Im oberen Tal wurden zwischen Airolo und Dazio Grande vornehmlich Holzbrücken gebaut, unterhalb von Faido findet man steile Steinbrücken, die z. B. in Giornico den Ticino in zwei Bogen überspannen. Zwischen 1820 und 1830 entstand die erste feste Straße, die in 46 Kehren durch das lawinengefährdete Val Tremola vom Gotthard-Paß nach Airolo hinunterführte (Abb. 2). Vor der Eröffnung der Bahn kamen mit der Gotthard-Post jährlich 70 000 Reisende durch die Leventina, die für mannigfache Verdienstmöglichkeiten der Bevölkerung des Tales sorgten.

Durch die Gotthard-Bahn wurde der Weg von Göschenen nach Airolo von 35 km auf 15 km verkürzt. Der Bau der Bahn veränderte nicht nur die Landschaft des Ticino-Tales, sondern wirkte auch einschneidend auf die wirtschaftlichen Verhältnisse der Leventina. Die heimische Selbstversorgung nahm ab, da billige Nahrungsmittel bequem herbeigeschafft werden konnten, die Alpweiden wurden verlassen. Allerdings fanden viele Talbewohner Arbeit bei der Bahn, die nicht nur zur Entwicklung des Fremdenverkehrs beitrug, sondern auch eine bessere Kommunikation mit der Nordschweiz ermöglichte. Den Strom zur Elektrifizierung der Bahn 1920–1921 gewann man durch den Bau von Elektrizitätswerken, Staumauern und Druckleitungen (Ritom), die das Landschaftsbild erneut veränderten.

Nach der Fertigstellung der Autobahn haben die Autofahrer, die etwas von der Leventina sehen wollen, die alte Gotthard-Straße für sich allein. Die Reise beginnt in **Airolo,** dem

Das Hospiz auf dem St. Gotthard

alten, von zahlreichen Katastrophen heimgesuchten Paßdorf. Bis zu einer Feuersbrunst 1877 bestand das Dorf aus Holzhäusern. Nur der romanische Campanile und eine Barockkapelle blieben vom Vorgängerbau der Pfarrkirche *SS. Nazario e Celso* erhalten, die nach dem Dorfbrand neu errichtet wurde. Beim Bahnhof finden wir ein 1882 von Vincenzo Vela geschaffenes, aber erst 1932 aufgestelltes Bronzerelief für die Opfer des Gotthard-Tunnelbaus.

Hinter der Stalvedro-Schlucht liegt die Talweitung von Ambri-Piotta. Anfang des Jahrhunderts dämmte man hier den Ticino ein, um den Talboden ackerbar zu machen. Von Piota aus kann man mit einer Seilbahn (mit 87 % Steigung die steilste der Schweiz) auf ca. 1800 m hinauffahren, den Lago Ritóm besuchen und eine Wanderung zu verschiedenen Karseen und in das schöne Val Piora mit seiner einmaligen alpinen Pflanzenwelt anschließen. Auf einer engen Straße gelangt man auch über Altanca zum Lago Ritóm. In einem ehemaligen Sanatorium am linken Talhang ist eine Forschungsstätte für alpine Flora untergebracht.

Die nächste Station ist **Quinto** auf der linken Talseite. Ein geräumiger Kirchplatz umgibt die 1681 erbaute *Pfarrkirche SS. Pietro e Paolo*, deren romanischer Campanile zu den schönsten im Tessin gehört. Arkadenfriese, die Lisenen miteinander verbinden, gliedern den sechsgeschossigen Turm. Interessante figürliche Reliefs, wohl Darstellungen aus der heimischen Tierwelt, schmücken die ineinander verschlungenen Bogen der Friese. In der neoromanischen Apsis, im 17. Jh. rekonstruiert, sind außen Blendarkaden aus der alten Kirche eingelassen, in den Lünetten sehen wir figürliche Darstellungen von Tieren, Monstern und Menschen. Sie lassen sich in die erste Hälfte des 12. Jh. zurückdatieren und stammen wahrscheinlich aus der ehemaligen Krypta von SS. *Pietro e Paolo*. In der Krypta kann man heute wegen des in der Barockzeit abgesenkten Presbyteriums nicht mehr aufrecht stehen. An den höherliegenden Türöffnungen läßt sich noch das alte Niveau erkennen, unter dem der Zugang zur Krypta lag. Erst bei der Renovierung 1972–1976 wurde der Umfang des Vorgängerbaus mit Doppelapsis deutlich.

Die Innenausstattung stammt aus dem 17. und 18. Jh., die farbigen Rokokostukkaturen fertigte Josef Mosbrugger (1736) an, zwei Einzelgemälde, den Hl. Ambrosius und den Hl. Carlo Borromeo darstellend, entstanden in der Werkstatt der Gebrüder Biucchi (1732).

Von Quinto aus ist **Deggio** mit einer der ältesten Bergkirchen des Tessin schnell erreicht. Schon wegen seiner Lage an einem Wiesenhang hoch über dem Tal, zu Fuß etwa 5 Minuten südlich von Deggio, sollte man *S. Martino di Deggio* besuchen.

Nicht nur die gewissermaßen ›strategische‹ Lage oberhalb von Quinto, sondern auch die Baustruktur der Kirche mit ihren karolingischen Blendarkaden und dem quadratischen Chor lassen auf eine Gründung Ende des 10. oder Anfang des 11. Jh. schließen. Der Westteil mit dem kleinen Turm stammt aus jüngerer Zeit. An der Südseite sieht man den Rest eines Christophorus aus dem 15. Jh., die Wandgemälde im Inneren entstanden zur gleichen Zeit. Außer einem gut erhaltenen Fresko des Hl. Martin an der südlichen Schiffswand sind sie leider in sehr schlechtem Zustand. Im tonnengewölbten Chor können wir eine Majestas und an der Stirnwand eine Kreuzigung erkennen. Die Verkündigungsdarstellung am Chorbogen enthält eine schöne Einzelheit: Von Gottvater in der Mitte fliegt nicht nur die Taube, sondern auch die kleine Gestalt Jesu auf Maria zu. Der Verkündigungsengel in seinem geblümten Gewand und der anmutigen Haltung ist wohl die reizvollste Gestalt.

Wieder auf der Gotthard-Straße, biegt man kurz hinter Rodi nach **Prato** ab. Das Dorf liegt an dem alten Saumweg, der die Piottina-Schlucht umgehen mußte und über Dalpe nach Faido hinunterführt.

Auf einem Wiesenhügel nordwestlich des Ortes steht die von Kreuzwegkapellen umgebene Pfarrkirche *S. Giorgio* inmitten der herrlichen Bergwelt. Von der Vorgängerkirche aus dem 13. Jh. blieb nur noch der zum heutigen Bau (im 17. und 18. Jh. verändert) leicht abgewinkelt stehende romanische Campanile erhalten. Türme dieser Stilreinheit findet man nur an den alten Paßwegen im Tessin (Quinto, Prato, Chiggiogna, Giornico, Biasca, Negrentino, Malvaglia, Olivone).

Airolo und die Stalvedroschlucht. ›Nach der Natur gezeichnet‹ von E. T. Compton ▷

Der massive, sechsgeschossige von einem Zeltdach bekrönte Bau erhält seine wunderbare Leichtigkeit durch die Gliederung der Wände: Blendbogenfriese und Lisenen umrahmen die verschieden großen Öffnungen, Kaffgesimse unterteilen die beiden oberen Geschosse. An der Südseite der Vorhalle ein spätgotisches Fresko des Hl. Georg. Diese Wand mit romanischen Blendbogen gehört, wie auch Teile der Fassade, wohl zum alten Baubestand. Die Innenausstattung stammt aus dem Barock.

Oberhalb von Chironico liegt in 1446 m Höhe das Dorf **Ces**. Der verlassene und verfallende Weiler wurde von einer Gruppe junger Tessiner 1972 entdeckt, als Standort für ein internationales Jugendtreffen gewählt und seit Sommer 1972 unter Wahrung des Stils instandgesetzt. Man baute eine Wasserleitung, eine Materialseilbahn und eine Telefonleitung. Beispielhaft werden selbstverwaltetes Gruppenleben und alternative Lebensform erprobt. Dazu gehören Versuche der Nutzung alternativer Energiequellen, die Einrichtung von Werkstätten und die landwirtschaftliche Nutzung des Bodens. Einige ehemalige Bewohner von Ces sind inzwischen wenigstens zeitweise zurückgekehrt.

Ins Tal zurückgekehrt, durchfährt man die Piottina-Schlucht und gelangt in das 200 m tiefer gelegene Becken der mittleren Leventina mit dem Zentrum **Faido**. Faido spielte eine wichtige Rolle als Umschlagplatz im Gotthard-Verkehr, war Sitz der Podestà der Domherren von Mailand und Hauptort des Tales während der Herrschaft von Uri.

Seit dem Autobahnbau ist der Verkehr in Faido ruhiger geworden, und wir können an der Hauptstraße ungestört die schöne *Casa di legno* betrachten. Über dem gemauerten Erdgeschoß erhebt sich der geschwärzte Holzstrickbau, der von einem geschnitzten Renaissancefries umgeben ist. Unter den Fenstern des ersten Stocks schmücken Darstellungen einer Epiphanie, einer Kreuzigung und einer Madonna die Front, über den Fenstern ein Hl. Martin bei der Mantelteilung, alles datiert 1582.

Der heute als Wohnhaus dienende sechsgeschossige Varesi-Turm oberhalb der Pfarrkirche erinnert an das alteingesessene Geschlecht der Varesi, die auch die Kapelle S. Bernardino, deren Ursprünge ins 13. Jh. zurückreichen, erbauen ließen.

Auf der Piazza von Faido ehrt ein Denkmal den 1796 in Bodio geborenen und 1857 in Bern verstorbenen Tessiner Patrioten und Staatsmann Stefano Franscini. Als Verfechter einer liberalen Verfassung setzte er sich für Verwaltungsreformen und ein modernes Schulsystem ein. 1848 wählte ihn die Bundesversammlung als ersten Vertreter der italienischen Schweiz in den Bundesrat.

Von Faido aus lohnt sich ein Abstecher nach **Rossura**, um die von Kreuzwegkapellen umgebene Kirche SS. *Lorenzo e Agata**(nähere Angaben zu Kirchen, die mit einem Sternchen gekennzeichnet sind s. S. 342) zu besichtigen, die südlich des Dorfes auf einem Felsen liegt. Von der schon 1247 erwähnten romanischen Kirche blieb nur der nordwestliche Teil des Schiffes erhalten. Dort findet man über dem 1894 angebauten Beinhaus Reste eines romanischen Christophorus-Bildes. Über eine steile Treppe in der geschlossenen Vorhalle gelangt man in die Kirche, die bis 1911 mindestens drei Erweiterungen und Umbauten erfuhr.

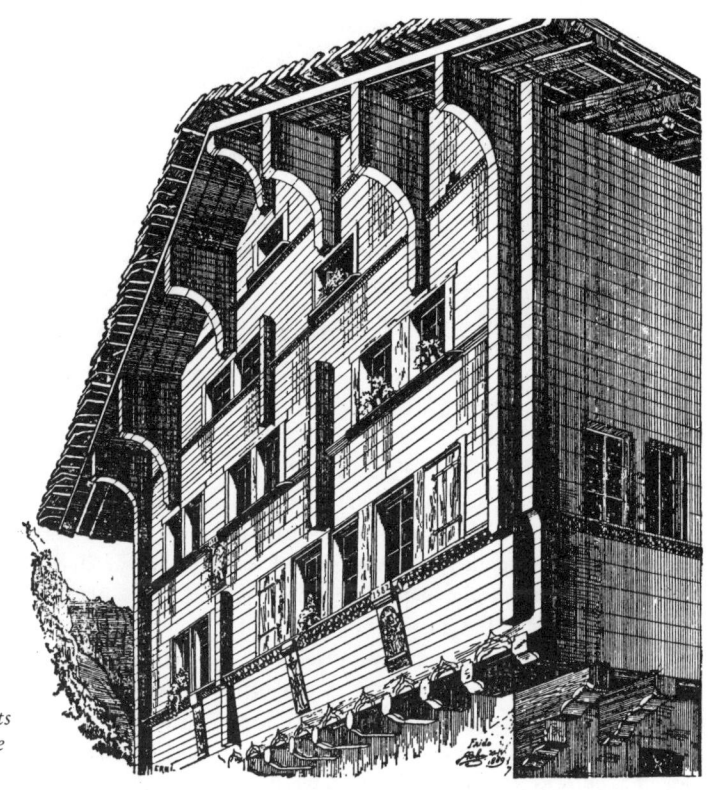

Faido, Casa di Legno,
Ende des 16. Jahrhunderts
in der typischen Bauweise
der Leventina errichtet

Erst 1964 wurden die aus der Mitte des 15. Jh. stammenden Wandmalereien entdeckt: ein Letztes Abendmahl (Abb. 3), ein Antonius Eremita, ein unbekannter Heiliger und eine Hl. Dominika, in der Mitte eine Geißelung Christi und rechts die Heiligen Bernhard und Ambrosius. Es lohnt sich, die gedeckte Tafel des Abendmahles mit dem Tischgerät, den Broten, Gläsern und Fischen genauer zu betrachten. Die Stellung der Füße, besonders derjenigen des Johannes, ist ebenso bemerkenswert wie die Nase des Judas, und die des linken Schergen in der Geißelungsszene. Stilistische Vergleiche mit Fresken aus der Zeit um 1400 in Mairengo und Campestro könnten eine frühere Datierung der Abendmahlsszene erlauben.

An der Rückwand des Schiffes finden wir Wandgemälde aus der zweiten Hälfte des 15. Jh., die drei Heiligen rechts vom Portal – Rochus, Sebastian und Hieronymus – wurden 1463 von Cristoforo und Nicolao da Lugano signiert, die Bilder links stammen zwar aus der gleichen Zeit, jedoch nicht von den Seregnesi. Vorne links im Schiff sind zwei Köpfe von Heiligen zu sehen, auf der gegenüberliegenden Seite Reste von Renaissance-Malereien. In der linken Kapelle eine Statue der Madonna vom Berge Karmel.

31

*Mairengo, die
Pfarrkirche S. Siro*

Mairengo erreicht man von Faido aus. Zu den ältesten Kirchen der Leventina gehört die im 12. Jh. gebaute *S. Siro.** An der Fassade folgt die obere Reihe der Blendarkaden dem Verlauf des ehemaligen Giebels, Fenster und Portal stammen aus der Barockzeit. Links vom Portal wurde eine Taufkapelle an die erweiterte Fassade angebaut. In der südlichen Vorhalle sehen wir spätgotische Wandgemälde, die einen heiligen Papst, den Hl. Sebastian, die thronende Madonna und den Hl. Cyrus darstellen.

Das Innere der noch im Spätmittelalter ausgebauten Kirche ist reich dekoriert. Eine Mittelsäule aus Holz unterteilt die zweischiffige und doppelchörige Anlage, die Chorbogen ruhen auf einer Steinsäule, an der ein Stierkopf, das Wappen von Uri, zu erkennen ist. Eine Leistendecke mit spätgotischen Ornamenten durchzieht die romanische Saalkirche; in den beiden rechteckigen Chören Kreuzgewölbe.

Der dreiteilige Schrein des spätgotischen Flügelaltars im linken Chor weist reichen Figurenschmuck auf (Abb. 9). In der Mitte der Hl. Cyrus zwischen Andreas und Mauritius, im linken Flügel ein Relief der Geburt Christi, im rechten die Epiphanie, auf den Außenseiten eine Verkündigung, eine Hl. Martha mit Bischof sowie die Hll. Ambrosius und Maria Magdalena. Der tempelförmige Barockaltar im rechten Chor stammt aus dem 17. Jh. Rechts neben dem Flügelaltar, an der Stirnwand des Chores, sieht man eine sehr schöne Madonna mit Kind, die, wie auch die Fresken der beiden Chöre, Gerolamo Gorla aus Mailand gemalt hat (1558). Reizvoll ist auch die Landschaft im Hintergrund des thronenden Hl. Cyrus in der Lünette des rechten Chores.

Die Abendmahlsdarstellung an der Nordwand, deren rechte Hälfte durch den Einbau der Muttergotteskapelle zerstört wurde, sowie links davon eine Madonna mit Kind zwischen den Hll. Rochus und Antonius und einem Hl. Bischof stammen ebenfalls von Gorla. Ein jüngeres Bild des Hl. Antonius verdeckt den linken Rand des Abendmahls. Älter dagegen ist das stark beschädigte Fresko der Geburt Christi mit zwei Heiligen an der Südwand rechts vom Eingang, das im frühen 15. Jh. entstand. Der massive Opferstock am Mittelpfeiler stammt aus dem 16. Jh.

Wenige Kilometer unterhalb von Faido liegt **Chiggiogna.** Die Kirche *S. Maria Assunta*, deren Mauerwerk von der nahen Bahn verschmutzt ist, steht an einer Felswand. Der ursprünglich romanische Bau war vermutlich nur einschiffig und mit einer Apsis versehen, wurde aber vielleicht schon 1131 zu einer zweischiffigen Anlage mit zwei Apsiden umgebaut; ihr heutiges Aussehen erhielt die Kirche 1524. Aus romanischer Zeit, vielleicht aus dem 11. Jh., stammt der sechsgeschossige Campanile aus regelmäßigem Gneisquaderwerk vor der Fassade. Er ist mit Zwillingsblenden und in den drei oberen Geschossen mit Zwillingsfenstern versehen, die teilweise in der Barockzeit ausgebrochen wurden. An der südlichen Wand und an der Westfassade erkennt man romanische Bauteile an Lisenen und Blendarkaden; das Mauerwerk ist durch den Verputz verdeckt.

Der Innenraum erinnert an S. Siro in Mairengo. Den rechteckigen Saal schließt eine Kassettendecke aus dem 17. Jh. ab. Im linken der beiden kreuzgewölbten Chöre befindet

*Chiggiogna, die
Pfarrkirche S. Maria
Assunta*

33

sich ein süddeutscher Flügelaltar aus dem frühen 16. Jh., im mittleren Schrein stellt eine Figurengruppe den Tod Mariens dar, links und rechts die Hll. Antonius und Franziskus. Die beiden Flügel enthalten Reliefs der Hll. Stephanus und Jakobus d. Ä. sowie Martin und Petrus. Die gemalte Predella zeigt Christus im Grab mit Maria und Johannes und außen die Hll. Ambrosius und Godehard.

Schon vom Tal aus kann man die kleine weiße Kirche von **Calonico** auf einem vorspringenden Felsen liegen sehen. Den Ort in 1000 m Höhe erreicht man von Lavorgo über eine steile Straße, die einen herrlichen Blick ins Tal bietet.

In Calonico finden wir wieder die typischen Strickbauten. Durch eine Wiesenmulde führt ein Weg zur Pfarrkirche *S. Martino*. Anfang des 14. Jh. erwähnt, wurde die Kirche im 17. Jh. fast vollständig umgebaut, nur der dreigeschossige Turm mit den Zwillingsfenstern blieb aus romanischer Zeit erhalten. Das Innere der weißgekalkten Kirche stammt aus dem 17., 18. und 19 Jh. Zu beachten sind die kunstvollen schmiedeeisernen Grabkreuze auf dem kleinen Friedhof, von dem man einen weiten Blick ins Tal hat.

Den Schlüssel für die Kapelle *S. Ambrogio di Segno** in **Cavagnago** erhält man im Pfarrhaus. Eine schmale Straße führt zur Kapelle hinauf; schöner ist es jedoch, durch den Wiesenhang auf einem Pfad in 15 Minuten zur etwa 80 m höher gelegenen Kapelle hinaufzusteigen und den Blick in die Berglandschaft zu genießen. Auf der anderen Talseite tief unten liegt Chironico.

Die im 15. Jh. nach Westen verlängerte Kirche stammt aus romanischer Zeit. Der kleine unverputzte Campanile (Abb. 1) mit Zwillingsfenstern und Pyramidendach ist aus Bruchsteinmauerwerk gefügt. Die Fresken an der südlichen Außenwand aus dem 15. Jh. zeigen eine Kreuzigungsgruppe und die Hll. Michael, Christophorus und Dominika.

Auch der Innenraum, von einer flachen Holzdecke durchzogen, ist mit spätgotischen Fresken ausgemalt. Rechts ein Hl. Ambrosius mit thronender Madonna, ferner eine thronende Madonna mit Maria Magdalena und Antonius, in der Apsiskalotte eine Majestas Domini mit den Evangelistensymbolen. Die Kreuzigung im Chorscheitel wurde durch die Öffnung einer romanischen Luzide 1931 teilweise zerstört.

In Cavagnago lohnt sich ein Blick in die *Pfarrkirche S. Anna*. Im hinteren Schiff finden wir Wandgemälde aus dem 16. Jh. und auf der Empore eine sehr schöne Maria Magdalena. Von Cavagnago erreicht man das 1128 m hoch gelegene **Sobrio**, das letzte Terrassendorf der unteren Leventina, dessen geschlossenes Ortsbild von Holzhäusern geprägt wird.

Chironico (Abb. 6, 7) verlor seine Bedeutung als Etappenort an der alten Gotthard-Route nach dem Bau der Straße durch die Biaschina-Schlucht. Das Ortsbild mit der typischen Holz-, Stein- und Mischbauweise blieb erhalten. Auffällig ist der hohe Pedrini-Turm aus dem 14. Jh.

Mitten im Dorf steht die Kapelle *SS. Ambrogio e Maurizio* an der Stelle eines kleinen Oratoriums mit einer Apsis, das nach Süden gerichtet war. Die frühere Pfarrkirche von Chironico wurde schon 1224 erwähnt und diente bis 1570 als Taufkirche. Das 1338 umgebaute Gotteshaus ist besonders interessant, da die Doppelapside nicht, wie häufig im Tessin,

Chironico, der Torre Pedrini

durch eine Erweiterung entstand, sondern von der ursprünglichen Anlage herrührt. Bei der Restaurierung 1940 versuchte man, die mittelalterliche Form der Kirche, die 1897 starken Veränderungen unterworfen wurde, zurückzugewinnen. Die Blendarkaden an den beiden Apsiden sind unregelmäßig, die Lisenen verschieden breit. Der Kunsthistoriker Johann Rudolf Rahn, dessen Studien zahlreiche mittelalterliche Bauwerke im Tessin vor dem Verfall oder der Zerstörung bewahrten, zeichnete sie 1894 noch ohne Lichtschlitze.

In dem etwas düsteren Innenraum finden wir Wandmalereien aus drei verschiedenen Epochen. Die erste fast vollständige Ausmalung stammt aus der Zeit des Umbaus von 1338, deren Restaurierung in den Jahren 1940 und 1955 leider nicht sehr glücklich war. In beiden Apsiden sehen wir eine Majestas Domini mit Evangelistensymbolen, die Enthauptung Johannes des Täufers, eine Marienkrönung und eine Kreuzigung mit Heiligen. Die schöne Madonna mit Kind sowie die Hll. Johannes und Ambrosius stammen aus der Mitte des 16. Jh. (Abb. 4). Sie wurden über ein zugemauertes romanisches Scheitelfenster gemalt, das man außen bei der Restaurierung wieder freilegte.

An der rechten Schiffswand sieht man Reste eines Marienlebens, nur die Begegnung unter der Goldenen Pforte ist noch erkennbar. Darunter Figurenmedaillons in Grisaille-Technik. An der Rückwand links neben dem Portal eine interessante Darstellung des Jüngsten Gerichts. Oben kann man über den Gräbern, aus denen die Toten auferstehen, eine Posaune erkennen. Die Seligen werden im ›Haus Gottes‹ empfangen und nehmen darin Wohnung. Rechts davon die Gestalt des Todes mit nicht mehr klar erkennbaren Figuren. Diese Malereien dürften noch aus der Zeit der ersten Ausmalung der Kirche im 14. Jh. stammen. An der Nordwand noch Reste von Szenen aus dem Leben des Hl. Ambrosius.

S. Maurizio, seit dem 16. Jh. Pfarrkirche, liegt auf einer Anhöhe südlich des Dorfes. An der Südseite des im 19. Jh. stark veränderten Baus erhebt sich ein spätmittelalterlicher Turm.

Der alte Saumpfad führte von hier aus über Altirolo in das 400 m tiefer gelegene **Giornico**. Die Gotthard-Straße überwindet die Biaschina-Schlucht in zwei großen Serpentinen unter den 180 m hohen Brückenpfeilern der Autobahn und erreicht in Giornico die unterste Talstufe der Leventina. Der Ort liegt auf einem breiten, von mehreren Seitenbächen des Ticino gebildeten Schwemmkegel und ist an drei Seiten von bis zu 2000 m hohen Bergwänden umgeben, so daß nur Luftströmungen aus Süden und Südosten Zugang haben. Das mildere Klima läßt die Nadelhölzer zugunsten der Edelkastanie zurücktreten und erlaubt den Anbau von Mais und Wein, der hier, wie überall im Tessin in Pergolen wächst, die von Granitpfosten gestützt werden. Die Holzbauweise wird von Tessiner Steinhäusern abgelöst, die das Ortsbild bestimmt.

Giornico, das schon 962 urkundlich erwähnt wurde und dessen Ortsname sich mehrfach von Zurnigo und Zornico erst 1570 zu Giornico wandelte, lebte jahrhundertelang vom Gotthard-Verkehr. Der alte Saumpfad überquerte in Giornico den Ticino auf einer mittelalterlichen Brücke, die, auf einen Felsblock gestützt, den Fluß in zwei Bogen überspannt. Der Bau der Gotthard-Bahn zerstörte Ende des 19. Jh. die Lebensgrundlage des Ortes und ließ Giornico zum Weinbauerndorf werden, dessen Bevölkerung heute hauptsächlich von der nahen Industrie lebt.

Da auf dem Schwemmkegel links des Flusses nicht genügend Platz war, wurden die vier Kirchen von Giornico jenseits des Ticino errichtet. Das alte Giornico findet man oberhalb der Hauptstraße und am Ticino. Der *Atto-Turm* inmitten des Dorfes, Rest einer mittelalterlichen Burganlage, erinnert an den Bischof Atto von Vercelli, der 948 die ambrosianischen Täler dem Domkapitel von Mailand vermachte. Eine Gasse abwärts gehend, kommt man zum alten Gotthard-Weg und zur Casa Stanga, die von der Adelsfamilie Stanga im 16. Jh., wahrscheinlich als Taverne, erbaut wurde. Martin Stanga, der Anführer der Leventiner Truppen, die 1478 mit 600 Mann die mailändische Übermacht von 16 000 Mann in der Schlacht von Giornico besiegten, machte den Namen Giornicos weithin bekannt.

Die Nord- und Ostfassaden des Hauses sind mit über 50 Wappen der hier eingekehrten berühmten Reisenden bemalt. Sie stammen vielleicht von Giovanni Battista Tarilli und Domenico Caresano, die Ende des 16. Jh. auch die Wallfahrtskirche S. Pellegrino dekorierten. Der 1937 renovierte Bau beherbergt seit 1972 das *Museo di Leventina*, in dem historische Kostüme, Waffen und Münzen der Region ausgestellt sind.

Über eine Steinbrücke gelangt man zum Kirchenbezirk Giornicos mit S. Michele, S. Nicola und der jenseits der Bahnlinie auf einem Felsen gelegenen S. Maria di Castello.* Die Wallfahrtskirche S. Pellegrino* liegt im Wald versteckt oberhalb des Weilers Altirolo.

Die schon 1210 erwähnte *Pfarrkirche S. Michele* wurde im Spätmittelalter umgebaut. Das heutige Kirchenschiff stammt aus dem Jahr 1787, der Turm von 1861. Schönstes Stück in der 1969 völlig renovierten Kirche ist ein prachtvoller, holzgeschnitzter und bemalter spätgotischer Flügelaltar.

Giornico, der Atto-Turm

S. Nicola wird allgemein S. Nicolao nach Nikolaus von Tolentino (Ende 13. Jh.) genannt. Der Name S. Nicola weist auf Nikolaus von Myra hin, dem diese Kirche geweiht wurde. Der bedeutendste romanische Bau des Tessin ist ein hervorragendes Beispiel für den strengen lombardischen Stil der benediktinischen Gründungen, der sich in der Ausgewogenheit des Raumes und der sorgfältigen Konstruktion der Wände von den ländlichen Bauten der voralpinen Romanik wesentlich unterscheidet. Das Priorat der Benediktiner wurde schon im 16. Jh. wieder aufgehoben, von dem ehemaligen Kloster blieb nichts erhalten.

Die Kirche, 1210 im »Liber notitiae Sanctorum Mediolani« als ›in louentina, loco Zornigo, ecclesia sancti nicholai‹ dokumentiert, wurde nicht verändert, da sie nie Pfarrkirche war. Verglichen mit dem ruhigen Aufbau der Seitenwände fällt die Fassade, die das Schiff überragt, besonders auf. Sie ist durch ein Gesims gegliedert, ein Zwillingsfenster und ein Kreuz durchbrechen das Giebelfeld. Drei stark hervortretende Lisenen, die von großen Blendbogenpaaren überbrückt werden, bilden die darunterliegenden Fassadenflächen. Die Licht-Schatten-Kontraste, die daraus entstehen, werden durch die dreifache Torstufung noch verstärkt; deren oberste bis zu den Blendbogen hochgezogen ist. Der Architrav ruht auf figurengeschmückten Pfeilerkapitellen. Die Schiffswände ergeben mit ihrem besonders regelmäßigen Quaderwerk aus verschieden dicken Granitblöcken eine Art Streifung, die auch über den fortlaufenden Blendbogen zu sehen ist, das stark vorspringende Südportal

37

Giornico, Innenraum von S. Nicola; die Treppen führen in die Krypta

akzentuiert diese große, ruhige Fläche. Die Betrachtung der Kirche von Süden offenbart auch die sorgfältig berechneten Proportionen der drei Bauteile von Schiff, Presbyterium und Apsis. Der auf Konsolen ruhende Arkadenfries an der Apsis führt die Bogenreihe der Schiffswand fort, der Turm an der Nordostecke umrahmt in den beiden unteren Geschossen Einzelfenster, in den oberen Zwillingsfenster mit feinen Blendbogennischen.

An den Konsolen des Architravs am Südportal sehen wir zwei bärtige Kopfreliefs. Am Westportal fallen die kauernden Löwen auf, hinter denen Reliefs liegender Hasen zu sehen sind (Abb. 10, 11). Rechts und links vom Westportal treten Tierplastiken aus der Wand hervor. Auch die Konsolen der Arkadenfriese an den Seitenwänden und an der Apsis sind mit ornamentalen und figürlichen Skulpturen geschmückt.

Vier Fenster im Schiff und drei weitere im Chor erhellen die Kirche nur schwach. Die unterschiedliche Struktur der inneren und äußeren Mauern läßt Doppelwände vermuten.

Der einfache Rechtecksaal mit offenem Dachstuhl aus dem Jahr 1945 vermittelt die gleiche Strenge und Würde wie das Äußere der Kirche. Die zwei in der Mitte des Raumes aus der Wand hervortretenden Pilaster könnten darauf hindeuten, daß die Aula früher einmal in Laienraum und Mönchschor aufgeteilt war. Der Blick fällt auf die offene Krypta (Abb. 8) unter Chor und Apsis, zu denen beiderseits Treppen über einen Flachbogen aus der Barockzeit hinaufführen (Farbt. 4). Eine weitere Treppe, die bei der Restaurierung der Kirche wieder in ihrer ursprünglichen Breite hergestellt wurde, führt in die Krypta, links davon tritt der Turmschaft, mit zwei hohen Bogen zum Kircheninneren geöffnet, hervor.

Drei kleine, vierjochige Schiffe mit Kreuzgratgewölben gliedern die Gebetskrypta, deren höhlenartiger Eindruck durch die Gestaltung der würfelförmigen Kapitelle mit pflanzlichen, tierischen und geometrischen Skulpturen verstärkt wird. Die faszinierenden Tierskulpturen der Löwen, Widder und Steinböcke aus Granitgneis wirken plastischer als die Skulpturen an den Kapitellen der Krypta von Muralto. Auch der Hase, das Symboltier der Fruchtbarkeit, ist hier wieder zu sehen. Im Apsisgewölbe der Krypta erkennt man Reste einer Ausmalung aus dem 15. Jh. Der Blockaltar aus der Gründungszeit war nach dem oben genannten ›liber notitiae . . .‹ dem Hl. Jakobus d. J. geweiht.

An den Schiffswänden blieben Spuren der romanischen Ausmalung erhalten: an der nördlichen Wand ein Abendmahl, an der Südwand ein Christophorus und zwei Heilige, vielleicht aus dem 13. Jh. Das Fresko des Christophorus zeigt als Besonderheit eine zum Gruß erhobene Hand, die nicht, wie sonst üblich, das Jesuskind auf der Schulter stützt.

Die Chorapsis malte Nicolao da Seregno 1478 aus: in der Wölbung eine Majestas mit den Evangelistensymbolen, an den Wänden die Hll. Godehard, Viktor und Petrus. Nikolaus von Myra wird mit einem Bottich gezeigt, in dem drei Knaben sitzen: ein Hinweis auf die Legende, nach der Nikolaus drei von einem bösen Wirt zerstückelte und eingepökelte Jünglinge wieder zum Leben erweckte.

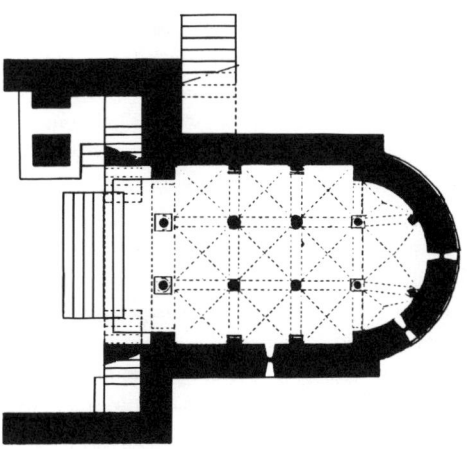

Giornico, Grundriß der Krypta von S. Nicola

Über der mittleren Luzide entdecken wir einen Trivultus, eine seltene Darstellung der Dreifaltigkeit, die 1528 von Papst Urban VIII. als heidnisch, ja diabolisch angesehen und daher verboten wurde. Trivultusdarstellungen findet man im Tessin noch in Muralto, Someo und Maggia. Rechts in der Apsis folgen eine Kreuzigungsgruppe und die Hll. Margaretha und Magdalena. An der Vorderseite des Altarblocks eine Geburt Christi – das Kind in einer Mandorla –, an den Seitenwänden ein Bischof und eine thronende Madonna.

Das sechseckige romanische Taufbecken hinten links im Schiff stammt aus der alten Kirchhofbasilika von S. Michele und diente zeitweilig als Dorfbrunnen in Giornico. An vier Seiten trägt es schöne Reliefs mit Krückenkreuz, Tieren und Blattmedaillons.

S. Maria di Castello, auf einem Felsen gegenüber von S. Nicola gelegen, steht neben den Ruinen einer 1518 von den Urnern geschleiften mailändischen Burg (Farbt. 1). Sowohl der ursprüngliche Innenraum mit zwei Fenstergeschossen in der Apsis als auch der Campanile stammen aus dem 12. Jh. Der von Stützpfeilern flankierte Turm steht auf den Mauern der Kirche und der Ruine und bildet einen Durchgang. Die romanischen Lisenen und Zwergarkaden an der südlichen Apsis, die an der Wand des Nordchores unregelmäßig fortgesetzt werden, liegen unter neuerem Verputz, der Anbau der Sakristei erfolgte Ende des 16. Jh.

Eine Doppelarkade teilt den Innenraum, der durch ein Eisengitter von den Chören getrennt ist. Die Kassettendecke von 1575 wurde stark restauriert. Im linken, rechteckigen jüngeren Chor finden wir spätgotische Fresken von einem der Meister von Seregno. In der Wölbung eine Majestas mit Evangelistensymbolen, darunter der Hl. Georg als Drachentöter mit der befreiten Prinzessin. An der linken Wand einige mit ihrem starren Blick schablonenhaft wirkende Heilige. An der rechten Wand Sebastian und Christus im Grabe, der Südchor wurde erst um 1904 ausgemalt.

Um *S. Pellegrino* zu besichtigen, kann man bis Altirolo fahren und von dort in zehn Minuten durch den Wald zu Fuß zur Wallfahrtskirche gehen. Früher durchquerte die alte Gotthard-Route den angebauten Portikus, heute führt tief unten die Autobahn vorbei.

An der Fassade der 1345 geweihten und 1589 nach Osten vergrößerten Kirche sehen wir die riesigen Wappen von Uri und der Leventina. Eine Muttergottes in einer Größe, die man sonst nur von Christophorus-Bildern kennt, ragt in das Giebelfeld hinein.

Die sehr reiche Ausmalung vom Ende des 16. Jh. macht die Kirche besonders sehenswert. Ein Gitter trennt den Westteil mit Kreuzgewölben vom Hauptsaal. Da das Gelände nach Westen ansteigt, sind die Schiffsjoche unterschiedlich hoch. Der jüngere östliche Teil, dessen Balkendecke mit Renaissance-Motiven geschmückt ist, wird durch einen Schwibbogen gegliedert. Giovanni Battista Tarilli und Domenico Caresano aus Lugano malten die Kirche vollständig aus. Die Darstellung des Weltgerichts an der östlichen Wand verrät zwar die Schule der Renaissance, ist jedoch in Teilen naiv und manieristisch. Über dem Portal, die ganze Breite der Wand einnehmend, sehen wir die himmlische Zone, rechts und links vom Portal die irdisch-weltliche. Links steigen die Seligen ins Paradies auf, rechts öffnet sich der Höllenrachen für die Verdammten. Ausdrucksvoller als das Jüngste Gericht sind die Bilder der vier Kirchenväter beim Schwibbogen, besonders die Darstellung Papst Gregors mit der Taube auf der Schulter. Zwischen den Fenstern Apostelfiguren und an den Pilastern in

Grisaille-Malerei die personifizierten Tugenden, denen an der Südwand die Laster entsprechen. Im Chorgewölbe sehen wir Bilder aus dem Alten Testament und barocke Stukkaturen, unter dem Chorbogen ein Kruzifix aus dem 16. Jh.

Über Bodio mit den Stahlwalzwerken Monteforno geht die Fahrt durch die untere Leventina weiter nach Pollegio. Dort führt die Gotthard-Straße in Höhe des Campanile an der im 15. Jh. erbauten Pfarrkirche SS. Innocenti vorbei. Das zugehörige Beinhaus wurde 1808 für den Straßenbau abgerissen. Im 15. Jh. ließen die Eidgenossen die ursprüngliche Kirche bauen, bei der sie die Gefallenen der Schlacht von Giornico bestatteten.

Valle di Blenio
Zwischen Buzza und Sosto – ein Stück Tessiner Geschichte

Laut Horaz haben die Brennen dem Tal seinen Namen gegeben, der sich von Brenno, nach dem gleichnamigen Fluß, über Bregno zu Blenio wandelte. In dem nach Süden geöffneten Tal, *Val del sole* genannt, scheint das ganze Jahr über die Sonne. Das milde Klima ermöglicht den Anbau von Edelkastanien, Nußbäumen, Mais und Wein, der bis in Höhen von 800 m wächst.

Die durch die Alpenfaltung entstandene Schichtenfolge ergab im Osten wesentlich steilere Abhänge als an der Westseite. Auch die Gletscher der Eiszeit, die Wildbäche und Bergstürze wie bei Ludiano und Biasca trugen zur Formung des Blenio-Tals bei. Zur Leventina hin wird das Tal von den über 2000 m hohen Bergen Pizzo Molare und Pizzo di Nara, im Osten von über 3000 m hohen Bergen wie dem Pizzo Cassimoi und dem Rheinwaldhorn (Adula) begrenzt. Im Norden schließt die herrliche Pyramide des Sosto (2220 m) hinter Olivone das Tal ab, das auf der nur 20 km langen Strecke von Olivone bis Biasca von 900 m auf 300 m abfällt.

Früh schon besiedelt durch die Lepontier, worauf der Ortsname ›Leontica‹ hindeuten könnte, hinterließen nach Unterwerfung der Kelten und Rätier auch die Römer ihre Spuren im Tal, die schon um die Zeitenwende die Straße über den Lukmanier bauten. Ortsnamen wie Castro, Aquila und Ponto Valentino sind Zeugnisse dieser frühen Besiedlung. Zusammen mit der Leventina und der Riviera wurde das Val di Blenio von Mailand aus, wo der Kirchenvater Ambrosius im 5. Jh. als Bischof residierte, christianisiert. Bischof Atto von Vercelli, durch Erbschaft in den Besitz der drei Täler gelangt, vermachte sie 948 dem Domkapitel von Mailand. Sie wurden daraufhin ›Ambrosianische Täler‹ genannt und erhielten einen eigenen, von der römischen Kirche bis heute anerkannten Ritus.

Die deutschen Kaiser wollten im 12. Jh. die Alpenübergänge in reichstreuen Händen wissen. Nachdem schon Konrad III. die Leventina und das Blenio der Herrschaft der Lenzburger in Uri unterstellt hatte, übergab Friedrich I. das Blenio-Tal dem Alcherio da Torre, der 1165–1170 die Burg Serravalle nördlich von Semione erbaute. Barbarossa selbst hielt sich 1176, auf sein Heer wartend, in Serravalle auf. Von dort aus zog er in die Schlacht von Legnano, in der er von den Truppen der lombardischen Städte geschlagen wurde. Nach Barbarossas Niederlage zerstörten die Talbewohner von Blenio die Burg des vom deutschen Kaiser eingesetzten Alcherio da Torre, der die zerstörte Burg durch das Castello di Curtero ersetzte. 1182 wurde der ›Schwur von Torre‹ geleistet: Die Talbewohner von Blenio versammelten sich mit Vertretern des Domkapitels von Mailand und schworen, das Castello di Curtero zu zerstören, nur dem Domkapitel die Gerichtsbarkeit zuzugestehen und keinem, der außerhalb des Blenio-Tals wohnte, Machtbefugnisse einzuräumen.

Nach dem Niedergang der da Torre kamen neue Herrscher; die Burg Serravalle wurde 1230 von den Orelli aus Locarno wieder aufgebaut. Ihnen folgten die Pepoli aus Bologna als Lehensherren der Visconti (1340), deren Tyrannei so unerträglich wurde, daß die Talbewohner Serravalle endgültig zerstörten und den verhaßten Taddeolo de Pepoli 1402 töteten. 1457 kauften sich die Bleniesi für 9000 Goldgulden von der Herrschaft der Bentivoglio aus Bologna frei und riefen den Schutz der drei Kantone Uri, Schwyz und Unterwalden an, um den wiederholten Kriegen und Machtwechseln zwischen den Sforza und den Franzosen unter Ludwig XII. zu entgehen. Unter Vorbehalt einiger Freiheiten wurde ihnen der erbetene Schutz gewährt, so daß 1512 die fast dreihundertjährige Herrschaft der 'Magnifici Signori Svizzeri' begann; Hauptsitz der Landvögte war Lottigna.

Die Landvögte, deren Titel in den 12 Kantonen zu verschiedenen Preisen käuflich war, konnten in ihrer nur zweijährigen Amtszeit weder die italienische Sprache erlernen noch das Volk kennenlernen, ihr kümmerliches Gehalt versuchten sie durch Abgabenerhebung und Zölle aufzubessern, um so wenigstens die Investition des Amtskaufes zurückzuerhalten. Angeklagte konnten sich durch Zahlungen an die Landvögte, die auch die Gerichtsbarkeit innehatten, freikaufen: Rechtsunsicherheit, Korruption und Bürokratismus waren Tür und Tor geöffnet. In der Justiz wurde die Folter angewandt, man verhängte auch bei weniger schweren Vergehen die Todesstrafe, um das Geld für den Bau und den Unterhalt von Gefängnissen zu sparen. Auch die sogenannten Gesandten, die von den Kantonen jährlich zur Kontrolle der Landvögte ins ›Ennetbirgische‹ oder die italienischen Ämter geschickt wurden, konnten diese Mißstände nicht ändern. Während der Zeit der Vögteherrschaft blieb die Bevölkerung zwar von kriegerischen Auseinandersetzungen verschont, die wirtschaftliche Entwicklung jedoch stagnierte; kleinliche Statuten behinderten den freien Handel, so daß Wollmanufakturen und Seidenspinnereien schließen mußten.

Die Bevölkerung litt nicht nur unter den Machtkämpfen um ihr Tal, auch wirtschaftliche Veränderungen brachten Probleme mit sich. Nach der Eröffnung des Alpenübergangs über den Gotthard verlor der Paßweg über den Lukmanier an Bedeutung. Die durchziehenden

Ruine der Burg Serra-valle im Blenio-Tal

Heere hatten Wiesen und Felder vernichtet, etliche Naturkatastrophen führten dazu, daß die Landwirtschaft nicht mehr genug Ertrag einbrachte. Zur Auswanderung gezwungen, gingen die Einwohner des Tales als Kastanienbrater nach Paris, Brüssel, Genua oder Mailand, wo sie die Schokoladenherstellung erlernten, eine Kunst, die sie in ihr heimisches Tal einführten. Oft kehrten Auswanderer, die es zu bescheidenem Wohlstand gebracht hatten, in ihre Heimat zurück, bauten herrschaftliche Häuser, eröffneten den Gemeinden neue Steuerquellen, ermöglichten Schulunterricht und sorgten für die Ausschmückung der Kirchen. Mitte des 19. Jh. setzte die Emigration nach Übersee ein, die den Kanton seiner besten Kräfte beraubte. Gleichzeitig ließen sich Italiener nieder, die als Handwerker jene Tätigkeiten übernahmen, für die nach der Auswanderung der Einheimischen Arbeitskräfte fehlten.

Der vom Gotthard durch die Leventina reisende Tessinbesucher läßt in seiner Sehnsucht nach Sonne und südlichen Gefilden das Val di Blenio meist buchstäblich links liegen. Dabei lohnt es sich, in Biasca dem Wegweiser ›Lucomagno‹ zu folgen und ins Blenio-Tal einzubiegen. Landschaftliche Schönheiten und kunstgeschichtliche Kostbarkeiten, die in der Schweiz ihresgleichen suchen, können hier entdeckt werden: man findet romanische Kirchen und Kapellen, deren Freskenschmuck bis ins 14. Jh. zurückgeht. Zwei *Talmuseen* (Olivone, Lottigna) geben Auskunft über Geschichte und Volkstum.

43

Ein riesiger Schuttkegel versperrt hinter Biasca den Zugang zum Tal. Er rührt von dem katastrophalen Bergsturz des Monte Crenone her, der ›Buzza di Biasca‹, die in der Nacht des 30. September 1512 mit ihren Gesteinsmassen Teile von Biasca zerstörte und den Brenno zu einem See staute, der bis Malvaglia reichte. Zwei Jahre später brach dieser See aus und verwüstete die Region bis zur Magadino-Ebene. Das Land um die ›Buzza‹ (so bezeichnen Tessiner ein überschwemmtes Tal oder ein Gebiet, das von Sand und Kiesstürzen bedeckt wurde) ist unfruchtbar geblieben. An ihrer Rückseite liegt heute eine riesige Kiesgrube, in der man den für den Autobahnbau benötigten Kies abbaute.

Nach einer Weitung des ansteigenden Tals öffnen sich an der Ostseite das Val Pontirone und das Val Malvaglia. Diese Durchbrüche in den Gneisgebirgen entstanden nicht durch Erosion, sondern aufgrund von Erdbewegungen, die die senkrechten Schichten auseinanderrissen.

Um in das abgeschiedene Val Pontirone und zum Weiler Fontana mit seinen typischen Holzstrickbauten zu gelangen, muß man von der Straße in das Val Malvaglia oberhalb des Ortes Malvaglia abbiegen.

Malvaglia, eine Gemeinde, die aus 22 Fraktionen besteht, litt sehr unter der Überschwemmung nach dem Bergsturz bei Biasca im 16. Jh. Die Pfarrkirche *San Martino* wurde schon im 13. Jh. im Mailänder Verzeichnis ›Liber Notitiae‹ erwähnt. 1913 fand man im Bereich der heutigen Kirche Grundmauern eines romanischen Baus mit Pseudozwillings-apsiden, die im ambrosianischen Gebiet weit verbreitet waren. Nach der Überschwemmung von 1513 wurde die Kirche umgebaut und Anfang des 17. Jh. nochmals vergrößert. Vom Vorgängerbau blieb außer dem romanischen Turm aus dem 12. Jh., einem der höchsten des Tessin, nichts erhalten. Lisenen, Zwergarkaden und Sägezahnfriese akzentuieren die fünf Geschosse des Campanile, dessen Glockengeschoß unter einem Zeltdach aus Steinplatten durch zwei- und dreiteilige Rundbogenfenster in zwei Zonen unterteilt ist. Die Fresken an der asymmetrischen Fassade stammen aus dem 16. Jh: Wir sehen rechts vom Portal einen sehr ausdrucksvollen Christophorus mit Fischen und winzigen Eremiten, eine thronende Madonna zwischen den Hll. Rochus und Sebastian, darunter einen kleineren Christophorus. Links über dem Portal eine stehende Madonna zwischen den Hll. Franziskus und Bernhardin von Siena, darüber Barbara, Martin bei der Mantelteilung und darunter Hieronymus, der durch ein barockes Oberlicht teilweise zerstört ist.

Die barocke Innenausstattung weist schöne Malereien auf, die wegen der Blendung durch Obergadenfenster allerdings schwer zu erkennen sind. An der Nordwand Verkündigung (Eichblattmotiv), Heimsuchung, Darbringung im Tempel und eine Epiphanie (›magi ab oriente‹, ca. 1510). An der Südseite ein Letztes Abendmahl in sehr schlechtem Zustand, an der Chorbogenwand der Hl. Ambrosius zu Pferd in der Schlacht von Parabiago (1339). Im Chor Malereien von Bernardino Serodine aus Ascona (1650), am Chorbogen rechts S. Carlo Borromeo mit Kardinalshut.

In der verfallenen Kapelle des Hl. Apollinarius links neben der Kirche findet man zwischen den Gestalten zweier Bischöfe, deren Gesichter zerstört sind, Anmerkungen zu der Überschwemmung in lateinischen Hexametern (›Exitus lac maioris‹). Jenseits des Tales sehen wir auf einem Hügel, von Bäumen leicht verdeckt, die Burgruine von Serravalle.

Von Malvaglia führt eine Serpentinenstraße an einer großen Staumauer vorbei in das **Val Malvaglia**. In den abgelegenen Weilern Anzano und Dandrio findet man vielleicht noch die Kornleitern *(rascane)*, auf denen die Roggengarben zur Nachreifung ausgebreitet wurden.

Wir setzen unsere Fahrt unten im Tal in Richtung **Motto** fort. Dort biegen wir links ab und überqueren den Brenno, um die Kapelle *S. Pietro* auf einer kleinen Anhöhe im Talgrund zu besichtigen. Es lohnt sich, um die Kirche herumzugehen und die halbrunde Apsis mit Lisenengliederung und Sägezahnfries zu betrachten. Nur der Unterbau des Turms stammt aus romanischer Zeit. Links neben dem alten Südportal ein Christophorus, möglicherweise noch aus dem 14. Jh., in der Lünette ›Christus im Elend‹. Der Apsidensaal aus dem 13. Jh. wurde 1581 erhöht und im 18. und 19. Jh. ausgestattet, die Apsidenkalotte enthält übermalte Fresken des 15. Jh.: eine Majestas mit Aposteln, darunter ein ornamentales Würfelmuster.

Dongio wurde durch einen Bergsturz 1758 teilweise zerstört. Am 1. August jeden Jahres findet hier ein Umzug der sogenannten napoleonischen Garde statt, der an die Franzosenherrschaft und die von Napoleon diktierte Mediationsakte erinnern soll.

Hinter Dongio zweigt nach der Brücke über den Brenno eine kleine Straße zum Weiler **Boscero*** ab. Am Waldrand weiterfahrend, finden wir die *Kapelle San Remigio*, idyllisch in einer kleinen Wiesensenke gelegen. Der schlichte, unverputzte Bau aus dem 11. Jh. ist auf den ersten Blick kaum als Kirche zu erkennen. Die Pseudozweiapsidenanlage, die im 12. Jh. wahrscheinlich eine Erweiterung nach Norden erfuhr, wurde in den Jahren 1943–46 restauriert. Die Unterteilung des Anbaus in eine Kapelle und eine Sakristei stammt aus der Barockzeit, gleichzeitig wurde ein Glockenjoch über dem Giebel hinzugefügt. Blendnischen und Zwergarkaden gliedern die Südseite und die Apsis.

Beim Eintritt erblickt man ein Fresko aus dem 13. Jh., das in byzantinisierendem Stil Nikolaus von Myra in bischöflichem Gewand darstellt. Daneben die riesige Gestalt eines Christophorus mit Wassertieren. Die Majestas Domini und die Evangelistensymbole im Apsisgewölbe sind teilweise zerstört. Drei romanische Luziden unterteilen die Reihe der

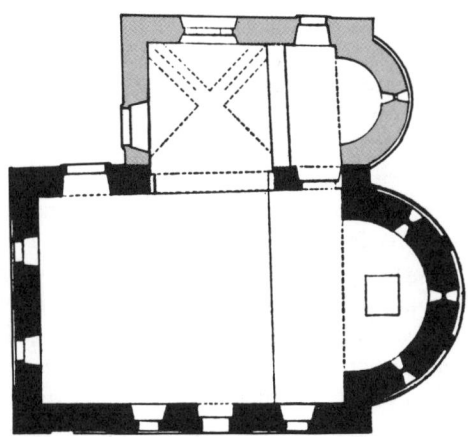

Grundriß der Kapelle S. Remigo bei Boscero

zwölf Apostel in vier Gruppen, die durch ihre Beigaben und Beschriftung zu erkennen sind. Am Chorbogen eine Verkündigung, links davon der Kirchenpatron S. Remigio, der 496 den Frankenkönig Chlodwig taufte. Rechts neben dem Chorbogen ein Erzengel Michael. An der nördlichen Wand über der Sakristeitür eine stark übermalte Madonna aus dem 15. Jh. Die in Schiff und Seitenkapelle aufgestellten Fresken von Tarilli entstanden um 1600, sie wurden 1945 von den mittelalterlichen Schichten in der Apsis abgelöst und auf Leinwand übertragen. Die mit Namen versehenen Apostelfiguren sind mit denen des romanischen Frieses fast identisch. An der Vorderseite des Altars befinden sich zwei romanische Stuckfiguren, deren Gesichter leider stark zerstört sind.

Auf der Talstraße fahren wir weiter nach **Acquarossa,** das bis 1971 Endstation der ehemaligen Bleniotalbahn war. An der linken Talseite kann man noch das alte Kurhaus des Thermalbades sehen. Wir bleiben zunächst auf der östlichen Talseite, biegen weiter oben rechts nach **Lottigna** ab und können bis zur *Casa dei Landvogti* (oder *Palazzo del Pretorio*) fahren.

Der eindrucksvolle Bau aus dem 16. Jh. mit Spitzbogenportal diente während der eidgenössischen Herrschaft als Sitz der Landvögte im Blenio-Tal. Wappen der Landvögte, der Kantone und des Blenio-Tales schmücken die Fassade; rechts an der Ecke ein Halseisen an einer Kette. Im Palazzo ist heute das Historische Museum des Tals untergebracht, das religiöse Kunst, bäuerliches Kunsthandwerk, Landwirtschafts- und Küchengerät, Kostüme und eine große Waffensammlung präsentiert. Als besondere Kostbarkeit findet man hier eine holzgeschnitzte Apostelgruppe (Abb. 14) aus Anzano (Val Malvaglia, 15. Jh.).

Rechts neben dem Pretorio befindet sich die Pfarrkirche *SS. Pietro e Paolo*, im 13. Jh. entstanden und 1632 barock umgebaut. An der Fassade ein verblaßtes Fresko der Pestheiligen Rochus und Sebastian. Das Innere ist reich mit Gewölbestukkaturen, Tafelbildern und Statuen des 17. Jh. ausgeschmückt.

Nicht leicht zu finden ist die ›Kapelle in der Talsohle‹ mit Fresken aus dem 15. Jh. Sie liegt unterhalb des Postgebäudes inmitten einer Wiese und kann auf zwei in den Talgrund führenden Wegen erreicht werden. Von oben und von der Seite sieht sie eher wie ein kleiner Stall aus, erst von vorn erkennt man den Rundbogen und das kleine Eisengitter am Eingang.

Die Malereien im Inneren der Kapelle schufen laut Inschrift Cristoforo da Seregno und Lombardus da Lugano im Jahr 1455: im Gewölbe Christus als Richter mit dem Buch des Lebens sowie die Evangelistensymbole, sehr schön der Matthäus-Engel. Die Kreuzigungsgruppe ist umgeben von den Hll. Sebastian, Michael und Margarethe.

An einer Stallmauer in **Grumo** kann man eine bezaubernde Madonna mit Kind aus dem ausgehenden 15. Jh. vor einem bemerkenswert ornamentierten Hintergrund finden.

Torre erhielt seinen Namen von der Stammburg der Dynastie der da Torre. Nur noch wenige Mauerreste erinnern an die ehemalige Burg Curtero, die der Reichsvogt Alcherio da Torre erbauen ließ, nachdem die Talbewohner ihn von Serravalle vertrieben und die Burg zerstört hatten. Heute steht dort die kleine Kirche S. Salvatore.

Der im 12. Jh. erbaute romanische Campanile der etwas oberhalb des Dorfes gelegenen Kirche S. Stefano ist besonders sehenswert: Blendbogennischen und Zahnschnittfriese gliedern den fünfgeschossigen Turm. Nach einem Brand im Jahr 1732 wurde die Kirche, die von einem stimmungsvollen Kirchplatz mit Beinhaus und Pfarrhaus umgeben ist, im barocken Stil neu gebaut. An der Fassade rechts eine Inschrifttafel mit Teilen des Schwurs von Torre.

In der Nähe der Kirche können wir an der Casa Baltera, halb hinter einem Fensterladen versteckt, eine farbintensive, gut erhaltene Madonna del latte von 1495 sehen, deren zarte Mimik und Gestik besonders auffallen.

In einem Tobel vor Dangio befindet sich die Schokoladenfabrik ›Cima Norma‹, zu Beginn des Jahrhunderts von den Brüdern Cima gegründet. Brände und Hochwasser zerstörten das Gebäude immer wieder, 1966 mußte die Fabrik wegen wirtschaftlicher Schwierigkeiten endgültig geschlossen werden. An einigen Häusern in **Dangio** sind Madonnenfresken aus dem 15. und 16. Jh. zu sehen, eines mit den Wappen der Rusca und Visconti verziert.

In **Aquila,** das einen schönen Blick über das mittlere Blenio-Tal bietet, findet man neben den städtischen Steinhäusern die typische Mischbauweise: steinerne ›Feuerhäuser‹, deren Wohnteil aus Holz gefügt wurde und an deren Traufseiten hölzerne Lauben entlangführen.

Beinhaus, Via Crucis und Friedhofssäule umgeben die große *Pfarrkirche S. Vittore Mauro,* die 1733 gebaut wurde. In der Kirche finden wir hinten rechts das Gemälde eines Gnadenstuhls, das die freie Kopie eines Holzschnittes von Dürer darstellt (1570). An der Südseite außen, in der Lünette eines romanischen Portals, ein Erbärmdebild mit gotischer Inschrift von 1502. Daneben erkennt man noch die Blendnischen des mittelalterlichen Vorgängerbaus. Der Turm ist spätmittelalterlich, die beiden Glockengeschosse stammen von 1641.

Olivone, beherrscht von der Pyramide des 2220 m hohen Sosto, war im Mittelalter vor der Eröffnung des Gotthard-Passes eine wichtige Durchgangsstation am Lukmanier. Im 13. Jh. verfügte Olivone über weitgehende Selbstverwaltung, bis 1823 wurde hier Wegzoll erhoben.

Die *Pfarrkirche S. Martino,* umgeben von einem stimmungsvollen und mit Bäumen bestandenen Kirchplatz, stammt aus dem 17. Jh. An der Südseite sieht man noch Reste von Blendarkaden des früheren Baus aus dem 12. Jh. Den romanischen viergeschossigen Campanile aus Quadern gliedern Zwergarkaden und Ecklisenen, ein Zeltdach krönt den Turm. Die Kapitelle der Zwischensäulen in den Schallfenstern tragen Skulpturenschmuck aus dem 12. Jh. Das Kircheninnere wird zur Zeit (1986) restauriert.

Gegenüber der Kirche liegt die *Cá da Rivöi.* Das ehemalige Pfrundhaus, ein typischer Holzstrickbau mit gemauertem Teil und Holzgalerie, dient heute als Museum. Von 1959 bis 1969 renoviert, beherbergt es in beispielhafter Präsentation religiöse Kunst, Geräte des Haushalts und der Landwirtschaft, Trachten und altes Mobiliar. Sehenswert sind eine gotische Madonna mit Kind aus dem späten 14. Jh., ein gotischer Kruzifixus und ein romanisches Steinkruzifix, wohl aus dem 12. Jh.; eine steinerne Kakaobohnenquetsche erinnert an die Schokoladenherstellung. Kanontafeln und Monstranzen verdeutlichen die Unterschiede zwischen der ambrosianischen und römischen Liturgie. Besonders schön ist ein florentinisches Renaissance-Triptychon aus dem Oratorium S. Maria delle Grazie in Sommascona aus

Romanisches Steinkruzifix im Talmuseum von Olivone

dem 15. Jh. Der Flügelaltar zeigt in der Mitte ein farbiges Stuckrelief der Madonna mit Kind und an den Seiten, in Temperafarben, Johannes den Täufer und die Hl. Mathilde (?) mit Stiftern in lombardischen Kostümen des 15. Jh.

Ein unscheinbares kleines Haus gegenüber der *Cá da Rivöi*, das frühere Schulhaus der Gemeinde, wurde von der Kirche angekauft und so vor dem Verfall bewahrt.

Im Ortsteil Lavorceno jenseits des Brenno in der Nähe des Flußufers finden wir die Casa Hemma. Das zur Hälfte in Holzstrickbauweise erbaute Haus mit bizarren Kaminen war im 17. Jh. Sitz der Familie Hemma, die hier das Statthalteramt innehatte. Ein Außenfresko an der kleinen Kapelle S. Giuseppe nebenan stellt die Hll. Jakobus und Christophorus dar.

In der Umgebung von Olivone lädt **Solario** mit seinen eindrucksvollen Holzstrickbauten und Fresken an den Häusern zu einem Besuch ein. Auch in **Scona** findet man Holzbauten mit walserischem Einschlag. Die schon 1205 erwähnte Kapelle S. Colombano gehört zu den ältesten des Tales. Der heutige Bau stammt aus dem 17. Jh., Turm und kreuzgewölbte Kapelle sind romanischen Ursprungs. Der ehemalige Chor wurde im 16. Jh. von den Tarilli ausgeschmückt, die Fresken sind leider in sehr schlechtem Zustand.

Das **Val di Campo** erreicht man durch einen 1958 gebauten Tunnel. In **Campo** sehen wir die kleine, spätmittelalterliche Kirche SS. Maurizio e Agata mit romanischem Turm. Von

1   Cavagnago, S. Ambrogio di Segno ▷

3 Rossura, SS. Lorenzo e Agata, Abendmahl und Geißelungsszene
◁ 2 Die alte Gotthardstraße
4 Chironico, SS. Ambrogio e Maurizio, Madonna mit Heiligen

5   Prugiasco, Romanischer Campanile der Kirche S. Ambrogio vecchio (S. Carlo) aus dem 13. Jahrhundert

6 Blick auf Chironico im Val Leventina

7 Wanderweg bei Chironico im Val Leventina ▷

8 Giornico, Krypta von S. Nicola

9 Mairengo, S. Siro, Flügelaltar aus dem 16. Jahrhundert

10 Giornico, Romanische Außenplastik an der Westseite von S. Nicola

11 Giornico, Romanische Außenplastik an der Westseite von S. Nicola

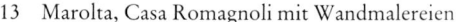

12 Prugiasco, S. Ambrogio vecchio di Negrentino

13 Marolta, Casa Romagnoli mit Wandmalereien

14 Talmuseum in Lottigna, Ausschnitt aus der Apostelgruppe aus dem späten 15. Jahrhundert

15 Monte Carasso, Innenansicht von S. Bernardo mit Fresken des 15. bis 17. Jahrhunderts ▷

16   Monte Carasso, S. Bernardo, Fresko der heiligen Apollonia von einem der Seregnesi

17   Locarno Orselina, Wallfahrtskirche Madonna del Sasso ▷

der serpentinenreichen Straße zum Luzzone-Stausee hat man einen herrlichen Blick in das Val Camadra.

Unterhalb von Aquila kann man auf die andere Talseite wechseln und unterwegs in **Grumarone** die *Kapelle S. Anna* besichtigen, die 1624 von einem unbekannten Meister vollständig ausgemalt wurde.

Auf der westlichen Talseite kommen wir nach **Ponto Valentino**. Von der mittelalterlichen *Kirche S. Martino* blieb nur der Campanile erhalten, der heutige Bau stammt aus dem 18. Jh. Am Beinhaus ein interessantes Gemälde, das Maria als Fürbitterin der Toten zeigt, die als Skelette dargestellt sind.

Marolta, 800 m hoch auf einer Geländeterrasse gelegen, ist ein geschlossenes Dorf, das mit der Casa Romagnoli ein typisches Blenieser Steinhaus mit Holzgalerie, mächtigen Kaminen und ländlicher Fassadenmalerei besitzt (Abb. 13).

Auf der Talstraße gelangen wir nach **Castro**, dessen Name auf ein ehemaliges römisches Lager hinweist. Hier war im 18. Jh. die volkstümliche Künstlerfamilie Biucchi beheimatet, deren Malereien wir an vielen Orten des Tessin finden, wie auch in der Kapelle S. Antonio di Padova, deren Chor Carlo Biucchi 1732 illusionistisch ausmalte. Daneben die *Casa dei Landvogti*, ein typisches Blenieserhaus mit origineller Fassadenmalerei. Die Pfarrkirche S. Giorgio, ein neoklassizistischer Bau am Südrand des Dorfes, wurde 1867 nach Abriß der alten Kirche errichtet. Im Inneren sind eine Kopie des Abendmahls von Leonardo und die Stuckfigur eines Apostels aus dem 12. Jh. zu sehen.

Prugiasco gehörte bis 1798 zur Gemeinde Chiggiogna in der Leventina, die über die einst viel begangene *Bassa di Nara* zu erreichen war. An diesem Saumpfad in der Nähe des Maiensäßes Negrentino liegt *Sant'Ambrogio Vecchio di Prugiasco**, die frühere Pfarrkirche des Ortes, heute bekannter als *S. Carlo* (Abb. 12).

Wir fahren die Straße von Prugiasco nach Leontica hinauf und von dort bis zum Parkplatz am Sessellift, wo ein schmaler Pfad beginnt, der zu einer Brücke über die tiefe Schlucht des Ri di Prugiasco führt. Bald danach senkt sich der Weg zum Maiensäß Negrentino, von wo man durch die Bäume schon den Turm von Sant'Ambrogio sehen kann. Besonders schön präsentiert sich das kleine Bauwerk im Spätherbst, wenn die gegenüberliegenden Hänge ihre ganze Farbenpracht entfalten. An der Westfassade erkennt man den Umriß des Giebels der ehemals einschiffigen Anlage, die wohl im letzten Drittel des 11. Jh gebaut und im 12. Jh. um ein südliches Schiff mit kleinerer Apsis erweitert wurde, wobei sowohl das Portal in der Westfassade als auch das in der Nordseite zugemauert wurden.

Im 12. Jh. entstand auch der freistehende Campanile (Abb. 4), aus etwas späterer Zeit stammt die südlich angebaute Sakristei. Bei einem Gang um die Kirche erkennt man die exponierte Lage des Komplexes auf den weiten Matten dieser Terrasse über dem Tal. Die

◁ 18   Muralto, S. Vittore

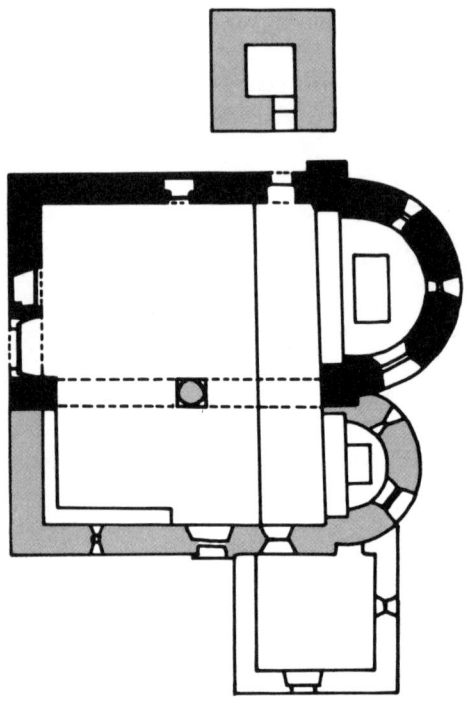

Prugiasco, Grundriß von S. Ambrogio vecchio.
Die im späten 11. Jahrhundert erbaute einschiffige
Kirche wurde im 12. Jahrhundert um ein südliches
Schiff mit kleinerer Apsis erweitert.

kleine ursprüngliche Basilika, deren Umriß man auch an der Ostfassade entdecken kann, steht auf einem Felsvorsprung.

Die alte Apsis erhält ihre leuchtende Farbigkeit durch die großen unregelmäßigen Quader, die, leicht gekurvt, aus grauem Granit, gelblichem Kalkstein und Tuffstein bestehen. Das Halbrund ist durch zwei schmale Lisenen in drei unregelmäßige Blendnischen gegliedert, die von Zwergarkadengruppen zu vier, fünf und sechs Bogen bekrönt sind. Darüber eine Reihe von hellen und dunklen Quadern, die die Farbigkeit dieser Apsis noch unterstreichen. Einige Kragsteine der Zwergarkaden tragen kleine Tau-Kreuze.

Von den ursprünglichen Fenstern blieb nur die gestufte Luzide in der Mitte erhalten, neben der sich rechts das Relief eines Pfaus als Symbol der Unsterblichkeit befindet. Über der Apsis, im ehemaligen Giebel, sieht man ein durchbrochenes Kreuz und darüber die Umrisse des Ansatzes eines ehemaligen Glockenjoches. Die großen Fensterausbrüche an beiden Apsiden stammen aus späterer Zeit und stören den Gesamteindruck erheblich.

Der dreigeschossige Campanile wiederholt durch die verschiedenen Steinarten an der Ostseite das farbige Bild der Apsis. Zwillingsarkaden schmücken den Turm, der von einem Zeltdach gekrönt ist. Die noch erkennbaren Wappen von Uri und der Leventina an der Ostwand des Campanile erinnern an die Zugehörigkeit Prugiascos zur Leventina.

Über dem kleinen südlichen Portal, durch das man die Kirche betritt, befindet sich in der Lünette ein Erbärmdebild, darüber ein Erzengel Michael mit Seelenwaage aus der Zeit um 1500. Der Innenraum wurde durch den Anbau des südlichen Schiffes erhöht, der ehemals leicht trapezoide Grundriß der Basilika erhielt dadurch eine fast quadratische Form. Heute nehmen zwei große Arkaden, die in der Mitte auf einer gemauerten Rundsäule mit großem Wulst und grobem Kapitell ruhen, den Platz der ehemaligen Südmauer ein, eine flache Holzdecke schließt den ursprünglich offenen Dachstuhl ab.

In Sant'Ambrogio blieben an der westlichen Wand über dem ehemaligen, heute zugemauerten Hauptportal Reste romanischer Wandmalereien erhalten, die in dieser Qualität nur noch in Muralto und Sorengo zu sehen sind. Man nimmt an, daß unter den zahlreichen spätgotischen Malereien, die Anfang des 16. Jh. von zwei Werkstätten geschaffen wurden, noch weitere romanische Fresken verborgen sind.

Von einem lombardischen Meister aus Galliano stammt die Auferstehungsdarstellung aus dem späten 11. Jh. In einem großen Kreis in Dunkelgrün, Ockergelb, Rot und Blau erhebt sich Christus, der eine fleischfarbene Tunika und einen rotbraunen Königsmantel trägt, mit segnender Geste. Eine Art Mäandermuster schmückt den hellen Faltenwurf der Tunika. In der linken Hand hält er einen weißen (Sieges-?) Kranz. Rechts und links sind ihm als selten dargestellte Attribute die Lanze und der Ysopstab mit Schwamm beigegeben. Sein Kreuznimbus ist ockerfarben mit rotbraun profiliertem Kreuz. Rechts und links sind die zwölf Apostel zu sehen, die, in zwei Reihen hintereinander stehend, Christus applaudieren (Farbt. 2). Die großen gelben und roten Heiligenscheine verdecken zum Teil die Gesichter der in der zweiten Reihe stehenden Apostel, von deren Namen nur noch einige zu erkennen sind. Die Farbtönungen der faltenreichen Gewänder sind kunstvoll voneinander abgesetzt, besonders schön der rechte Ärmel des Petrus. Leider ist der untere Teil der linken Gruppe sowie die rechte Gruppe fast ganz zerstört.

Oben werden die Figurengruppen durch ein Mäanderband abgeschlossen, dessen einzelne Felder perspektivische Kreuze bilden. Rechts und links oberhalb der Christusgestalt in grünen Feldern zwei sich gegenüberstehende Lämmer. In der linken Ecke kann man die sehr fragmentarischen Fangarme eines Polypen erkennen.

Über dem Portal blieb ein Fries erhalten, der auf weißem Grund eine Rebenranke mit roten und grünen Blättern zeigt. An der rechten Seite der Wand sieht man eine Mönchsgruppe mit Kapuzen und im Vordergrund ein kaum noch entzifferbares Fragment eines Martyriums oder einer Höllendarstellung.

Byzantinische Einflüsse werden an Details wie an dem brückenbildenden Daumen der segnenden Hand deutlich. Christus ist als Sieger über den Tod und als Weltrichter dargestellt. In der Kalotte der Nordapsis erschreckt ein Christus mit weit aufgerissenen Augen; unter der Majestas die zwölf Apostel. Ein Mäanderfries über der Verkündigung am Chorbogen und ein Drachenkopf hinter dem Altar sind Reste der ursprünglichen Fresken. Ein sehr realistischer Kruzifixus aus dem 16. Jh. hängt im Triumphbogen (Farbt. 3).

An der nördlichen Wand sind Malereien zu sehen, die wohl von den Seregnesi geschaffen wurden. Sie stammen aus dem 15. Jh. und zeigen von links eine thronende Madonna mit

Kind in gemustertem Gewand, eine weitere Madonna mit Kind, die Hll. Antonius und Bernhardin, einen Stifter und zuletzt eine Kreuzigungsgruppe.

In der kleineren Südapsis eine Marienkrönung und an der Chorwand Darstellungen aus dem Marienleben. Die südliche Wand ist mit drei Votivbildern der thronenden Muttergottes geschmückt. An der Westwand sehen wir einen Hl. Ambrosius zu Pferd in der Schlacht von Parabiago (1339). Der Legende zufolge griff er fast 1000 Jahre nach seinem Tod als Erscheinung in die Schlacht ein und vertrieb die Feinde Mailands mit einer Geißel. Links und rechts neben ihm sind die Hll. Ambrosius und Protasius dargestellt, neben denen Ambrosius auf eigenen Wunsch in der Krypta von Sant'Ambrogio in Mailand beigesetzt wurde.

Über Leontica erreichen wir **Corzòneso**. Auf einer Felsterrasse unterhalb des Dorfes ruht der massive, hohe Bau der *Pfarrkirche SS. Nazario e Celso**, der von einem Kapellenkranz auf der Friedhofsmauer umgeben ist und mit dem Beinhaus eine harmonische Gruppe bildet. Von der ursprünglichen Kirche S. Nazario aus dem 13. Jh. wurden nur Reste in den 1671 errichteten Neubau integriert. Die Außenkapelle mit bemalten Rundsäulen enthält Fresken der Brüder Tarilli von 1587. Rechts neben dem Westportal ein kaum noch zu erkennender Christophorus aus dem 14. Jh. Der herrliche geschnitzte Hochaltar stammt aus dem ausgehenden 17. Jh. Spätgotische Fresken aus dem 15. Jh., von den Seregnesi an die frühere Außenwand der Kirche gemalt, schmücken heute die Sakristei. Die gut erhaltenen Darstellungen zeigen eine Kreuzigungsgruppe, rechts davon einen Hl. Nazarius und darunter eine seltene Beichtszene.

Wieder im Tal, müssen wir vor Dongio den Brenno überqueren und bei Motto wieder auf die rechte Talseite fahren, um **Serravalle** und Semione zu erreichen. Kurz vor Semione führt ein Weg abwärts durch den Wald zu der hinter Bäumen und Büschen versteckten Burgruine *Serravalle* (Farbt. 10). Sie wurde zwischen 1165 und 1170 vom Reichsvogt Alcherio da Torre erbaut, um den Paßweg zum Lukmanier zu kontrollieren und das Tal abzuriegeln (*serra* = Sperre). Südlich der 1402 zerstörten Burg liegt die Kapelle *Santa Maria di Castello**, die schon 1359 Erwähnung fand. Chor und Arkadenvorhalle stammen aus dem 16. Jh., an der Nordseite Freskenreste eines anmutigen Christophorus. Über dem heutigen Westportal unter der Vorhalle das Fresko einer Justitia aus dem 15. Jh.

1587 malten die Brüder Tarilli den Chor hinter dem schmiedeeisernen Gitter von 1691 vollständig aus. Im Gewölbe Darstellungen von Propheten, Evangelisten, Kirchenvätern und eine Marienkrönung. An der Chor-Stirnwand sehen wir außer einer Kreuzigungsgruppe verschiedene Heilige, u. a. Luzia und Apollonia, am Chorbogen eine Verkündigung.

Das langgestreckte Dorf **Semione** mit seinen herrschaftlichen Häusern liegt auf der westlichen Talseite. Die Pfarrkirche *S. Maria Assunta,* die mit Beinhaus, Friedhofssäule und Kreuzwegkapellen eine malerische Anlage bildet, wurde im 18. Jh. neu erbaut. Von der Vorgängerkirche blieb der Turm erhalten, dessen zwei untere Geschosse wahrscheinlich noch aus dem 11. Jh. stammen. Die später ausgebrochenen Öffnungen stören den Eindruck des fein gegliederten Turmes mit seinen Blendbogennischen, Lisenen und Zahnschnittfriesen. Vor dem Portal befindet sich eine toskanische Vorhalle. Die Innenausstattung der Vorhalle an der Westecke der Kirche stammt weitgehend aus dem Barock. Sehenswert ist vor allem das Beinhaus, an dessen Vorderseite wir barocke Malereien mit der Auferweckung der Toten finden. Im Inneren Fresken der Seregnesi aus dem 15. Jh., eine Majestas mit Evangelisten und Kirchenvätern im Gewölbe; an der linken Wand eine Epiphanie mit sehr schöner Madonna, rechts eine Reihe von namentlich gekennzeichneten Heiligen und an der Stirnwand eine gut erhaltene Kreuzigungsgruppe mit Heiligen.

Von Semione aus lohnt sich ein Abstecher nach **Navone** (765 m), einem sehr malerischen, auf einer Wiesenterrasse gelegenen Weiler, dessen achteckige Kirche mit toskanischer Vorhalle, früher dem Hl. Luzius geweiht, jetzt *S. Maria Bambina* heißt. Der 1676 entstandene Bau ist mit Gneisplatten gedeckt, Giovanni Batista Soldati malte die Kuppel aus. Das sehr stimmungsvolle Dorf mit seinen Häusern und Ställen in Mischbauweise ist nur im Sommer bewohnt.

Von Navone aus kann man nach Silvapiana weitergehen oder die Bergstraße weiterverfolgen, um dort den schönen Ausblick in das obere Blenio-Tal zu genießen. Über Semione und Loderio erreicht man den Talausgang bei Biasca.

Biasca und die Riviera
Der Korridor zum Süden

Biasca, das zusammen mit den drei Tälern Leventina, Blenio und Riviera 948 in den Besitz des Erzbistums Mailand gelangte, besaß wegen seiner Lage im Schnittpunkt der Paßwege über den Lukmanier und Gotthard schon im frühen Mittelalter große verkehrspolitische Bedeutung, Geistliche von ›Aviasca‹ werden bereits im frühen 9. Jh. im St. Galler Verbrüderungsbuch genannt. Der Name des Ortes wandelte sich von Abiasca über Habiasca zum heutigen Biasca. Als wichtigster Markt der drei ambrosianischen Täler genoß Biasca weitgehende Selbstverwaltung unter einem vom Volk gewählten *avogadro*.

Der Bergsturz des Crenone und die nachfolgende Überschwemmung zerstörten 1512 die nördlichen Teile des Ortes mit dem mittelalterlichen Baubestand. Ende des 16. Jh. dezimierte die Pest die Bevölkerung, weitere Überschwemmungen zwangen viele Bewohner zur Auswanderung. Zu Beginn des 19. Jh. erlebte Biasca mit dem Straßenbau einen wirtschaftlichen Aufschwung, nach der Eröffnung der Gotthard-Bahn 1882 begann die Industrialisierung. Viele Dorfbewohner fanden Arbeit bei der Eisenbahn und in der Granitindustrie; Arbeitsbedingungen und Verdienste waren jedoch so schlecht, daß sich hier die erste Gewerkschaftsbewegung des Tessin mit ihrem Organ *Lo scalpellino* (›Der Steinmetz‹) formierte.

Biasca wird von den Einheimischen zwar immer noch als Dorf bezeichnet, hat jedoch weitgehend städtischen Charakter und besitzt kaum noch alte Bausubstanz. Die 1586

*Biasca, Nordansicht
von SS. Pietro e Paolo*

erbaute Casa Pellanda, einer der schönsten Renaissance-Bauten im Tessin, wird zur Zeit restauriert, um später als Museum genutzt zu werden. Die strategische Bedeutung Biascas im Mittelalter läßt sich auch an der Gründung einer Kirche im späten 11. Jh. oder Anfang des 12. Jh. erkennen. Die *Propsteikirche S. Pietro e Paolo**, hoch über dem Ort gelegen, gehört zu den wichtigsten romanischen Baudenkmälern der Schweiz und diente als Mutterkirche der drei Täler (Farbt. 5). Sie wurde 1955–1956 weitgehend restauriert, wobei man die Veränderungen des 17. und 18. Jh. beseitigte und einige alte Teile ersetzte.

Die geostete Kirche steht mit ihrer Chorpartie auf nacktem Fels, der innen im rechten Schiff hervortritt, der Westteil der Kirche ruht auf einem künstlichen Sockel. Der Bau wächst mit seinem unverputzten Mauerwerk geradezu aus der dahinter aufragenden Felswand heraus und ist aus der Ferne kaum von ihr zu unterscheiden. Die mächtige Fassade ist im Giebel durch ein Zwillingsfenster, einen Arkadenfries, eine Kreuzluke und darunter durch hohe Blendbogennischen gegliedert. Der Ernst und die Geschlossenheit des romanischen Bauwerks erhalten durch die elegante toskanische Vorhalle von 1722 einen eigentümlichen Reiz. Störend wirkt jedoch das riesige Zifferblatt der Uhr an der Westseite des romanischen Turmes. Hohe Blendarkaden gliedern die nördliche Außenwand mit den ursprünglichen Rundbogenfenstern; eine angebaute Sakristei und ein Beinhaus aus späterer Zeit wurden bei der Restaurierung der ursprünglichen Kirche wieder entfernt.

Besonders schön ist das Quaderwerk der Apsis mit Lisenen und lombardischem Zwergbogenfries. Daneben bildet eine Steinbrücke den Zugang zu dem im 12. Jh. erbauten Campanile, der in die Südostecke der Kirche integriert ist. Lisenen und Blendbogen gliedern den dreigeschossigen Turm, über dessen Glockengeschoß mit Zwillingsfenstern sich ein Zeltdach erhebt. Im Zuge der Restaurierung wurden die großen viereckigen Barockfenster an der Südwand zugemauert und durch die ursprünglichen Rundbogenfenster ersetzt. An dieser Seite befindet sich, wie auch an der Fassade, ein Pilasterportal mit Lünette. Rechts neben der Vorhalle Reste eines monumentalen Christophorus.

In der dreischiffigen Pfeilerstufenhalle, deren Mittelschiff zum Berghang ansteigt, wird der Niveauunterschied durch den ansteigenden Fußboden und mehrere Stufen bis zur Apsis überwunden. Gleichzeitig verengt sich das Zentralschiff zum Chor hin um einen Meter, was eine suggestive Steigerung des Raumeindrucks hervorruft. Während die Seitenschiffe auf quadratische Kapellen zuführen, wird das Mittelschiff von einer halbrunden Apsis mit Kalottengewölbe abgeschlossen. Fünf rechteckige, vom Verputz befreite Pfeilerpaare gliedern mit ihren Arkaden den Raum in drei Schiffe; das vierte, im 18. Jh. entfernte Pfeilerpaar wurde rekonstruiert. Eine flache, modern bemalte Holzdecke, die auch die Seitenschiffe deckt, ersetzt das barocke Tonnengewölbe.

Die Betrachtung der Wandmalereien aus dem 13. bis 17. Jh. gleicht einer Reise durch fünf Jahrhunderte lombardischer Malkunst. Zu den ältesten Fresken gehört der gigantische, jedoch kaum noch erkennbare Christophorus außen an der Fassade. Er wurde schon von Rahn in das 12. Jh. datiert, entstand also vor der allgemeinen Verbreitung des Christophorus-Kultes in der Zeit der großen Epidemien des 14. Jh., und ist eines der ältesten Beispiele dieser Art in den Bergkirchen des Tessin.

Wir schlagen vor, zuerst die Malereien an den Pfeilern zu betrachten, um dann vom Chor und Presbyterium aus die Seitenschiffe anzusehen. Kardinal Carlo Borromeo beschrieb glücklicherweise 1567 und 1570 die Kirche noch in ihrer ursprünglichen romanischen Form, so daß man in diesem Jahrhundert die Lage der Fresken orten konnte. Besonders gut erhalten ist der Sennenheilige Luzius, der rechts am zweiten Pfeiler mit seinem großen Käserad in der linken Hand von einem der Seregnesi gemalt wurde (Farbt. 7). Der Legende zufolge wurde Luzius von seinem Herrn umgebracht, da er aus ein und derselben Menge Milch zweimal Käse machen konnte, den er an die Armen schenkte. An der Innenseite dieses Pfeilers ein prächtiger Mauritius oder Georg zu Pferde mit Fahne und wehendem Mantel, sehr plastisch und von so dynamischer Bewegung, daß er jeden Augenblick aus dem Bild zu reiten scheint (15. Jh.). Am dritten Pfeiler rechts sehen wir die Hll. Dorothea und Thekla (Farbt. 8) und zum Hauptschiff hin am selben Pfeiler den Apostel Petrus als Bischof aus der Zeit vor 1400, leider nur im oberen Teil erhalten. Der fünfte Pfeiler rechts am Presbyterium

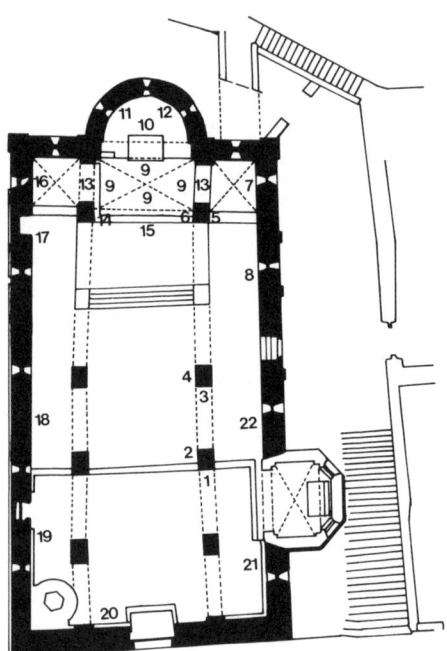

Biasca, Grundriß von SS. Pietro e Paolo   1 Hl.
Luzius   2 Hl. Mauritius oder Georg   3 Hll. Dorothea und Thekla   4 Hl. Petrus   5 Madonna
del latte   6 Hl. Katharina   7 Hl. Laurentius
8 Hl. Ambrosius   9 romanische Malereien
10 Majestas   11 Quo vadis   12 Hl. Philippus
13 Kirchenväter   14 Hl. Bartholomäus   15 Christus auf dem Berg Tabor   16 Hll. Fabian
und Luzia   17 Christophorus   18 Kreuzigung
19 Abendmahl   20 Madonna mit Heiligen
21 Hl. Martha   22 Szenen aus dem Leben des Hl.
Carlo Borromeo

zeigt außen zum Seitenschiff hin eine halb zerstörte Mater lactans und auf der Gegenseite
eine Hl. Katharina. An der Südwand der rechten Seitenkapelle wird das Martyrium des Hl.
Laurentius äußerst realistisch dargestellt, die Maßwerkbordüre weist auf die Werkstatt der
Seregnesi hin. Rechts davon der Hl. Ambrosius zu Pferd in der Schlacht von Parabiago.

Die ältesten Fresken im spätromanischen Stil sind im Kreuzgewölbe des Presbyteriums zu
sehen. Zwischen verschieden gemusterten Feldern – Schachbrett, Rauten, Streifen – wurden, nachdem man zwei Schichten späterer Darstellungen abgetragen hatte, erstaunliche
Grisaille-Malereien entdeckt. Diese Maltechnik betont die Stärke der Gewölbekappen mit
ihren aufgesetzten Rippen. An der Verteilung der schwarzen Felder erkennt man die graphi-
sche Phantasie des unbekannten Malers. Ein Blickfang sind die roten und schwarzen tierischen und menschlichen Figuren, die der Maler zwischen den dekorativen Flächen in den
Gewölbekappen verteilt hat. Ein Pferd ist als Sieger über seinen Gegner in Gestalt des
satanischen Wolfes dargestellt, ein Schmied als ›Meister des Feuers‹ mit dem wachsamen
Hahn, Schlange und Löwe als Symbole des Bösen und dessen Überwindung, der Pfau als
Zeichen der Unsterblichkeit. Vielleicht sollte man bei der Ausmalung des Hauptgewölbes
und der nördlichen Seitenkapelle zwei verschiedene Meister annehmen, wobei der Maler des
Gewölbes über dem Presbyterium einen festen Plan hatte, während er in der Seitenkapelle in
etwas einfacherer Art nachgeahmt wurde.

Die Fresken im Chorbereich stammen aus der Renaissance: rechts und links neben der Majestas sitzen die vier Evangelisten hinter ihren Symbolfiguren; besonders lebendig der seine Feder prüfende Markus (Farbt. 6). Darunter zwei interessante Darstellungen aus der Apostelgeschichte: Petrus begegnet Christus vor Rom (›Quo-vadis‹-Darstellung), und Philippus tauft den Zauberer Simon, wohl aus der Werkstatt des da Tradate. Am linken Pfeiler des Presbyteriums innen sehen wir eine realistische Darstellung des Martyriums des Hl. Bartholomäus aus dem 16. Jh., leider im unteren Teil zerstört. In der Lünette sind Kirchenväter dargestellt. Die Verklärung Christi auf dem Berge Tabor, Apostelfürsten und eine Verkündigung am Triumphbogen im Stil der Tarilli stammen vom Ende des 16. Jh. Im linken Seitenschiff sehen wir gotische und spätgotische Fresken, die Maßwerkbordüren weisen wiederum auf die Seregnesi hin. In der linken Seitenkapelle – nur im oberen Teil erhalten – ein Hl. Fabian mit der Hl. Luzia, die ihre Augen auf dem Teller trägt, daneben der Hl. Sebastian, von einem Christophorus aus dem 14. Jh. sind nur noch Reste erhalten. Es folgen zwei Kreuzigungsdarstellungen, die eine mit blutauffangenden Engeln, die andere mit dem Hl. Antonius. Leider sind nur noch Teile des Letzten Abendmahls (etwa 1400) zu erkennen; auffallend ist eine große Kanne aus Holz und der schöne Kopf eines Apostels. Ganz hinten neben dem Eingang eine thronende Madonna mit kniendem Stifter, ein Bischof, der Hl. Rochus und Antonius Eremita mit seinem Attribut, dem Schwein, das ihn als Schützer der Haustiere ausweist.

Die rechte Wand ist weniger reich dekoriert, wir finden ein Bild der Hll. Katharina und Margaretha, auf dem besiegten Drachen stehend, vor dem Eingang zur Pellanda-Kapelle, die um 1600 gebaut und mit Renaissance-Stukkaturen geschmückt wurde; zum Chor hin Bilder aus dem Leben des Hl. Carlo Borromeo mit lehrhaftem und ermahnendem Charakter, u. a. die Darstellung der Schlußzeremonie des Konzils von Trient, die Alessandro Gorla aus Bellinzona um 1620 anfertigte. Aus einem früheren Kirchenbau stammen vielleicht die Steinreliefs im linken Seitenschiff, die einen bärtigen Mann mit aufgeschlagenem Buch sowie einen Löwen und ein Einhorn darstellen. Wohl aus dem 11. Jh. stammt das Kapitell mit Masken im rechten Seitenschiff, das als Weihwasserbecken dient.

Unterhalb von S. Pietro steht die neoromanische Pfarrkirche S. Carlo, Anfang des 20. Jh. von Giuseppe Martinoli erbaut. Von S. Pietro aus führt ein Kreuzweg über eine Steinbogenbrücke zur schön gelegenen Kapelle S. Petronilla, deren Innenraum im 17. Jh. ausgemalt wurde, heute jedoch in schlechtem Zustand ist.

Die Riviera

Zum Schutz vor den häufigen Überschwemmungen wie der verheerenden *Buzza di Biasca*, die 1515 das Tal verwüstete, liegen die Orte der Riviera auf Schwemmkegeln. Landwirtschaft und Viehzucht gingen in den letzten Jahren immer mehr zurück, heute arbeiten die Bewohner zumeist in Bellinzona. Die Ostseite des Tales ist durch die Granitindustrie und günstigere Verkehrsverbindungen wirtschaftlich besser erschlossen. Da das Gebiet des

Sopraceneri arm an Kalkgestein ist, wird der bei Castione abgebaute Marmor zu gebranntem Kalk verarbeitet. Mit seinen bedrohlichen, überall fast senkrechten Felswänden von bis zu 2000 m Höhe bietet das Tal dem Nordwind, *il vento,* und dem Südwind, *l'aria,* freie Bahn. Max Pfister nennt daher die Riviera sehr passend den »Korridor zum Süden«.

Politisch gehörte die Riviera im Mittelalter zum Hoheitsgebiet der Mailänder Erzbischöfe. Außer Biasca, das eine gewisse Selbständigkeit genoß, zählten die Dörfer der Riviera zur Talschaft der Leventina. Sie wurden 1499 der Vögteherrschaft der Eidgenossen unterstellt, die zuerst in Cresciano und später in Osogna residierten. 1798 wurde die Riviera der Präfektur Bellinzona zugeteilt, seit 1803 ist sie Distrikt des Kantons Tessin mit Biasca als Hauptort.

Verglichen mit anderen Tälern und Gebieten des Tessin ist die Riviera mit Kunstschätzen eher karg ausgestattet. Die Kirchen, meist frühe Gründungen, wurden zum großen Teil barockisiert oder mußten nach Zerstörungen neu erbaut werden. Bemerkenswert sind die süddeutschen gotischen Schnitzaltäre, die man auch in der Leventina findet. Sie wurden während der Blütezeit des deutschen Schnitzaltars zwischen 1450 und 1550 aus dem Allgäu und dem Bodenseeraum importiert. In Einzelteile zerlegt, schaffte man sie über den Lukmanier-Paß und baute sie im Tessin wieder zusammen. Die Bewohner der Bergtäler schätzten die vergoldeten Figuren wegen ihrer leuchtenden Farben und freundlichen Menschlichkeit. Oft konnten die ›Kunden‹ die dargestellten Figuren nicht selbst bestimmen, und so erkennt man Heilige in den Altären, die in dieser Region nie verehrt wurden.

Obwohl auch in der Nord- und Ostschweiz Schnitzaltäre angefertigt wurden, zogen die Talbewohner der Riviera die preiswerteren deutschen Werkstätten vor. Viele dieser importierten Altäre gingen im Laufe der Zeit verloren, wurden in der Barockzeit entfernt oder an Antiquare verkauft. In den letzten 100 Jahren wurde das Tessin geradezu ausgeplündert: nur noch ein Drittel der Altäre ist vorhanden. Der Rest wurde oft unsachgemäß übermalt, der ursprüngliche Zustand ist heute nur noch selten zu erkennen. Nach 1530 endete der Import süddeutscher Holzaltäre, es dominierte wieder der abstraktere lombardische Stil, der als Werkstoff für Reliefs und Skulpturen Stein bevorzugte.

Osogna mit seinem weitgehend intakten Ortsbild birgt einige kunstgeschichtliche Kostbarkeiten. In der *Kapelle S. Maria del Castello,* die auf dem Gelände einer ehemaligen Burg 130 m über dem Dorf auf einer Felsterrasse liegt, befindet sich ein schwäbischer Flügelaltar, den Yvo Strigel aus Memmingen 1494 anfertigte. Er gilt als das schönste Exemplar dieser Art im Tessin und zeigt im Schrein die Madonna zwischen den Hll. Georg und Markus, auf den gemalten Flügeln innen Jakobus und den Hl. Wolfgang, den man im Tessin sonst nicht findet, außen Christophorus und eine Anna Selbdritt; als Relief in der Predella Christus und Apostel. Die Fresken im Chor aus dem 15. Jh. stellen die thronende Madonna sowie die Hll. Rochus und Sebastian dar.

Bei Lodrino wechseln wir auf die andere Talseite, um **Moleno** zu erreichen, an dessen *Pfarrkirche S. Vittore Mauro* außen interessante Einzelheiten entdeckt werden können.

Über dem Granitarchitrav des Südportals mit Wappenmedaillons finden wir in der spitzbogigen Lünette einen Gnadenstuhl vor einer Landschaft. In der Lünette über dem westlichen Seitenportal ein sehr gut erhaltenes Stuckrelief der thronenden Madonna aus dem 16. Jh. Ein spätgotisches Fresko an der linken Schiffswand stellt die Hll. Martha mit dem Drachen an der Leine, Nikolaus von Myra mit den drei Goldkugeln und Barbara dar.

Im charaktervollen **Preonzo** sind die Häuser aus dem 15. und 16. Jh. mit Außentreppen, Rundbogenportalen und Fassadenbildern geschmückt. Vor dem Pfarrhaus ein Portal aus Granitgneis mit leider sehr zerstörter Malerei aus dem 17. Jh. Auch die Malereien an der Fassade der Pfarrkirche SS. Simone e Guida sind nur noch fragmentarisch erhalten.

Die große Gemeinde **Claro** weitet sich auf der gegenüberliegenden Talseite immer mehr über die Hänge aus. In 621 m Höhe und nur zu Fuß erreichbar steht das 1490 gegründete Benediktinerinnenkloster, in dessen Kirche S. Maria Assunta die schöne holzgeschnitzte Pietà eines süddeutschen Meisters (um 1500) zu finden ist.

Auf der westlichen Talseite weiterfahrend gelangt man nach **Gnosca**. Dort steht direkt an der Straße die romanische Kirchenruine S. Giovanni Battista aus dem frühen 13. Jh., von der nur noch die reich gegliederte Südfassade mit ihren Zwergarkaden, Lisenen und Luziden zu bewundern ist.

Auf einem Felsplateau über der Talsohle liegt der nächste Ort, **Gorduno**. In dem intakten Ortsbild fällt vor allem das schöne Renaissance-Portal aus Castione-Marmor der im 16. Jh. erbauten Pfarrkirche SS. Rocco e Sebastiano auf.

Bellinzona und Umgebung
Die liebenswerte Capitale

Das charaktervolle lombardische Städtchen Bellinzona konnte trotz der Industrieansiedlungen in den Außenbezirken seinen historischen Kern bewahren: Drei großartige Burganlagen ›bewachen‹ die Stadt. Erst 1984 wurde die Hypothese bestätigt, daß das Ticino-Tal schon in der Jungsteinzeit besiedelt war. Während der Restaurierungsarbeiten auf dem Gelände des Castello Grande erbrachten die Ausgrabungen den Nachweis der frühen Besiedlung, die auch für die folgenden Jahrhunderte belegt werden kann.

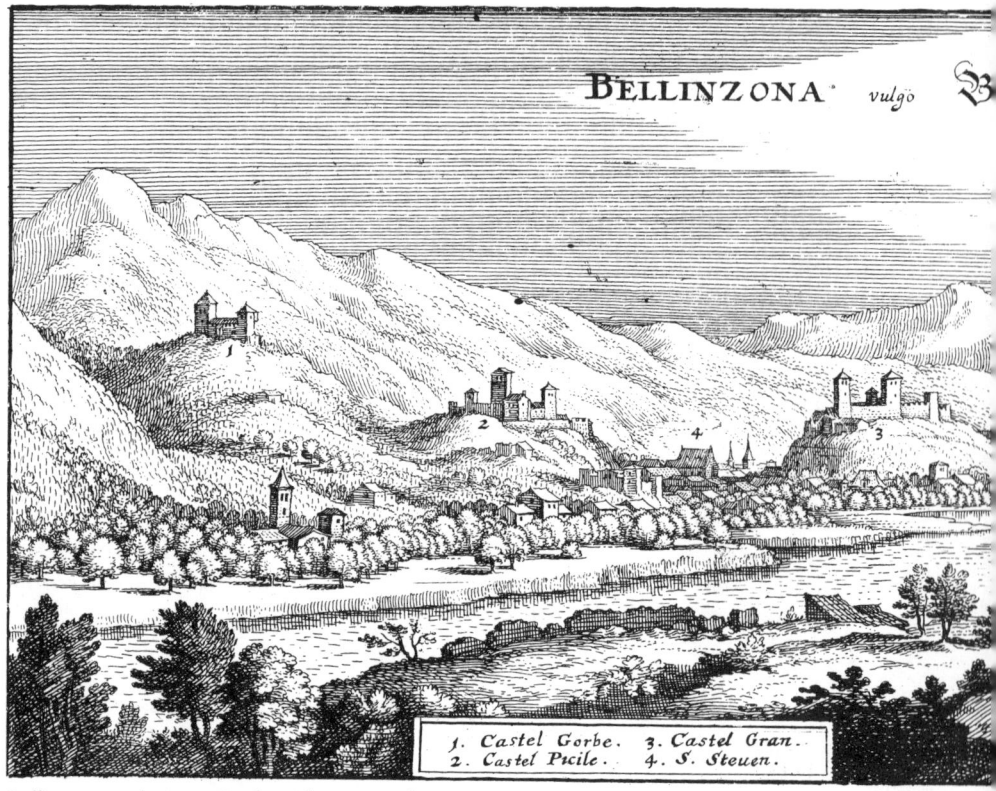

BELLINZONA · vulgo

1. Castel Gorbe.   3. Castel Gran.
2. Castel Picile.   4. S. Steuen.

Bellinzona nach einem Kupferstich von Matthäus Merian

Schon in den ersten Jahrhunderten nach Christus galt der Burghügel des Castello Grande als eine schwer einzunehmende Festung. Anläßlich der Kämpfe zwischen Franken und Langobarden wird Bellinzona erstmals als »Belitionis castrum« von Gregor von Tours erwähnt (590). Seit 1503 war es Vogteisitz von Uri, Schwyz und Unterwalden, ab 1803 Hauptstadt des neugeschaffenen Kantons Tessin. Zunächst noch im Turnus mit Locarno und Lugano wechselnd, wurde Bellinzona 1878 endgültig Hauptstadt des Tessin.

Durch die Talenge von Bellinzona führen alle Verbindungswege zwischen den Gebieten nördlich der Alpen und Italiens, die von Gotthard, Lukmanier und San Bernardino ausgehen. Auch der Verkehr nach Süden muß Bellinzona durchqueren, so daß die verkehrs- und handelspolitische Bedeutung der Stadt bis heute erhalten blieb.

Das *Castello Grande* mit seinem ausgedehnten System von Mauern und Vorwerken und den beiden Türmen – *Torre nera* und *Torre bianca* – entstand im 13. Jh. (Farbt. 9). Zwischen 1486 und 1489 bauten die Sforza das Castello aus, um den von Norden vorstoßenden Eidgenossen Einhalt zu gebieten. In der zweiten Hälfte des 15. Jh. erhielt das 90 m über der

Ticinus fluvius

Stadt liegende *Castello di Montebello* sein heutiges Aussehen. Der Aufstieg zu den imposanten Wehranlagen lohnt sich, nicht zuletzt wegen des hervorragenden archäologischen *Museo Civico*, das seit den siebziger Jahren hier untergebracht ist.

Das *Castello di Sasso Corbaro*, 230 m über der Stadt gelegen, stammt ebenfalls aus dem 15. Jh. und beherbergt heute ein *Museum der Tessiner Volkskunst*. Es wurde 1479 innerhalb von sechs Monaten in Tag- und Nachtarbeit gebaut, als die Mailänder Herzöge nach der Schlacht von Giornico eine Umgehung der Stadt durch die Eidgenossen befürchteten.

Zu dem strategischen Abwehrsystem gehört auch die *Murata*, eine mit zwei übereinander liegenden Doppelgalerien versehene, fast 5 m breite Mauer, die sich vom Castello Grande bis zur Torretta-Brücke hinzog, jenem wichtigen Verbindungsstück auf dem Weg nach Locarno, das 1515 durch die Flutwellen von Brenno und Ticino zerstört wurde.

Eingefangen von der südlichen Atmosphäre im Stadtzentrum unter den lombardischen Arkaden der Piazza Nosetto, deren Säulen zum Teil Kapitelle aus dem 15. Jh. tragen, wenden wir uns *SS. Pietro e Stefano* zu. Die Collegiata liegt am gleichnamigen Platz, der von

77

interessanten Profanbauten des 18. Jh. mit kunstvollen Balkongittern und Stuck-Dekorationen umgeben ist. Die Pfarrkirche wurde im 16. Jh. nach Plänen von Tommaso Rodari aus Maroggia erbaut, der damals als Bildhauer und Architekt am Dom zu Como tätig war. Nach jahrelanger Restaurierung ist die Fassade aus Castione-Marmor von Gerüsten und Plastikplanen befreit und zeigt sich jetzt in ihrer ganzen Renaissance-Pracht mit barocken Elementen. Besonders zu beachten ist das linke Seitenportal aus der Frührenaissance mit interessanten symbolischen Reliefdarstellungen sowie einer spätgotischen Madonnenstatue im Giebelfeld; das zwölfstrahlige Radfenster mit reichen Renaissance-Reliefs stammt aus dem späten 15. Jh.

Das Innere der Kirche beeindruckt durch die reiche Barockausstattung mit verschiedenen Gemäldezyklen, illusionistischen Malereien von Giuseppe Antonio Felice Orelli in der

Stadtplan Bellinzona 1 S. Sebastiano 2 Castello di Sasso Corbaro 3 Castello di Montebello 4 Chiesa Collegiata 5 Palazzo Comunale 6 Castello Grande 7 S. Ronco 8 S. Biagio 9 Maria delle Grazie

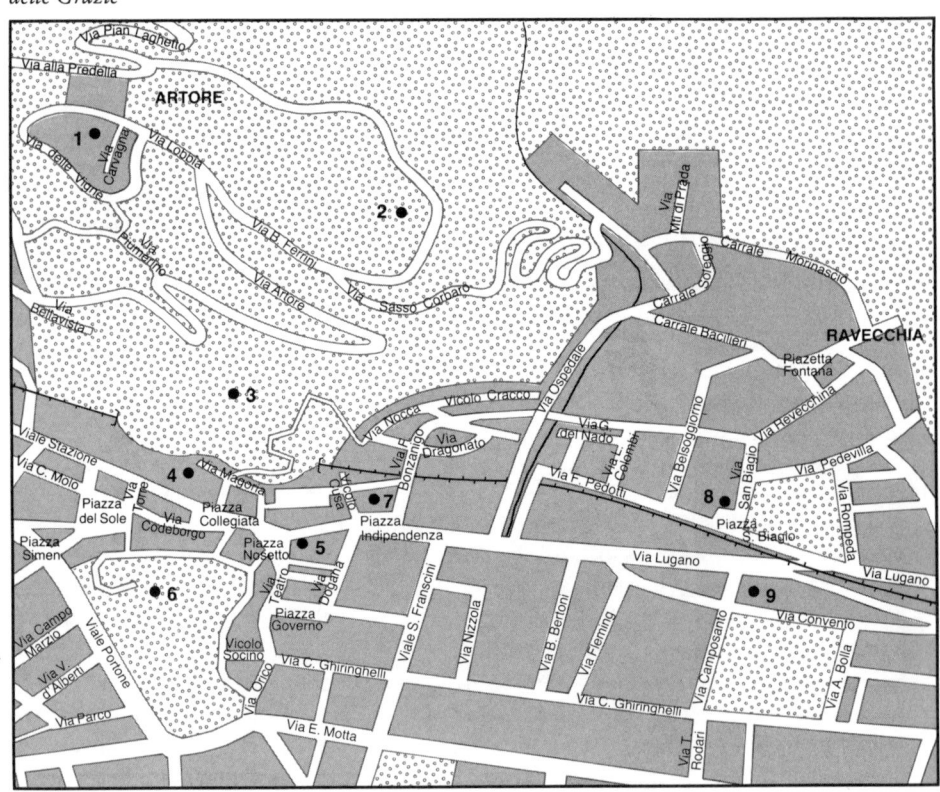

Bellinzona, das Castello di Sasso Corbaro

südlichen Querschiffkapelle, zwei Scagliola-Frontalen von Giuseppe Maria Pancaldi aus dem Jahr 1743 und einer großen kunstvoll verzierten Kanzel aus poliertem farbigen Gips, einer Marmorimitation. Gleich am Eingang verlangt ein großes Weihwasserbecken unsere Aufmerksamkeit: Der ehemalige Brunnen, die *fontana sforzesca,* stammt aus der Herrscherzeit des Galeazzo Maria Sforza (ca. 1460–1480). Das oktogonale Brunnenbecken mit 175 cm Durchmesser aus grobkörnigem, weißem Marmor weist in den acht Feldern der Unterseite gut erhaltenen Skulpturenschmuck mit tiefem Symbolgehalt auf: u. a. Pinienzapfen, eine Taube mit Schriftrolle, einen Löwen mit dem Zweig eines Granatapfelbaumes, die himmlische Hand, die einen Baum umfaßt, Blattwerk, Früchte und die Embleme der Sforza. Der stark beschädigte Puttenfries am Nodus nimmt diese Elemente noch einmal auf.

Auf dem Weg zu den beiden Kirchen S. Maria delle Grazie und S. Biagio kommen wir an der Piazza Indipendanza vorbei; an der Außenwand der Kirche S. Rocco ein schönes Fresko des Patrons. Rechts von der Via Lugano gegenüber vom Friedhof liegt die ehemalige Franziskanerkirche *S. Maria delle Grazie.* Zwischen 1480 und 1500 errichtet, gehörte sie zu einem 1480 gegründeten und 1848 aufgehobenen Minoritenkloster. Der äußerlich schlichte, einschiffige Bau erinnert an S. Maria degli Angioli in Lugano, beide Kirchen enthalten die bedeutendsten lombardischen Renaissance-Fresken des Tessin. Wie in Lugano trennt auch hier eine dreibogige Lettnerwand das flachgedeckte Laienschiff vom Mönchschor.

Die gewaltigen Malereien am Lettner unterscheiden sich stilistisch von denen Luinis (Farbt. 11). Zwischen 1495 und 1505 schuf hier ein unbekannter lombardischer Künstler 15 Szenen aus dem Leben und der Passion Christi, um den zentralen Kalvarienberg gruppiert. Die einzelnen Bildfelder mit den lebhaften Szenen vor Hintergrundlandschaften oder Architekturrahmen berühren durch ihre strenge Ausdruckskraft, die Gesamtkomposition ist äußerst kunstvoll. In der rechten Seitenkapelle ein schönes Bild ›Der Tod der Maria im Kreise der Apostel‹, um 1500, aus dem Kreis um Gaudenzio Ferrari.

Blick auf Bellinzona mit dem Castello Grande, S. Stefano und dem Castello di Montebello (Bartlett und Smith, 1835)

Am Triumphbogen im Altarraum hinter dem Lettner eine Verkündigungsszene von Borgognone (1505) mit einer zarten und eleganten Maria, zum Teil nur als Vorzeichnung vorhanden. In der ersten Seitenkapelle links vom Eingang über dem Altar ein gut erhaltenes Fresko mit dem Hl. Bernhardin als Franziskanermönch zwischen Sebastian und Rochus vor einer Landschaft. Vom gleichen Meister stammen auch die sehr seltenen Sinopien an den übrigen Wänden.

In einer kühnen Komposition sind an der rechten Wand große Gruppen nackter Figuren in Szenen aus dem Leben des Hl. Bernhardin zu erkennen. In der Mitte ein Mann mit Mitra (Attribut des Hl. Bernhardin), umgeben von nackten Menschen unter weiten Arkaden. Diese Vorzeichnungen beeindrucken durch ihre perspektivische und geometrische Raumaufteilung, graphisch wirken sie meisterhaft und geradezu modern. Warum dieser erste Arbeitsgang einer Freskenfolge nicht weitergeführt wurde, ist nicht bekannt.

Einen Höhepunkt bietet *S. Biagio*, die Pfarrkirche von **Ravecchia** jenseits der Gotthard-Linie. Die Renovierung in der zweiten Dekade des 20. Jh. gab der frühgotischen Basilika ihre ursprünglichen Formen zurück. Neben dem Westportal steht ein riesiger Christophorus mit einem winzigen Christus auf der linken Schulter. Der Meister von S. Biagio hat hier im ausgehenden 14. Jh. eine in Ausdruck und Haltung ungewöhnliche Figur geschaffen.

Ganz besonders ist der Rahmen zu beachten, aus dem Christophorus heraustritt: Die kostbare Malerei nach Cosmatenart ist unterbrochen von kleinen rautenförmigen Feldern mit Brustbildern von Heiligen. Vom gleichen Meister stammt die Figurengruppe in der Lünette: eine anmutige Madonna mit den Hll. Petrus und Blasius, umrahmt von einer Bordüre mit Blumenschmuck und Rautenfeldern. Darüber eine Verkündigung und der segnende Christus. Diese Malereien stehen stilistisch in der Nachfolge des Giotto-Schülers Giovanni da Milano, der um 1370 in der Lombardei zu den führenden Künstlern gehörte.

Die romanische Pfeilerbasilika aus dem 13. Jh., die bis zum 16. Jh. als Stiftskirche von Bellinzona diente, erinnert in ihrer architektonischen Konstruktion an S. Pietro in Biasca. Die drei flachgedeckten Schiffe sind durch Pfeiler aus Gneisquadern mit roten Backsteinbändern und Arkaden voneinander getrennt, die unverputzten Mauern mit den stark betonten Fugen vermitteln Kühle, doch wird dieser Eindruck durch die verschiedenen Malereien ausgeglichen. An der Rückwand ein Fresko aus dem 15. Jh.: in der Mitte über dem Eingang eine Madonna del latte, rechts von ihr Katharina und Antonius, links Johannes und Laurentius. Im linken Seitenschiff Veronika und eine Hl. Apollonia, deren besonders schmerzhaftes Martyrium von zwei zangenbewehrten Figuren repräsentiert wird. Zahlreiche Malereien der gleichen Zeit (1450) sind nur noch fragmentarisch erhalten, sehr deutlich zu erkennen allerdings die zwei Märtyrer an den vorderen Pfeilern. Am ersten Westpfeiler die Hl. Agathe, hochaufgerichtet mit Märtyrerpalme und einer abgeschnittenen Brust in der rechten Hand, im unteren Teil bekritzelt von teilweise sehr alten Schriftzügen mit Votivcharakter. Am nächsten Pfeiler starrt Bartholomäus aus den Augenhöhlen eines Totenschädels, die eigene abgezogene Haut samt bärtigem Gesicht hat er wie eine Trophäe über die linke Schulter geworfen. Der Maler könnte, nach der typischen Umrahmung zu urteilen, Nicolao da Seregno sein. Am Triumphbogen breitet vor blauem Hintergrund eine gotische Schutzmantelmadonna ihren von Engeln gehaltenen Mantel über Stifterfiguren aus; darunter, getrennt durch eine kostbare Umrahmung, eine sehr schöne Verkündigungsszene mit einem großen Lilienstrauß als Symbol für Reinheit und Jungfräulichkeit. Im Chor befinden sich zum Teil zerstörte Malereien des Maestro di S. Biagio, um 1400 zu datieren: eine Kreuzigungsszene mit einem eindrucksvollen Christuskopf, an den Seitenwänden die Köpfe einer Apostelreihe und in den Gewölbefeldern Evangelisten in gotischer Umrahmung.

An der Nordwand ist heute ein Renaissance-Werk angebracht, das früher hinter dem Hochaltar hing. Das Tafelbild zeigt die Muttergottes zwischen Blasius und Hieronymus, 1520 von Dominicus Sursnicus aus Lugano gemalt.

Nördlich von Bellinzona, aber fast mit der Kantonshauptstadt zusammengewachsen, liegt in einem prähistorischen Siedlungsgebiet **Arbedo.** Hier wurden 1422 die Eidgenossen von den Mailändern vernichtend geschlagen, die 500 Toten dieser Schlacht begrub man auf dem Friedhof von *S. Paolo.* Den Schlüssel für die Kirche, die von Industrieanlagen umgeben ist, erhält man in der kantonalen Tierkörperverwertungszentrale gegenüber – kein Gang für geruchsempfindliche Kunstliebhaber! Das rotgestrichene Gotteshaus, auch *chiesa rossa* genannt, wurde 1255 erstmals erwähnt, sein jetziges Aussehen erhielt es bald nach 1422. Die

Innenausstattung stammt aus dem 16. und 17. Jh., um die Jahrhundertwende nahm man Renovierungen vor.

Rechts neben dem Renaissance-Portal aus Castione-Marmor (1543) sehen wir ein Fresko des Patrons: Paulus mit Schwert und Buch steht in einer perspektivisch gemalten und ausgeschmückten Nische, wohl von Antonio da Tradate (um 1500). Die Lünette über dem Portal ist mit einem Erbärmdechristus aus dem 15. Jh. geschmückt.

Im Inneren, einem holzgedeckten einschiffigen Raum, beeindruckt vor allem eine Abendmahlsdarstellung an der Südwand von Cristoforo und Nicolao da Seregno aus der zweiten Hälfte des 15. Jh. Beachtenswert sind die herrlichen Details des Geschirrs und der Speisen auf dem Tisch sowie die Gestalt des Judas. Links davon ein Gnadenstuhl aus dem späten 16. Jh., vor eine Landschaft gemalt. An der Nordwand zwei zum Teil übermalte Madonnenfresken mit Heiligen und Engeln, im Chor ein Kalvariengemälde, das auf Leinwand übertragen wurde.

Nicht weit von Arbedo, am Eingang zum Misox-Tal, liegt **Lumino.** Sehenswert ist in diesem Straßendorf vor allem das alte Portal der 1530 umgebauten Kirche *S. Mamete* neben dem Renaissance-Portal aus Castione-Marmor mit mächtigen Kragsteinen und Architrav. Im Inneren Freskenreste der ursprünglichen Kirche und ein reliefierter Wandtabernakel von 1530 aus weißem Marmor.

Die Pfarrkirche *S. Maria Assunta* von **Giubiasco** liegt in einem parkähnlichen Gelände. Schon 929 als Besitz der Abtei Ciel d'Oro in Pavia erwähnt, wurde sie Anfang des 17. Jh. barockisiert, der Campanile stammt noch aus romanischer Zeit. Im Inneren finden wir inmitten der barocken Ausstattung spätgotische Wandmalereien, leider in schlechtem Zustand. In der Kapelle S. Anna, die an die Friedhofskirche S. Giobbe angebaut wurde, ist das Fresko einer thronenden Madonna (um 1500) aus einem ehemaligen Bildstock zu sehen.

S. Bartolomeo auf einem Hügel oberhalb des Ortes erreicht man über eine schöne Steinbogenbrücke. Das Schiff der im 12. und 13. Jh. erbauten Kirche sowie der unverputzte Turm sind noch romanischen Ursprungs, der Chor wurde im 18. Jh. erhöht. An der Fassade Reste eines spätgotischen Madonnenfreskos.

Von Giubiasco aus führt eine steil ansteigende Straße in das **Val Morobbia,** an den Nordhang der tief eingeschnittenen Schlucht, an dem sich die Dörfer weithin sichtbar aufreihen. Zunächst gelangt man nach **Pianezzo,** das weitgehend modern überbaut ist. An der Fassade der spätmittelalterlichen Kirche *SS. Giacomo e Filippo* sehen wir die übermalten Fresken der beiden Patrone und eines Christophorus. Im Inneren der sorgfältig renovierten Kirche mit mächtiger Balkendecke befindet sich hinten links an der Schiffswand, von der Orgelempore zum Teil verdeckt, ein Letztes Abendmahl aus dem 16. Jh. mit sehr schönem Rankenfries darüber.

Obwohl man nur wenige kunsthistorische Kostbarkeiten im oberen Tal finden kann, sollte man bis Carena hinauffahren, um die landschaftliche Schönheit der Region zu genießen. Dem vom Camoghé (2227 m) beherrschten Tal kam früher verkehrstechnische Bedeutung zu, da man über den S. Jorio-Paß in fünf Stunden Dongo am Comer See erreichen konnte. Heute ist dieser Weg nur noch als Schmugglerpfad interessant.

Es wird aber Luggaris (Italianisch Locarno) von den zwölff Orten bevogtet/ da ein yedes nach der ordnung zwey jar ein Vogt da hat. Disen Vogt nennen die Luggarner ein Commissari/ und richtet der selbig allein in allen sachen/ auch umb das malefiz/ doch ist es breüchig/ daß ein yeder Vogt/ leüt die des Lands satzungen und breüch erfaren haben/ zuo jm nimpt/ deren raht pfleget er zuobrauchen in schweren sachen.

Josias Simler (1530–1576)
»Beschreibung der Vogtei Luggarus« (1576)

Locarno läßt sich bitten ...

In Locarno muß man mit allem rechnen, was eine geschäftige Stadt zu bieten hat: Lärm, Hetze und Parkplatznöte; wenn man dann noch akzeptiert, als Tourist nicht besonders beachtet zu werden, kann man jedoch unverhoffte Entdeckungen machen.

Zur Einstimmung auf die Stadt sei ein Spaziergang am Seeufer Richtung Muralto – Minusio empfohlen, der zu jeder Jahreszeit den besonderen Reiz vermittelt, der aus der Verbindung von Alpennähe und mildem Seeklima entsteht.

Eine kleine Stadtgeschichte

Bereits zur Bronzezeit war die Region mit dem alten Solduno als Zentrum besiedelt. Keltischer Einfluß ist möglicherweise sichtbar in der Benennung der Maggia als ›Leukera‹, die Weiße, die Bezeichnung ›Leukarni‹ für die Bewohner der späteren Großregion Locarno wurde davon abgeleitet.

Aus römischer Zeit sind reiche Grabfunde bekannt, die zum einen auf die dichte Besiedlung hinweisen und zum anderen die Bedeutung Locarnos unterstreichen: Die Lage am Nordende des ›Langensees‹ machte den Ort zum wichtigen Umschlagplatz an der nord-südlichen Transitroute. Römische Inschriften sind im Museum zu finden, besonders interessant ist die Basis einer romanischen skulptierten Säule, die ursprünglich Teil eines der Minerva geweihten Altars war. Die Staatsform der Römerzeit war auch in späteren Jahrhunderten bestimmend: Das zum *Municipium Mediolanum* (Mailand) gehörende Gebiet war in sogenannte *pagi* (Bezirke) mit einem *vicus* (Marktort) eingeteilt. Locarno umfaßte bis zum hohen Mittelalter die Bezirke Maggia, Verzasca, Centovalli und Gambarogno.

Erst Anfang des 12. Jh. wurde die Pieve Locarno dem Bischof von Como unterstellt, gleichzeitig begann die Einwanderung adliger Lombarden: die Familien Orelli, Muralti und Magoria regierten jahrhundertelang die Stadt. Diese ›Capitanei‹ lebten von den Einkünften aus Zoll- und Marktgebühren, die ihnen durch ein Dekret Friedrich Barbarossas zugesichert waren. Der Sieg der Eidgenossen über die Mailänder leitete eine an Rückschlägen reiche Zeit ein. Nach dem Bergsturz 1513 im Blenio-Tal war Locarno einer wichtigen Verbindung beraubt: Da die Torretta-Brücke bei Bellinzona zerstört war, führte der Verkehr an dem Ort vorbei, der nun keine Verbindung zu den Alpenpässen mehr besaß.

Nach der Ausbreitung reformatorischer Gedanken, die besonders in Locarno zahlreiche Anhänger fanden, kam es zu religiösen Auseinandersetzungen. Die Protestanten wurden schließlich aufgefordert, entweder ihrem Glauben abzuschwören oder zu emigrieren. Im Jahre 1555 verließen 55 der bekanntesten Familien die Stadt und gingen über Roveredo (Misox) nach Zürich, wo sie die Seidenindustrie begründeten. Überschwemmungen der Maggia und der Ausbruch der Pest, der Tausende von Menschen zum Opfer fielen, dezimierten die Bevölkerung zusätzlich. Nach diesem dunklen 16. Jh. folgten politisch eher unbedeutende Jahrhunderte; auch unter der helvetischen Herrschaft regierten die Orelli Locarno und die Täler.

Von 1803 bis 1878 war Locarno zusammen mit Bellinzona und Lugano im wechselnden Rhythmus von sechs Jahren Hauptstadt des Kantons Tessin. Der in den dreißiger Jahren des 19. Jh. erbaute Palazzo Governatico an der Südseite der Piazza, heute Sitz der *Società Elettrica Sopracenerina*, diente als Regierungspalast.

Mit dem Bau von Hotels begann um die Jahrhundertwende Locarnos Entwicklung zum Ferienort, nach dem Zweiten Weltkrieg setzte ein Bauboom an Seeufern und Hängen ein. Weltpolitische Bekanntheit erlangte Locarno 1925; Stresemann, Briand, Chamberlain und andere europäische Politiker trafen sich zu einer Friedenskonferenz im Justizpalast, deren Abschluß der Pakt von Locarno bildete und Deutschlands Weg in den Völkerbund ebnete.

Beginnen wir unser Stadtprogramm mit dem ältesten Bauwerk, das eigentlich nicht mehr zu Locarno gehört, aber den Einstieg in die Geschichte der Stadt ermöglicht. Nördlich des Bahnhofs liegt *San Vittore* (Abb. 18), umgeben von modernen Bauten und schon vor Jahrzehnten all dessen beraubt, was einen angemessenen Rahmen für die romanische Basilika bildete. Die 1970 begonnenen umfangreichen Restaurierungsarbeiten wurden erst 1984 abgeschlossen. Die Ursprünge von San Vittore liegen möglicherweise in spätrömischer Zeit: Skulptierte Steine, Altarfragmente und römische Grabinschriften, die in der Nähe gefunden wurden, lassen vermuten, daß hier einmal ein römischer Tempel stand.

San Vittore gehört mit San Nicola in Giornico zu den wichtigsten romanischen Kirchen im Tessin. Als großartiges Zeugnis sakraler Baukunst wurde sie um 1100 errichtet und 1152 zum ersten Mal als Stiftskirche erwähnt. Jahrhundertelang blieb sie Pfarrkirche von Locarno und stand somit allen Kirchen des Locarnese vor. 1816 wurde der Titel der Kollegiatskirche Sant'Antonio übertragen, San Vittore dient heute als Pfarrkirche von **Muralto**. Grabfunde, unter anderem eine seltene griechisch-alexandrinische Glasschale, die heute im Museo Civico zu betrachten sind, deuten darauf hin, daß auch Muralto auf eine römische Gründung zurückgeht.

Der Campanile von San Vittore wurde zwischen 1524 und 1527 errichtet; auf einer Marmortafel an der südlichen Turmmauer mit den Wappen der Gemeinde und des Landvogts ist der Baubeginn verzeichnet. Geldmangel führte drei Jahre später zum Baustop, eine

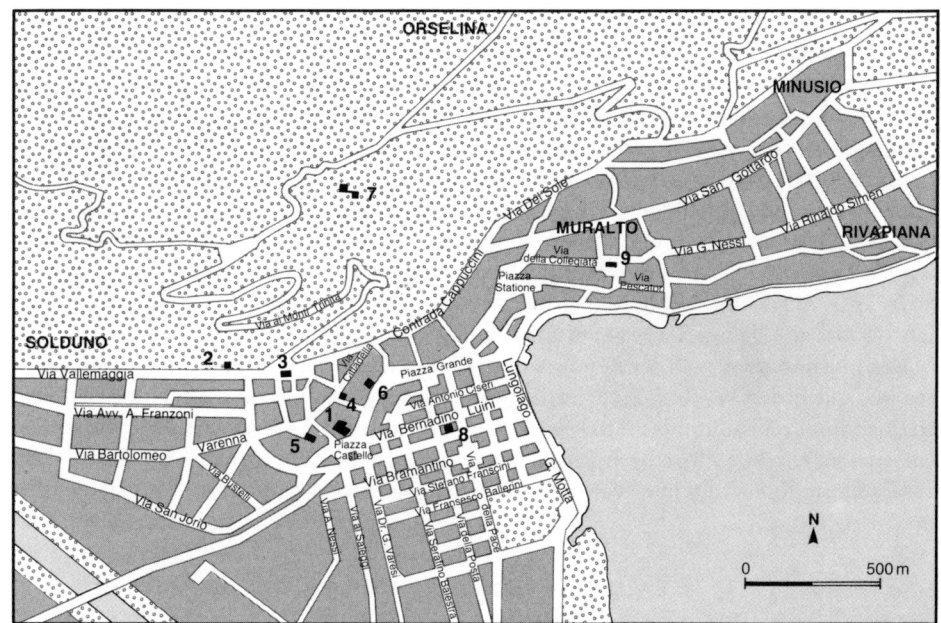

Stadtplan von Locarno   1 Castello Visconteo   2 S. Maria in Selva   3 S. Antonio   4 S. Maria Assunta oder Chiesa Nuova   5 S. Francesco   6 Municipio   7 Madonna del Sasso   8 Palazzo della Conferenza 9 S. Vittore

Inschrift an der Westseite des Turmes gibt die hohen Lebensmittelpreise während der drei-jährigen Bauperiode an:

1527   FURM COST LBE 6
SICALE LIBRE 5
MILO LIBRE 4

Die Erhöhung des Turms im Jahre 1932 erscheint fragwürdig, da sie nicht zu den Proportio-nen der Kirche paßt.

An der Südseite sehen wir ein sehr gut erhaltenes Marmorrelief des Hl. Viktor zu Pferd mit einer Standarte, auf der eine Trinitätsdarstellung – drei bärtige Köpfe ›in tribus figuris‹ – zu sehen ist, die 1628 durch ein päpstliches Edikt verboten wurde und daher Seltenheitswert hat (Abb. 19). Martino Benzoni, Bildhauer am Dom zu Mailand, schuf das Relief für den großen Turm des Castello, nach dessen Zerstörung durch die Eidgenossen wurde es hierher transportiert. Stilistisch erinnert die Darstellung an den Reiter am Zürcher Großmünster und an Donatellos Gattamelata in Padua. Links vom Südportal erkennt man einen eingelas-senen römischen Inschriftstein. San Vittore beeindruckt durch die schlichte lombardische Bauweise mit sorgfältig geschichtetem Quadermauerwerk aus dem Gneis der Umgebung und einigen Marmorsteinen. Lisenen zwischen dem Mittelschiff und den Seitenschiffen sowie ein Rundbogenfries über einem Serliana-Fenster von 1619 gliedern die Fassade. Unter dem Portikus von 1856 erkennt man das romanische Rundbogenportal, dessen Ornamente im *Museo Civico* zu finden sind. Das Beinhaus wurde 1745 hinzugefügt. Der Eindruck der Chorpartie mit drei Apsiden ist durch den Anbau einer quadratischen Sakristei im späten 16. Jh. gestört. Die Mauervorsprünge an den beiden Seiten der großen Mittelapsis setzen die Halbkreiskurve außerhalb ihres Durchmessers fort, zehn Zwergarkaden, die auf keilförmigen Konsolen ruhen, bekrönen dieses Halbrund. Von den ursprünglichen Fenstern blieb nur das linke erhalten, das mittlere große Fenster wurde im 17. Jh. ausgebrochen. Die kleine Seitenapsis mit einem Rundbogenfenster und Zwergarkadenfries kommt durch den 400 Jahre später angebauten Turm kaum zur Geltung.

Der Innenraum ist nach der Restaurierung heute weitgehend von den entstellenden Zutaten vor allem des 19. Jh. befreit, so daß der ursprüngliche Charakter der dreischiffigen Basilika mit drei halbrunden Apsiden wieder deutlich wird. Der erhöhte Chor ist um ein Joch ins Mittelschiff vorgezogen, rechts und links davon führen Treppen in die Krypta. Der Hochaltar in lombardischer Tempietto-Form aus buntem Marmor trägt ein qualitätvolles

Muralto, S. Vittore

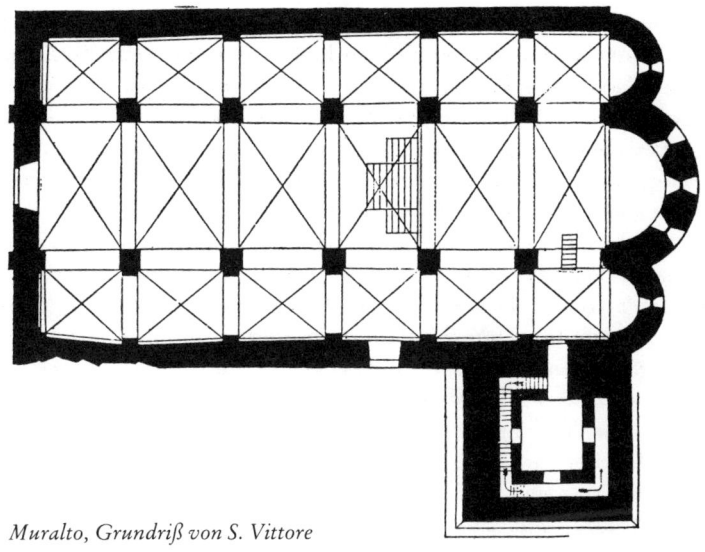

Muralto, Grundriß von S. Vittore

Scagliola-Frontale von Giuseppe Maria Pancaldi (1741). Die interessante Holzdecke unter der Empore (1619) am Haupteingang ist in rechteckige Felder aufgeteilt, die zum Teil mit allegorischen Bildern geschmückt sind.

Die größte Überraschung während der Renovierungsarbeiten löste wohl die Freilegung eines romanischen Freskenzyklus aus dem 12. Jh. aus, der an der südlichen Lichtgadenwand zu sehen ist. Links Christus mit dem Hirtenstab und einer Pergamentrolle in der Hand. Es folgen Szenen aus dem Anfang der Menschheitsgeschichte: Adam der einen Rock aus Fellen hält und von dem nur der mit einem Feigenblatt bedeckte Unterkörper sichtbar ist; Adam und Eva bearbeiten die Erde; Kain bietet seine Opfergabe dar, die von Gott abgelehnt wird – die Gottesdarstellung als Halbkreis, aus dem eine Hand gestreckt ist; Kain erschlägt seinen Bruder Abel, dessen Seele eine schattenhafte Gestalt mit erhobenen Armen verkörpert. Der Freskenzyklus beeindruckt besonders durch die symbolische Handlungsdarstellung und die formale Durchdringung der archaischen Inhalte (Abb. 22).

An der rechten Chorwand hinter dem Hauptaltar blieb ein spätgotischer Freskenrest einer Verkündigung erhalten. Sehr schön der zarte Vorhang, durch den ein perspektivischer Effekt erzielt wird. Gottvater mit Taube und Maria sind von der typischen Ornamentik umgeben. Im südlichen Seitenschiff eine Majestas Domini in der Mandorla (um 1410), rechts ein eleganter Engel, leider kaum noch zu erkennen.

Die romanische Hallenkrypta gehört zu den schönsten der Schweiz (Abb. 20). Drei fünfjochige Schiffe sind mit Kreuzgratgewölben überdeckt und enden mit halbrundem Chorabschluß. 22 Monolith-Säulen ruhen auf attischen Basen, jede Säule trägt unterschiedliche Kapitelle mit archaisierenden Köpfen und Ornamenten: menschliche, tierische und geometrische Motive in phantasievoller Ausführung. Besonders schön sind ein Widder- und ein Frauenkopf an der letzten Säule links hinter dem Altar, der Menschenkopf mit erhobenen Händen zwischen Akanthusblättern sowie ein Meerweibchen, ein beliebtes Motiv in der romanischen Bauplastik (Abb. 21). Man beachte auch die mit Schlangen und Köpfen verzierten Basen einiger Säulen. Weitere Zeugnisse romanischer Bildhauerkunst aus S. Vittore befinden sich im *Museo Civico,* wie z. B. Teile der früheren Chorschranke mit einer Sirene und einem Pferdchen vom Ende des 11. Jh.

Auf dem Weg zum Castello sollte man sich etwas Zeit nehmen für die *Piazza Grande,* den größten und schönsten Platz des Tessin, auf den alle Gassen von der oberhalb gelegenen Altstadt münden. Der Verlauf der Bogengänge ›suggeriert die Anwesenheit von Wasser‹. Es scheint, daß diese Linie natürlich entstanden sei, als folge sie einem Ufer. Das charakteristische Kopfsteinpflaster stammt aus dem 19. Jh. wie auch die meisten der Häuser, die der Stadtturm, der *Torre del Comune,* aus dem 14. Jh. überragt. Gegen Westen verengt sich die Piazza zur Via Franchino Rusca, durch die man das *Castello Visconteo* erreicht.

Anhand der archäologischen Funde, die im *Museo Civico* in den Räumen des Castello untergebracht sind, läßt sich eine ›Art chronologischer Schichtenbildung‹ (Bianconi) erkennen: Bronze- und Eisenzeit sind mit Grabfunden vertreten, aus der Zeit der römischen Besiedlung stammen Gläser und Vasen von besonderer Schönheit. Die Geschichte des

Blick auf Locarno mit der Chiesa Nuova, dem Torre del Comune und S. Antonio (Köhler und Kurz)

Castello läßt sich bis ins 10. Jh. zurückverfolgen, der Ausbau zum *castrum fortissimum* nach Mailänder Vorbild wurde jedoch erst im 14. Jh. unter den Visconti nach deren Sieg über die Orelli durchgeführt.

Unter der Herrschaft der Visconti erhielt 1439 die Familie der Rusca Locarno und seine Ländereien als Lehen, Franchino und Giovanni Rusca bauten das Castello zum bedeutendsten Schloß der Schweiz aus. Nur ein Sechstel der ursprünglichen Anlage, die vier Straßenzüge zwischen San Francesco und den *Scuole Comunali* einnahm, ist heute noch zu sehen. Der Gesamtkomplex umfaßte die *rocca* (Festung) mit dem runden Hauptturm als Verteidigungszentrum sowie einen befestigten Seehafen an der Stelle des heutigen Schulhofes und den Palazzo, das Wohngebäude der Rusca. Das Castello wurde von den Eidgenossen 1513 erobert und 1532 zerstört; nur der Palazzo blieb erhalten und diente jahrhundertelang als Residenz der Landvögte.

Edoardo Berta leitete die Restaurierungsarbeiten von 1923 bis 1926. Die Südfassade erhielt ihren Renaissance-Charakter durch den Einbau von drei Zwillingsfenstern. Die westliche Mauer mit zinnengeschmücktem Wehrgang geht in einen halbrunden Turm über. Besonders erwähnenswert ist der interessante Arkadenhof aus dem 15. Jh. mit einem Spitzbogenportal und einer Loggia. Die achteckigen Säulen aus Gneis tragen Kapitelle mit Wahrzeichen und Wappen der Rusca sowie anderer adliger Familien. Im Treppenhaus finden wir ein Wandgemälde aus der Schule des Luini mit einer anmutigen thronenden Madonna, den stehenden Christusknaben auf dem Knie, zwischen Hieronymus und Franziskus; die rechte kleinere Stifterfigur wurde später hinzugemalt. An der linken Seitenwand Giovanni Rusca und dessen Mutter Beatrice. Wir entdecken in den weiteren Räumen bemalte und verzierte Holzdecken und an den Wänden die Wappen der eidgenössischen Landvögte sowie archäologische Funde aus der Umgebung.

Durch ein östliches Portal auf dem Gelände des Castello, über dem das Marmorwappen der Visconti angebracht ist, kann man den Komplex verlassen und zur berühmten *Casorella* gelangen. Sie wurde Ende des 16. Jh. von den Lussy erbaut und später unter den Orelli umgestaltet (*Casa Orelli = Casorella*). Heute ist das Gebäude in kommunalem Besitz, seine interessante architektonische Konstruktion und die bildnerischen Objekte können wegen des schlechten Zustands und der bevorstehenden Restaurierung nicht besichtigt werden.

Eine kunstgeschichtliche Kostbarkeit ist die 1400 gebaute und vollständig ausgemalte S. Maria in Selva (Abb. 23), auf dem Friedhof von Locarno. 1884 wurde das Langhaus gegen den Protest der Bevölkerung wegen der Vergrößerung des Friedhofs abgerissen. An der Ostwand des stehengebliebenen Chores sehen wir außen – ähnlich wie in S. Maria della Misericordia in Ascona – die lombardisch inspirierte Dekoration mit grünen Keramikschalen. Die Vorhalle vor dem Chor wurde 1940 zugemauert, durch eine meist offene Eisentür betritt man den kahlen Chorraum, in dem die Qualität und Ausdruckskraft der Decken- und Wandgemälde beeindruckt. Die ältesten Fresken stammen vom sogenannten Maestro di Santa Maria in Selva aus dem Jahre 1400: in der östlichen Lünette eine Schutzmantelmadonna, unter deren Gewand sich die Vertreter der verschiedenen sozialen Stände gruppieren; links ein Verkündigungsengel, sehr weltlich dargestellt mit der weiblichen Haartracht

Blick auf Locarno in Richtung Süden, im Hintergrund das Schwemmland der Maggia (Frommel und Winkles, 1838)

jener Zeit. In den Gewölbekappen darüber eine besonders schöne Krönung Mariae, begleitet von musizierenden Engeln (Abb. 24). Christus hält nach der Art der romanischen Majestas Domini-Darstellung ein offenes Buch auf den Knien, in dem vom Betrachter zu lesen ist: ›Ego sum lux mundi, via, veritas et vita.‹ Im nördlichen Giebelfeld erkennen wir die Apostel bei der Krönungszeremonie, jeder mit einem Buch in der Hand, das seinen Namen trägt. Gegenüber ein Märtyrer zwischen Franziskus und Eusebius; daneben Georg (oder Viktor), in der Mitte links Johannes der Täufer, rechts Margaretha. Diese Malereien, getrennt und verbunden durch besonders farb- und formintensive Bordüren, sind zusammen mit den Prophetenbüsten im Chorbogen im sogenannten ›Internationalen Stil‹ um 1400 gemalt und zeichnen sich durch die Schönheit und Eleganz der Personen sowie durch die leuchtende Transparenz der Farben aus. Aus der gleichen Zeit, aber von einem anderen Meister, stammt die Kreuzigungsszene zwischen den Chorfrontfenstern mit Maria und Johannes. An der Nordwand eine Darbringung im Tempel, vielleicht von Antonio da Tradate. Links über einer Pforte Reste eines Gnadenstuhls mit einem eindrucksvollen Gottvater, dessen jugendliches Gesicht von Bart- und Lockenpracht umrahmt ist. Die Seregneser Meister, gut erkennbar an den Umrahmungen, schufen zwischen 1460 und 1480 auch die Gestalten des Bartholomäus mit seinen Attributen Messer und Buch sowie Rochus. An den Seitenwänden jeweils in den Lünetten Darstellungen aus dem Marienleben. An der Südwand eine schöne Legendenszene: der Hl. Georg auf dem Pferd, der die Königstochter befreit. An der Wand links vom Fenster Georg und rechts im Fensterbogen die Prinzessin; sie hält ihren Gürtel in der Hand, den sie dem Drachen auf Georgs Geheiß um den Hals legen soll. Weiter oben eine unproportionierte Burg, aus der zwei Köpfe schauen.

Von Santa Maria in Selva aus sollte man einen Abstecher nach **Solduno** machen, einer der ältesten Siedlungen der Region. Eine Nekropole mit mehr als 250 Gräbern stammt aus der Eisenzeit sowie der Zeit der Römer. Solduno, dessen Name keltischen Ursprungs ist und auf die leicht erhöhte Lage des Ortes hinweist, war bis zum Anschluß an Locarno im Jahr 1928 eine autonome Gemeinde. Die *Pfarrkirche S. Giovanni Battista* wurde im 18. Jh. an der Stelle einer mittelalterlichen Vorgängerkirche erbaut, von der Chor und Turmunterbau erhalten blieben. An der Monumentalität des Innenraums und der Barockausstattung kann man erkennen, daß Il Gesù in Rom als Vorbild für diesen Bau diente. Bemerkenswert erscheint das Dreipaßfenster in der Fassade sowie eine im Locarnese seltene Friedhofssäule aus Granit von 1706.

Das Minoritenkloster *S. Francesco*, oberhalb des Castello gelegen, wurde möglicherweise 1229 von Antonius von Padua gegründet. Die heutige Kirche stammt aus dem Jahre 1538 und gilt als eindrucksvolles Beispiel basilikaler Renaissance-Architektur. S. Francesco war lange Zeit die offizielle Kirche Locarnos, in der die Amtseinführung der Landvögte stattfand und wo die Katholiken unter ihnen begraben wurden. Nach der Auflösung des Minoritenklosters 1848 wurde die Kirche als Lagerraum für Salz und Kohle, später als Remise für Kriegsfahrzeuge benutzt. Leider hat die Renovierung im 20. Jh. die entstandenen Schäden nicht beseitigen können. Seit den zwanziger Jahren dient die Kirche als Versammlungsort der deutschsprachigen Katholiken von Locarno.

Vier Lisenen gliedern die sehr harmonisch wirkende Fassade, in der zum Teil Gneisquaderblöcke verarbeitet wurden, die aus dem zerstörten Castello stammen. Zwei Inschriftsteine weisen darauf hin: der eine von 1457, eingemauert oben links neben dem Hauptportal, erinnert an Franchino Rusca und den Architekten Jacopo da Gala der andere aus dem Jahre

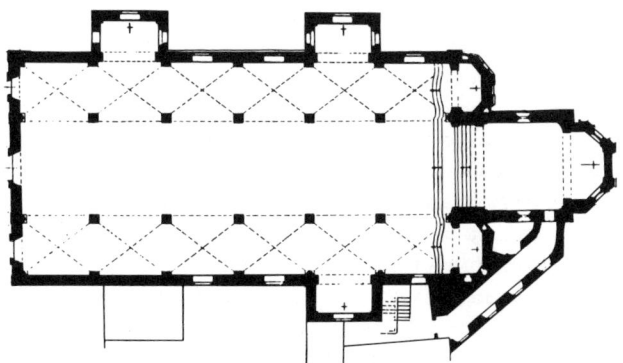

Locarno, Grundriß von S. Francesco

1322 ist über dem linken Seitenportal in der linken Fensterlaibung zu sehen. Weitere interessante Details der Fassade erkennen wir in der spätgotischen Reliefdarstellung von drei Tieren: Ochse, Adler und Lamm, die als Lamm Gottes und Evangelistensymbole (Lukas und Johannes), aber auch als Emblem der drei Stände: der Adler für die Adligen, der Ochse für die Bürger und das Lamm für die Bauern (nach Bianconi) interpretiert werden. Das Hauptportal mit einem Radfenster aus Marmor stammt aus dem Jahr 1574, die etwas jüngeren Nebenportale sind aus Gneis gehauen.

Die dreischiffige Basilika ist harmonisch gegliedert, fünf mächtige toskanische Monolithsäulenpaare mit Arkaden trennen das holzgedeckte Mittelschiff von den Seitenschiffen. Der Eindruck wird allerdings durch den sehr schlechten Zustand der Fresken getrübt. Eine oktogonale Tambourkuppel mit Rundbogenfenstern überwölbt den Chor; am Chorbogen eine Verkündigungsszene aus der zweiten Hälfte des 16. Jh. Der architektonisch besonders interessante Apsisteil weist auf Giovanni Beretta hin, der durch die Einbeziehung des Bruchsteins die Wirkung der großräumigen Komposition erhöht. Leider wurden in der Barockzeit Veränderungen vorgenommen, die den ursprünglichen Eindruck mindern, wie auch an der Bemalung der Seitenwände zu sehen ist. Der raumabschließende Charakter der Seitenschiffwände wurde durch perspektivisch-illusionistische Architekturmalereien, die wahrscheinlich Giuseppe Antonio Felice Orelli (1706–1776) schuf, erheblich modifiziert. In diese Zeit fällt auch die Vergrößerung der Kirche durch den Anbau zweier Kapellen an die Seitenschiffe: Rechts ließ der Landvogt Walter von Roll für sich und seine Frau Katharina Lussy eine Kapelle bauen. Die linke ›Kapelle der unbefleckten Empfängnis‹ stand unter dem Patronatsrecht der Orelli, deren Wappen zweimal vertreten ist. Gegenüber vom Haupteingang befindet sich das gotische Grabmal für Giovanni Orelli, 1347 von Stefano da Velate im Stil eines italienischen Nischengrabes erbaut. Dieser Rest des ehemaligen Friedhofs besteht aus hellen und dunklen Marmorquadern; über der in neuerer Zeit ausgemalten Lünette eine Adlerplastik aus der Entstehungszeit.

Im früheren Refektorium des Klosters S. Francesco, in dem heute die *Scuole Cantonali* untergebracht ist, finden wir Wandmalereien des Baldassare Orelli (1676–1727) aus dem Jahr 1716, die durch die Integration biblischer Themen wie dem Abendmahl und der Hochzeit zu Kana in einen imaginären architektonischen Rahmen besonders reizvoll sind.

Die Illusionsmalereien in der *Pfarrkirche Sant'Antonio,* nördlich von S. Francesco gelegen, stammen von Giuseppe Antonio Felice Orelli und sind ein weiteres Zeugnis der bekannten Malerfamilie. An Sant'Antonio, zwischen 1668 und 1674 errichtet, fällt die mächtige Fassade aus dem 19. Jh. auf. Sie wurde 1863 zusammen mit dem Chor erneuert, nachdem das Gewölbe der Kirche zum Teil unter einer Schneelast eingestürzt war. Von der ursprünglichen Innenkonstruktion blieb nach dem Einsturz, bei dem 47 Menschen den Tod fanden, nur noch das nördliche Querschiff erhalten. Die Außenwände der Seitenschiffe überraschen durch kräftiges Bruchsteinmauerwerk, unterbrochen von schön gegliederten Serliana-Fenstern an den Querschiffwänden aus dem Jahr 1678. Die Ecklisenen des fünfgeschossigen Turms, erbaut im lokalen Stil des 17. Jh., heben sich effektvoll von dem geschichteten Mauerwerk aus Gneisbruchstein ab.

1347 erbautes Grabmal des Giovanni Orelli gegenüber von S. Francesco in Locarno

Korinthische Pilaster begrenzen den weiten Hauptraum, über der Vierung erhebt sich eine oktogonale Tambourkuppel. Besonders hervorzuheben sind die schönen Marmorarbeiten an den Altären, in der zweiten Seitenkapelle links eine holzgeschnitzte vergoldete Madonnenstatue aus dem 15. Jh., wahrscheinlich süddeutscher Herkunft, die sich früher in S. Maria in Selva befand. In der zweiten Kapelle rechts zwischen gedrehten schwarzen Marmorsäulen ein eindrucksvolles spätgotisches Kruzifix, aus S. Francesco stammend. Interessante Details finden wir an einem aus Lavezstein gehauenen Taufstein von 1589, der mit dem doppelten Wappen der Gemeinde versehen ist und an zwei Weihwasserbecken von 1698, schön gearbeitet aus rotem Arzo-Marmor, die wahrscheinlich von P. A. Scala aus Carona stammen.

Links von der Kirche Sant'Antonio sehen wir in der *Casa Rusca* ein Beispiel der bürgerlichen Architektur des 17. und 18. Jh.: Die Patrizierhäuser waren Familiensitze der Locarnesi. Ihnen gemeinsam sind die schlichten Fassaden mit Granitportalen, die Innenhöfe mit mehrstöckigen Loggien sowie die Balkendecken, die mit Malereien und prachtvollen Stuckdekorationen geschmückt sind. Die meisten dieser Häuser können zur Zeit nicht besichtigt werden, da sie sich in sehr schlechtem baulichen Zustand befinden.

Seitdem der gesamte Transitverkehr durch die Altstadt Locarnos führt, kann man die *Piazza Sant'Antonio*, diesen ehemals ›friedlichen und stillen Platz‹ (Bianconi), nicht mehr gefahrlos überqueren. Das Denkmal mit der Statue des Giovanni Antonio Marcacci (1769–1854) aus Carrara-Marmor ist hart bedrängt von parkenden Autos. Wir begegnen Marcacci, einem Politiker, Militär und Wohltäter der Stadt, auch in Brione Verzasca, wo seine Familie sich mit dem Castello Marcacci einen Sommersitz bauen ließ. Das Wohnhaus der Marcacci an der Piazza in Locarno wurde der Stadt vermacht und dient seit 1854 als Municipio (Rathaus). Schon von weitem erkennt man die *Chiesa dell'Assunta*, auch Chiesa Nuova genannt, an dem großen Christophorus, dem Schutzpatron des Cristoforo Orelli,

Locarno, Hofansicht
der Casa dei Canonici

der die Kirche um 1630 gründete und den Palazzo neben der Kirche bewohnte. Über dem Portal sehen wir das Wappen des Stifters, in den Nischen die beiden Pestheiligen Rochus und Sebastian. Der Innenraum überrascht durch eine außerordentlich reiche, kunstvoll gegliederte Stuckdekoration des Gewölbes, deren Bildfelder Szenen aus dem Leben der Maria sowie Propheten, Sibyllen und Evangelisten zeigen. Links vom Hochaltar mit schönem Scagliola-Frontale aus der zweiten Hälfte des 18. Jh. ein zweistöckiger hölzerner Tabernakel (Mitte 17. Jh.) in Tempelform, der mit detailreichen Silberreliefs und ziselierten Dekorationen geschmückt ist.

Durch eine Seitentür links gelangen wir in einen stimmungsvollen Hof, der auf einer Seite von der Rückfront des ehemaligen Palazzo Orelli, einem Säulenportikus mit luftigen Loggien, in deren Lünetten Stuckbüsten stehen, begrenzt wird. Die *Casa dei Canonici* (Haus der Chorherren) wurde den Geistlichen gestiftet, die die Chiesa Nuova betreuten. Von dem Garten neben der Chiesa Nuova hat man einen schönen Blick auf den Stadtturm.

Bianconi stellt eine Verbindung zwischen den abweisenden Fassaden der Palazzi und dem zurückhaltenden Charakter der Locarnesi her. Sicherlich bestimmte auch das Klima das architektonische Bild vieler Altstadtbauten: außen die kühle Fassade, innen der luftige Loggienhof. Jedoch nicht alle Häuser sind so gestaltet, jenseits der Contrada Borghese blieb ein erstaunliches Viertel kleinerer Betriebe und Werkstätten erhalten, aber auch hier findet man überall Höfe, Winkel und Wandmalereien.

In nördlicher Richtung weitergehend, gelangt man zum *Frauenkloster S. Catarina* in der Via delle Monache, das im 13. Jh. gegründet und im 16. Jh. von Augustinerinnen bezogen wurde. Leider ist die Kirche fast immer geschlossen.

Mit der Seilbahn an der Via Ramogna erreicht man *Madonna del Sasso* (Abb. 17). Zur Kirche führt jedoch auch ein Fußweg die schöne Via Crucis hinauf, vorbei an der Kapelle dell'Annunziata, die von Bartolomeo d'Ivrea gegründet wurde. Innen befindet sich die mit seinem Porträt versehene Grabplatte und ein Fresko der thronenden Madonna (1522). Auf Anregung des Franziskaners Bartolomeo d'Ivrea, der im Jahre 1480 eine Muttergotteserscheinung hatte, wurde in Anlehnung an lombardische Traditionen ein Sacro Monte mit Via Crucis angelegt.

Die im 16. Jh. ausgebaute Wallfahrtskirche Madonna del Sasso erfuhr im Laufe der Jahrhunderte vielfältige Umgestaltungen; heute präsentiert sich der ursprünglich schlichte Bau auf dem Felsen eher überladen. Im Innenraum dominieren Stuckarbeiten und Votivbilder, die herausragenden Bildwerke finden wir links in der ersten Kapelle mit einer Verkündigungsszene um 1500. Gegenüber, im südlichen Seitenschiff, hängt ein sehr schönes Altarbild des Mailänder Meisters Bartolomeo Suardi, gen. Bramantino, von 1520, eine Flucht nach Ägypten mit unverwechselbarer Darstellung der Kopfhaltung und Mimik. Die Grabtragung Christi von Antonio Ciseri um 1870 beeindruckt durch die expressiven Züge der Personen. In einem kleinen *Museum* finden wir Skulpturen, Gemälde, Kirchengerät und Schriftstücke aus dem Klosterbesitz. Außen rechts neben dem Eingang eine lombardische Beweinungsgruppe mit holzgeschnitzten Figuren von unbekannter Hand (Ende des 15. Jh.), in der Nische links vom Museum ein bemalter, vergoldeter holzgeschnitzter Renaissance-Altar (1485–87). Aus einer gemalten Landschaft mit drei Figuren tritt die Skulpturengruppe der

Die Wallfahrtskirche Madonna del Sasso bei Locarno (Bartlett und Fisher)

Beweinungsszene hervor, in bewegender, realistischer Ausführung und mit kostbaren Details versehen.

Zurück in Locarno führt der Spaziergang am Seeufer (Farbt. 27–30) in Richtung Tenero an der *Casa di Ferro* vorbei, die sich in Privatbesitz befindet und nicht besichtigt werden kann. Das Äußere imponiert durch Bruchsteinmauern und einen kleinen Glockenturm auf dem Dach. Im 16. Jh. als Kaserne erbaut, diente die *Cà di Ferro* später als Getreideumschlagplatz.

Vorher schon führt ein Weg unter der Bahn hindurch zu *S. Quirico* in **Rivapiana,** einem Ortsteil von Minusio. Schon im 14. Jh. erwähnt, wurde S. Quirico im 19. Jh. weitgehend umgebaut. Das ursprünglich romanische Gebäude war kleiner und gegen Osten gerichtet. Reste aus dieser Zeit finden wir außen an der Nordwand; was wie ein Tisch aussieht, ist die mit reliefiertem Kreuz versehene Lünette der Eingangstür der Vorgängerkirche. Im Innenraum an der Südwand Reste einer Flucht nach Ägypten (um 1300). Aus römischer Zeit stammt ein nicht mehr deutlich zu erkennender Inschriftstein eines Altars, der in der rechten Laibung des blinden Fensters an der Südseite außen eingelassen ist. Besonders eindrucksvoll ist der übereck zur Kirche stehende Campanile, ein hoher unverputzter Turm mit Zeltdach, der wegen seiner guten Lage als Wachtturm gedient haben könnte.

Minusio hat leider in den letzten Jahrzehnten seinen ursprünglichen Charakter fast völlig verloren; lediglich in drei Ortsteilen blieben Reste der typischen Bauweise mit Innenhöfen und hohen Mauern erhalten. Im 19. Jh., noch vor der Monte-Verità-Bewegung in Ascona, zog Minusio Politiker, Künstler und Philosophen an, u. a. Bakunin, der zeitweise in der Baronata, einer der drei herrschaftlichen Villen, lebte. Die Verbanella und die Roccabella dienten als weitere Treffpunkte der intellektuellen Avantgarde.

Annäherung an Ascona

Sich um einen vorsichtigen Zugang zu bemühen, mag unverständlich erscheinen, ist Ascona doch weltbekannt, viel besucht und zeitweise überschwemmt von Touristen. Einigen Besuchern genügt das Flanieren auf der Piazza, das unweigerlich in einem der Straßencafés endet, von denen man den phantastischen Blick auf den Lago Maggiore genießen kann. Danach schlendert man durch die alten Gassen mit den schönen, teuren kleinen Läden, besucht vielleicht noch ein Museum – und das war's dann auch schon. Bei einem Rundgang durch die Stadt erfährt man schnell, daß Ascona mehr verdient hat (Abb. 30).

Die *Casa Serodine* an der Piazzetta S. Pietro neben der Pfarrkirche überrascht durch ihre eindrucksvolle Fassade, laut Rahn ›die schönste... auf Schweizer Boden‹ (Abb. 26). Sie wurde 1620 von Giovanni Battista Serodine (1587–1624), dem Bruder des Malers Giovanni, dessen Gemälden wir in der Pfarrkirche sehen, geschaffen. Seine Genialität hat den Bruder beeinflußt; V. Gilardoni vermutet sogar aufgrund stilanalytischer Vergleiche eine Mitarbeit des Malers. Am Haus der Künstlerfamilie Serodine sind ihm hervorragende Szenen von großer Eindringlichkeit gelungen. Die Fassade ist in Höhe und Breite durch die Plazierung

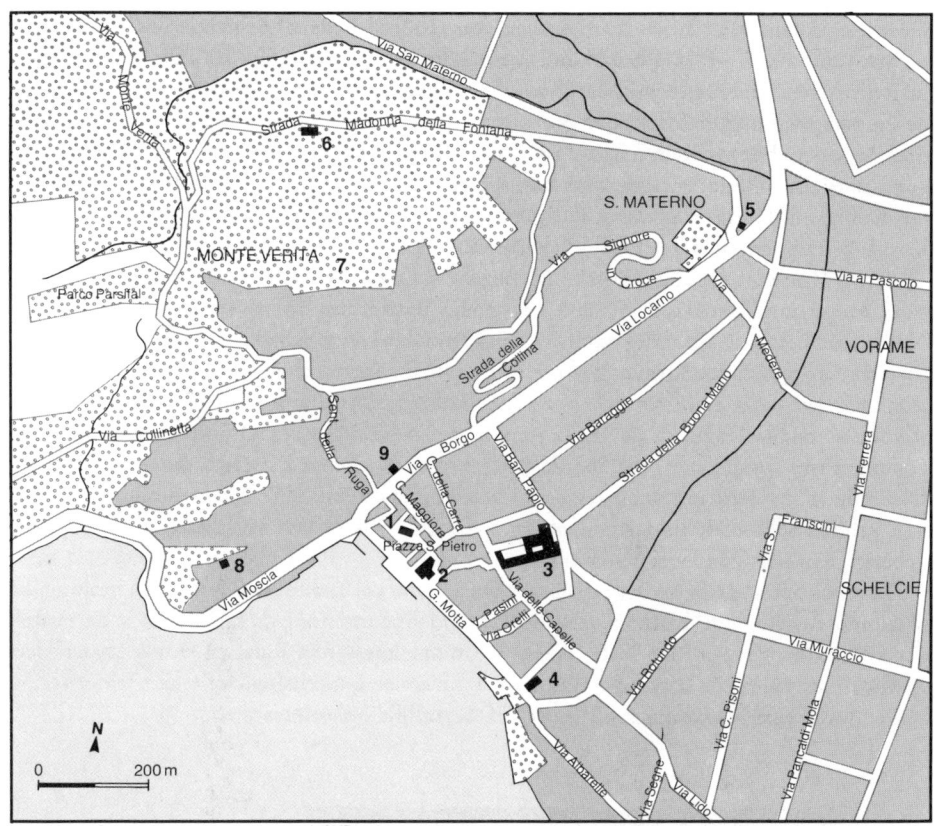

Stadtplan von Ascona   1 SS. Pietro e Paolo   2 Casa Serodine   3 Collegio Papio   4 Castello (Hotel)
5 Castello S. Materno   6 Madonna della Fontana   7 Monte Verità   8 S. Michele   9 Museo Comu-
nale

von Portal, Balkonen und Fenstern dreifach gegliedert, ein kräftiges Kranzgesims, über dem sich ein Mezzaningeschoß erhebt, schließt die Front ab. Vor allem der obere der beiden horizontalen Stuckfriese ist bemerkenswert – der untere zeigt dekorative Gebilde aus Blumen, Blättern und Früchten sowie anthropomorphe Akanthusranken. Auch die drei Figurengruppen über den Fenstern und dem Balkon der Beletage verdienen Aufmerksamkeit.

Links sehen wir als Großplastik Adam und Eva in der Verführungsszene, darüber die beiden zwischen Gottvater und dem Baum der Erkenntnis, den eine halb menschliche Schlange umringelt. Im Hintergrund wartet der Tod in Gestalt eines Skeletts mit Sense (Abb. 27). Daneben die Vertreibung aus dem Paradies: Reue und Schmerz zeichnen die

Gesichter Adams und Evas. Zwei Szenen von großer Intensität begleiten das schöne Paar rechts vom Balkon – König David und seine Geliebte Bathseba (Abb. 28). Die architekturillusionistische Darstellung links darüber – vielleicht eine römische Straße zur Zeit Serodines – deren perspektivischer Effekt den Vordergrund wie eine Bühne erscheinen läßt, zeigt uns drei Personen. Rechts oben schaut David aus einem Fenster des Königspalastes und erblickt gegenüber die schöne, unbekleidete Bathseba im Bad. Vorn in der Mitte der eifrige Diener des Königs, der beauftragt wird, Bathseba zu David zu bringen. Nacheinander ablaufende Vorgänge werden zur Gleichzeitigkeit zusammengezogen, eine Bilderfolge verdichtet sich zu einem Moment, der alles enthält: das Begehren Davids, Urias Frau für sich zu gewinnen, Verführung und Ehebruch. Rechts davon die Bestrafung des Königs, die der Prophet Nathan mit dem Gleichnis des reichen Mannes mit den vielen Schafen verkündet, links unten das Schaf im Schoß des Armen. Über der Figur Nathans ein zorniger Engel mit dem Schädel eines Kindes – das erste Kind Davids und Bathsebas wird eine Woche nach der Geburt sterben –, rechts David in der Pose dessen, der beginnt, seine Schuld zu begreifen. Der gesamte Fries symbolisiert die Schuldhaftigkeit menschlicher Existenz, die jedoch mit der Darstellung im Zentrum der Fassade aufgehoben erscheint, einer leonardesken Madonna von großer Schönheit und Reinheit, mit sanftem, wissendem Ausdruck über ihr Kind gebeugt, flankiert von zwei heiteren Engeln.

Die Casa Serodine beherbergte jahrzehntelang die berühmte Antiquitätensammlung des Wladimir Rosenbaum. Kurz vor dessen Tod fand die Sammlung im Jahre 1984 in der Antica Casa Vacchini ganz in der Nähe einen neuen angemessenen Rahmen. Links neben dem Antiquariato führt ein Tor in einen Innenhof mit einem gut erhaltenen Fresko, leider verunstaltet durch eine Eisenstange, die mitten im Wandbild befestigt ist.

Ascona, Fassadendetail der Casa Serodine, Madonna mit Jesus und zwei Engeln

Die Piazza S. Pietro, östlich von der Casa Serodine begrenzt, wird auf der Seeseite vom *Palazzo del Comune* abgeschlossen. Dieser mit schönem Säulenportikus versehene Bau wurde für Bartolomeo Papio (1526–1580) errichtet, einem reichen Bürger Asconas, der den Palazzo zwar nicht mehr bewohnte, ihn aber der Stadt vermachte.

Die Anfang des 16. Jh. erbaute Pfarrkirche *SS. Pietro e Paolo* ersetzte um 1530 die ältere Kirche S. Pietro. Neben dem westlichen Eingangsportal rechts und links stehen die Statuen der beiden Schutzpatrone in Nischen. Die sorgfältige Restaurierung in den vierziger Jahren stellte den ursprünglichen Zustand der dreischiffigen Säulenbasilika wieder her. Der eindrucksvolle hohe Campanile – wahrscheinlich von den Beretta aus Brissago – trägt über dem durchbrochenen Attikageschoß einen oktogonalen Aufsatz mit Kuppel. In der unteren Hälfte sehen wir an der Turmmauer eine interessante Bildhauerarbeit: das Wappen der Gemeinde von ca. 1580, zwei gekreuzte Schlüssel unter der päpstlichen Tiara. Links vom Turm stand bis 1984 der ›Cisalpinische Brunnen‹ zur Erinnerung an die Proklamation der cisalpinischen Republik im Jahre 1797. Er wurde entfernt, wohl um das romanische Taufbecken, das als Brunnentrog diente, wieder in einem kirchlichen Rahmen aufzustellen.

Die mächtigen Säulen im Inneren der Kirche stammen möglicherweise aus dem 12. Jh. und werden von Rahn mit den Säulen der Portici von Locarno, Bellinzona und Lugano verglichen. Im Zuge der Restaurierung entfernte man eine Stuckdecke und legte die alte Holzdecke ebenso wie übermalte Fresken frei. Rechts vom Eingang sehen wir – leider nur fragmentarische – Malereien von einem der Seregnesi, links den Hl. Nikolaus mit drei legendären Szenen aus seinem Leben: oben ein Schiff, das für die Errettung von drei Pilgern aus Seenot steht, unten drei Knaben in einem Bottich, die er zum Leben erweckte; rechts die Hll. Kosmas und Damian.

Über der Eingangstür hat man ein abgelöstes Fresko angebracht, das sich vorher in besserer Position an der linken Hochwand des Mittelschiffs befand. Es stammt vermutlich aus dem ausgehenden 15. Jh. und zeigt im Stil des Antonio da Tradate eine schöne Madonna del latte, links von ihr Rochus und Sebastian, rechts Antonius zwischen einem Bischof und einem Papst.

Neben dem Eingang eines der drei hervorragenden Tafelbilder von Giovanni Serodine (1600–1630) ›Christus in Emmaus‹, ein kunstvolles Werk, bei dem die Arbeit mit Licht und Schatten beeindruckt. Dieses Bild, wie auch ›Die Söhne des Zebedäus‹ auf der anderen Seite, für das möglicherweise die Familie Serodine Modell gestanden hat, soll für zwei Seitenaltäre in einer römischen Kirche gemalt worden sein.

Das Hochaltarbild – ›Die Krönung der Maria‹ verdeckt ein Fresko aus dem 16. Jh. an der Rückwand des Chores mit dem gleichen Thema. Besonders interessant ist die untere Hälfte, eine Gruppe von Aposteln und Heiligen mit charaktervollen Gesichtern: links der mädchenhaft wirkende Johannes, rechts Sebastian, in der Mitte die kräftigen Männergestalten der Apostelfürsten, die dem Betrachter das Schweißtuch der Veronika mit einem sanften Christuskopf entgegenhalten, vorn links Antonius und rechts der kniende Carlo Borromeo.

Im Chor sehen wir zwei Fresken eines lombardischen Künstlers aus dem 16. Jh., rechts die ›Übergabe der Schlüssel an Petrus‹, links die ›Rettung des versinkenden Petrus durch

Jesus‹, auffallend die schöne Renaissance-Umrahmung. An den Pilastern, die den mit einer Verkündigung aus dem 16. Jh. geschmückten Chorbogen tragen, Antonius und Johannes, rechts an der Schiffswand nahe der Seitentür die Darstellung des auferstehenden Christus, darunter das Wappen der Duni. Die Gewölbeausmalung des Chores mit der Himmelfahrt Mariä aus dem Jahr 1770 stammt von Pietro Francesco Pancaldi.

Im Mittelschiff rechts fällt eine sehr schöne polygonale Holzkanzel mit Renaissance-figuren und einer Inschrift auf, die an eine Rede erinnert, die Carlo Borromeo 1583 anläß-lich der Gründung des Collegio hielt. Gegenüber steht ein Holzsarkophag mit Reliquien der Hl. Sabina. Rechts neben der Seitentür an der Nordwand und über der Kanzel schlecht erhaltene Reste von Apostelfresken. Zum Schluß noch ein Blick auf eine sehr schöne Madonna del latte aus der Zeit Luinis (ca. 1530) vorn links neben einer geschnitzten Trini-tätsdarstellung von 1630. Dieses Fresko stammt von einem Bildstock in der Nähe der Piazza von Ascona; der Schriftsteller Emil Ludwig (1881–1948) kaufte es und ließ es über einem Kamin in seinem Wohnhaus anbringen. Er vermachte es der Pfarrkirche, so daß wir uns heute an der zarten und zugleich eleganten Gestalt erfreuen können.

Von der Piazza S. Pietro gelangt man durch malerische Gassen zur 1399 gegründeten Kirche S. Maria della Misericordia, die schon von weitem an dem kegelförmigen Turmauf-satz von 1448 zu erkennen ist. Durch die stimmungsvolle Allee von der Via delle Cappelle auf das Westportal zukommend, sieht man in der Lünette eine Mater misericordiae mit weit ausgebreitetem Mantel, der, von Engeln gehalten, Gläubigen und Stifterfiguren Schutz bietet. Männliche und weibliche Bürger versammeln sich kniend und stehend auf perspekti-visch angelegtem, schachbrettartig gemustertem Boden unter dem Umhang der königlichen Madonna. Dieses Fresko zeigt in der Haltung und den Gesichtern der Personen gotische Elemente und wird der Schule des Maestro Domenico des späten 15. Jh. zugeschrieben.

Seitlich vom Innenhof des Collegio her gelangt man in den schlichten, einschiffigen sehr dunklen Kirchenraum. Der auf eine Bettelordengründung zurückgehende Bau ist mit Fres-ken aus dem 15. und 16. Jh. reich ausgemalt, die bemerkenswertesten schmücken den Chorraum hinter der Altarwand. Die erst Ende des vorigen Jahrhunderts von späteren Übermalungen befreiten Bilder sind leider in sehr schlechtem Zustand. Sie stellen eine Art ›biblia pauperum‹ dar, die in alt- und neutestamentarischen Szenen Glaubensinhalte, im Stil

Stadtsiegel von Ascona

der lombardischen Miniaturen der Mitte des 15. Jh. gemalt, vermittelt. An der Nordwand zeigen 66 Bildfelder von großer künstlerischer Qualität und Intensität die Erzählungen des Alten Testaments von der Erschaffung der Welt bis zum Auszug Israels aus Ägypten. Man betrachte zum Beispiel die Szenen der Vertreibung aus dem Paradies und die der menschlichen Arbeit (dritte Reihe, viertes und fünftes Feld) oder die Gestalt des Moses mit dem bekrönten Pharao in der unteren Reihe. Die Fresken der südlichen Wand haben eher volkstümlichen Charakter: 36 Felder in sechs Reihen erzählen die Geschichte Jesu von seiner Geburt bis zum Abstieg in die Vorhölle. Eine Besonderheit finden wir in der dritten Reihe von unten ganz links: in einem Bildfeld werden die Fußwaschung und das Letzte Abendmahl dargestellt, letzteres an einem runden Tisch, wie es im Tessin nur an drei Orten gemalt wurde (s. Brione Verzasca und Arosio). Unten rechts befindet sich eine Inschrift, die die Grundsteinlegung der Kirche am 15. November 1399 bezeugt.

An der Bemalung des Chorbogens fallen einige überraschende Details auf. Die Verkündigungsszene in der oberen Reihe enthält eine in der mittelalterlichen Kirchenlehre streng verurteilte Darstellung des Verkündigungsmysteriums: in der Mitte Gottvater der an einem Betpult knienden Maria zugewandt, dazwischen assistierende Engel, die einen fliegenden Körper – das kleine Jesuskind, bereits von einer Mandorla umgeben – zu Maria begleiten. Diese interessante Wiedergabe finden wir auch in S. Martino di Deggio (Quinto, Leventina). In der mittleren Reihe des Chorbogens rechts eine Kreuzabnahme von Cristoforo und Nicolao da Seregno 1466, links Christus in der Mandorla. Unten rechts ein Gnadenstuhl aus dem späten 15. Jh., links die Hll. Dominikus und Petrus Martyr um 1520 sowie eine gotische thronende Madonna.

An der Südwand des Kirchenschiffs sehen wir unterschiedlich große Fresken in übereinanderliegenden Reihen mit mehrfach dargestellten Heiligen, im einzelnen oben links beginnend: S. Bernardin von Siena im Gebet und die thronende Madonna zwischen den Hll. Defendens und Macarius, wohl von den Seregneser Meistern, in der Reihe darunter eine Madonna del latte und Veronika, daneben S. Bernardin (1455); rechts davon eine Madonna sowie die Hll. Antonius und Romanus, gemalt von Antonio da Tradate um 1490. Die Fresken der unteren Reihe sind zerstört. Weitere von da Tradate stammende Darstellungen von 1506 finden wir an der gleichen Südwand: unter Scheinbögen postierte Heilige, von links Antonius, Rochus, Luzius, Antonius von Padua, ein zweiter Rochus, die thronende Madonna mit Kind und Sebastian. Die Beschriftung deutet auf den Votivbild-Charakter dieser Fresken hin, die von diversen Stiftern in Auftrag gegeben wurden und daher einige Schutzheilige mehrfach darstellen.

Neben dem Haupteingang in einer halbrunden Nische eine besonders eindrucksvolle Sacra Conversazione: unter einem Renaissance-Architrav zwischen umwachsenen Säulen sitzt Maria vor einem Strauch, das mit einer langen Perlenschnur spielende Kind auf ihrem Schoß (Farbt. 12), rechts und links die beiden Pestheiligen (Anfang des 16. Jh.), oben im Halbrund Gottvater mit Engeln. Bedauerlicherweise wurde der untere Teil Anfang des 17. Jh. recht grob übermalt, so daß eine kunstgeschichtlich eindeutige Zuordnung nicht mehr möglich ist. An der Rückwand des Langhauses, leider durch einen Beichtstuhl verdeckt, befindet sich eine Schutzmantelmadonna aus dem frühen 16. Jh. mit den Hll. Sebastian und Katharina; oben eine weitere von Giovanni Borgnis di Craveggia aus dem Jahr 1750. Die Nordwand des Kirchenschiffs zeigt qualitativ weniger bedeutende Malereien. Einem riesigen Christophorus von 1514 sitzt eine winzige Jesusfigur auf der rechten Schulter, möglicherweise aus der Schule des Maestro Domenico, weiter vorn eine Madonna di Loreto mit den Hll. Sebastian und Rochus.

Bevor wir uns dem großartigen Hauptaltarbild von Giovanni Antonio de Lagaia zuwenden, noch ein Blick auf die übrigen Bilder an den Seitenwänden. In der Mitte der Nordwand das Altarbild der Madonna della Quercia (1597), deren Verehrung von Emigranten aus Viterbo herrührt, wo im 16. Jh. zahlreiche Asconesi und Locarnesi lebten. Gegenüber ein Altar der Madonna del Rosario (1590) von Domenico Poroli aus Ronco sopra Ascona. Pietro Francesco Pancaldi (1739–1783) aus Ascona, ehemaliger Schüler des Collegio, schuf die beiden großen, 1980 restaurierten Gemälde an beiden Wänden des Langhauses mit Szenen aus dem Leben des Carlo Borromeo, der am 3. November 1584 an der Pest starb, nachdem er noch wenige Tage vorher das Collegio Papio in Ascona eröffnet hatte. An der Nordwand ›S. Carlo, seinen Besitz an die Armen verteilend‹, kunstvoll komponiert; im rechten Drittel, dem Betrachter zugewandt, das Selbstbildnis Pancaldis. Gegenüber, an der Südwand ›S. Carlo, die Pestkranken segnend‹.

Für S. Maria della Misericordia entstand nach der Gründung des Collegio eine kuriose Situation: Ein kirchliches Statut unterstellte das Gotteshaus zur Hälfte der Jurisdiktion der Bischöfe von Como; jenseits des Rosenkranzaltars unterstand es jedoch dem Erzbischof von Mailand, so daß an den südlichen Altären die Heilige Messe in römischem, an den nördlichen in ambrosianischem Ritus zelebriert wurde.

Wieder am Ausgangspunkt der Besichtigung angelangt, sieht man am Choreingang ein großes, auf Holz gemaltes Renaissance-Polyptychon, das von einem hölzernen Rahmen eingefaßt ist. Es ist eines der schönsten lombardischen Altarbilder der Schweiz und stammt von Giovanni Antonio de Lagaia, signiert 1519, restauriert 1941 und 1964. Die Madonna della Misericordia, königlich-natürlich in anmutiger Renaissance-Haltung, scheint dem Betrachter entgegenzukommen; auch die Männer und Frauen unter ihrem Schutzmantel wirken lebendiger als die gotischen Figuren in der Lünette des Westportals. Von großer künstlerischer Qualität sind auch die beiden Heiligenfiguren Dominikus und Petrus Martyr, der Verkündigungsengel darüber und Maria sowie in der Mitte oben die Himmelfahrt Mariae. Die weniger gelungenen Engel und Wolken oben rechts und links stammen möglicherweise von einem Schüler de Lagaias.

Durch eine Seitentür gelangt man in den prachtvollen Innenhof des *Collegio Papio*, das nach wechselvoller Geschichte heute als Gymnasium dient. Seine Entstehung verdankt es dem in Rom als Großhändler zu Reichtum gelangten Bürger Bartolomeo Papio, der seinem Heimatort ein Seminar vermachen wollte. Auch Carlo Borromeo, der schon lange bestrebt war, in dieser Region die Gegenreformation zu stärken, setzte sich für die Gründung eines Collegio ein. Da bereits 1555 die Protestanten des Locarnese aus dem Land gewiesen und nach Zürich geflüchtet waren, stieß das Vorhaben auf keinen nennenswerten Widerstand.

Borromeo war in päpstlichem Auftrag Papios Testamentsvollstrecker und schlug der Gemeinde Ascona einen Tausch vor, da ihm der Palazzo am See nicht zusagte. Dieser sollte der Gemeinde übergeben werden – noch heute dient er als Sitz der Gemeindeverwaltung –, das zu gründende Collegio sollte an die Kirche S. Maria angebaut werden. Borromeo beauftragte den am Mailänder Dom wirkenden Pellegrino Pellegrini, gen. Tibaldi, mit der Planung: Tibaldi entwarf die Flügel des Collegio, die mit der einen Flanke der Kirche einen harmonischen Renaissance-Hof bilden. Zwei Stockwerke mit Arkaden umgeben den geräumigen Hof, die weit gespannten Bögen zwischen den toskanischen Säulen vermitteln den Eindruck von Großzügigkeit. Die Verbindung mit der Kirche, die Gründungsmodalitäten und die jahrhundertelange kirchliche Leitung des Collegio legen den Gedanken nahe, daß es sich um ein Kloster handelt, was jedoch zu keiner Zeit der Fall war.

An den Wänden unter den Arkaden finden wir 28 zum Teil sehr kunstvolle Wappensteine mit den Emblemen der Gründer, Protektoren und Administratoren des Collegio, in einer Nische der Nordwand eine Büste von Bartolomeo Papio (1603). Über dem Nordeingang zum Innenhof eine Schutzmantelmadonna aus Marmor (1602) von Pietro Beretta aus Brissago. Im oberen Stockwerk befindet sich ein interessantes Kruzifix aus dem 16. Jh., der Christuskopf verlor 1960 bei einem Brand Bart und Haare, auch die üppigen botanischen Anlagen, die man auf alten Photographien noch sehen kann, wurden zerstört.

Vom Hof des Collegio führt ein Gang zur Ostseite und Apsis der Kirche. Das Rundfenster an der Außenwand ist von Terrakottaschalen umgeben, die vier Kreuze bilden. Diese Art der Dekoration geht auf eine alte lombardische Tradition der kirchlichen Außenarchitektur zurück und ist auch an der Kirche S. Maria in Selva in Locarno zu finden.

Das *Castello S. Materno*, 10 Minuten vom Collegio Papio entfernt, ist heute ein Albergo der einfacheren Art; bemerkenswert der schöne Granitbogen um die Eingangstür des Albergo mit eingelassenen monströsen Gesichtsreliefs sowie die Außenansicht der durch Lisenen und Zwillingsarkaden gegliederten romanischen Apsis. Ein kunstgeschichtliches Kuriosum verbirgt sich im Inneren des Castello. Eine freundliche Dame zeigt den Interessierten die Kapelle des ehemaligen Schlosses, in deren Apsis eine der ältesten Majestas-Darstellungen der Schweiz großäugig über einer Couch und tristen Möbeln thront. Im 19. Jh. wurden Reste des Castello in einen Landhausbau integriert, die romanischen Wandmalereien – Christus und die Evangelistensymbole aus dem 12. Jh. – wurden später leider stark ergänzt und übermalt. In den zwanziger Jahren wohnte in diesem Kapellenzimmer die berühmte Ausdruckstänzerin Charlotte Bara, deren Vater 1919 das Castello S. Materno gekauft hatte und renovieren ließ. Der Architekt Weidemeyer baute für sie das *Teatro S. Materno* schräg gegenüber, das, überaus modern konzipiert, auf dem fiktiven Grundriß einer romanischen Kirche errichtet wurde, deren ›Apsis‹ als Eingang diente.

Vom Castello S. Materno ist es nicht weit zur Wallfahrtskirche *Madonna della Fontana Parlenguora*. Dort soll eine sprudelnde Quelle im 15. Jh. einer stummen Hirtin die Sprache wiedergegeben und ihre Schafe vor dem Verdursten gerettet haben. Die Pilgerscharen wurden so groß, daß man im 17. Jh. eine Kirche über der Quelle errichtete, deren Pläne wahrscheinlich von Giovanni Serodine stammten.

*Die kleine romanische Apsis
der Schloßkapelle des Castello
di S. Materno*

Vor der Fassade des frühbarocken, turmlosen Kreuzbaus mit Freitreppenanlage befindet
sich das überkuppelte Grottenheiligtum, an dessen Gitter Schöpfkellen hängen. In der
Altarnische ein schönes Madonnenfresko aus dem 16. Jh. Die bemerkenswerte Innenausstattung fiel im Jahr 1789 weitgehend einem Brand zum Opfer, wurde danach aber erneuert.
Das hohe, tonnengewölbte einschiffige Langhaus mit harmonischen Proportionen öffnet
sich zum Chor mit einem Triumphbogen, an dem die Verkündigung und die Himmelfahrt
Mariae 1637 von Bernardino Serodine gemalt wurden. Im Hochaltar eine Himmelfahrt
Mariae von 1652, davor eine Madonna aus Stuck (1617), die Giovanni Battista Serodine
zugeschrieben wird.

Bevor wir uns dem Monte Verità zuwenden, den man bequem erreicht, wenn man die Straße
vom Castello S. Materno weiterverfolgt, erscheint ein kurzer Rückblick in die Geschichte
Asconas sinnvoll. Das Märchen vom kleinen unbedeutenden Fischerdorf, das Ascona einmal gewesen sein soll, hält sich hartnäckig, wird aber durch jahrzehntelange Wiederholung
nicht glaubwürdiger. Richtig ist nur, daß der Ort um 1900 tatsächlich arm war und viel von

seiner früheren Bedeutung eingebüßt hatte. Giorgio Vacchini berichtet von einem Emigranten, dessen Neffe von Ascona erzählen will: ›Nein, nein, wechsle das Thema, mein Sohn, und sprich mir nicht von jenem Dorf der Polenta, des schwarzen Brotes und der Armut.‹

Die geschichtliche Entwicklung verlief ähnlich wie in anderen Orten des Tessin: Frühe Besiedlung durch die Ligurer gegen Ende der Bronzezeit, sichtbar geworden an prähistorischen Funden bei der Erweiterung des Friedhofs S. Materno. Die darauf folgenden keltischen Stämme der Lepontier vermischten sich mit den Ligurern, besiedelten das heutige Tessin und hinterließen ihre Spuren unter anderem im Fluchtburgensystem auf dem Balladrum. Die römische Herrschaft, seit dem ersten vorchristlichen Jahrhundert unter der Hoheit des römischen Municipium Mailand – Reste aus dieser Zeit fand man in römischen Gräbern in der Nähe von S. Materno – wurde durch die Langobarden abgelöst. In jener Zeit blieben Institutionen und Gewohnheitsrechte weitgehend erhalten; die Bedeutung Asconas geht aus der Tatsache hervor, daß die Pfarrkirche S. Pietro geweiht war, im 6. Jh. ein Indiz für strategisch und wirtschaftlich wichtige Orte. Später wurde Ascona sogar Sitz von Verwaltung und Gerichtsbarkeit, in mittelalterlichen Kaiserdiplomen wird S. Michele als *curia*, Ratsversammlung, bezeichnet.

Mit der Einführung des Feudalsystems gelangte Ascona unter die Herrschaft der Duni. Auch in dieser Zeit blieben die Institutionen kommunaler Selbstverwaltung erhalten, alteingesessene Bürger bildeten die *vicinanza*, die über das Gemeindeeigentum verfügte. Seit 1224 war Ascona *borgo*, großer Ort oder Marktflecken, dessen Bedeutung aus der Niederschrift von Statuten aus dem 14. Jh. hervorgeht, in denen die alten Gewohnheitsrechte der freien Gemeinden festgehalten wurden. Äußeres Zeichen des Reichtums und der Bedeutung Asconas waren die vier Castelli, die 1518 von den Eidgenossen zerstört wurden, so daß heute nur noch Rudimente zu sehen sind.

S. Michele auf dem Hügel westlich von Ascona galt als wichtigste Burganlage, da von dort der Schiffsverkehr auf dem oberen Verbano kontrolliert werden konnte. 1180 übergab der Bischof von Como es den Duni als Lehen. Die Kirche S. Michele, ein barocker Rechteckbau aus der zweiten Hälfte des 17. Jh., ruht heute auf den Fundamenten des früheren Turms.

Das *Castello dei Ghiriglioni*, 1250 erbaut, liegt am Ende der Piazza Motta am See. Die Ruinen wurden in den Hotelbau des Albergo Castello integriert, außer dem Südturm am Ufer kann man noch den 15 m hohen nördlichen Wachturm aus behauenen Steinen sowie Mauerwerkreste und zwei ursprüngliche Tore erkennen.

Vom *Castello Carcani* blieb nur der restaurierte Turm erhalten, schräg gegenüber der Anlegestelle beim Albergo Carcani, der 1963 abgerissen wurde.

Auch die Eidgenossen garantierten als neue Machthaber die Statuten der *vicinanza* von 1513, bis 1789 folgte die relativ ruhige Zeit der Vögteherrschaft, in die jedoch eine starke Emigrationsbewegung, besonders nach Rom und in die Toskana, fiel. Die Söhne zahlreicher Familien wie der Serodine, Pisoni oder Pancaldi versuchten außerhalb Asconas zu Ruhm und Erfolg zu gelangen. Im 19. Jh. wurde das Tessin zum Zufluchtsort der politisch verfolgten Freiheitskämpfer aus Italien, die von hier aus die Befreiung ihrer Heimat vorbereiteten (Risorgimento).

Der Monte Verità als ›gesellschaftspolitischer Maulwurfshügel‹

Die Geschichte des Monte Verità ließe sich kurz erzählen, indem die bekannten Gemeinplätze noch einmal wiederholt werden: Von der Gründung der Reformbewegung durch Naturapostel, ›Körnerfresser‹ und Weltverbesserer über die Wandlung Asconas vom ›Fischerdorf‹ zum ›Montparnasse am Langensee‹, vom Beginn des Luxustourismus und vom Ende des Monte Verità-Mythos, von Ascona als Zufluchtsstätte und weltbekanntem Ferienort. Bei der glättenden Allerweltsgeschichtsbetrachtung wird jedoch häufig die große sozial- und kulturgeschichtliche Bedeutung der Bewegungen vernachlässigt, deren Kristallisationspunkt der Monte Verità war.

Schon gegen Ende des 19. Jh. war das Locarnese Treffpunkt von Gruppen, die Herrschaftslosigkeit als Gesellschaftsprinzip anstrebten. Michail Bakunin (1814–1876) lebte einige Jahre in Locarno und verfaßte politische Schriften, in denen die Notwendigkeit der sozial-anarchistischen Revolution proklamiert wurde. Um die Jahrhundertwende versammelten sich in Ascona Anarchisten verschiedenster Richtungen, so der Arzt Raphael Friedeberg, der die gedanklichen Grundlagen des Krankenkassenwesens schuf und den Generalstreik als legitimes Mittel im Arbeitskampf befürwortete; der Zürcher Anarchist und Maler Ernst Frick, sowie der Historiker und Biograph Bakunins, Max Nettlau, der als ›Herodot der Anarchie‹ bezeichnet wurde. Der Grazer Psychiater Otto Gross war bestrebt, in Ascona eine ›Hochschule zur Befreiung des Menschen zu errichten, Befreiung von allen Zwängen...‹ (Szeemann). Erich Mühsam (1878–1934) vertrat die Idee, Ascona zum Zufluchtsort aller Heimatlosen, politisch Verfolgten und Opfer gesellschaftlicher Mißstände werden zu lassen.

Eine andere Bewegung, die sich die ›Erziehung einer besseren Menschheit‹ zum Ziel setzte, ging von dem theosophischen Projekt eines Laienklosters auf dem Monte Monescia, dem späteren Monte Verità, aus. Dem Politiker, Philosophen und Nationalrat Alfredo Pioda gehörte das Grundstück, auf dem er zusammen mit Franz Hartmann eine theosophische Bruderschaft gründen wollte; die politische Entwicklung der neunziger Jahre ließ es jedoch nicht dazu kommen.

Um 1900 wurde der Hügel La Monescia zum Schauplatz der Lebensreform-Bewegung, die sich als dritten Weg zwischen Kapitalismus und Kommunismus begriff: sie sollte nichts Geringeres bewirken als die freie und möglichst naturnahe Entfaltung des Individuums. Der Hügel, von den Begründern der Bewegung Ida Hofmann und Henri Oedenkoven jetzt ›Berg der Wahrheit‹ genannt, wurde zum Symbol der angestrebten Verbesserung menschlicher Verhältnisse.

In ihren Memoiren faßt Ida Hofmann Oedenkovens Ideen zusammen: ›Innerhalb der bestehenden gesellschaftlichen Organisationen, die jede individuelle Regung im Menschen ersticken und seine Kraft und natürlichen Anlagen in den Dienst der Machtbesitzenden zwingen, ist eine freie Entwicklung nach Befreiung strebender Menschen undenkbar. Auf neuem Boden, auf neu zu erwerbendem Grunde soll das Unternehmen entstehen, dessen

Gründung ich mir mit allen mir zu Gebote stehenden Mitteln schon seit mehreren Jahren als Ziel gesteckt habe.‹ (Landmann, S. 16). Die Prinzipien einer ›vegetabilischen Kolonie‹ wurden mit Rigorosität verfochten, im Laufe der Jahre entstand ein Kurbetrieb, der trotz der großen Fluktuation unter den Mitarbeitern erstaunlich gut funktionierte. Man war sich nur in einem Punkt einig: der Ablehnung der bürgerlichen Kultur. Darüber hinaus gab es so viele Auffassungen wie Individuen und wenig tatkräftige Arbeiter, so daß die idealistischen Vorstellungen bald an die Grenzen der Realität stießen.

Die Kommerzialisierung des Projekts – man war auf zahlende Kurgäste angewiesen – ließ die autarke Kolonie zum, wie Mühsam es nannte, vegetarischen ›Salatorium‹ werden, das durch intensive Werbung und den Ruf als Versammlungsort von Extremisten eine gewaltige Anziehungskraft ausübte. Mit unermüdlichem Elan wurden stets neue Ansätze der Weltinterpretation diskutiert. Trotz organisatorischer und finanzieller Schwierigkeiten fanden Oedenkoven und Hofmann auch Zeit, sich um eine ›neue ortografi‹ zu bemühen. An einen Freund schreibt Ida Hofmann, sie wolle ›die bedeutung des fon uns gewälten namens der anstalt damit erklären, dass wir keines wegs behaupten, die *warheit* gefunden zu haben, monopolisiren zu wolen, sondern dass wir entgegen dem oft lügnerischen gebaren der geschäftswelt, u. dem her konvenzioneler forurteile der geselschaft, danach streben, in wort u. tat *war* zu sein, der lüge zur fernichtung, der warheit zum sige zu ferhelfen.‹ (Landmann, S. 65).

Die Faszination, die von der Monte Verità-Bewegung ausging, wurde ergänzt durch den landschaftlichen Reiz Asconas – es entstand so etwas wie eine Sucht, immer wieder dorthin zurückzukehren. Künstler und Politiker aller Richtungen machten sich nach Ascona auf und ließen es zu einem ›Brennpunkt für die Projektion ihrer Wunschvorstellungen‹ werden (Szeemann). Zu den Gäste gehörten Lenin, Trotzki, Martin Buber, Isadora Duncan, Stefan George und Klabund. 1909 kam Franziska von Reventlow und zog einen Schwarm von Bohemiens nach sich. In dem Roman »Der Geldkomplex« (1916) schildert sie die Geschichte ihrer Scheinehe mit einem baltischen Baron, die in einer Finanzkatastrophe endete. Sie gehörte zu den ersten bekannteren Künstlerpersönlichkeiten, die sich in Ascona niederließen und das Tessin nicht nur als Ort der Regeneration für eine begrenzte Zeit erlebten. Die 1918 verstorbene Autorin liegt auf dem Friedhof von Locarno begraben.

Für Hermann Hesse begann die Beziehung zum Tessin noch früher. 1906 unterzog er sich als Patient des Naturheilsanatoriums auf dem Monte Verità einer Entziehungskur, in den folgenden Jahren behielt er Kontakt zu Gusto Gräser, einem der Monte Verità-Begründer, der die Grundprinzipien der Bewegung wohl am radikalsten zu verwirklichen suchte. Im Jahre 1919 ließ sich Hesse endgültig im Tessin nieder.

Während des Ersten Weltkrieges entwickelte sich Ascona trotz der Sondersteuer, die jedem Ausländer auferlegt wurde, zur ›Station der Berühmten und Zufluchtsstätte der Verlorenen‹ (Wermelinger). Expressionisten und Dadaisten verließen in den Kriegsjahren München und Berlin, zogen in das Tessin und pflegten Kontakte zum Monte Verità, wobei die ideologischen Differenzen zwischen den Lebensreformern und den politisch stärker engagierten Bohème-Anarchisten deutlich wurden.

Walter Serner, ein Vertreter des Dadaismus, zog sich ebenfalls ins Tessin zurück. Mit seinem 1918 in Lugano geschriebenen Manifest »Letzte Lockerung« gelang ihm eine vehemente Abrechnung mit der gesamten abendländischen Kultur. Auch Else Lasker-Schüler, Richard Seewald, Leonhard Frank, René Schickele und viele andere bekannte Künstler hielten sich in jenen Jahren einige Zeit im Tessin auf. James Joyce plante 1917/18 einen Daueraufenthalt in Locarno, wurde allerdings vom unwirtlichen Winterwetter daran gehindert und konnte nur die drei einleitenden Episoden des »Ulysses« fertigstellen.

1919 gaben die Gründer des Monte Verità ihre vegetabilische Kolonie auf; enttäuscht über den ideologischen Verfall und stets geplagt von finanziellen Nöten verließen Oedenkoven und Hofmann Europa und starteten einen neuen Versuch in Brasilien. Zunächst verpachtete Oedenkoven das Gelände; 1923 verkaufte er es an eine Gruppe Berliner Freunde, die den Monte-Verità-Gedanken fortführen wollten. Jedoch auch ihr Projekt scheiterte an finanziellen Problemen. 1926 erwarb der Industrielle Eduard Freiherr von der Heydt den Monte Verità und verwandelte das ehemalige ›Salatorium‹ in ein Luxushotel. Heydt, ein begeisterter Kunstsammler, brachte Teile seines wertvollen Besitzes nach Ascona: ›An den Holzwänden im Restaurant hingen antike asiatische Malereien und pompöse Gobelins (...). Die Hotelzimmer schmückten französische Kupferstiche, Radierungen und chinesische Seidenmalereien aus der Mingzeit. In den Korridoren waren Gemälde, Zeichnungen und indische Statuetten untergebracht‹ (Landmann S. 232).

1964 starb von der Heydt; den Monte Verità vermachte er dem Kanton Tessin unter der Voraussetzung, daß das Hotel sowie die Ausstellungsräume weiterhin in seinem Sinn genutzt würden, was jedoch noch nicht realisiert ist.

Ascona behielt auch nach dem Fortgang der Monte Verità-Begründer und deren Nachfolger seinen Reiz. 1918 hatten sich die Emigranten Alexej Jawlensky und Marianne von Werefkin dort niedergelassen. Die Malerin gründete 1924 zusammen mit Walter Helbig, Otto Niemeyer und Ernst Frick die Gruppe ›Der große Bär‹, die andere Künstler wie Christian Rohlfs und Karl Hofer motivierte, in Ascona zu leben und zu arbeiten.

Künstler unterschiedlichster Kunstrichtungen ließen sich im Umfeld der Monte Verità-Bewegung nieder und überdauerten sie. In Ascona entwickelten Rudolf von Laban, Mary Wigman und Charlotte Bara den Ausdruckstanz zur Vollendung. Das für Charlotte Bara erbaute Teatro San Materno war der erste moderne Kammerspielbau der Schweiz, in dem berühmte Gastspiele stattfanden. In den dreißiger Jahren gründete Jakob Flach das ›Marionettentheater Asconeser Künstler‹ als Versuchsbühne für künstlerische Gemeinschaftsproduktionen, an dem auch Richard Seewald, das Ehepaar Epper sowie Maler, Bildhauer und Architekten mitarbeiteten, Leo Kok schrieb die Musik.

Zahlreiche Intellektuelle, Literaten und Künstler machten auf der Flucht vor dem Faschismus Station im Tessin: Georg Kaiser, Lisa Tetzner, Ernst Toller, Kurt Tucholsky, Erich Maria Remarque, Walter Keller, um nur die bekannteren von ihnen zu nennen, lebten hier einige Zeit. Und auch das beweist das widersprüchliche Bild Asconas: Das Dorf, seit den frühen zwanziger Jahren ein internationaler Ferienort, beherbergte mit den Emigranten gleichzeitig auch deutsche Großindustrielle und Bankiers des Hitlerregimes.

Die Veräußerung von Grund und Boden hatte längst begonnen, ›Fremde‹ wurden zu Dauergästen, der Tourismus zu einer wichtigen Erwerbsquelle. Besonders deutlich empfindet man die negativen Folgen dieser Entwicklung hier in Ascona, das ein Musterbeispiel für gesellschaftliche Zwänge wurde, gegen die nicht zuletzt auch die Monte Verità-Gründer protestiert hatten.

Trotz aller Kommerzialisierung ließen sich Künstler und Philosophen nicht vertreiben. Seit 1933 findet jährlich im August die Eranos-Tagung statt, deren Ziel die Gründerin Olga Froebe-Kapteyn in der ›Vermittlung zwischen Ost und West‹ sah. An der Konferenz, die vornehmlich religionsphilosophischen und psychologischen Themenstellungen gewidmet ist, nahmen im Laufe der Jahre unter anderem Karl Kerényi, Martin Buber, C. G. Jung und Adolf Portmann teil. Kurz nach dem Zweiten Weltkrieg wurden die *Settimane musicali* eingerichtet, Musikfestwochen, die alljährlich von August bis Oktober hervorragende Interpreten, Künstler sowie zahlreiche Prominenz anziehen.

Die meisten Künstler, für die Ascona zur zweiten Heimat wurde, lebten allerdings in engen Zirkeln. Sowohl die Emigranten als auch die Eranos-Teilnehmer suchten kaum Kontakt zur Bevölkerung. ›Der Wunsch nach vollkommener Absonderung seitens der Gäste, die oft das Dorf überhaupt nicht zur Kenntnis nahmen, so als wäre es … lediglich ein gut bedientes Hotelzimmer, die sprachlichen Schwierigkeiten, die individualistische Haltung der einheimischen Bevölkerung und ein gewisses Kulturgefälle zwischen den beiden Welten erklären zum Teil die Ursachen für die verpaßten Möglichkeiten‹ (G. Mondada).

Nach dem Besuch des Monte Verità bietet sich ein Spaziergang die Scalinata della Ruga hinab an, vorbei an einer Kapelle mit interessantem Totenkopf-Relief unter dem Giebel, auf dem man vor allem den herrlichen Blick über Dächer und See genießen kann. Kurz vor der Via Borgo biegt man rechts ab und findet den sehr alten Teil des Ortes **Sotto di Sasso** mit einer Casa Duni. Das Wappen der alten Adelsfamilie läßt sich nur schwer hinter Stellagen und handwerklichem Gerät entdecken.

Links an der Via Borgo, kurz hinter der Einmündung der Scalinata, befindet sich das *Museo Comunale* mit einer umfangreichen Sammlung der Malerei des 20. Jh., die auch Werke von Marianne von Werefkin zeigt. Sie lebte zwanzig Jahre, als *nonna di Ascona* hochverehrt, in dem Ort. Ihre letzte Ruhestätte fand sie 1938 auf dem Friedhof San Materno, wo auch andere Persönlichkeiten, die in Ascona gelebt haben, begraben sind, so zum Beispiel Emil Ludwig, Karl Kerényi und Hans Habe.

Bei dem Gang durch die Gassen sieht man immer wieder palazzo-ähnliche Häuser mit schönen Innenhöfen, granitbogenumspannte Portale und kunstvolle schmiedeeiserne Balkongitter. In der Parallelgasse zur Piazza, der Via delle Cappelle, etwa in Höhe des Collegio, befindet sich der schlichte, turmlose Bau von S. Sebastiano. Spaziergänge in Ascona enden unweigerlich auf der Piazza, dieser verkehrsreichen, aber dennoch hinreißenden, platanengesäumten Uferstraße, deren Bäume erst in den letzten Jahren des 19. Jh. gepflanzt wurden, ausgewanderte Asconesi brachten sie aus Frankreich mit und schenkten sie der Gemeinde. Wenn man die Piazza hinuntergeht, an der Casa degli Angioli aus dem 15. Jh. vorbei in

Richtung Lido, erreicht man unmittelbar nach dem Hotel Europa das *Museo Epper,* das sich hinter einer schlichten Holztür versteckt. Ein Besuch lohnt sich sehr. In wechselnden Ausstellungen werden bildhauerische Arbeiten von Mischa Epper sowie die Holzschnitte und Landschaftsaquarelle ihres Mannes Ignaz gezeigt.

Von Losone über Arcegno und Ronco nach Brissago
Auch ein Weg zum See

Losone erreichen wir von Solduno aus, indem wir nach der Maggiabrücke rechts abbiegen. An der Straße, die zum Ort führt, sind alle zeittypischen ›Baudenkmäler‹ wie Hochhäuser, Supermärkte und Tankstellen zu finden – Losone selbst jedoch ist ein Musterbeispiel dörflicher Architektur im Tessin geblieben. Ohne spektakuläre Schluchten, Steilhänge oder waghalsige Straßenführungen breitet es sich mit seinen drei Fraktionen S. Rocco, S. Lorenzo und S. Giorgio hinter dem Monte Verità in das Pedemonte aus.

Untersuchungen des Torfbodens um Losone ergaben, daß hier schon in der Bronzezeit eine hochentwickelte Ackerkultur existierte, das fruchtbare Gebiet war seit jeher wertvolles landwirtschaftliches Hinterland von Locarno. Ein Schalenstein in Arcegno, die prähistorischen Funde am Berg Balladrum zwischen Arcegno und Ascona sowie Spuren der Kelten und Ligurer auf dem Castelliere bei Tegna beweisen die frühe Besiedlung ebenso wie die Nekropolen der späten Bronze- und beginnenden Eisenzeit. Grabfunde im Bereich der ersten Friedhofskapellen von S. Lorenzo und S. Giorgio, die wahrscheinlich hochmittelalterliche Gründungen sind, reichen in frühchristliche und romanische Zeit zurück.

Schon im 11. Jh. wurde die an guten Böden und ausgedehnten Wäldern reiche Region dem Comasker Kloster S. Abbondio als Lehen gegeben, seit Ende des 12. Jh. versuchten Locarneser Adelsgeschlechter, in den Besitz dieser Region zu kommen. Ähnlich wie in anderen *vicinanze* bestimmten die feudalen *Capitanei Locarnesi,* in deren Gefolge sich Beamte des herrschenden Adels und Kleriker niederließen, die Geschichte des mittelalterlichen Losone. Nach der Aneignung der Vicinalrechte durch den Locarneser Adel entstanden in der Umgebung Sommerresidenzen der ›besseren Gesellschaft‹ wie etwa der Orelli, der Muralti oder der Vonmatt.

Die Orelli unterdrückten, von der Kirche gebilligt, im 16. Jh. die Bevölkerung, indem sie zu Wucherzinsen Geld verliehen: Weiden, Wälder und Ackerland mußten verpfändet werden, um für die Schulden aufzukommen. Im 17. Jh. zwang die wirtschaftliche Not zahlreiche Bewohner zur Auswanderung, als Zöllner im Dienst des Großherzogs der Toskana oder als Schokoladenmacher und Rotisseure fanden sie im benachbarten Ausland Arbeit.

Obwohl die Maggia den Handelsverkehr zwischen Losone und Locarno nie beeinträchtigte und der Fluß mit einer Art Fähre überquert werden konnte, war der Bau einer größeren Brücke über die Maggia unausweichlich. Die alte ländliche Gemeinde – *Commune de Luxono, de Arcenio et Voxa* – umfaßte annähernd das ganze Pedemonte bis Intragna hinauf. Seit dem 13. Jh. wurde Losone als *borgo* bezeichnet: *Communis burgi di Loxono.*

Grotto bei Losone

Im 16. Jh. benannte man die drei Fraktionen nach ihren Kirchen. Für den Reisenden ist vor allem die Gemeinde *S. Giorgio* interessant, hier blieben einige, im 15. Jh. erbaute, ländliche Häuser *(rustici)* mit Laubengängen, Innenhöfen sowie Resten mittelalterlicher Fresken erhalten, die mit den großen Bürgerhäusern zurückgekehrter Emigranten das reizvolle Bild des Ortes bestimmen. Für die zahlreichen Details an den Portalen, Architraven, Fensterumrahmungen und Kaminen sollte man sich Zeit nehmen. Am Beginn der Contrada Maggiore sehen wir gegenüber vom Ristorante Belvedere ein großes, noch aus dem 17. Jh. stammendes Haus mit Laubengängen. Auf der gegenüberliegenden Seite ein als ›Turmhaus‹ bezeichnetes Gebäude des 16. Jh. mit einer auffallenden, weiß-roten Renaissance-Fensterumrahmung, die mit Sgraffito versehen ist.

In die Fraktion S. Giorgio führt die Contrada Maggiore am Tellsbrunnen vorbei zur Contrada S. Giorgio. Die großen Höfe zwischen der Contrada Maggiore und der Kirche S. Giorgio stammen wahrscheinlich aus dem 16. und 17. Jh. Auf einem Rundgang durch die winkligen Gassen sehen wir Innenhöfe, sogenannte *cortauri*, mit Loggien, Holzbalkonen auf Granitkonsolen, Torbogen und Außentreppen; in Nischen finden wir zahlreiche Madonnenbilder. Die Ende des 18. Jh. erbaute Fassade der *Chiesa S. Giorgio* läßt nicht vermuten, daß man vor einem älteren Gebäude steht. Nur der Campanile, dessen Mauerwerk leider 1962 verputzt wurde, läßt die mittelalterliche Kirche erahnen. Auf dem kleinen, nach der Kirche benannten Hügel fand man Reste eines Festungswerkes im Bereich eines romanischen Friedhofs. Für die damals wohlhabende Rosenkranzbruderschaft muß die Kirche zu klein gewesen sein, denn 1618 wurde das Oratorio vergrößert. Zwischen 1634 und 1638 entstand die neue, größere Kapelle, die unter den Triumphbogen des alten Chores paßte. Der 1792 erhöhte Campanile aus dem 11. Jh., vielleicht der älteste des Locarnese, zeigt romanische Elemente wie Rundbogenfenster und Blendbogen.

Die heutige Kirche wurde unter Verwendung des alten Chores als Sakristei Ende des 18. Jh. neu erbaut. Ein Tonnengewölbe mit Stichkappen schließt den Innenraum ab. Im Chor rechts sehen wir eine holzgeschnitzte farbige St. Georgsgruppe aus dem 15. oder 16. Jh., die sich früher in einer heute verglasten Nische außen über dem Portal befand und durch ein modernes Keramikrelief ersetzt wurde. Das lächelnde Gesicht, der üppige, von einem Band zusammengehaltene Haarwuchs und die Farbspuren des Goldgrundes verdienen besondere Beachtung. Die Bewegung des Pferdes und der sich windende Drachen verleihen der Gruppe eine gewisse Dramatik. Eine der schönsten Madonnenstatuen des 17. Jh., eine holzgeschnitzte, in der Mondsichel stehende Rosenkranzmadonna, befindet sich in der Altarnische links. Rechts davon an der Wand eine etwas finster blickende Madonna di Rè mit den Hl. Sebastian und Rochus, eine Votivmalerei von 1652. Interessant sind auch die Freskenreste am Chorbogen der früheren ›Kapelle der Hl. Jungfrau‹ in der nördlichen Schiffswand und die spätgotischen Wandmalereien im alten Chor. Beim Anbau der neuen Sakristei 1975 entdeckte man am alten Pfeilerbogen Freskenreste aus dem frühen 16. Jh., sie zeigen links einen sehr schönen Verkündigungsengel und die Frohe Botschaft an

*Der Hl. Georg mit dem Drachen
im ehemaligen Chor der Kirche
S. Giorgio in Losone*

20   Muralto, S. Vittore, Krypta

◁ 19   Muralto, der Heilige Viktor, Außenplastik an S. Vittore

21 Muralto, S. Vittore, Pfeilerkapitell in der Krypta

22 Muralto, S. Vittore, Frühromanisches Fresko aus dem 12. Jahrhundert

23 Locarno, S. Maria in Selva, Außendekoration mit Keramikschalen

24 Locarno, S. Maria in Selva, um 1400 entstandene Marienkrönung

25 Locarno, S. Maria in Selva, um 1400 entstandene Heiligenfiguren

27 Ascona, Casa Serodine, Fassadendetail, Adam und Eva darstellend
⊲ 26 Ascona, Renaissancefassade der Casa Serodine
28 Ascona, Casa Serodine, Fassadendetail, David und Bathseba darstellend

30 Blick auf Ascona
◁ 29 Ascona, Innenhof des Collegio Papio
31 Ascona, Piazza Motta

33   Arcegno, Wohnhaus mit Loggia und Fassadenmalerei

32   Losone, charakteristisches Bruchsteinhaus

34   Arcegno, S. Antonio Abate, Fassade mit Dreipaßfenster

35　Arcegno, S. Antonio Abate, Altarbild eines unbekannten Künstlers aus dem
　　17. Jahrhundert

36　Ronco, S. Martino, Monatsbild des ›März‹

37   Brissago, Palazzo Branca

38   Blick auf Brissago mit der Pfarrkirche SS. Pietro e Paolo

die Hirten, rechts einen der drei Weisen aus dem Morgenland und eine Darstellung im Tempel. Fragmente von Malereien aus dem 15. Jh. befinden sich im Dachstuhl über dem Gewölbe des Presbyteriums und sind nicht zugänglich.

Durch eine Tür hinter dem Altar gelangen wir in den mittelalterlichen Chor, der als Sakristei dient. Wände und Tonnengewölbe sind, wie auch die Front des alten Triumphbogens, mit Fresken aus spätgotischer Zeit geschmückt, die im Übergangsstil zwischen den traditionellen Seregnesi und einer neueren Richtung des Antonio da Tradate geschaffen wurden. Diese Entwicklung wurde einige Jahre später in den Malereien, die man in Verscio und Palagnedra findet, vollendet. Eine Darstellungsform, die in ganz Norditalien und besonders in der alpinen Region der Lombardei im ausgehenden 15. und beginnenden 16. Jh. seit der romanischen Zeit vorherrschte, wird auch hier nachvollzogen: eine Majestas Domini in der Apsiskalotte mit den Evangelistensymbolen, darunter eine fast nicht mehr erkennbare Apostelreihe; an der Rückwand eine Kreuzigung mit Maria und Johannes und seitlich davon die Hll. Georg und Viktor. An einigen Stellen des Chors sind Reste einer noch älteren Malschicht zu sehen.

Die Umgebung der Pfarrkirche S. Lorenzo mit Kapellenkranz und Beinhaus hat leider durch die Beseitigung alter Bäume und die Asphaltierung des ehemaligen Friedhofs den alten Zauber verloren. Zum Schutz gegen die Gefahren der damals noch frei durchs Tal fließenden vielarmigen Maggia wurde S. Lorenzo auf einem etwas höher gelegenen Plateau errichtet, wie wir es bei vielen Kirchen im Bereich des Flusses erkennen können. An die romanische Kirchengründung erinnern nur noch Notariatsakten. Der Campanile blieb als einziger, noch sichtbarer Teil des Baus aus dem 16. Jh. erhalten. Zwischen 1719 und 1728 barockisierte Giuseppe Baroggio aus Maccagno die Kirche, deren reiche Ausstattung im 18. Jh. von Auswanderern nach Rom und Florenz finanziert wurde. Aus dieser Zeit stammt auch das barocke Beinhaus, die 1898 hinzugefügte Laternenbekrönung verleiht der Kirche ihren neobarocken Akzent.

S. Rocco ist die dritte der historisch bedeutenden Kirchen von Losone. Als Ende des 16. Jh. im Locarnese die Pest wütete, sollte eine neue Kirche dem Pestheiligen Rochus geweiht werden. Im Jahr 1584 erbaut, vereinigt sie harmonisch die verschiedenen Um- und Anbauten der Jahrhunderte.

Von der Fraktion S. Rocco gelangt man auf der in mehreren Kehren steil ansteigenden Straße nach Arcegno und in die eiszeitliche Rundhöckerlandschaft an den Südausläufern der Centovalli. Unterwegs, oberhalb einer Kehre, ein Bildstock der Madonna di Rè von Giovanni Antonio Vanoni (1854). Weiter oben liegt rechts auf einem Felssporn am alten Maultierpfad nach Arcegno das *Oratorio della Madonna della Valle*, das aus einem Bildstock des 16. Jh. entstand und 1642 eine kleine längliche Aula und einen runden Chor erhielt. Durch vergitterte Fenster kann man das Fresko des ursprünglichen Bildstocks sehen: eine Madonna mit

◁ 39   Centovalli, Brücke über die Melezza

Kind zwischen den Hll. Antonius und Rochus (1570). Über dem Eingang die erste Station einer Via Crucis (1796), die an der Kirche von Arcegno endet. Aus einer Inschrift geht hervor, daß der Bau von Emigranten in Florenz gestiftet wurde.

Arcegno liegt inmitten von Kastanienwäldern etwas versteckt auf einem windgeschützten Plateau. Eine römische Nekropole mit 97 Gräbern, die 1970–1972 ausgegraben wurde, bezeugt die frühe Besiedlung des Gebietes, ebenso wie ein Schalenstein in Arcegno vor dem Haus Nr. 20 (Casa Bertini). Über eine Brücke erreichen wir das Zentrum des Dorfes, die kleine Piazza mit Dorfbrunnen, an der man noch am ehesten den Charakter des alten Ortes erkennt. Die großen Portale der Häuser konnten bei Nacht hermetisch abgeriegelt werden, so daß das Dorf zeitweise einer Festung glich. Auffällig sind hier die Außentreppen mit Holzgeländern und die großen Gneisblöcke der Treppenstufen (Abb. 33). Das Haus Nr. 17 mit Holzgalerie, zweibogiger Loggia und Sgraffiti-umrahmten Fenstern ist eines der schönsten Beispiele ländlicher Architektur. Heute dienen viele der renovierten Gebäude als Feriendomizile.

Ein Besuch der Kirche S. *Antonio Abate** lohnt sich wegen interessanter kunsthistorischer Einzelheiten (Abb. 34). Die erste Kirche wurde schon im 14. Jh. auf dem kleinen Hügel südlich des Dorfes oberhalb des alten Maultierpfades nach Losone errichtet. Anfang des 17. Jh. wurde sie erweitert und der fünfeckige Chor zum Berg hin angebaut. In dieser Zeit entstand auch die Cappella dell'Assunta mit ihren Stukkaturen und Fresken. An der nördlichen Schiffswand steht ein massiver und im Verhältnis zur Kirche recht hoher Campanile mit sechseckigem Pyramidenhelm, dessen Bau, schon im 16. Jh. begonnen, erst im 18. Jh. abgeschlossen werden konnte. In der mit architektonischen Motiven farbig bemalten Fassade, deren unterer Teil auf Resten der früheren Kirche aus dem 14. Jh. ruht, fällt ein großes Dreipaßfenster auf (18. Jh.). Neben dem Portal sehen wir auf der einen Seite die 14. Station der Via Crucis und auf der anderen eine Mater Dolorosa (1772). Nach Einebnung des alten Friedhofs entstand im 17. Jh. der kleine Kirchplatz.

Pilaster gliedern den vorbarock ausgestatteten Innenraum, die Dekoration des Gewölbes stammt aus dem 19. Jh. An den Wänden sind Reste mittelalterlicher Fresken erhalten; an der Nordwand des Schiffes ein Apostelkopf im Stil Giottos. Am Fuß des ehemaligen Chorbogens, dessen Umrisse an der Innenwand der Fassade noch zu erkennen sind, sehen wir einen Hl. Antonius aus dem 15. Jh. und an der Südwand, links vom Chorbogen, betende Stifterfiguren, vielleicht aus dem 16. Jh. Auch diese südliche Wand muß vollständig bemalt gewesen sein, wir können hinten links noch Spuren eines Frieses aus dem 14. Jh. erkennen. Das Hauptaltarbild eines unbekannten Malers aus dem frühen 17. Jh. wurde von Arcegnesi in Florenz gestiftet und stellt eine Madonna mit Kind dar, mit den Hll. Antonius und Laurentius, dem Erzengel Michael und Rochus (Abb. 35). Alle Figuren zeichnen sich durch sehr lebendige und ausdrucksstarke Gesichter aus. In der linken Seitenkapelle befindet sich ein großes, von Giuseppe Antonio Felice Orelli 1376 angefertigtes Bild der Beschneidung Christi. Die Figuren bewegen sich wie auf einer Bühne, ein Page, der einen Vorhang zur Seite zieht, verstärkt diesen Eindruck, durch die Anordnung der Figuren in Form eines ›Z‹ erhält die Darstellung ihre Dynamik.

Von Arcegno aus lohnt es sich, einen kurzen Gang hinter das Dorf, vorbei am 1928 entstandenen Campo Enrico Pestalozzi, zu machen, auf einer kleinen Straße Richtung Golino, die von polnischen Internierten 1942 gebaut wurde, woran eine in den Felsen eingemeißelte Gedenktafel mit polnischem Adler erinnert. Polnische Truppeneinheiten, die 1940 in der Schweiz Zuflucht vor den Deutschen gesucht hatten, wurden vor allem im Straßen- und Kanalbau eingesetzt.

Viele Wege führen nach **Ronco**, und es fällt schwer zu entscheiden, welcher der schönste ist. Jedenfalls gilt auch hier: Gehen Sie einmal zu Fuß nach Ronco! Vielleicht von Ascona über die Scalinata della Ruga hinauf auf den Monte Verità und eine wenig befahrene kleine Straße, die sich durch viele Tobel in Richtung Ronco windet und immer wieder herrliche Blicke auf den Lago Maggiore bietet. Wenn Sie eine gute Kondition haben, können Sie die Treppen von Porto Ronco aus hochklettern und sich Ronco sopra Ascona über ca. 800 Stufen erobern.

Mit dem Auto erreicht man Ronco von Arcegno aus durch einen Wald hinter dem Balladrum bis zum Hang hoch über dem See. Dort kann man von einem Felsen aus den ersten, atemberaubenden Blick auf den in der Tiefe liegenden, dunkelblauen Verbano genießen, in dem die beiden Brissago-Inseln wie vor Anker liegen. Von der Pensione Elisabetta an geht es abwärts Richtung Ronco, vorbei am festungsgleichen Friedhof, den heute Betonmassen stützen, nachdem er in den sechziger Jahren bei einem Unwetter abgerutscht war. Hier fanden Erich Maria Remarque, der seit den dreißiger Jahren ein Haus in Porto Ronco besaß, der Maler Richard Seewald, der in Ronco lebte, und Max Emden, der Großkaufmann aus Hamburg, der 1927 die Brissago-Inseln kaufte, ihre letzte Ruhestätte.

Die Straße führt steil in das Dorf Ronco hinunter auf die Pfarrkirche S. Martino zu. Dort sollte man auf den kleinen Platz mit der großen alten Kastanie hinter der Kirche gehen und die Aussicht genießen, der wunderbare Blick hat dem Platz die Bezeichnung ›schönster Kirchplatz der Welt‹ eingetragen. Das mag übertrieben sein, aber wenn man von hier den Verbano, Ascona, den Gambarogno, die Inseln und weiter seeabwärts Brissago und Cannobio liegen sieht sowie die nach Süden hin sanfter werdenden Bergkuppen, die sich als graublaue Kulissen an den schimmernden See heranschieben, dann fällt es einem nicht schwer, sich der Begeisterung anzuschließen.

Das Dorf der Weinbauern und Hirten war immer eng verbunden mit Ascona, in Zeugnissen aus dem Jahr 1321 findet es Erwähnung als ausgedehnte *Comune de Schona Ronco et Castelleto*. Schon Ende des 15. Jh. umfaßte die *Terre de Roncho* (*ronco* = Weinberg) etwa 100 Feuerstellen, was ungefähr 450–500 Einwohnern entsprach. Die Weinberge von Roncascona reichten von Ascona bis Ronco. Unweit von Ronco am Hang ist ein karger Rest davon mit zwei *rustici* zu sehen.

Geht man heute durch das alte Dorf mit seinen hohen Häusern, so scheint es schwer vorstellbar, daß hier nur Bauern und Hirten gelebt haben sollen. Vielleicht wäre Ronco heute nicht so gut erhalten, wenn nicht die im 16. Jh. in die Toskana ausgewanderten Handwerker hierher zurückgekehrt wären. Sie errichteten mehrere Häuser im typischen Brissago-Stil, restaurierten ältere Gebäude und finanzierten die Ausmalung der ersten Kirche. Einer Gruppe von Bewohnern gelang es, sich 1518 von den Duni d'Ascona freizukaufen und direkt vom Bischof von Como belehnen zu lassen. 1626 erhielt Ronco schließlich die Pfarrunabhängigkeit von Ascona.

Es gibt nur wenige Zeugnisse, die über die wirtschaftliche Entwicklung Roncos Auskunft geben. Die Vereinigung *San Rocco della Dogana di Firenze*, eine von Auswanderern aus Palagnedra, Rasa, Ronco und Losone gegründete Gesellschaft, war in Florenz seit 1644 im Zolldienst tätig und hatte es zu Ansehen und Wohlstand gebracht. Vom 17. bis zum 19. Jh. wanderten zahlreiche Stukkateure, Dekorateure und Architekturmaler, die sich *ornanisti* nannten, nach Florenz und Viterbo aus, Künstler wie Spigaglia, Materni, Poroli und Ciseri unterhielten Werkstätten in Florenz. Der bekannteste von ihnen war Antonio Ciseri, der, in Ronco geboren, schon als junger Mann nach Florenz ging und zu einem der bedeutendsten Vertreter der florentinischen Schule religiöser Malerei des 19. Jh. wurde.

Heute lebt Ronco weitgehend vom Fremdenverkehr. Die Überbauung des Hanges mit Villen, deren Konstruktion und Anlage manchmal erstaunlich ist, wird meist gnädig verdeckt durch die üppige Vegetation der Gärten. Hier leben ungefähr 360 italienisch sprechende Einwohner sowie 450 ausländische Bürger; in der Urlaubszeit bevölkern über 3000 Touristen Ronco. Bedrohlich ist für alteingesessene Ronchesi der Mietwucher, der langjährige Bewohner dazu zwingt, ihr Dorf zu verlassen. Bis in die sechziger Jahre, als man Ronco noch als ›Künstlerdorf‹ bezeichnen konnte, existierte hier der sogenannte ›Verbano-Kreis‹, dem Künstler wie Henninger, Lenne, Rohlfs und Seewald angehörten.

Beginnen wir unseren kleinen Rundgang an der Piazza, deren Bild von der Fassade der Kirche und der Casa Ciseri bestimmt wird. Eine schmale Gasse gegenüber der Kirche führt um die Casa Ciseri herum und durch das Dorf. Von einem sehr hohen, ockerfarbenen Haus mit durchlaufenden Balkonen und dem hier typischen, vorspringenden Traufdach bietet sich ein herrlicher Blick auf den See. Durch die tunnelartige, bis an den unteren Balkon hinaufreichende Passage, die Streccia di Nodee, gelangen wir in den alten Dorfkern. Noch heute sind etwa ein Dutzend dieser Tunnel erhalten, die, häufig von gemauerten Bogen getragen und mit Balkendecken versehen, durch geschlossene Gänge von Haus zu Haus gebildet werden. Steile, manchmal gekrümmte, sich gabelnde und wieder vereinigende Gassen verbinden die äußeren Enden des Dorfes miteinander.

Ronco erhielt seine heutigen Dimensionen während der Bautätigkeit des 17. Jh. Aus dieser Zeit stammt auch die Casa Bettè, deren zweijochige Loggia eine toskanische Säule schmückt. Wegen der vielen baulichen Veränderungen in jüngster Zeit ist es kaum möglich, den Dorfkern auszumachen oder den Ort nach einem genauen Plan zu erforschen. Auffällig sind die vielen schönen Portale und Granit-Architrave, oft mit Jahreszahl versehen, vielleicht entdeckt man auch das hohe, dreistöckige Haus mit Traufdach, Balkon und einer großen Weinrebe an der Fassade. Das schöne alte Pflaster mit der Regenrinne in der Mitte wurde leider durch glatte Steinplatten ersetzt.

Am Kirchplatz haben wir schon die *Casa Ciseri* gesehen, das heutige *Museo Ciseri*. Der Bau, der sich übereck zum Kirchplatz hin mit zwei Flügeln öffnet, entstand aus einer mehrfach restaurierten und rekonstruierten Häusergruppe des 17. Jh. Die Flügel des Hauses und eine hohe Mauer zur Piazza bilden den stimmungsvollen Vorhof. Das Museum erinnert an Antonio Ciseri (1821–1891), der in Florenz eine Kunstschule gründete und im Sommer häufig in seinen Heimatort zurückkehrte. Von seinen Werken sind hier nur ein Selbstbildnis des Achtzehnjährigen, der Entwurf für einen heiligen Bischof und eine kleine Landschaft, die Locarno vom See aus zeigt, zu sehen. Fast unbekannt ist die interessante Porträt-Serie von Francesco Borgnis aus den Jahren 1786/87, die die Familienmitglieder der Ciseri darstellt und in ihrem realistischen Stil an holländische Porträts jener Zeit erinnert.

Wie von den meisten mittelalterlichen Kirchen am See, die häufig an früheren heidnischen Kultstätten errichtet wurden, hat man auch von *S. Martino* eine herrliche Aussicht auf die Umgebung. Die Kirche wurde 1491 geweiht und Anfang des 16. Jh. verlängert, gleichzeitig begann man mit der Errichtung des Turmes, der jedoch erst 1563 vollendet wurde. Als einziger Teil der Kirche blieb der massive Campanile in seiner ursprünglichen Form erhalten. Mit seiner robusten Einfassung behauener Granitsteine und den Fensterumrahmungen des Glockenstuhls könnte er zu den Türmen gehören, die nach Plänen des Giovanni Beretta gebaut wurden. Die achteckige Laterne ist, wie auch die klassizistische Pilasterfassade, eine Zutat des 19. Jh. Nachdem die Ronchesi 1626 die Trennung von der Pfarrei in Ascona erreicht hatten, wünschten sie eine ›Modernisierung‹ ihrer Kirche. Die alten, rohen Fresken des 15. Jh. verschwanden, der Chor wurde erhöht, anstelle der Holzdecke ein Tonnengewölbe eingezogen, die Fresken durch den Einbau von Fenstern und Türen zum Teil zerstört. Die Marmoraltäre sowie der leuchtende Stuck wurden im 18. Jh. hinzugefügt, das Beinhaus auf dem Kirchplatz wurde abgerissen. Die Kapelle der S. Rocco-Bruderschaft an der Nordseite des Schiffes entstand 1624 und dient heute als Versammlungsraum.

Der Innenraum mit schönen Marmoraltären an der linken Seite hat trotz des Tonnengewölbes und der im 17. Jh. eingebauten massiven Wandpfeiler seinen intimen Charakter bewahrt. Reste der Fresken aus dem 15. Jh., die von da Tradate und einem anderen spätgotischen Meister geschaffen wurden, können wir im Chor finden: auf der linken Seite Petrus, Jakobus und Taddäus aus einer Apostelreihe unter Arkadenmalerei, teilweise durch den Einbau von Fenstern und Türen im 17. Jh. zerstört. Auffallend ist der Fliesenboden sowie ein perspektivisch gemalter Fries, die Lünette darüber könnte eine Passion enthalten haben. Auf beiden Seiten finden wir in der Sockelzone eine Reihe von Monatsbildern, wie sie auch in Palagnedra und Verscio zu sehen sind (Abb. 36). Sie zeigen die Tätigkeiten der Landbewohner zu den verschiedenen Jahreszeiten oder sind allegorische Darstellungen der Monate. Als seltene Bilddokumente geben sie Aufschluß über die Arbeitsweise und Kleidung der Menschen jener Zeit. Besonders schön ist links die Personifikation des März vor einem farbigen Himmel. Der November (Kastanienernte) an der gegenüberliegenden Wand stammt von da Tradate. Links sehen wir Reste lombardischer Flechtbandornamentik.

Hinten rechts, in Nischen seitlich eines Altars, noch gut erhaltene Fresken eines Hl. Defendens und eines jungen Märtyrers, darüber Renaissance-Ornamentik, schwarz auf goldgelbem Grund. Einen Blick sollten wir auf die holzgeschnitzte Statue des Hl. Rochus in der Nische des Rochus-Altars vorne links werfen. Die Jahreszahl ihrer Entstehung – 1714 – steht in römischen Ziffern auf dem Halsband des Hündchens, das zum Attribut des Hl.

Rochus wurde, weil es den Pestkranken mit Speise versorgte. Das besonders schöne Sca-gliola-Frontale des Altars könnte aus der Werkstatt der Pancaldi in Ascona stammen. Rechts und links davon sind noch Freskenreste zu sehen, die Petrus und Paulus darstellen. Gegen-über ein Gemälde ›Madonna mit Kind‹ mit Rochus und Sebastian aus dem 16. Jh. Die Malereien des 17. Jh. im Stichkappengewölbe des Chors stellen Szenen aus dem Leben des Kirchenpatrons Martin dar, der als Kirchenfürst auch im Hochaltarbild von Antonio Ciseri zu finden ist. Im Tonnengewölbe über der Orgel können wir einen sogenannten ›Volto Santo‹ erkennen, wahrscheinlich eine Kopie nach einem alten Gemälde in Lucca aus dem 16. Jh. In der Taufnische Fresken von Richard Seewald (1949).

Gegenüber der Pfarrkirche erhebt sich auf einem Platz etwas oberhalb von S. Martino S. *Maria delle Grazie*, ein schlichter Bau, der 1712 anstelle einer einfachen, von der *Compagnia di Firenze* gestifteten Kapelle errichtet wurde. Die fast fensterlose Kirche, deren Konturen durch Lisenen und Gesimse akzentuiert werden, erinnert an die berettianischen Bauten in Brissago. Ein toskanischer Säulenportikus öffnet sich mit drei Arkaden vor der Fassade. Steinplatten bedecken die Kapelle mit zwei kurzen Querschiffarmen und Rechteckchor. Giuseppe Antonio Felice Orelli schuf in der ersten Hälfte des 18. Jh. die Fresken in der Kuppel des Chores.

Durch Ronco hindurch führt der Weg nach **Fontana Martina**. In den fünfziger Jahren wurde das Oratorio di S. Marco abgerissen, heute parken dort Autos. Der Gang durch die schmalen Gassen und Passagen, in denen sich Treppenbogen von Haus zu Haus schwingen und Eidechsen und Katzen auf den Mauern sitzen, führt in einer dunklen Nische zum Eingang einer Töpferwerkstatt mit dem Namensschild Pietro Jordi.

Fritz Jordi, der Vater Pietro Jordis, war Buchdrucker in Bern und erwarb 1923 das verfallene Dorf Fontana Martina, nachdem alle früheren Bewohner ausgewandert waren. Hier beabsichtigte er seinen Traum von einer Landkommune zu verwirklichen.

Ursprünglich wollte sich Fritz Jordi in Worpswede niederlassen. Dort hatte er Heinrich Vogeler kennengelernt, der um die Jahrhundertwende als norddeutscher Jugendstil-Künst-ler Ruhm erlangt und in dem Dorf die Landkommune Barkenhoff gegründet hatte. Eine Erkrankung von Jordis Frau, die den Umzug nach Norddeutschland unmöglich machte, ließ den Plan scheitern. Heinrich Vogeler hatte Jordis Idee, im Tessin etwas Ähnliches wie auf Barkenhoff zu schaffen, begeistert aufgenommen, da ihn mit Jordi die ›Vorstellung von einer unorthodoxen kommunistischen Gesellschaft mit einem neuen, dem sozialistischen Menschen‹ (D. Pforte) verband und er darin die Möglichkeit sah, ›den Zwängen der Zivilisa-tion zu entkommen, sich dem Leistungsdruck einer hochindustrialisierten Gesellschaft zu entziehen und der totalen Verbürokratisierung des Lebens vorzubeugen‹ (ebd.).

Heinrich Vogeler reiste im Winter 1928/29 und im Sommer 1929 nach Fontana Martina, um Fritz Jordi und dessen Sohn Pietro bei der Instandsetzung der verfallenen Häuser zu helfen, die als Erholungs- und Freizeitstätte für Gesinnungsfreunde dienen sollten. Jordi mußte jedoch erkennen, daß sein Plan von einer Landkommune in diesem Gelände zum Scheitern verurteilt war. Vogeler, der die schwere Arbeit nicht mehr leisten konnte, kam

1930 nicht mehr nach Fontana Martina. Mit seinem letzten Geld schaffte Jordi eine Druck-maschine an, um eine alte Idee, die er mit Vogeler entwickelt hatte, zu verwirklichen. Von 1931 an erschien die von ihm und Vogeler herausgegebene Zeitschrift ›Fontana Martina‹, die ursprünglich die Probleme der Siedlungspraxis behandeln sollte, sich später jedoch immer stärker politischen und künstlerischen Themen zuwandte. Zwischen Oktober 1931 und November 1932 wurden 20 Nummern in einer Auflage von je 250 Exemplaren vornehmlich mit Artikeln Jordis und Vogelers herausgebracht. Holz- und Linolschnitte von Vogeler, Peter Jordi, Carl Meffert und anderen illustrierten die Zeitschrift. Mit dem Heraufkommen des Nationalsozialismus und der Verfolgung Andersdenkender wurden die Themen immer politischer, antifaschistische Graphiken von Carl Meffert, Heinz Lohmar und Peter Jordi prägten die Zeitschrift.

Um Geld für die nur zeitweise in Fontana Martina lebenden und arbeitenden Künstler zu verdienen, wurde ein Brennofen angeschafft und eine Töpferei eingerichtet. Nach 1933 entwickelte sich Fontana Martina zu einer Zufluchtsstätte für Verfolgte des Faschismus, die oft nur für wenige Tage hier Zwischenstation machten. Heinrich Vogeler lebte inzwischen in der Sowjetunion, hielt jedoch bis zu seinem Tod 1942 stets Kontakt zu Jordi. Da die Emigranten, die zeitweise in Fontana Martina Zuflucht gefunden hatten, den nahenden italienischen Faschismus fürchteten, schien ihnen das Dorf nicht mehr sicher zu sein. Nach-dem Fritz Jordi 1938 im Alter von nur 53 Jahren gestorben war, fehlte die treibende Kraft, das Experiment weiterzuführen, der kleine Weiler geriet wieder in Vergessenheit, bis Anfang der sechziger Jahre nach und nach die Häuser renoviert und zu Ferienwohnungen ausgebaut wurden.

Brissago

Auf der Uferstraße von Ascona über Porto Ronco erreicht man **Brissago,** den letzten Schweizer Ort diesseits des Sees. Die Endung des Namens -ago deutet auf gallisch-keltische Besiedlung hin. Römische Grabfunde mit Waffen, Münzen und Vasen zeigen, daß es am oberen Verbano Sommerresidenzen wohlhabender römischer Familien gegeben haben muß. Diese neuen Siedler führten übrigens aus ihrer südlichen Heimat Weinreben, Nuß- und Olivenbäume und Edelkastanien ein, die zu einem Hauptnahrungsmittel der Tessiner Bevölkerung wurden. Über die Zeit der Langobarden-Herrschaft und des Hochmittelalters sind nur wenige Zeugnisse vorhanden. In den ersten Satzungen, die sich die Bewohner zwischen 1289 und 1307 gaben, taucht der Ort unter dem Namen ›Brixago‹ auf.

Die isolierte Lage Brissagos könnte seine politische Sonderstellung und das jahrhunderte-lange Unabhängigkeitsbestreben seiner Bevölkerung erklären. Von 1307 an unterstand es unmittelbar der Reichsgewalt und war somit dem Machtbereich Locarnos entzogen. Auch nach der Unterwerfung unter die Herrschaft der Mailänder Herzöge aus dem Geschlecht der Visconti (1342) behielt Brissago seine Privilegien mit eigener Gerichtsbarkeit, Abgabe-Erleichterungen, Zollfreiheit und zeitweise sogar einem eigenen Maß- und Gewichtssystem.

Blick auf Brissago mit der Pfarrkirche SS. Pietro e Paolo

Diese Vorrechte wurden bestätigt, als das Locarnese an den Lehensmann der Visconti, den Grafen Franchino Rusca, überging.

Die politische Macht lag in den Händen eines Podestà, der die Gerichtsbarkeit ausübte und von den Brissaghesi aus Mitgliedern des Adelshauses Orelli in Locarno gewählt wurde, die dieses Amt fast 500 Jahre lang ausübten. Anfang des 16. Jh. eroberten die Eidgenossen die Gebiete am oberen Lago Maggiore und machten 1516 Locarno zur Vogtei. Die Brissaghesi fürchteten, ihre Unabhängigkeit zu verlieren und verweigerten 1517 den Eidgenossen den Treueid. 1521 mußten sie sich jedoch unterwerfen, stritten aber während der gesamten Zeit der Schweizer Herrschaft (bis 1798) um ihre Autonomie. Fehden zwischen Schweizer Adelsfamilien und der milanesisch-spanischen Aristokratie führten zu Kämpfen; Strafexpeditionen, Brandstiftungen und Verwüstungen erklären die fast völlige Zerstörung profaner Baudenkmäler aus dem 15. und 16. Jh. und die langen Unterbrechungen an Kirchenbauten.

Während des 17. Jh., unter der Herrschaft der Vögte, ihrer Statthaltern, Advokaten und Schreiber, waren Ausbeutung und Schikanen an der Tagesordnung, die Bevölkerung von Brissago wurde unter Mißachtung ihrer alten Vorrechte zu verschiedensten Kontributionen gezwungen. Nach den politischen Umwälzungen des späten 18. Jh. büßte Brissago endgültig seine politische Sonderstellung ein. In der Zeit der ›Helvetischen Republik‹ zwischen 1798 und 1803 konnte sich ein liberal gesinntes Kleinbürgertum aus Handwerkern und

Gewerbetreibenden entwickeln. Während des italienischen Befreiungskampfes 1815–1870 (Risorgimento) wurde Brissago zu einem Zentrum des Nachrichtenschmuggels.

Die Industrialisierung Brissagos begann Mitte des 19. Jh. mit der Gründung einer Spinnerei. Italienische Flüchtlinge hatten im 19. Jh. Kenntnisse der Tabakverarbeitung ins Tessin gebracht. 1847 wurde eine Tabakfabrik eröffnet, so daß Brissago den bisherigen Zentren der Tabakindustrie, Lugano und dem Mendrisotto, Konkurrenz machte.

Das Fehlen geeigneter Verkehrswege verhinderte jedoch die Entwicklung des Ortes zu einem wirtschaftlichen Knotenpunkt wie Locarno. Brissago war mit Locarno und Cannobio praktisch nur über den Seeweg verbunden. Die Bevölkerung erlangte bescheidenen Wohlstand, als sich Anfang des 15. Jh. in Brissago Handel, Manufakturen und Handwerk zu entwickeln begannen. Ärzte, Advokaten, Künstler und Handwerker hatten jedoch wegen der isolierten Lage des Ortes nur geringe Entfaltungsmöglichkeiten. Ende des 15. Jh. setzte eine Emigrationswelle ein: Handwerker zogen nach Mailand und in die Toskana, um dort als Weinhändler oder Köche zu arbeiten; Ärzte und Advokaten folgten ihnen.

Die landwirtschaftlich nutzbaren Flächen zwischen Berghang und Seeufer waren begrenzt, die Bewohner des Dorfes lebten vom Ackerbau auf den von Wildbächen gebildeten Schuttkegeln und den Weingärten, die sich an den steilen Hängen ausbreiteten. Auf dem höher gelegenen Weideland war bescheidene Viehwirtschaft möglich, die Uferzone bot Gelegenheit zum Fischfang.

Grundlage für die touristische Erschließung der Region war die 1863 fertiggestellte Kantonalstraße von Ascona bis zur italienischen Grenze.

Die intensive Bautätigkeit der letzten 20 Jahre ließ den größten Teil der mittelalterlichen Gebäude verschwinden. Das Bild Brissagos unterscheidet sich von dem anderer Dörfer am See mit ihren Arkadenhäusern, künstlichen Häfen oder natürlichen Anlegestellen und einer Piazza für Märkte. Man findet nur noch wenige alte Häusergruppen mit kleinen Innenhöfen oder alte Fischerhütten am Ufer, die, aufgestockt und mit Portalen und Balkonen versehen, heute zum Teil als Boutiquen und kleine Restaurants dienen.

Im 16. Jh. bauten die Brissaghesi Giovanni Beretta und dessen Sohn Pietro die Pfarrkirche SS. Pietro e Paolo und, etwas außerhalb des Dorfes, Madonna di Ponte. Beide Architekten schufen am oberen Lago Maggiore eine Reihe von Kirchen im Stil der lombardo-toskanischen Renaissance. Die mächtigen, auf hohen Sockeln errichteten Campanili, deren Bruchsteinmauern von Ecklisenen aus glatt behauenen, großen Granitquadern eingefaßt sind, gelten als typische Beispiele des berettianischen Stils, den man an S. Martino in Ronco, SS. Pietro e Paolo in Ascona sowie Sant'Abbondio und Pallanza erkennen kann.

Im 17. Jh. leiteten Familien, die in Mailand und Cannobio Reichtum erworben hatten, eine neue Bauepoche ein. Auch heute noch prägen die großen Palazzi, die als Zweitwohnung dienten, das Ortsbild von Brissago. Die Borrani bauten oberhalb der Dorfstraße zum Hang hin ihren großen Gebäudekomplex, die Branca aus Cannobio ließen sich ihren luxuriösen Palazzo hinter den Fischerhäuschen auf dem Areal früherer Gärten und Olivenhaine errichten. Beide Familien bestimmten fast zwei Jahrhunderte das öffentliche Leben der Gemeinde.

Wenn man sich ansehen will, was vom alten *borgo* erhalten blieb, geht man auf der 1863 verbreiterten Hauptstraße – der Ortseingang war vorher nur 2 m schmal – in das Dorf. Dabei fällt sofort die sogenannte *rampa* oder auch *montada* auf, die alte obere Straße, die durch eine Mauer befestigt und 1910 mit einer schönen Balustrade versehen wurde, die mit Oleanderbäumen geschmückt ist. An ihrer höchsten Stelle steht die *Casa Borrani* mit dem Familienwappen – einer sich um eine Rose windenden Schlange – an der Fassade.

Der Palazzo besteht aus einem Zusammenbau mehrerer Häuser des 17. Jh. mit einem großen Hof zur Bergseite hin. Noch heute präsentiert sich das Gebäude mit zwei Eingängen in der Fassade zur Straße. Neben dem rechten, noch mittelalterlichen Portal blieben Fresken vom Ende des 15. Jh. erhalten, wohl von Antonio da Tradate. Es handelt sich um einen Antonius Abate und um eine Verkündigung, von der nur der Engel noch gut erhalten, das Fresko der Jungfrau jedoch in recht schlechtem Zustand ist. Die Motive der Brokatstickereien auf den Gewändern des Engels – Granatapfelblüten und Eichenblätter – weisen auf da Tradate und seine Schüler hin.

Früher trennte eine kleine Gasse die *Casa Ghigi* von der Casa Borrani, heute bilden beide Gebäude einen Häuserblock. Die Loggia der Casa Ghigi mit ihren fünf Arkaden wurde zugemauert. Zwei Balkons und ein schönes Portal aus rostrotem, profiliertem Arzo-Marmor mit schwarzen Sockeln akzentuieren die Fassade. An der *Casa Marcionni*, dem letzten Haus an der Rampa, kann man auf vier Medaillons folgende Inschriften lesen: ›*L'ignoranza è la fonte d'ogni male; l'educazione è il piu bel culto; nell'unione la forza; l'onore e la virtù sian guida all uomo*‹ (Die Unwissenheit ist die Quelle allen Übels; Erziehung ist die schönste Kultur; Einigkeit macht stark; Ehre und Tugend sollten des Menschen Führer sein).

Die Via ai Cypressi führt zur Pfarrkirche sowie zu zwei weiteren Palazzi. Das Renaissance-Portal der 1663 gebauten Casa de Rossi ist leider stark beschädigt. Aus dem 18. Jh. stammt das Casino dei Branca, das 1985 beim Abriß des benachbarten Gebäudes beschädigt wurde. Der verfallende Palazzo läßt die Harmonie der dekorativen Elemente seiner Fassade kaum noch ahnen.

Durch eine Gasse in nordöstlicher Richtung vom Chor der Pfarrkirche gelangt man zum *Palazzo Branca,* dem wohl schönsten profanen Barockgebäude am oberen Lago Maggiore, dessen Pracht trotz des allmählichen Verfalls noch zu erkennen ist. Eine schwer lesbare Inschrift an der Rückseite des Palazzo erinnert an Antonio Francesco Branca, der zur See gefahren sein soll. Von dem im 17. Jh. errichteten Gebäudekomplex aus Wohn- und Wirtschaftsgebäuden sowie ausgedehnten Gärten blieben nur das Hauptgebäude und der ›Piazza Branca‹ genannte südliche Hof erhalten, den ein schöner achteckiger gedeckter Brunnen aus profilierten Steinplatten und schmiedeeisernen Gittern schmückt. Von hier aus ist die mächtige Südfassade des Palazzo gut zu überblicken. Hell-Dunkel-Kontraste, hervorgerufen durch große Fensteröffnungen und die Loggia, deren fünf Bogen im Zentrum des Baukörpers durch eine Balustrade abgeschlossen werden, akzentuieren die dreigeschossige Fassade. Am Mezzaningeschoß erkennen wir allegorische Figuren in grau-grünlichen Tönen zwischen 16 barocken Konsolen mit vorspringenden Masken. Zwei drachenköpfige Wasserspeier aus Kupfer an der Dachtraufe sind leider stark beschädigt und kaum noch zu erkennen.

Brissago, Gartenansicht des Palazzo Baccalà, ursprünglich Palazzo Branca genannt

An der Westseite des Gebäudes finden wir ein schönes Vorhangportal aus Findlingsblöcken des penninischen Gneises der Umgebung. Darüber ein Balkon mit kunstvollem Schmiedeeisengitter.

Den malerischen Kirchplatz mit den alten Zypressen haben wir bei unserem Rundgang schon gesehen. Im Mittelalter muß es hier eine Friedhofskapelle mit einem Friedhof gegeben haben. Dokumente aus dem 13. Jh. belegen vier romanische Kirchen für das Brissaghese, zu denen auch diejenigen auf den Brissago-Inseln zählen. Im Hochmittelalter gehörte die Pieve Brissago zum Kirchenbezirk von Cannobio, Cannobio wiederum war dem Erzbistum Mailand unterstellt. Der Stil der früheren romanischen Kirchen mit Doppel- oder Dreifachapsiden (S. Pancrazio auf der Isola Grande), wie sie nur in den ambrosianischen Tälern (Valle Leventina, Val di Blenio) verbreitet sind, verdeutlichen die Zugehörigkeit des Brissaghese zum ambrosianischen Gebiet.

Die heutige Pfarrkirche *SS. Pietro e Paolo* (Abb. 38) wurde nach Plänen des Brissagheser Architekten Giovanni Beretta errichtet, der im 16. Jh. auch Madonna di Ponte baute. Es grenzt an ein Wunder, daß in jener von Familienfehden geprägten Zeit überhaupt zwei Kirchen geplant und fertiggestellt werden konnten. Während des ausgehenden 17. Jh. veränderte man die Kirche im spätbarocken Stil. Bei der Renovierung 1961 wurde der berettianische Renaissancebau, über dem sich ein achteckiger Tambour erhebt, weitgehend rekonstruiert. Die Kirche beeindruckt durch ihre klare Außengliederung mit Lisenen aus behauenem Granit auf der weiß verputzten Außenwand sowie Oculi, Fenstern und Portalen. Die

Brissago, Brunnen vor dem Palazzo Baccalà

Fassade und das Serliana-Fenster mit kleinen kannelierten Säulen und korinthischen Kapitellen stammen vermutlich von Pietro Beretta, dessen Vater Giovanni den rustikalen Campanile erbaute. Die schlichte toskanische Vorhalle wurde 1665 von der ›Società Fiorentina‹ gestiftet, die Sakristei an der Nordseite, die 1961 in ihrer ursprünglichen Höhe rekonstruiert wurde, ist eine Zutat des 17. Jh.

Den klaren Formen des Äußeren entspricht das strenge Gefüge des Innenraumes mit seinen Hell-Dunkel-Kontrasten, hervorgerufen durch die Tönungen der Pilaster aus Granit, die, in Gräten endend, die aufeinanderfolgenden Gewölbe trennen. Sie schaffen mit einem durchlaufenden Gesims die großartige Perspektive bis zur lichten Weite des Tambours und dem polygonal geschlossenen Chor: Hier ist der lombardische Stil mit seinem feinen Spiel von Licht und Schatten zu erkennen. Die aus dem 17. Jh. stammenden Altäre wurden 1961 entfernt, nur zwei, im einheitlichen barocken Stil gehalten beließ man in der Kirche, sie werden einem Entwurf des Pietro Beretta zugeschrieben. Bemerkenswert ist ein geschnitzter Orgelprospekt hinten links aus dem frühen 18. Jh. und ein an der Zugstange des Choreingangs angebrachtes Kruzifix aus dem 16. Jh.

Unter der Leitung Giovanni Berettas entstand zwischen 1526 und 1528 auch die etwas außerhalb des Ortes an der Straße zur italienischen Grenze liegende Kirche *Madonna di Ponte,* eines der schönsten Beispiele lombardo-toskanischer Renaissance-Architektur am oberen Lago Maggiore (Abb. 69). Ende des 16. Jh. gestaltete Berettas Sohn Pietro die Kirche teilweise um, 1591 erhielt sie das Portal sowie ein Serliana-Fenster in der Fassade.

Der schöne Kirchplatz, im Westen begrenzt durch eine Loggia aus vier Arkadenbogen und eine Aufstiegsrampe, endet südlich am Seeufer. Die einzelnen Bauelemente der Südwand werden durch kräftige Granitlisenen akzentuiert. Sowohl der starke Sockel, als auch das Gesims fassen die verschiedenen Baukörper zu einer harmonischen Einheit zusammen. Zwei Portale schmücken die südliche Wand, von denen vor allem das zweite, von hohen ›berettianischen‹ Fenstern flankierte, in seinen einfachen Dimensionen gefällt. Ungewöhnlich wirkt der Chor durch die Aufteilung der großen Wand in drei Felder, die hohen Fenster und die Verteilung verschiedener kleinerer Öffnungen.

Der auf einem Sockel stehende, etwa 40 m hohe Campanile erhält seine Eleganz durch das von hellen Granitlisenen eingefaßte rötliche Bruchsteinmauerwerk aus Gneis. Die von einer Säulengalerie umgebene Tambourkuppel ist der auffälligste Bauteil dieser Kirche. Der Eindruck von Leichtigkeit und Eleganz rührt von bramantesken Elementen her, die Beretta in genialer Weise mit der Verwendung des Granits verband, der interessante Lichtkontraste hervorruft. Über niedrigen Sockeln, auf denen ein profiliertes Granitgeländer aufliegt, erheben sich die Säulen, die den achteckigen Tambour umgeben. Kräftige, teilweise profilierte Pilaster bilden die Ecken der Kuppel. Die Bogen ruhen auf schlanken Rundsäulen mit ornamental geschmückten Kapitellen und sind von einem schmalen, dunklen Architrav bekrönt. Darüber ein profiliertes Gesims auf freien Konsolen – das Steinplattendach mit Laterne scheint über dem Tambour zu schweben.

Das Innere der Kirche hat durch die Restauration von 1950–1957 zwar die klaren Formen des Renaissance-Baus wiedergewonnen, vermittelt jedoch museale Strenge. Der schöne Marmoraltar der Assunta verschwand in einer neu angebauten Seitenkapelle, die alte Altarnische wurde zugemauert. Wie auch in der Pfarrkirche SS. Pietro e Paolo entsteht die Dynamik des Raumes durch die Verwendung von Granit bei Pilastern, Bogenrippen und dem Gesims sowie in den Kanten des Oktogons. Rustikale Bauweise und genau kalkulierte Lichteffekte sind auch hier Stilelemente des Beretta. Von den Barockaltären verblieb außer dem schon erwähnten nur der Makarius-Altar in der Kirche. Die Innenausstattung beschränkt sich heute auf zwei Weihwasserbecken aus dem 16. und 17. Jh., zwei Masken an Kapitellen, die vielleicht vom romanischen Portal stammen, und ein Holzkruzifix aus der lombardischen Schule des 15. Jh.

Zu der Wallfahrtskirche *Sacro Monte Addolorato* führt die Straße durch die Schlucht des Val del Sacro Monte. Den früheren Pilgern, die den Stationenweg heraufkamen, muß die auf einem Plateau über der Schlucht mitten im Wald liegende Kirche wie ein Wunder erschienen sein. Sie wurde unter Einbeziehung einer älteren Kapelle im 18. Jh. erbaut und mehrfach erweitert.

Gut erhaltene oder restaurierte mittelalterliche Ortskerne findet man in den Fraktionen oberhalb Brissago. **Piodina** bietet einen schönen Blick auf Brissago und Madonna di Ponte. Vom Kirchplatz des *Oratorio di San Marco,* auf dessen Mauer ein Friedhofskreuz mit einer

Säule aus dem 17. Jh. steht, gelangt man in die alten Gassen, die sich hinter den hohen Bürgerhäusern des 18. Jh. öffnen. Die mittelalterlichen Häuser mit Rundbogenportalen und Balkonen aus Lärchenholz sind an einigen Stellen durch gedeckte Übergänge verbunden.

Noch geschlossener als Piodina wirkt **Incella** an der *mezza costa*, dort findet man gut erhaltene und sorgfältig renovierte Beispiele der Architektur des Spätmittelalters in den Bergdörfern um den Verbano. Ein Treppenweg führt in den Ort, dessen Häuser wegen des steilen Geländes stufenförmig übereinander angeordnet sind. Die sehr schmalen Gassen zwischen den aus mächtigen Steinblöcken in Trockenbauweise errichteten Häusern führen durch dunkle Passagen, deren Bogen auf starken Monolith-Widerlagern ruhen. Diese Durchgänge konnten früher geschlossen werden, der Ort wurde so zu einer Festung. An den oberen Stockwerken kann man noch die Konsolen ehemaliger Balkone erkennen, auch die Fensterrahmen bestehen oft aus schön behauenen Granitsteinen. Im Barock erhielt die düstere Umgebung einige Farbtupfer und verputzte Übergänge.

Oberhalb von **Porbetto** liegt in 700 m Höhe idyllisch auf einer großen Terrasse im Kastanienwald eine im 18. Jh. entstandene Wallfahrtskirche, das *Oratorio della Vergine*. Innen kann man ein Madonnenfresko von 1572 sehen, das leider in schlechtem Zustand ist.

In **Cadogno** finden wir gleich am Anfang der Fraktion an der Bruchsteinmauerwand eines alten Hauses ein besonders eindrucksvolles Madonnenfresko vom Ende des 15. Jh. Es zeigt vor grünem Brokathintergrund eine Madonna mit Kind und die Hll. Antonius und Sebastian. Darüber ein Baldachin mit rot-weiß gewürfelter Kante.

Auch **Porta** bietet ein gutes Beispiel mittelalterlicher Architektur mit Renaissance- und Barockbauten, die sich harmonisch in das Ortsbild fügen. Über Treppenwege erreicht man ein Haus, in dessen Bruchsteinwand ein Madonnenfresko aus dem 16. Jh. (Farbt. 13) in einer blau umrandeten Nische zu sehen ist, zahlreiche weitere Fassaden sind ebenfalls mit Fresken geschmückt. Ein schönes Beispiel findet man an der modernisierten *Casa Berta Borella* hinter einem Balkongitter: eine Madonna mit Kind aus dem späten 15. Jh. Links davon an einer Hauswand ein Schmerzensmann mit Maria und Johannes und Leidenswerkzeugen (17. Jh.). Auf der nur etwa 15 m² großen Piazzetta steht der Gemeindebackofen, dessen Ofenloch aus einem einzigen profilierten Stein in Form einer Mitra gehauen ist.

Eine längere, holzgedeckte Passage am westlichen Dorfende führte in den Hof eines Anfang des 19. Jh. geschmackvoll erweiterten und renovierten Hauses *(casa al riale)*, in dem sich ein schöner dreibogiger Säulenportikus verbirgt.

Brissago-Inseln

Die Inseln, die wir schon von mehreren Punkten aus sahen, bieten zu jeder Jahreszeit einen bezaubernden Anblick (Farbt. 14). Der Botanische Garten auf der **Isola Grande** – oder Isola di San Pancrazio – erfreut mit seinen mehr als 1800 wissenschaftlich registrierten Arten nicht nur Pflanzenliebhaber, sondern wurde auch zu einem Mekka der Fachwelt, die von hier Samen seltener Arten bezieht. Während auf der Isola Grande vor allem subtropische Pflan-

Eingebaute römische Stele in einem Fensterbogen der Kirche S. Pancrazio, von Rahn Ende des 19. Jahrhunderts gezeichnet. Die Stele ist heute im Castello Visconteo in Locarno zu sehen.

zen gedeihen, die Wintertemperaturen bis 0° C vertragen, werden auf dem Isolino – oder der Isola di Sant'Apollinare – die heimischen Arten der insubrischen Pflanzenwelt zu Studienzwecken gezogen (vgl. S. 337).

Der Gang durch den Botanischen Garten führt am sogenannten ›Römischen Bad‹ vorbei, wo früher die kleine dreischiffige Basilika S. Pancrazio stand, die Rahn noch zwischen 1870 und 1887 in relativ gutem Zustand vorgefunden und beschrieben hat. Der im 13. Jh. gegründeten Kirche war ein Humiliatenkloster angegliedert, das 1571 aufgehoben wurde. Noch bis 1831 wurde in der Kirche Gottesdienst gehalten, dann verfiel das Gotteshaus, Teile des Mauerwerks wurden als Baumaterial für eine Fabrik auf der Insel benützt. Nur ein römischer Altar mit schwer lesbarer Inschrift, dessen Herkunft unbekannt ist, blieb erhalten.

Die Inseln verwilderten, im Volksmund wurden sie ›Isole dei Conigli‹ genannt, da sich zahllose Kaninchen ungehindert vermehren konnten. 1885 erwarb die in Petersburg geborene Baronin Antonietta de Saint-Léger die Inseln und ließ auf der Isola Grande ein Landhaus im lombardischen Stil bauen. Zusammen mit ihrem Mann, dem Baron Richard Flemyng de Saint-Léger, wandelte sie die Wildnis in einen herrlichen Park, der Grundlage für den Botanischen Garten wurde. In ihrem Haus trafen sich Künstler wie Daniele Ranzoni, von dem ein eindrucksvolles Gemälde der jungen Baronin existiert, und Filippo Franzoni (1857–1911), ein Vertreter eines frühen Impressionismus. In finanzielle Schwierigkeiten geraten, mußte die Baronin die Inseln an den Hamburger Kaufmann Dr. Max Emden verkaufen, 1948 starb sie völlig verarmt in einem Krankenhaus in Intragna.

Emden, der die Inseln für ca. 360000 Franken erworben hatte, ließ das Haus der Saint-Légers sprengen und von dem Berliner Architekten Breslauer einen neoklassizistischen

Palazzo errichten. Nach Emdens Tod wurden die Inseln von 1940 bis 1949 geschlossen, die Gemeinden Brissago, Ronco und Ascona sowie der Schweizer Bund für Naturschutz brachten 600 000 Franken auf, kauften die Inseln und eröffneten den *Parco Botanico del Cantone Ticino.*

Der **Isolino** steht heute unter Naturschutz und kann nicht besichtigt werden. In der kleinen verfallenen Kirche *Sant' Apollinare* aus dem 12. Jh. blieben Freskenreste aus romanischer Zeit erhalten. Die Kirche, die auch dem Hl. Silvester geweiht war, wurde schon früh vernachlässigt. Sie unterstand dem Bistum Mailand und damit dem ambrosianischen Ritus, während S. Pancrazio zu Locarno und damit zum Bistum Como gehörte. Während des Baus der Gotthard-Bahn und nach der Explosion einer Dynamit-Fabrik in Ascona sollte auf dem Isolino Sprengstoff gelagert und auf der Isola Grande eine Sprengstoff-Fabrik errichtet werden, was jedoch die Anrainer-Gemeinden zu verhindern wußten.

Gambarognese
Das andere Ufer und ein fernes Dorf

Das Gebiet, das wir auf der Locarno gegenüberliegenden Seite des Lago Maggiore sehen, erhielt seinen Namen von einem Gebirgszug, dessen höchste Erhebung der 1734 m hohe Gambarogno ist, seine großen Schuttkegel zwischen den tief eingeschnittenen Schluchten der Bergbäche reihen sich wie riesige Elefantenfüße am Seeufer auf. Zum Gambarogno-Gebiet gehören auch der 1961 m hohe Monte Tamaro, die hinter den Bergen liegende Gemeinde Indemini nahe der italienischen Grenze und eine kleine Region am Rande der Magadino-Ebene bis zum Ort Contone.

Wegen des milden Klimas und der fast unverfälschten Landschaft wurde das Gambarognese zu einem bevorzugten Ferien- und Wandergebiet. Bis auf einen nordetruskischen Inschriftstein aus der Gegend von Vira, der heute im Museum Castello di Montebello in Bellinzona zu sehen ist, sind Funde aus prähistorischer Zeit und dem Hochmittelalter spärlich. Die ersten Siedler dürften auch hier die Ligurer gewesen sein, die im keltischen Stamm der Lepontier aufgingen und später unter römische Herrschaft gerieten. Vor dem Jahr 1000 bildete die Riviera di Gambarogno eine große *vicinanza* mit Sitz in Vira, die die gemeinsame Nutzung von Wäldern, Weiden und Äckern regelte. Kirchlich gehörte das Gebiet zur Pieve Locarno mit der Taufkirche in Muralto (S. Vittore). Schon sehr früh baute man in Vira eine eigene Kirche S. Pietro, die zur Mutterkirche des Gambarognese wurde und sich 1487 von der Pieve Locarno löste.

Die politische Sonderstellung des Gambarognese wird schon 1487 durch ein Dokument des Grafen Giovanni Rusca belegt, das den Bürgern einen eigenen Podestà zugestand; auch heute noch ist das Gebiet ein selbständiger Amtskreis im Bezirk Locarno. Die Bewohner des Seeufers und der Ausläufer der damaligen Sumpflandschaft an der Ticino-Mündung waren meist arme Fuhrleute. Verkehrsverbindungen gab es nur über den See, die einzelnen Gemeinden konnte man lediglich über teils gefahrvolle Bergpfade erreichen. Nur Magadino gelang es mit seinem Hafen zu einem Zentrum des Handelsverkehrs zwischen dem Piemont und der Schweiz und sogar Deutschland zu werden. Mit dem Bau der Gotthard-Bahn verlor Magadino seine verkehrspolitische Bedeutung. Die Bewohner der Umgebung lebten vom Weinbau, vom Fischfang, der Landwirtschaft oder Köhlerei. Auch hier führten die wirtschaftlichen Mißstände zur Auswanderung der angestammten Einwohner.

Kunsthistorisch ist das Gambarognese zwar nicht allzu reich ausgestattet, man sollte jedoch nicht versäumen, Kostbarkeiten wie die spätgotischen Fresken in S. Maria di Fosano oder S. Bernardino in Ronco di Gerra zu sehen oder die schönen alten Dörfer unmittelbar vor der italienischen Grenze zu besuchen.

Von Vira aus führt die Straße Richtung Indemini in wenigen Kehren nach **Fosano** hinauf. Der schlichte Rechteckbau des Oratorio wurde Ende des 15. Jh. als Kirche S. Maria di Loreto gegründet, worauf auch ein Fresko im Innenraum hindeutet, im 18. Jh. erhielt er seinen heutigen Namen *S. Maria degli Angeli**. Der barockisierte Bau ist äußerlich kaum als Kirche zu erkennen. 1852 wurde das Kirchenschiff mit einem Überbau versehen, der als Schulraum diente, die ursprünglichen Proportionen gingen dabei verloren. Bei der Renovierung 1965 wurde durch den Verputz die alte Mauerstruktur verdeckt.

Die modernisierte Kirche birgt im Chor Fresken des ausgehenden 15. Jh., die der Werkstatt des Antonio da Tradate zugeschrieben werden. Ein Kalvarienberg nimmt die gesamte Rückwand des Chors ein. In der Lünette links sehen wir eine Verkündigung und darunter Antonio Abate, eine thronende Madonna mit Kind und eine Heilige, die, nach den Attributen zu schließen, Katharina von Alexandria sein könnte. In der rechten Lünette des Chors sehen wir eine Madonna del latte als Madonna di Loreto in einer Art Pavillon, dessen vier Säulen von Engeln umfangen werden. Darunter, kaum noch zu erkennen, eine Madonna mit Kind und eine Madonna in Orantenhaltung mit Aposteln. Das dritte Feld ist zerstört, auch die anderen Malereien wurden durch später eingebrochene Fenster stark beschädigt. Am Triumphbogen sehen wir die Pestheiligen Rochus und Sebastian, im Chorbogen Prophetenköpfe und in den Kappen des Kreuzgewölbes Kirchenväter und Evangelistensymbole. Die Fresken zeigen sehr schöne Einzelheiten, allein die vier Engel im Loretobild, die thronende Madonna mit stehendem Jesusknaben oder das Lesepult der Jungfrau im Verkündigungsbild sind beachtenswert, wie auch die reliefierte Ausführung von Bordüren, Kronen oder Heiligenscheinen. Das früher hier vorhandene Scagliola-Frontale befindet sich heute in Ronco di Gerra.

Unten an der Riviera di Gambarogno setzen wir unsere Reise von Vira aus fort und fahren zunächst bis kurz vor die italienische Grenze. Hinter Ranzo führt eine Straße über Caviano hinauf nach Scaiano. Beide Orte konnten ihren ursprünglichen Charakter, geprägt von der typischen Architektur des Gambarognese, fast vollständig bewahren. Holzgedeckte Tunneldurchgänge und Treppenwege führen in **Caviano** an alten Häusern vorbei, an deren gekalkten Fensterumrahmungen Sgraffiti-Reste aus dem 16. und 17. Jh. zu sehen sind.

In **Scaiano** gelangt man über einen Weg neben der Kapelle S. Bernardo in den sehr schönen Dorfkern mit Bruchsteinhäusern, Ställen, Tunnelpassagen, Treppenwegen und Holzgalerien. Von hier aus erreicht man die Monti di Caviano, und bei guter Kondition sollte man den steilen Weg zu den *Cento Campi* nicht auslassen. Die strohgedeckten Häuser, deretwegen man früher die anstrengende Tour auf sich nahm, findet man dort heute leider nicht mehr.

Über die Uferstraße von Ranzo erreichen wir **Sant' Abbondio**. Die Pfarrkirche *SS. Abbondio e Andrea* wurde schon 1258 erwähnt, der mittelalterliche, zweischiffige Bau jedoch 1852 abgerissen und die heutige Kirche von Pietro Martella neu erbaut. Der übereck stehende Campanile aus dem 16. Jh. könnte auf Pläne des Giovanni Beretta zurückgehen. Der neoklassizistische, 1974 bei einer Renovierung fast ganz ausgeräumte Bau birgt zwei Gemälde des 17. Jh.: den Hl. Blasius zwischen Stefanus und Laurentius und, an der gegenüberliegenden Wand ein Gemälde einfacherer Art, das den Schutzheiligen Andrea mit Hl. Antonio Abate zeigt. In der Taufkapelle ein sehr schöner Taufstein mit holzgeschnitztem Aufsatz aus dem 18. Jh. Ähnlich wie in Caviano teilt auch hier ein Bergbach die Gemeinde in zwei Gebiete mit Wohnhäusern auf der einen sowie Ställen und Heuschobern auf der anderen Seite. Mittelalterliche Portale und Fenstereinfassungen schmücken einige Häuser im Ort.

Zurück auf der Uferstraße gelangt man nach **Gerra** (Farbt. 32). Ein tunnelartiger Durchgang führt zum See, wo Kiesstrand und alte Häuser erahnen lassen, wie das früher unbefestigte Ufer einmal ausgesehen haben muß. Von der steilen Straße zum Winzerdorf **Ronco** biegt man am Ristorante Roccobello links in eine Stichstraße ab und erreicht nach wenigen Metern einen Wendeplatz oberhalb der *Kapelle S. Bernardino**. Auf einem malerischen kleinen Kirchplatz steht das ländliche Oratorium, in seiner Art typisch für die lokale Architektur am Verbano. In der bei der Renovierung 1967 leider etwas entstellten Vorhalle ist bergseitig eine Inschrift zu lesen, die daran erinnert, daß am 2. Oktober 1868 das Hl. Sakrament aus der überfluteten Pfarrkirche in Gerra hier heraufgebracht wurde. Der spätmittelalterliche Rechteckbau enthält Fresken des 15. Jh., die durch die Konstruktion eines Tonnengewölbes und den Ausbruch von Fenstern teilweise zerstört wurden. An der linken Wand können wir noch eine von einer Lisene teilweise verdeckte Madonna mit Kind erkennen, ferner eine Inschrift, die auf den Maler Antonio da Tradate hinweist sowie eine Hl. Agathe. An der Stirnwand des Chores der Gekreuzigte zwischen Maria und dem Hl. Bernhardin, leider übermalt, wie auch der Hl. Gotthard an der Südwand und die Malereien in den Gewölbekappen mit Gottvater und drei Engelsfiguren aus dem 17. Jh. Das Scagliola-Frontale von Pietro Solari stammt von dem Altar in S. Maria di Fosano.

Eine besonders schöne, um 1500 von einem Maler aus dem Kreis des da Tradate gemalte Madonna del latte befindet sich an einem Haus mit Holzgalerie oberhalb des Wendeplatzes.

Dem Bau der Uferstraße und der Bahnlinie fielen fast alle historischen Gebäude in **S. Nazzaro** zum Opfer. Nur der spätromanische Campanile der Kirche *SS Nazzaro e Celso*

(18. Jh.), die unmittelbar über der Bahnlinie steht, blieb erhalten. Das einzige Scagliola-Frontale des Tessin auf weißem Grund, das aus der Werkstatt des Giuseppe Maria Pancaldi stammt, schmückt die Rückseite des Hochaltartisches.

In **Vira,** einer alten Siedlung, wie der hier gefundene nordetruskische Inschriftstein bezeugt, steht die Pfarrkirche *S. Pietro* aus dem 17. Jh. auf einer teilweise künstlichen Terrasse direkt am See. Besonders zu erwähnen ist die intakte Seefront des Dorfes.

Magadino an der nördlichen Seespitze war im Mittelalter ein bedeutender Hafen- und Umschlagplatz. Die im 19. Jh. von Giacomo Moraglia errichtete Pfarrkirche *S. Carlo* mit einer zweigeschossigen Pilasterfassade liegt über dem Ort auf einer Terrasse oberhalb der Bahnlinie. Im Chor finden wir Fresken von Richard Seewald, an der Nordwand eine Pietà von Antonio Ciseri und in der Nische rechts vom Eingang zwei sehr schöne Gemälde vom Anfang des 16. Jh., wahrscheinlich von Bernardino Luini, den Hl. Bernhardin von Siena und die Hl. Katharina darstellend.

Von Magadino aus kann man das Naturschutzgebiet *Bolle di Magadino* an der Ticino-Mündung besuchen, in dem sich nach der Kultivierung der Magadino-Ebene einzigartige

Blick auf Magadino mit der Pfarrkirche S. Carlo gegenüber von Locarno (Bartlett und Wallis, 1835)

Biotope entwickeln konnten, vor allem Riedgräser, Wasserpflanzen und Auenwald aus Pappeln, Weiden und Erlen (vgl. S. 337).

Bis zur Melioration in den Jahren 1885–1913 war die **Magadino-Ebene** ein Sumpfgebiet, Malaria-Epidemien dehnten sich bis in die Täler aus. Im Mittelalter noch fruchtbares Land, wurde die Region 1515 durch die ›Buzza di Biasca‹ verwüstet. Waldrodungen verstärkten den Wassermangel, so daß der Boden landwirtschaftlich nicht mehr nutzbar war. Im Zuge der Bauarbeiten an dem Bahndamm von Bellinzona nach Locarno korrigierte man 1885 den Lauf des Ticino. Heute wachsen in der vom Klima begünstigten Magadino-Ebene, dem fruchtbarsten Gebiet des Tessin, Mais und Gemüse.

Von Vira aus führt eine zwischen 1917 und 1920 gebaute, 17 km lange Straße über den Paß der Alpe di Neggia (1395 m) hinüber nach **Indemini.** Früher brauchte man vier Stunden, um zu Fuß über den Colle Sant'Anna nach Gerra und San Nazzaro zu gelangen, wo die Bauern von Indemini ihre landwirtschaftlichen Erzeugnisse verkauften. Das abgelegene Dorf gehört geographisch zum italienischen Val Veddasca, politisch jedoch zu Locarno. Seitdem 1968 die Straße zwischen Indemini und dem italienischen Biegno fertiggestellt worden war, erlangte das Val Veddasca für Indemini besonders im Winter Bedeutung, wenn die Straße über die Alpe di Neggia, die einzige Verbindung auf Schweizer Seite, verschneit ist.

Weder der Straßenbau noch die 1925 eingerichtete Postbuslinie konnten die rasante Entvölkerung Indeminis verhindern. 1900 lebten dort noch 340 Einwohner, 1983 waren es nur noch 70. Die Männer wanderten als Dachdecker und Maurer aus, die zurückgebliebenen Frauen leisteten die schwere bäuerliche Arbeit an den Steilhängen. Mehr als die Hälfte der Häuser im Dorf sind nicht mehr ständig bewohnt. Im Gegensatz zu den Gemeinden am Seeufer entging das 938 m hoch gelegene Indemini der Bodenspekulation, so daß der Ort als ›lebendes Museum‹ für die traditionelle ländliche Architektur des Gambarogno erhalten blieb.

Im alten Dorfkern sind längs der Geländekurven Häusergruppen mit ihren Fassaden nach Süden angeordnet. Tunnelartige Durchgänge, sogenannte *portigh,* verbinden ein Netz von Gassen. Besonders schön ist der *portigh del comune* mit einer auf mächtigen Balken ruhenden Holzdecke, deren Ende Holzarchitrave schmücken. An den Fassaden der drei bis vier Stockwerke hohen Häuser findet man durchlaufende, übereinanderliegende Holzbalkone. Der Sorgfalt und dem natürlichen Stilempfinden der einstigen Bauleute sind die abgerundeten Ecken der Häuser, das sehr schöne Trockenmauerwerk, das Pflaster der Wege sowie die Verbindung der Dächer untereinander zu verdanken. Der zeitlose Stil des alten Dorfes erwuchs aus der Homogenität der Kommune, in der keine mittelalterlichen Burganlagen oder noble Sommerresidenzen erbaut wurden.

Während Indeminis Häuser Max Rieple 1970 noch an ›Grabkammern‹ und ›Steinsärge‹ erinnerten, in denen ›das Leben längst erloschen zu sein scheint‹, hat sich mit dem wachsenden Tourismus manches geändert. Adolph Schalk schreibt in seinem Büchlein »Die Indemini-Story«: ›Mit seinen zunehmend 80 000 bis 100 000 Besuchern jährlich ist das Dorf auf dem besten Weg, das meist bekannte *vergessene,* meist besuchte *abgelegene,* meist restaurierte *zerfallene* und meist gerettete *weltverlorene* Dorf des Tessin, wenn nicht gar der Schweiz, zu werden.‹

Die *Pfarrkirche S. Bartolomeo*, auf einer Geländeterrasse über dem Val Veddasca gelegen, wurde 1859 neu errichtet. Von der früheren, schon 1505 erwähnten Kirche blieb nur der Chor erhalten, der an der Nordseite des Pfarrhauses stehende Campanile aus Naturstein wurde 1817 um ein Glockengeschoß erhöht. Pilaster gliedern den schlichten Innenraum mit Kreuzgewölbe.

Mergoscia, Navegna und Monte Carasso
Spätgotik am Fuße des Sassariente

Die Navegna erstreckt sich zwischen Minusio und Cugnasca am Nordostende des Lago Maggiore und umfaßt den Ausgang des Verzasca-Tals bis nach Mergoscia hinauf.

Von Minusio fahren wir nach **Brione sopra Minusio** hinauf, das wir auch auf steilen Straßen über Monti della Trinità und Orselina erreichen können. Je höher man gelangt, desto faszinierender wird der Blick über Locarno und den oberen Verbano. Hinter der Pfarrkirche findet man den alten Dorfkern von Brione. *S. Maria di Loreto* geht auf einen 1559 geweihten Vorgängerbau zurück, von dem vielleicht im Schiff noch Mauerreste erhalten sind, Chor und Querschiff stammen von 1848. Im gleichen Jahr wurde der 1668 gebaute Turm um ein Glockengeschoß und eine Laterne erhöht. Lisenen gliedern den Längsbau, in dessen Pilasterfassade der Säulenportikus einbezogen ist. 1874 malte Giovanni Antonio Vanoni die Gewölbe im Inneren illusionistisch aus. Hinter der Kirche steht ein sehr schöner, achteckiger Brunnen von 1861 aus behauenen Steinplatten mit einer toskanischen Säule aus dem 17. Jh.

Unregelmäßige Treppen mit monolithischen Frontalsteinen führen zwischen den Häusern aus Bruchstein hinauf. Hoch über dem Ort an der Via della Selva steht ein origineller Bildstock aus dem 19. Jh., dessen Widerlager in Form von kleinen granitenen Säulen zwei archaische Maskenköpfe tragen, ein dritter Kopf befindet sich am Tympanon.

In der Umgebung von **Contra** fand man auf einem Gräberfeld der vorrömischen und römischen Zeit Tongefäße, besonders schöne Gläser und verschiedene Gebrauchsgegenstände. Mittelalterliche Dokumente über die Ursprünge des Dorfes wurden bei einem Brand des Gemeindehauses 1898 zerstört. Die alte Kommune Contra mit eigener Gerichtsbarkeit lag zwischen den vereinigten Gemeinden von Brione-Minusio und Mergoscia. Autonom war die Kommune jedoch keineswegs, die Locarneser Herren trieben ›den Zehnten‹ ein und beanspruchten die Frühernte für sich.

In der Fraktion **Costa** blieb einer der schönsten spätmittelalterlichen Dorfkerne der Region erhalten. An die *fraccia*, eine Befestigungsmauer, die von den Visconti als Schutz vor feindli-

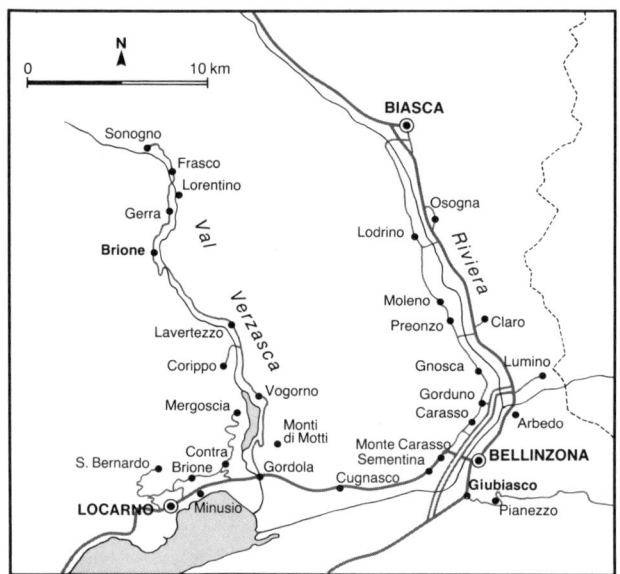

Regionalkarte: das Val Verzasca, Biasca und die Riviera, Bellinzona und Umgebung

chen Heeren errichtet worden war und einmal vom Castello Grande in Locarno bis nach Contra hinauf reichte, erinnert heute nur noch die Bezeichnung eines Platzes mit *alle fracce,* auf dem sich der kleine, im 17. Jh. errichtete Barockbau des *Oratorio della Vergine della Fraccia* befindet.

Der Baumeister der Pfarrkirche *S. Bernardo* in Contra, deren Ursprünge in das Spätmittelalter zurückreichen, richtete sich nach den Ausmaßen der alten gotischen Kirche. Auch beim Bau des Chores 1595–1596 und der Sakristei (1669) wurde das gotische Muster beibehalten; Campanile und Portal stammen vom Ende des 17. Jh. Im Innenraum beeinträchtigen zwei Barockaltäre und einige Veränderungen aus dem 19. Jh. das Bild des gotischen Gotteshauses. Beachtenswert sind die Freskenfragmente an der rechten Schiffswand von einem der Seregnesi (1476). Von der vermutlich vollständigen Ausmalung, die stilistisch derjenigen der Kirchen in Cugnasco, Curogna und Ditto geähnelt haben könnte, blieben nur eine Hl. Agathe und eine Hl. Apollonia mit einem Zahn in der Zange erhalten. Ferner erkennen wir den Rest einer thronenden Madonna, darunter einen Hl. Sebastian sowie als besonderes Detail eine Arme Seele auf der Waage des Erzengels Michael. Gut erhalten ist auch der obere Teil einer Kreuzigungsgruppe. Weiter hinten finden wir noch eine thronende Madonna aus dem 16. Jh. In der von Taddeo Guerino reich stukkierten Rosenkranzkapelle des 17. Jh. malte der Locarneser Künstler Tommaso Fiorina (1668) die Rosenkranzbildchen, die die Nische umrahmen, auf Kupfer. An den Wänden der Kapelle ein Abendmahl und Szenen aus dem Leben des Hl. Bernhard.

An einem sehr steil abfallenden Hang liegt in 700 m Höhe **Mergoscia,** der geographische Mittelpunkt des Tessin, mit seinen Fraktionen Ropiana, Busada, Lissoi und Benitt. Bis 1685 war Mergoscia von Locarno aus nur schwer erreichbar. Erst die von Emigranten finanzierte *Ponte degli molini* schuf einen Zugang zum Ort. Ein technisches Meisterstück ist die im späten 18. Jh. gebaute *Strada Nuova,* die von Contra hierher führt. Sie klebt buchstäblich an der senkrechten Felswand, überquert die unüberwindlich scheinenden Tobel der Wildbäche mit massiven Brücken und windet sich dann am gegenüberliegenden Hang nach Mergoscia hinauf. Tief unten sieht man die Krone der Staumauer mit dem dahinterliegenden Lago di Vogorno, dessen Arme sich bis in die Tobel hinein erstrecken und die ursprüngliche Tiefe der Schlucht verdecken.

Geschichtsdokumente, die eine Besiedlung vor 1447 belegen, existieren nicht. Die Gemeinde wurde damals *de Mergossia et de Tropino* genannt und umfaßte sechs Fraktionen. In den Außenfraktionen Busada und Rivapiana finden wir Häuser mit gekalkten Fensterumrahmungen aus dem 15. und 16. Jh. sowie die für den Baustil im Val Verzasca typischen Trockenmauern. Hinter den städtisch wirkenden Fassaden der im 19. Jh. von Emigranten erbauten Häuser verbirgt sich der alte Ortskern mit Treppenwegen, Bruchsteinhäusern, Ställen und Gärten.

Wenden wir uns nun dem malerischen Kirchplatz zu, dem einzigen der ganzen Region, der fast vollständig in seiner ursprünglichen Anlage erhalten blieb und von dem man den herrlichen Blick über den Ausgang des Val Verzasca, das obere Ende des Lago Maggiore und die Berge genießen kann. In der Tiefe liegen Stausee und Staumauer, die das ursprüngliche Bild dieser Landschaft stark verändert haben. Aber nicht nur der Ausblick von diesem Platz, auch die Baugruppe aus Kirche, Pfarrhaus und Campanile ist einzigartig im Tessin. Zwischen zwei Torpfeilern mit Kugelköpfen führt der Weg auf den Vorplatz. 1733 wurde das Beinhaus mit dem kleinen toskanischen Säulenportikus gebaut; über dem Eingang ist eine Gedenktafel für Giacomo Bulotti angebracht, der sein Vermögen dem Heimatort vermachte. Der Friedhof wurde 1843 aufgelöst, übrig blieb nur die sehr schöne Friedhofssäule von 1715. Ein Pfeilerportikus verbindet die Fassade mit dem 1697 errichteten Campanile.

Die Pfarrkirche SS. *Carpoforo e Gottardo,* schon 1338 erwähnt und zu Muralto gehörend, wurde im 15. Jh. Friedhofs- und Taufkirche. Seine ungewöhnlichen Proportionen erhielt der gotische Bau bei Erweiterungen im 18. und 19. Jh. Die Breite der Aula blieb erhalten, da der Architekt den Prozessionsweg um die Kirche herum nicht zubauen konnte, Höhe und Länge der Kirche wurden jedoch verdoppelt. Das Tonnengewölbe des Schiffes wurde von Giovanni Antonio Vanoni im 19. Jh. ausgemalt, der Hochaltar und die Balustraden sind eine Replik des neoklassizistischen Altars in Tenero. An der rechten Schiffswand finden wir ein Fresko vom Ende des 15. Jh., das von einem Haus in der Fraktion Lissoi abgelöst wurde. Es zeigt eine Madonna del latte zwischen den Hll. Antonius und Gotthard, ein interessantes Werk des sogenannten ›Malers des Eichenblattes‹ aus dem Kreis des da Tradate, der das Eichenblattmotiv auf den Damastgewändern von Madonnen und Engeln bevorzugte. Vor einem Hintergrund aus roten Quadraten heben sich die von weißen Perlenbändern eingefaßten Gewänder der Gestalten gut ab, die Umrahmung erinnert an die Seregnesi.

Von Mergoscia aus kann man eine schöne Wanderung über die Höhe nach **Corippo** unternehmen, wobei man an der Mauer eines halb verfallenen Stalles ein Fresko aus dem 17. Jh. findet, das eine Madonna mit Tod darstellt. Es wurde auf Wunsch eines Domenico Gambetta gemalt, der in einer Inschrift auf ein Gelübde in Seenot hinweist.

Schon 1238 wurde die Gründung der Kirche S. Pietro in **Tenero** erwähnt, das im Mittelalter einen Seehafen besessen haben muß und an dem großen transalpinen Weg über Bernardino und Lukmanier lag. Erst vor kurzem befreite man die 1419 dem Mitpatron S. Vincenzo geweihte Kirche von Bauelementen des Barock.

Oberhalb von Tenero liegt das kleine, im 16. Jh. von Bewohnern des Val Lavizzara gegründete Dorf **Mondacce**. Am Friedhof vorbei, einen Treppenweg abwärts gehend, gelangt man zu einem Bogen, neben dem Rest eines großen Freskos aus dem 17. Jh. erhalten blieben, das auf dunklem, violettem Hintergrund die Madonna mit Kind, Johannes den Täufer und einen großen Engel darstellt.

Seit 1235 ist der Name ›de Gordorra‹ für **Gordola** belegt, das seine exponierte Lage mit der Erhebung von Wegegeld und Zöllen ausnutzte. Nach Beschreibungen aus dem 17. Jh. muß auch Gordola im 14. Jh. einen Seehafen besessen haben, der jedoch im Laufe der Zeit versandete und aufgegeben wurde. Den alten Baubestand findet man unterhalb des modernen Zentrums; in den Ortsteilen Rongia und Torretta blieben Häuser aus dem 16. und 17. Jh. erhalten. Hochwasser zerstörte 1829 das kleine Oratorium aus dem 18. Jh., der Nachfolgebau, die monumentale, neoklassizistische Pfarrkirche *S. Antonio* wurde 1894 vollendet. An der linken Schiffswand innen sehen wir zwei sehr schöne Nachtstücke. Sie zeigen eine Verspottung Christi und einen Ecce Homo, die man dem holländischen Maler Gerard van Honthorst (1590–1656) zuschreibt. An der rechten Schiffswand befand sich das von einer Hauswand in Gordola abgelöste Fresko einer Madonna del latte vom Ende des 15. Jh., das heute im *Centro Scolastico* in Gordola zu sehen ist und wahrscheinlich von dem ›Maler des Eichenblattes‹ stammt.

Der nächste Ort in Richtung Bellinzona ist **Cugnasco,** das meist durchfahren wird, weil man nicht ahnt, daß es in der Kapelle S. Maria delle Grazie und in den Oratorien der Fraktionen Ditto und Curogna Kostbarkeiten spätgotischer Malerei besitzt, die einen Abstecher durchaus lohnenswert machen. Cugnasco, an den Grenzen der ehemaligen Pieven Locarno und Bellinzona gelegen, bildete seit dem 16. Jh. mit seinen Fraktionen eine Kommune. Der Ort entwickelte sich nur langsam, erst als die Bewohner der Fraktionen Ditto und Curogna im 17. Jh. in die Ebene hinunterzogen, erhielt Cugnasco seine Pfarrkirche S. Giuseppe. Der Grund und Boden gehörte großenteils vornehmen Locarneser Familien, die Bevölkerung lebte von Landwirtschaft und Weinbau.

Leider kann man zur Zeit die Kapelle *S. Maria delle Grazie* nicht besichtigen, da dringend notwendige Renovierungsarbeiten bevorstehen, die Jahre dauern dürften. Die Kirche steht auf einem Schuttkegel des nahen Riarana-Wildbaches dicht an der Kantonsstraße, für deren Verbreiterung eine Seitenkapelle abgerissen wurde. Das vermutlich in der ersten Hälfte des 15. Jh. gegründete Gotteshaus war Teil eines Servitenklosters, das 1653 aufgelöst wurde. Die

›Verschönerung‹ von 1895 – eine neugotische Fassade – läßt kaum vermuten, daß die Kirche Spuren interessanter Fresken des 15. Jh. birgt. Auch an den ursprünglichen Teilen der Fassade sind noch Reste der Malereien des 15. Jh. zu sehen.

Von Cugnasco windet sich eine kleine Straße in 17 Haarnadelkurven durch den Wald nach Curogna und Ditto hinauf. Fahren wir zunächst an Curogna vorbei nach **Ditto***, dem ehemaligen Siedlungszentrum Cugnascos. Der früheste Nachweis der Besiedlung findet sich in Dokumenten aus dem Jahr 1591. Die in Trockenbauweise gemauerten, zweistöckigen Häuser mit Steinplattenbedachung sind um einen zentralen Platz frei gruppiert und zum Teil als Feriendomizile ausgebaut. Ein zweistöckiges Turmhaus im Zentrum, das älteste Gebäude im Ort, erinnert an die Bauweise im Verzasca-Tal.

Bis in das 17. Jh. diente das auf einem Felssporn über dem Dorf liegende Oratorium *S. Martino* als Pfarrkirche. Unter dem kleinen Plateau, auf dem der Bau ruht, fällt die Felswand senkrecht ab, allein der Ausblick macht die Fahrt lohnend. Die verputzten Außenwände des schlichten Baus zeigen keinerlei dekorative Elemente, nur die kleine Apsis und der Glockenstuhl weisen auf die Kirche hin, die mit Fresken aus dem 15. Jh. geschmückt ist. Die geraden Innenwände laufen auf einen Chor zu, dessen Bogen auf niedrigen Konsolen ruht; die Holzdecke war in gotischer Zeit bemalt.

Ein sogenannter ›erster Meister‹ muß die Majestas mit den Evangelistensymbolen geschaffen haben. Mit feinem Strich gestaltete er die Gesichter und Falten und Muster der Gewänder, die bräunliche Schattierung verleiht seinen Werken eine melancholische Note. Ebenfalls von diesem Meister, der im sogenannten ›höfischen Stil‹ malte, stammt eine Madonna del latte zwischen Johannes dem Täufer und den Hll. Martin und Antonius an der rechten Wand. Ein ›zweiter Meister‹, vielleicht einer der Seregnesi, malte die Apostelreihe im Halbkreis der Apsis und die thronende Madonna mit den Hll. Laurentius, Petrus und Abbundius an der Südwand. Die Fresken dieses Malers erscheinen gröber und weniger lebendig, die Farbgebung jedoch ist brillant. Eine Kuriosität finden wir in seinem Letzten Abendmahl, in dem 14 Personen dargestellt sind. Ein Gehilfe könnte die Verkündigung geschaffen haben. Der Verkündigungsengel mit Lilie in der Hand ist von besonderer Schönheit. Als ›dritter Maler‹, der die Fresken des Gnadenstuhls, die heiligen Bischöfe rechts und links neben einem Krieger und Johannes dem Täufer auf der rechten Wand geschaffen hat, wird Nicolao da Seregno vermutet. Alessandro Gorla malte 1603 die restlichen Fresken, die in manieristischem Stil eine Kreuzigung, das Gebet im Garten, St. Martin zu Pferd und die Flucht nach Ägypten sowie den Hl. Rochus darstellen.

Von Ditto aus gelangt man über eine nicht ganz ungefährliche Straße nach **Monti di Motti,** unterhalb des Sassariente (1767 m). Von dort aus kann man zur schön gelegenen Alpe di Metri hinuntersteigen; an einer Hauswand findet man das Fresko einer Madonna auf der Mondsichel.

Kehren wir nach **Curogna,** dem Zwillingsort von Ditto, zurück. 1591 gab es hier wenig mehr als 20 Ställe und Häuser, mit einem Raum pro Stockwerk, Trockenmauerwerk und Steinplattendach; heute sind die alten Häuser zum Teil als Ferienquartiere ausgebaut.

Madonna in der Mondsichel, Fresko an einer Hauswand in Monte di Metri

Die Fassade des Oratoriums *S. Cristoforo* am Berghang hinter dem Dorf war rot gestrichen; Reste eines Christophorus aus dem 16. Jh. kann man noch erkennen. Rechts vom Portal ein in die Wand eingelassenes, roh behauenes Weihwasserbecken. Auch hier malte ein ›erster Meister‹ die Apsiskalotte mit einer Majestas aus. Das wahrscheinlich älteste Fresko ist an der Südwand zu sehen und stellt eine Madonna del latte zwischen den Hll. Johannes dem Täufer und Antonius dar. Ein Seregneser Maler schuf die Apostelreihe in der Apsis, das große Letzte Abendmahl an der Nordwand – fast identisch mit dem von Monte Carasso – und die zwei Fresken der oberen Reihe der Südwand mit den Hll. Abbundius, Laurentius, Gotthard und Agathe. Von einem ›dritten Maler‹ stammen die drei Anfang des 16. Jh. gemalten Bildfelder unten an der südlichen Wand mit einer Anbetung der Hirten. Wie da Tradate zeigt der Meister in den biblischen Darstellungen Trachten und Bräuche seiner Heimat am oberen Lago Maggiore. In der Westecke an der nördlichen Wand finden wir aus späterer Zeit eine Madonna del latte zwischen einem Bischof und dem Hl. Sebastian. Der in Bellinzona beheimatete Künstler Alessandro Gorla malte den westlichen Teil des Oratoriums und die Gegenfassade um 1600 aus, eine Kreuzigungsgruppe an der Nordwand stammt ebenfalls von ihm.

Obwohl **Monte Carasso** nicht mehr zum Gebiet der Navegna gehört, wird es hier beschrieben, da die Malereien in S. Bernardo stilgeschichtlich mit denen in Ditto und Curogna einzuordnen sind. Wie der Name des Ortes andeutet, befand sich das hochmittelalterliche Siedlungszentrum mit seiner Pfarrkirche S. Bernardo auf dem Berg. Bis 1440 gehörte die Gemeinde zu Bellinzona, Ende des 15. Jh. bauten die Sforza eine Verteidigungsbastion um die selbständige *vicinanza*. 1853 wurde während des österreichisch-italienischen Krieges als Schutz vor einer Invasion der Österreicher die Zinnenmauer längs der Sementina errichtet, die bis nach Camorino hinüber reichte. Teil dieser Mauer ist auch die kleine Festungsanlage *della fame* auf dem Felssporn.

Die Pfarrkirche *SS. Bernardino e Girolamo*, umgeben von modernen Gebäuden, gehörte zu einem 1450 gegründeten und 1859 aufgehobenen Augustinerinnenkloster. Die Klosteranlage, eines der größten von der Renaissance-Architektur beeinflußten Baudenkmäler im Tessin, wurde vor kurzem abgerissen; heute befindet sich an ihrer Stelle ein modernes Schulgebäude. Bei der Umgestaltung 1906 verlor die Kirche sämtliche Fresken des 16. Jh. Die Fassadenmalerei aus dem 16. Jh. unter einer hohen Vorhalle mit offenem Dachstuhl blieb allerdings erhalten. Von Architekturmalerei umgeben ist oben zwischen Wolken ein segnender Gottvater zu sehen, darunter vor einem grünen Vorhang eine Verkündigung, rechts ein prächtiger Christophorus, links Bernhardin von Siena, zu dessen Füßen drei Mitren als Zeichen dafür, daß der Franziskaner dreimal die ihm angebotenen Bistümer ausgeschlagen hat, darunter ein Hl. Petrus. In der Mitte über dem Portal links Apollonia mit ihrem Zahn in der Zange und rechts Veronika.

Über eine schmale Straße, die bei der Talstation der Funicolare beginnt und zu einem Wasserreservoir führt, erreicht man *S. Bernardo** (Abb. 15). Unmittelbar vor dem Reservoir beginnt rechts der Weg zu der 150 m höher gelegenen ehemaligen Pfarrkirche von Monte Carasso. Dem Mauerwerk nach zu urteilen stammt die Kirche mit Atrium aus dem 14.–15. Jh., der massive Campanile an der Südseite wurde im 16. Jh. hinzugefügt. An der Südseite mit kleiner Tür und einem zugemauerten Fenster befindet sich die Apsis einer Seitenkapelle. Neben der Tür ein prächtiger, fast 3 m hoher Christophorus des 15. Jh. Malereien von 1582 schmücken die Eingangsfront. Eine flache Holzdecke durchzieht die rechteckige, 15 m lange Aula; der Innenraum erscheint wie ein Museum voller Fresken vom 15. bis zum 17. Jh.

Über dem Portal sehen wir einen Christus im Grabe vor einem von Engeln gehaltenen roten Damasttuch. Rechts und links davon sechs Heilige, u. a. eine Hl. Margaretha, auf dem Drachen stehend, wohl von einem der Seregnesi (15. Jh.). Vier große Bildfelder unterteilen die Nordwand, im ersten sehen wir die Hll. Theodulus und Bernhardin. Es folgt ein Letztes Abendmahl, dessen Mittelteil mit der fast ganz zerstörten Judasfigur den Eindruck trübt. Die mit Details versehene gedeckte Tafel könnte Cristoforo da Seregno um 1450 gemalt haben. Im dritten Bildfeld die ältesten und qualitativ besten Malereien, wie etwa die Kreuzigungsgruppe von 1427. Besonders hervorzuheben sind die Epiphanie, die Zeichnung der Gewänder, der schöne Thronsessel der Madonna und die Haltung des Jesusknaben, der mit der Linken den Flügel eines Vogels als Symbol für die gerettete Seele hält. Es folgen von einem spätgotischen Maler verschiedene Heilige, u. a. eine Maria Aegyptiaca mit ihrem von Haaren bedeckten Körper, eine Hl. Katharina und eine Kreuzigungsgruppe, die teilweise beschädigt ist. Darunter, vielleicht aus derselben Hand, monochrome Monatsbilder.

Auch die Südwand ist mit Fresken des 16. Jh. bedeckt, von denen das Martyrium der Hl. Apollonia (Abb. 16) über der Tür und eine thronende Madonna besonders beeindrucken. Sehr lebendig sind die Szenen aus dem Leben des Nikolaus von Myra in der kleinen Apsis der Südkapelle. Man sieht ihn bei der Rettung eines Pilgerschiffes aus Seenot sowie mit drei Goldstücken auf der Hand, die er in das Haus eines Vaters warf, der seine drei Töchter aus Not in ein Freudenhaus verkaufen wollte (s. Farbt. vordere Innenklappe). Vater und Töchter erkennt man auf der Loggia im Hintergrund. Weiter hinten ein großartiger Gnadenstuhl, rechts und links davon Heilige und Märtyrer, u. a. Agathe und Laurentius mit ihren Marterwerkzeugen sowie Lucia, ihre Augen in einer Schüssel haltend.

Oberhalb von **Sementina** liegt die Kapelle S. Defendente, deren Außenwand um 1500 entstandene Fresken schmücken. In der Nähe von Sementina fand man 1941 eine Nekropole aus der Eisenzeit und Objekte aus der Römerzeit, die heute im *Museo Civico* in Bellinzona ausgestellt sind.

Valle Verzasca
Herzstück des Tessin

Die erste bewohnte Stelle des Verzasker Tales sieht man links am Berg hangen. Es ist die Gemeinde Mergoscia; die Häuser aller dieser Dorfschaften des unteren Tales stehen so steil übereinander, daß ich an einer Stelle drei Häuser bemerkte, die so übereinander lagen, daß der Eingang des oberen Hauses an der First des untern war.
Karl Viktor von Bonstetten (1745–1832)
»Briefe über die italienischen Ämter Lugano, Mendrisio, Locarno, Valmaggia etc.« (1795–1797)

Touristen bemerken kaum, wie schwer der Zugang zu diesem Tal war, ehe in den Jahren 1840–1868 die erste befahrbare Straße von Gordola herauf gebaut wurde. Die tiefe Schlucht am Talausgang, die einem aufgerissenen Rachen gleicht, war früher nur auf gefährlichen Saumpfaden zu umgehen. Zwei Gebirgsketten von 2000 bis 2800 m Höhe umschließen das 29 km lange Tal. Die Bewohner gründeten Siedlungen am Zusammenfluß zweier Seitentäler wie bei Sonogno, Brione oder Lavertezzo, auf Schuttfächern wie bei Gerra oder an südexponierten Hängen wie bei Corippo und Vogorno. Sie blieben so lange es ging im Tal, ihr jahreszeitlich bedingtes entbehrungsreiches Nomadenleben war einem genauen Terminplan unterworfen: im Juni weidete das Vieh auf den Maiensäßen (*monti*), im Juli auf den Alpen, gleichzeitig mußte das Talgut (*paesi*) bewirtschaftet werden sowie die Rebgüter (*terricoli*) am

Rande der Magadino-Ebene bei Tenero und bis Cadenazzo hinüber. Den Winter verbrachte die Bevölkerung meist in der Ebene, die im Trockenbau errichteten höher gelegenen Häuser waren in der kalten Jahreszeit unbewohnbar. Die Häuser blieben einfach, fast primitiv, da man während des Jahres zwischen mehreren Behausungen wechseln mußte. Trotz dieses harten Lebens blieben die Bewohner ihrem Tal treu, eine sogenannte ›Volkskunst‹ konnte jedoch nicht entstehen.

Einige Verzaschesi wanderten in die Städte der Lombardei, nach Sizilien und Österreich aus und arbeiteten dort vor allem als Kaminfeger. Die Bewirtschaftung der Felder, auf denen Hanf und Flachs angebaut wurde, besorgten weitgehend die Frauen, die hier Schwerarbeit leisten mußten. Kleine Flachsstampfen und Leinwebereien siedelten sich an, billigere Einfuhrwaren und die Zerstörung der Betriebe durch Überschwemmungen machten diesem Erwerbszweigen jedoch ein Ende. Mitte des 19. Jh. führte die Grenzblockade der Österreicher, eine Strafmaßnahme für die Unterstützung der Freiheitsbewegung in Italien, durch die Absatzmärkte wie Como oder Mailand verlorengingen, zu weiteren wirtschaftlichen Schwierigkeiten.

Zahlreiche Talbewohner wanderten in der Mitte des 19. Jh. aus. Sie suchten ihr Glück während des Goldrausches in Kalifornien oder gingen als Landarbeiter nach Mittel- und Südamerika. Der Bevölkerungsrückgang hielt auch in unserem Jahrhundert an. Zwischen 1950 und 1960 suchten zahlreiche junge Leute Arbeit weitab vom Tal. Nahmen sie zunächst noch weite Anfahrtswege in Kauf, so zogen sie später in die Nähe des Arbeitsplatzes. Die Folge ist ein Überalterung und auch der Zuzug von Fremden kann die Entvölkerung nicht aufhalten. Sanierungsprogramme der letzten Jahre führten nicht zum Erfolg, man rettete zwar den alten Baubestand und machte Häuser, wie in Corippo, wieder bewohnbar; da jedoch Arbeitsmöglichkeiten fehlen, kehrten die Einheimischen nicht ins Tal zurück. Kleine Ansätze zur Gesundung der Gemeinde wurden in Sonogno mit dem Bau einer Sanitätsstation und der Eröffnung einer Bäckerei und eines Milchladens gemacht.

Die Abgeschiedenheit des Tals ließ nicht einmal die Römer hierher finden. Erste Siedler waren wohl die Ligurer, worauf die Endungen der Ortsnamen auf -asco und -asca hindeuten, um 600 n. Chr. kamen die Langobarden. Das langobardische Recht mit der weitgehenden Selbstverwaltung der Gemeinden hielt sich jahrhundertelang bis weit ins Mittelalter hinein. 1398 erhoben sich die Verzaschesi gegen die Unterdrückung durch die Muralti aus Locarno, die der Bischof von Como 1259 als Feudalherren eingesetzt hatte. 1512 wurde das Verzasca-Tal der 300 Jahre andauernden Herrschaft der zwölf Orte unterstellt. Auch in dieser Zeit blieb das Prinzip der Selbstverwaltung weitgehend erhalten.

Am 3. Mai 1799 erhob sich die Bevölkerung gegen die von Napoleon geschaffene ›Helvetische Republik‹, die mit einer militärischen Strafbesetzung die von den Talbewohnern abgelehnte Rekrutierung durchzusetzen versuchte. Bewaffnete Gruppen zogen bis nach Locarno hinunter und stürzten den Freiheitsbaum um – ein Symbol für die Ideen der Französischen Revolution.

In diesem wirtschaftlich armen Tal verbirgt sich eine große kunstgeschichtliche Kostbarkeit. Es ist erstaunlich, daß in diese abgelegene Region im 14. Jh. ein Maler kam, der die

Kirche S. Maria Assunta in Brione mit einem christologischen Zyklus ausschmückte, der mit den Fresken in der Kirche Madonna dei Ghirli in Campione zu den hervorragendsten Zeugnissen hochgotischer Malerei gehört. Die hohen romanischen, aus Steinquadern gehauenen Campanili, die das Bild der Dörfer an den Paßstraßen prägen, fehlen hier. Während man deutliche Unterschiede an den Sakralbauten erkennen kann, blieb hier jedoch die typische Architektur des Tessiner Steinhauses mit den bis zu 60 cm dicken Mauern besonders rein erhalten. Die ländlichen Malereien an Hauswänden und Ställen, die man unvermutet findet, haben die Jahrhunderte in erstaunlich gutem Zustand überdauert.

Von Gordola aus gelangt man über eine steil ansteigende Serpentinenstraße rasch an Höhe gewinnend ins Val Verzasca. Auf der gegenüberliegenden Seite, oberhalb der tief eingeschnittenen Schlucht, sieht man die kleine Barockkirche Madonna della Fraccia. Vor dem Bau der Straße war es für die Talbewohner ein nicht ganz ungefährliches Unternehmen, an dieser Schlucht vorbei in die Ebene zu ihren Weinbergen und Feldern zu gelangen. Damals war das Tal von der Außenwelt so abgeschlossen, daß nicht einmal Seuchen wie die Pest hier eindringen konnten. Ein Tor vor Vogorno, das die Talbewohner vor dem Eindringen von Pestkranken und plündernden Soldaten schützen sollte, verstärkte diese Isolation zusätzlich. Die Schlucht ist so tief, daß man von der Straße aus den Fluß nicht sehen kann. Wo früher allerdings die Verzasca in der Tiefe rauschte, läuft infolge der Ableitung für die Stromerzeugung heute nur noch ein Rinnsal in das breite, steinige Flußbett zur Mündung in den See bei Tenero. Zwischen 1961 und 1965 wurde eine 220 m hohe zwischen die Felsen gezwängte Staumauer errichtet, deren Höhe durch einige Kehren und Tunnel überwunden werden muß. Der Blick in die Tiefe des Tals ist schwindelerregend. Das unterhalb liegende Elektrizitätswerk, das der Stadt Lugano und dem Kanton Tessin gehört, liefert jährlich 234 Millionen Kilowatt Strom. Der Stausee erstreckt sich 7 km ins Tal hinein bis unterhalb von Corippo; die Bezeichnung ›Lago di Vogorno‹ kann allerdings nicht über die Landschaftsveränderungen hinwegtäuschen, die der Eingriff der Technik hier hinterlassen hat. Wie alle künstlichen Gewässer wirkt der See leblos; bei niedrigem Wasserstand entsteht ein gespenstisches Bild, wenn die alte Straße und die Ruinen der eingeschwemmten Häuser sichtbar werden.

Durch einige Tunnel kommen wir nach **Vogorno,** den ersten Ort des Tals. Seine drei Fraktionen Pregossa, San Bartolomeo und Berzona, etwas höher am Hang liegend, sind wohl die ältesten Siedlungen des Gebiets. *S. Bartolomeo**, die Mutterkirche des Tales, wurde, wie eine romanische Luzide in der Südmauer vermuten läßt, um 1225 gegründet, im 17. Jh. umgebaut und im 19. Jh. renoviert. Die Reste mittelalterlicher Fresken an der Nordwand sind nur noch schwer erkennbar. Im Inneren sieht man an der rechten Wand zehn Heilige, starr und gerade aufgereiht, aus romanischer Zeit. Es lohnt sich, bei S. Bartolomeo etwas höher zu steigen, um einen Blick auf die Steinplattendächer und den schönen Campanile zu werfen (Farbt. 26).

Auf der gegenüberliegenden Talseite liegt **Corippo,** dessen winzige Häuser über den Hang eines Schuttkegels verstreut sind. Da es im Ort kaum Parkmöglichkeiten gibt, sollte

man den Wagen vor der Brücke über die Verzasca abstellen und den schönen zwanzigminütigen Fußweg nach Corippo auf sich nehmen. Das Haufendorf, früher für seine Leinweberei
bekannt, gehört zu den schönsten Orten im Tessin. Als Ende des 19. Jh. der Anbau von
Hanf und Flachs aufgegeben wurde, mußten die verarbeitenden Betriebe im Tal schließen.

Auf einem Sporn zwischen den Schluchten der Verzasca und des Corippo-Bachs türmen
sich kleine nach Südosten ausgerichtete Bruchsteinhäuser, deren weiß umrandete Fenster in
den Giebeln Mäuse, Ungeziefer und, einem alten Volksglauben zufolge, auch Gespenster
fernhalten sollten. Es gibt jedoch auch etwas nüchternere Erklärungen: Da die Fenster
anstelle einer kleinen Öffnung für den Rauchabzug ausgebrochen wurden, mußte die
dadurch entstandene größere Öffnung in der unzementierten Bruchsteinmauer mit Mörtel
abgesichert werden; die Laibung und Umrandung der Fenster wurde gekalkt, um möglichst
viel Licht nach innen zu reflektieren. In den kleinen Häusern, die meist nur zwei Räume
haben, befindet sich unten eine Rauchküche und oben eine Kammer. Sie sind so steil übereinander an den Hang gebaut, daß man von der unteren Gasse in die Wohnküche und von
der oberen in die Kammer gelangt. Granitplatten, die außen in die Hauswand eingelassen
wurden, dienen als Treppen.

Die Pfarrkirche *S. Maria del Carmine* wurde Anfang des 17. Jh. erbaut, 1794 umgebaut
und erweitert. Der freistehende Campanile erhielt im gleichen Jahr ein barockes Glockengeschoß. Steile Treppen und Gassen führen durch das Dorf, an den Häuserwänden kann man
alte Madonnenbilder mit Votivcharakter entdecken. Corippo gehört zu den Schweizer
Orten mit dem größten Bevölkerungsschwund: Zwischen 1850 und 1970 nahm die Zahl der
Bewohner von 294 auf 42, also um 85%, ab. Ein Projekt zur Rettung der authentischen
Siedlung wurde mit aller Sorgfalt durchgeführt. Man war bemüht, die Wohnverhältnisse zu
verbessern, gleichzeitig aber auch den ursprünglichen Charakter des Dorfes zu erhalten.
Leider fehlt es in der Region immer noch an Arbeitsmöglichkeiten, so daß es weiterer
Anreize bedarf, ehe mit einer Rückkehr der Bewohner gerechnet werden kann. Die steilen
Treppen unterhalb der Osteria sollten den Besucher nicht abhalten, zu einer Steinbrücke
über die tief eingeschnittene Klamm des Corippo-Baches zu gehen. Von hier aus läßt sich
eine Wanderung nach Mergoscia hinauf anschließen.

Zur Talstraße zurückgekehrt, fährt man am Fluß entlang nach **Lavertezzo,** das in einer
Weitung an der Einmündung des Val d'Agro liegt. Am Ortseingang sehen wir die Pfarrkir-
che *S. Maria degli Angeli* mit dem hohen Chor und einem nierenförmigen Fenster darin
(Farbt. 17). Sie steht erhöht über einer breiten Treppe mit flachen Stufen. Die frühere
Antoniuskapelle wurde im 16. Jh. geostet, die westliche Chorpartie 1707 hinzugefügt, Apsis
und Fassade 1780 neu gebaut. Die Innenausstattung stammt aus dem 18. und 19. Jh. Wenige
Meter hinter der Kirche, an einer Stallwand in einer engen Gasse, findet man die ländlich-
barocke Darstellung einer Madonna mit Kind und zwei Heiligen.

Der große Parkplatz am Ortsausgang ist ein untrügliches Zeichen für die Attraktion von
Lavertezzo, die *Ponte dei Salti* (Farbt. 15). Nach der Zerstörung im Jahr 1906 wieder
aufgebaut und 1958 erneuert, überspannt die schon im Mittelalter errichtete Konstruktion
die Verzasca in zwei eleganten, auf einen Felsen gestützten Bogen aus Bruchsteinmauer-

werk. Von der Brücke aus erkennt man sehr schön die herrlichen Erosionsformen der Felsen im Wasser, das Serizitgneise smaragdgrün färben.

Kurz vor Brione überwindet man beim Weiler Ganne eine Talstufe, die in prähistorischer Zeit durch einen Bergsturz von der Westflanke des Pizzo d'Alnasca entstand. 60 Millionen Kubikmeter Gestein riegelten das Tal ab, der Fluß wurde zu einem See gestaut. Gegenüber vom Ristorante Piee kann man die Verzasca überqueren; nach ca. 200 m steht man vor dem Bildstock Soscarasca, dessen leider sehr schlecht erhaltene Fresken aus dem 15. Jh. – die Jungfrau mit Kind und den Hl. Sebastian darstellend – von Cristoforo und Nicolao da Seregno stammen. Der Hl. Rochus, der in anderen Fresken dieser Zeit als Pestheiliger zusammen mit dem Hl. Sebastian dargestellt wird, fehlt in dieser Ausmalung – ein weiterer Hinweis darauf, daß das abgelegene Verzasca-Tal von der Pest verschont blieb.

Zu Füßen des gewaltigen Sasso Graggio, an der Mündung des Osola-Flusses in die Verzasca, liegt **Brione**. Das *Castello Marcacci*, im 17. Jh. im Stil mittelalterlicher Wehrbauten mit vier Ecktürmen und einer Ringmauer erbaut, diente der Familie Marcacci aus Locarno als Sommersitz. Ein polnischer Adler über dem Kamin in dem heute als Trattoria genutzten, großen Saal des Erdgeschosses verweist auf den polnischen Adelstitel, der Giovanni Antonio Marcacci 1677 verliehen wurde.

Am Schulhaus erinnert eine Inschrift unter einem Madonnenfresko von 1644, die ihn als *artis caementitiae praefectus*, einen Präfekten der Zementkunst, bezeichnet, an den Auswanderer Giovanni Gada. Gadas Nachlaß ermöglichte es der Kirche, in seinem Haus eine öffentliche, kostenlose Schule zu unterhalten.

Von der 1296 errichteten Kirche *S. Maria Assunta* blieben bei der Erweiterung um 1540 nur die Hälfte der Fassade sowie ein Teil der südlichen Wand erhalten. An den Wänden dieser Bauteile befinden sich innen und außen bedeutende Fresken aus dem 14. Jh. Die Vergrößerung der Gemeinde sowie die Lösung von der Mutterkirche in Vogorno machten einen weiteren Anbau nötig: S. Maria Assunta wurde fast um das Doppelte verbreitert und verlängert, die Mauern erhöht und mit breiten Fenstern versehen. An der Südseite kann man noch die früheren, zugemauerten Fenster erkennen, an einigen Dachsteinen die ehemalige Höhe der Kirche. Ihr heutiges Aussehen erhielt die Kirche nach einem zweiten, erweiternden Umbau 1840 durch den Baumeister Pioda aus Locarno. Die Breite wurde beibehalten, das Schiff jedoch erhöht und durch die runde Apsis verlängert. Lisenen und Stuckkapitelle gliedern die Wände.

Den 1748 erhöhten Chorflankenturm schmückt eine von Auswanderern nach Kalifornien gestiftete Uhr. An der Südwand außen schuf der Meister, der auch die Kirche ausmalte, zwei Fresken des Erzengels Michael und eines Heiligen in Renaissance-Tracht (Hl. Viktor?). Das helle Blau im Fresko des Erzengels Michael könnte die ursprüngliche Farbe sein, die im Inneren bei der wenig gelungenen Restaurierung von 1915 übermalt wurde.

GIORNICO   S. Maria di Castello ▷

2 PRUGIASCO, S. Ambrogio, heute S. Carlo, romanische Fresken aus dem späten 11. Jahrhundert

3 PRUGIASCO, S. Ambrogio, Apsidenmalerei aus dem frühen 16. Jahrhundert

6 BIASCA, SS. Pietro e Paolo, Chorausmalung aus der Werkstatt des da Tradate

◁ 4 GIORNICO, Chor und Krypta von S. Nicola, der bedeutendsten romanischen Kirche des Tessin

◁ 5 BIASCA, SS. Pietro e Paolo, erbaut um 1200

7 BIASCA, SS. Pietro e Paolo, der im Tessin sehr verehrte Sennenheilige Luzius

8 BIASCA, SS. Pietro e Paolo, Pfeilerfresken der Heiligen Thekla und Dorothea um 1500

9 BELLINZONA, Castello Grande mit den Torre nera und Torre bianca

10 SERRAVALLE, Ruine der um 1200 erbauten Burg im Blenio-Tal

12 ASCONA, S. Maria della Misericordia, Madonna vor einer Eiche von einem unbekannten Künstler Mitte des 16. Jahrhunderts gemalt

◁ 11 BELLINZONA, S. Maria delle Grazie, Passionsbild an der Lettnerwand von einem unbekannten lombardischen Künstler Ende des 15. Jahrhunderts gemalt

13 PORTA bei Brissago, Madonna an einer Hauswand ▷

14 Blick von Ronco auf die Isole di Brissago, im Hintergrund des Gambarogno-Massiv ▷

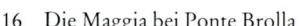

15   LAVERTEZZO im Val Verzasca, mittelalterliche Steinbogenbrücke Ponte dei Salti

17   LAVERTEZZO, S. Maria degli Angeli ▷

16   Die Maggia bei Ponte Brolla

19 FRASCO im Val Verzasca, ländliche Madonnendarstellung an einer Hauswand
18 BRIONE im Val Verzasca, S. Maria Assunta, gotische Fresken aus der Giotto-Schule

20   FAEDO im Val Bavona

21   Val Vogornesso, Quelltal der Verzasca, Ziegenstall mit typischem Steinplattendach

22 Sᴏɴʟᴇʀᴛᴏ im Val Bavona

23 Gᴀɴɴᴀʀɪᴇɴᴛᴇ im Val Bavona mit S. Maria delle Grazie, zu der im Mai eine Flurprozession von Cavergno ▷
aus führt

24 MONTI DI RIMA im Val Lavizzara

25 BOSCHETTO im Val Maggia, charakteristisches Bruchsteinhaus

26   Vogorno S. Bartolomeo im Val Verzasca

27   Locarno – Muralto, Uferpromenade am Lago Maggiore

28, 29   Der Lago Maggiore bei Locarno

30 LOCARNO, der Lago Maggiore mit Blick auf die Tessiner Alpen

31 ALPE PORERA oberhalb von Ronco, Blick auf den Lago Maggiore

33 Wein-Raute *(Ruta graveo-*
    lens) und Kugel-Lauch
    (Allium sphaerocephalon)

34 Apenninen-Sonnenröschen
    (Helianthemum apenninum)

35 Strauß-Steinbrech *(Saxifraga*
    cotyledon)

◁ 32 Gerra am Lago Maggiore mit dem Gridone-Massiv

36 Scheuchzers Teufelskralle
    (Phyteuma scheuchzeri)

37 Spinnwebige Hauswurz
    (Sempervivum arachnoideum)

38 Pfingstrose *(Paeonia*
    officinalis)

39 Affodill *(Asphodelus albus)*

40 Rostblättrige Alpenrose *(Rhododendron ferrugineum)*

41 Stengelloser Enzian *(Gentiana kochinana)*

45 Blick auf Lugano und den Luganer See, im Hintergrund die Tessiner Alpen ▷

42 Schwefel-Anemone *(Pulsatilla sulphurea)*

43 Dickblättrige Fetthenne *(Sedum dasyphyllum)*

44 Wassernuß *(Trapa natans)*

46 Bildstock im Val d'Osola bei Brione

47 Bildstock bei Aurigeno im Val Maggia

48 Kreuzwegstation in Bidogno im Val Colla

49 Bildstock oberhalb von Brione sopra Minusio

SCM MARIA

50 SUREGGIO, S. Pietro, romanisches Fresko

51 Campione d'Italia, Madonna dei Ghirli, Fresko aus der Giotto-Schule

Unter der imposanten Vorhalle mit Rundbogen und Holzinnenkonstruktion sieht man zu einem Fresko vom Anfang des 15. Jh. auf, einem fast fünf Meter großen, prächtig gekleideten Christophorus, der mit großen Augen unter einer Krone hervorschaut. In der Rechten hält er einen Stab, auf der linken Schulter das Jesuskind mit einem Band in der Hand mit der Inschrift: ›Christo visa fori manus est inimica dolori‹, die dem hier betenden Wanderer Unverletzlichkeit verspricht. Rechts und links neben dem Christophorus sind die Stifterfiguren abgebildet. Die beleibte Dame rechts trägt einen mit Perlen besetzten Rock und einen Blumenkranz auf dem Kopf. Zwischen dieser Gruppe und dem Barockportal befindet sich eine zugemauerte gotische Pforte, deren Lünette mit gemaltem Mosaik nach Cosmatenart geschmückt ist. Der weißrote Adler in der rechten oberen Ecke könnte auf die Orelli aus Locarno als Auftraggeber hindeuten. Das Beinhaus links neben der Vorhalle dient als Taufkapelle.

Pilaster gliedern das fünfjochige Schiff mit Tonnengewölbe, das während der Barockisierung im 19. Jh. entstand. Seitlich des Chorbogens sehen wir Freskenfragmente aus dem 16. Jh., an der Südwand des Chors eine Epiphanie und in der nördlichen Seitenkapelle im unteren Teil die Hll. Dominikus und Luzia. Im Chor befand sich ein von der Familie Marcacci gestifteter, geschnitzter Flügelaltar von einem Lindauer Meister aus dem Jahre 1502, der nach mehrfachen Verkäufen zuerst nach Lavertezzo und später nach Florenz gelangte, von wo er 1889 vom Schweizerischen Landesmuseum in Zürich zurückgekauft wurde.

Es ist erstaunlich, daß Fresken wie die an der südwestlichen Ecke des Schiffes in einem so abgelegenen und beinahe vergessenen Tal, dessen Bewohner zumeist arme Bauern waren, entstehen konnten. Bei der Restaurierung 1915 entdeckte man die kunstvollen Malereien, die wahrscheinlich nur Reste eines christologischen Zyklus sind, der die Wände des mittelalterlichen Baus bedeckt haben muß. Bei der unsachgemäßen Behandlung kratzte man Farbschichten ab, die an der Oberfläche der Farben entstandene Beschädigung übermalte der Restaurator mit zu dunklem Blau und verfälschte so die Originalfarbe. 1954–58 versuchte man bei der erneuten Restaurierung der Fresken, die ursprünglichen Farben wiederherzustellen. Die Löcher, die wir heute in den Malereien finden, stammen aus dem 19. Jh. und dienten dazu, den neuen Verputz anzubringen. Glücklicherweise blieben die hinter den später entfernten Pilastern verborgenen Fresken von diesen Hammerschlägen verschont.

Der Freskenzyklus ist der romagnolischen Schule des 14. Jh. aus dem Kreis um Giovanni Baronzio zuzurechnen, der, von Giotto beeinflußt, auch für byzantinische Traditionen offen war, worauf die Komposition, die schematisch strenge Haltung der Personen, der Kopftypus und die mandelförmigen Augen hinweisen. Bis in Einzelheiten der Fresken, besonders in der Darbringung im Tempel, dem Einzug in Jerusalem und der Taufe Christi, erkennt man die Anlehnung an Giottos Malereien in der Capella degli Scrovegni All'Arena in Padua. Von der Geburt Christi, links, sind leider nur der Kopf der Maria, ihre betend erhobenen Hände und das gelbe Strohdach der Hütte erhalten; daneben die Anbetung der Heiligen Drei Könige. Einer der Könige, deren Rang durch schmale Diademe angedeutet wird, kniet vor dem Kind, während seine Gefährten nach oben, wohl auf den Stern von

Bethlehem, weisen. Bei der Darbringung im Tempel ist besonders die Bewegung der Arme und Hände im Rhythmus des Gebens und Nehmens zu beachten. Das Jesuskind wendet sich lebhaft zur Mutter zurück, der Priester nimmt es mit weiß umhüllten Händen entgegen. Josef hält zwei Tauben auf der rechten Hand, die als rituelle Opfergaben dienen. Der Raum ist durch einen kleinen Tempel im Hintergrund angedeutet (Farbt. 18). Durch die Entfernung eines Pilasters ist der Kopf der Prophetin Anna wieder sichtbar geworden.

Von der Taufe Christi sind nur noch die unbekleidete Gestalt Christi sowie Johannes der Täufer zu erkennen. Die Figur des Christus auf der Eselin in der Darstellung des Einzugs in Jerusalem ist durch Hammerschläge stark beschädigt. Die Szene des aus dem Stadttor hervordrängenden Volkes blieb allerdings unbeschädigt, da eine Ecklisene sie verdeckt. Das bewegte Bild, an dem die Farbqualität des Originals deutlich wird, erhält einen besonderen Akzent durch den Zweige brechenden Knaben, der, da der zugehörige Baum nicht mehr erkennbar ist, vor dem dunklen Hintergrund zu schweben scheint.

An der Westwand sehen wir eine der drei Abendmahlsdarstellungen im Tessin, in der die Personen an einem runden Tisch gezeigt werden, die Wiedergabe der Heiligenscheine ist dem Maler jedoch nicht ganz geglückt. Die Früchte und Gläser, die mit Rotwein halb gefüllte Karaffe, die dampfenden Schüsseln und das kleine Salzfaß mit dem Hahnenkopfdeckel geben Aufschluß über die Eßgewohnheiten und Tischgeräte während der Entstehungszeit der Fresken. Der Kopf Christi über dem hingesunkenen Johannes ist leider zerstört, die Szene strahlt jedoch immer noch anrührende Zartheit aus.

Hinter der Kirche führt eine kleine Straße in das landschaftlich sehr reizvolle Val d'Osola, dessen Eingang von der senkrechten Felswand des Sasso Graggio beherrscht wird. Die kleinen Bruchsteinhäuser in den Wiesen und an den Hängen sind ebenso verfallen wie die meisten Häuser der Alpweiler, deren Namensverbindungen mit *vald* oder *valdo* auf deutsche Spracheinflüsse oder walserische Besiedlung hindeuten. Es lohnt sich, ein Stück in das Tal, das Ausgangspunkt für Wanderungen in das Monte Zucchero-Gebiet ist, hineinzugehen bis zu einem schön bemalten Bildstock (Farbt. 46) oder zu der Stelle, wo der Osola- oder Osura-Bach über niedrige Stufen in darunterliegende Becken mit klarem, smaragdgrünem Wasser stürzt.

Gerra, dessen Name (*gerra* = Kiesfläche) darauf hindeutet, daß der Ort auf Schutthalden gebaut wurde, ist eine Streusiedlung, deren schöne Häusergruppen unterhalb der Straße (Fraktion Formighera) am Flußufer und auf den Schuttkegeln der Wildbäche oberhalb der Straße (Chiosso) liegen. Im Dorfteil Chiosso finden wir die Pfarrkirche S. Giovanni Evangelista, die anstelle einer 1816 durch Hochwasser zerstörten Kirche neu gebaut wurde. Jenseits des Flusses, den man hinter Gerra über eine Hängebrücke zu Fuß überqueren kann, liegt der malerische Weiler **Lorentino**. Die kleine Ebene am Fluß wurde einst als Exerzierplatz benutzt.

Die Talstraße führt weiter nach **Frasco**, einem Dorf mit charakteristischen Verzasca-Häusern. Vor Frasco stürzt der Wasserfall des Efra-Baches in eine große Höhle hinab. Bis 1870 wurde im Val d'Efra ein kleines Marmorvorkommen zur Kalkgewinnung genutzt. Holzmangel und Transportschwierigkeiten führten jedoch dazu, daß man die vier Kalköfen stillegte. Über eine Treppe in der Nähe des Wasserfalls gelangt man in das Dorf. Mit dem Auto fährt man in der engen Ortsdurchfahrt am Hotel Efra vorbei, dem einzigen größeren Hotel des Tales. Das Sägewerk, die Mühlen und Flachsstampfen in Frasco, dem früheren Zentrum mit kleinen Industriebetrieben, wurden von mehreren Hochwassern zerstört.

In der Pfarrkirche *S. Bernardo Abate*, 1868–1869 im Neo-Barockstil neugebaut, finden wir im Schiff hinten rechts ein von einer Hauswand abgelöstes Fresko der Madonna mit Kind aus dem 15. Jh. Um den grasbewachsenen Kirchplatz stehen Kreuzwegkapellen des 18. Jh., deren Malereien weitgehend zerstört sind.

Vom Kirchplatz gelangt man hinunter in das Dorf, das sich mit seinen verschiedenen Teilen auf den etwas höher gelegenen Flußterrassen zur Sonnenseite des Tales ausbreitet. Unverhofft steht man vor einem Madonnenfresko an der Frontseite eines Bruchsteinhauses in der Fraktion Piè della Motta. Die Madonna del latte, in byzantinisierendem Stil gemalt, blickt sorgenvoll in weite Ferne. Kunstvoll gemalte Hände kommen aus dem Faltenwurf eines mit breiter Borte geschmückten Gewandes hervor und umfangen das Kind (Farbt. 19).

Die Efra auf einer schmalen Holzbrücke überquerend erreicht man die Fraktion Torbora, deren alte, teilweise unbewohnte und verfallene Häuser mit Dachstühlen und typischen Holzkonstruktionen um einen stimmungsvollen Dorfplatz mit Brunnen gruppiert sind.

Schnell sind wir in **Sonogno,** der höchstgelegenen Talgemeinde (Abb. 48, 49). Das Dorf wurde zum Schutz gegen die Hochwasser leicht erhöht auf einem Sporn zwischen den beiden Quellflüssen der Verzasca errichtet. Seit 1850 ging die Zahl der Bewohner durch Auswanderung stark zurück; heute leben doppelt so viele Sonognesi in Kalifornien wie in Sonogno.

Der gut renovierte Kern des im Winter fast unbewohnten Dorfes ist im Sommer Ziel vieler Touristen, so daß von ›Weltabgeschiedenheit‹ keine Rede mehr sein kann. Außer Verzasca-Häusern findet man an der Hauptgasse einen alten Gemeindebackofen. Wenn man von der Piazza links der Kirche einige Schritte aufwärts steigt, erkennt man an einer Hauswand die Darstellung eines Weltgerichts aus dem 18. Jh., die als ›Kopie‹ des Weltgerichts von Michelangelo bezeichnet wird, jedoch nur entfernt an das Original erinnert.

Die Pfarrkirche *S. Maria di Loreto,* ein Zentralbau mit Pilasterfassade und Steinplattendach, wurde 1854 errichtet und 1943 renoviert. Der einheimische Künstler Cherubino Patà (1827–1899) malte die Kirche aus. Das *Talmuseum* mit Exponaten zur Bauernkultur der Region dokumentiert das harte Leben der einheimischen Bevölkerung. Die Ausstellungsobjekte, auf drei Etagen in einem alten Haus verteilt, sind nach verschiedenen Tätigkeiten wie Spinnen, Kochen, Heuen usw. geordnet. Historische Photos zeigen die Menschen bei ihrer Arbeit, ein Modell demonstriert, wie die Heulasten an Drahtseilen über die Schluchten ins Tal befördert wurden.

Von Sonogno bietet es sich an, in das **Val Vogornesso** (Farbt. 21) zu wandern. An großen Felsblöcken vorbei, an die sich kleine Ziegenställe lehnen, gelangt man zu Wasserfällen hinter dem Maiensäß Cabione. Vor Cabione sehen wir die Reste einer *serra*, einer Staumauer, die früher durch ein Holztor geschlossen werden konnte. Mit dem aufgestauten Wasser wurden die Baumstämme nach Öffnung des Tores den Fluß hinunterbefördert.

Nach Überquerung des Flusses hinter Cabione steigt der Fußweg kräftig an und bald kommt man zu den Wasserfällen. Bergwanderer erreichen von hier aus die Alpe Barone (2127 m) und den Lago Barone (2391 m).

Über Golino und Intragna in die Centovalli
Hundert Täler und eine Bahn

Das stille Dorf **Golino** am Rande des Pedemonte, das wir über Losone erreichen, wird auf dem Weg nach Intragna und die Centovalli häufig vergessen. Im 19. Jh., vor dem Bau der Straße in die Centovalli, war Golino als Ausgangspunkt der Saumpfade in das Tal ein wichtiger Umschlagplatz für Waren. Um eine eigene Schule hat Golino lange gekämpft, erst durch eine Schenkung von G. B. Mondini, einem Auswanderer, der 1890 in Sydney starb und der Gemeinde 1000 Franken für eine Schule hinterließ, konnte der Wunsch erfüllt werden. An dem alten Gebäude, das jedoch wegen Geldmangels bald wieder geschlossen werden mußte, kann man noch die Inschrift *Scuola Comunale* erkennen.

In Golino scheinen die Gassen wie von selbst der Piazza zuzustreben. Schlichte Häuser, deren einziger Schmuck die wohlproportionierten Tür- und Fensteröffnungen, ländliche Fresken und schöne Arkadenhöfe sind, umgeben den geschlossenen, quadratischen Platz. Die Pfarrkirche *S. Giorgio* aus dem 17. Jh. mit einer dreiachsigen toskanischen Vorhalle war ursprünglich das kirchliche Zentrum der *vicinanza* von Intragna.

Eine neue Brücke überspannt die Melezza, dahinter führen steile Kehren hinauf nach **Intragna.** Unterschiedliche Quellen führen den Ortsnamen auf *inter amnes,* zwischen den Flüssen, oder *intranea,* das innerhalb Gelegene, zurück. Der Ort erhebt sich, im Pedemonte von weitem sichtbar, auf einem Sporn zwischen den Flußtälern des Isorno und der Melezza; er besteht aus etwa 150 alten Häusern, engen, gepflasterten Gassen und Höfen und umfaßt als Großgemeinde die Hälfte aller Orte in den Centovalli. Im Mittelalter besaß der Bischof von Como hier Grundrechte, ebenso die Capitanei von Locarno, von denen die Bürger Intragnas 1531 und 1551 die Zehntenrechte zurückkauften; 1653 trennte sich die Gemeinde von der Pieve Locarno.

Beim Gang durch die Gassen, besonders auf der kleinen Piazza mit Municipio, Osteria und den kleinen Häusern, vergißt man die modernen Bauten am Osthang, die das äußere Ortsbild stark beeinträchtigen. Trotz des fast urbanen Gepräges Intragnas trägt ein Brunnen dazu bei, der Piazza, dem Feierabendtreff von Jung und Alt, das Flair einer ›guten Stube‹ zu verleihen. Eine elegante Rokoko-Balustrade vor dem Choreingang schmückt die Kirche *S. Gottardo,* deren Campanile mit 65 m der höchste des Tessin ist. Im Glockenturm, 1765–1775 von den Steinmetzen Peduzzi und Torelli an den Neubau der Kirche von 1738 angefügt, hängt der Neuguß einer Glocke, die in italienischer Sprache die Inschrift trägt: ›Die Bürger von Intragna, die mich im Jahre 1802 in Locarno gekauft und mit teurem Geld

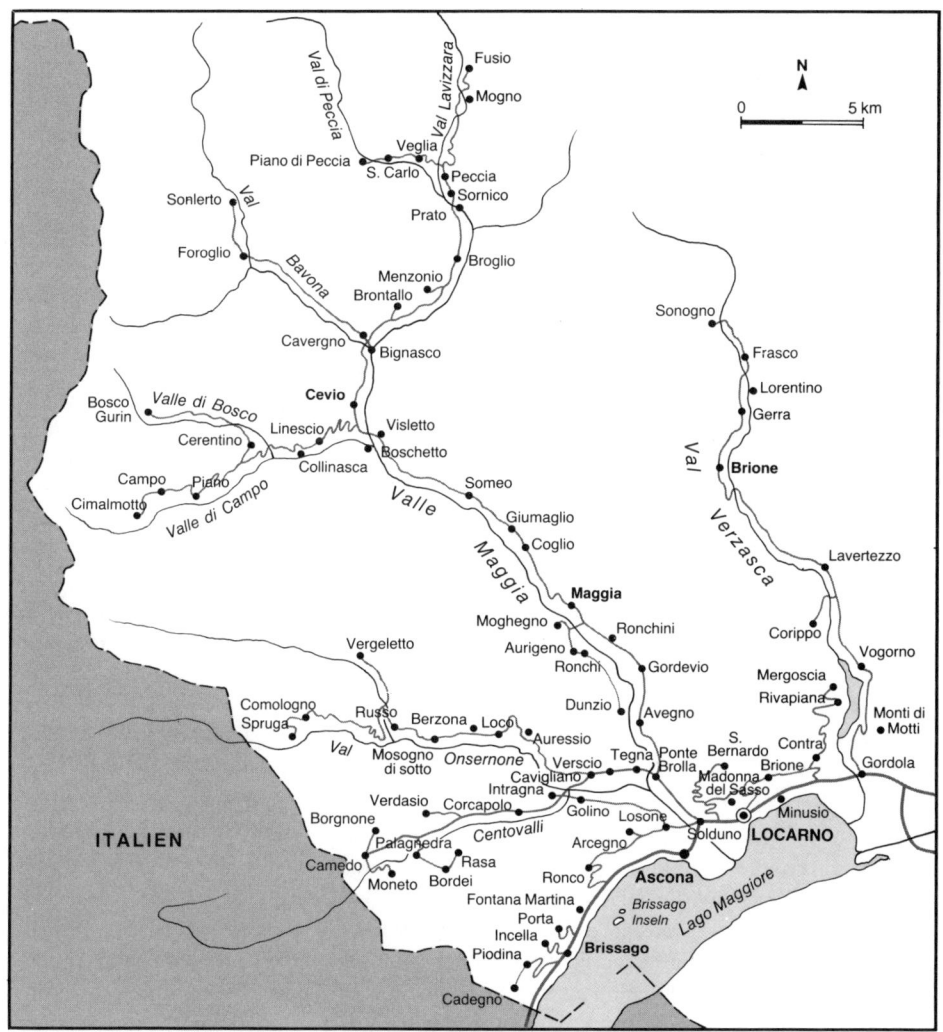

Regionalkarte: die Centovalli, das Val Onsernone, Val Maggia, Val Lavizzara, Val di Peccia, Val Bavona, Val di Campo und das Val di Bosco

bezahlt haben, konnten mich nur mit der Gewalt der Waffen holen und besitzen. Im Jahre 1845 wurde ich, weil gebrochen, umgegossen.‹ Die Intragnesi hatten nach ihrer Trennung von der Pieve Locarno die Glocke von der *torre comunale* in Locarno ersteigert und zugesprochen bekommen. Zunächst blieb sie jedoch in Locarno, um dort die Gemeinde zu wichtigen Bürgerversammlungen zu rufen. Nach kostspieligen Prozessen mußten sich die Intragnesi die Glocke 1802 in einem bewaffneten Handstreich holen.

Den wohl schönsten Blick auf Intragna hat man von den Weingärten hinter dem Ort, von wo man auf die alten Steinplattendächer und den harmonisch gegliederten Campanile mit oktogonalem Aufsatz sehen kann. 70 m hoch über den Isorno schwingt sich das kühne Viadukt der Centovalli-Bahn. Eine Luftseilbahn führt von Intragna hinauf nach Costa. Von der Zwischenstation Pila aus kann man eine sehr reizvolle Wanderung zum Maiensäß Calascio unternehmen, das in 1013 m Höhe zwischen den Centovalli und dem Val Onsernone liegt.

In Intragna hat man die **Centovalli** schon erreicht: Bis zum Grenzort Camedo schneiden mehr als 150 Seitenbäche das Tal ein (Abb. 39). Von der Straße aus kann man die tief unten fließende Melezza fast nie sehen, oft genügt ein starkes Gewitter, um aus ihr einen reißenden Strom zu machen, wie z. B. im August 1978, als Teile der Bahnlinie zerstört, Brücken eingerissen und Baumstämme bis in den Lago Maggiore geschwemmt wurden. Nicht unbegründet scheint daher der Ausspruch eines zurückgekehrten Emigranten: ›Centovalli? Cento diavoli!‹ zu sein.

Seit dem 16. Jh. prägten Auswanderungsbewegungen die Geschichte des Tales (Abb. 43). Die landwirtschaftlich nutzbare Fläche reichte kaum für die Selbstversorgung, die spärlichen Flächen wurden zusätzlich durch ein kompliziertes Erbteilungssystem in Kleinstparzellen zerstückelt. So zogen viele Bewohner in Gruppen als Kaminfeger oder Lastenträger in die Toskana, nach Frankreich, Österreich und ›Tütschland‹. Die nach dem Ersten Weltkrieg einsetzende Landflucht verringerte die Bevölkerung zusätzlich, Rasa z. B. erlebte in 100 Jahren einen Bevölkerungsschwund von 83 %.

Obwohl das Tal relativ viel Sonne erhält und sich alle Dörfer in hohen Lagen befinden, erreicht im Winter sieben bis zehn Wochen lang kein Sonnenstrahl Orte wie Palagnedra, Moneto oder Bordei. Auf der Sonnenseite des Tales hingegen finden wir Weinstöcke bis Lionza hinauf (800 m). ›Erschlossen‹ wurden die Centovalli erst, als um die Mitte des vorigen Jahrhunderts mit dem Straßenbau begonnen wurde: 1890 war die Verbindung bis Camedo fertig, 1898 wurde Palagnedra angeschlossen. Borgnone, Lionza und Costa erhielten erst 1950 feste Zufahrtswege; nach Verdasio führt seit 1963 eine geteerte Straße. Rasa ist auch heute noch nur zu Fuß oder mit der 1958 in Betrieb genommenen Luftseilbahn erreichbar. Als Triumph des Eisenbahnbaus wird die zwischen 1913 und 1923 erbaute Centovalli-Bahn angesehen, die über 79 Brücken und durch 24 Tunnel das Tessin mit der Westschweiz verbindet.

Kurz hinter Intragna kann man von der Straße zu einer mittelalterlichen Steinbogenbrücke hinuntersteigen, die sich in kühnem Bogen hoch über die Melezza schwingt und früher Teil des Saumweges nach Rasa war. Die Figur im Bildstock stellt den böhmischen Landespatron Nepomuk dar, der als Brückenheiliger verehrt wird.

Gegenüber von **Corcapolo**, dessen Kirche Ende des 17. Jh. erbaut wurde, sieht man den Wasserfall von Remigliaso. Die Straße führt weiter zur Luftseilbahn nach Rasa. Nur von der

Kabine der Bahn aus kann man in die tiefe Schlucht der Melezza blicken. **Rasa** drohte zu zerfallen bis 1960 damit begonnen wurde, verschiedene Häuser und Palazzi als Feriendomizile instandzusetzen. Auch hier hatte die Einwohnerzahl rapide abgenommen, 1972 lebten nur noch acht Personen ständig im Dorf. Das 1000 m hoch gelegene Bergdorf, das seit 1972 zur Gemeinde Intragna gehört, wurde um 1700 als das sogenannte ›neue Rasa‹ auf der Geländeterrasse von Digessio gegründet und ersetzte Terra Vecchia, das alte, am südwestlichen Steilhang gelegene Rasa, das dem Verfall preisgegeben wurde.

Die von Filippo Martinoia aus Cevio im 18. Jh. erbaute Pfarrkirche *S. Anna* schmücken drei klassizistische Marmoraltäre. In der im 19. Jh. ausgemalten Kirche finden wir ein von Antonio Ciseri im 19. Jh. geschaffenes Gemälde der Mutter Anna mit Maria. Der Abstieg hinter Rasa in das heute unbewohnte **Terra Vecchia** (Abb. 52) führt zur 1615 erbauten kleinen Kirche *Madonna della Neve*, die bisher nur außen renoviert wurde. Seit einigen Jahren bauen junge Leute die verfallenen Häuser von Terra Vecchia wieder auf, das Material wird von Bordei per Seilbahn quer über die Schlucht herangeschafft.

Verdasio, 170 m oberhalb der Talstraße gelegen, bietet als eines der besterhaltenen Dörfer des Tessin ein intaktes Ortsbild mit überraschenden Eindrücken. Von Palagnedra aus erscheint der Ort wie eine Festung: Die Hauswände sind zwar verputzt und gekalkt, haben aber den ernsten Charakter der unverputzten Bruchsteinhäuser bewahrt. Anders als die leichten, offenen Loggien in den Dörfern des Sottoceneri wirken die Balkone hier abweisend. Besonders schön die *Casa Tosetti* mit ihren über die ganze Fassade verteilten Pfeilerarkaden und die im 17. Jh. erbaute *Casa Cavalli* mit ihrem unverputzten Mauerwerk.

Eine Straße führt zunächst hinunter zur 70 m hohen Staumauer eines Ausgleichsbeckens der Maggia-Werke und windet sich dann in vielen Kehren nach **Palagnedra** hoch. Die exponierte Lage der Pfarrkirche *S. Michele,* die den bedeutendsten Kunstschatz der Centovalli birgt, deutet auf ihre Funktion als Taufkirche des Tales hin. Das ursprüngliche, schon 1231 erwähnte Gotteshaus erfuhr in den Jahren 1663–1666 einen weitreichenden Umbau, von der Vorgängerkirche blieben nur der Chor, der als Sakristei und später als Seitenkapelle diente, sowie ein Teil der nördlichen Schiffswand – heute Stirnwand des Chores – und somit auch die spätgotischen Wandmalereien im ehemaligen Chor erhalten. Durch eine kleine Tür in der Nische des Seitenaltars vorne rechts gelangt man in den Raum.

Stilgeschichtliche Vergleiche weisen bei den Wandgemälden auf da Tradate hin, den lombardischen Maler der Frührenaissance, der um die Wende des 15. zum 16. Jh. im Sopraceneri verschiedene Kirchen, unter anderem in Ronco und Verscio, mit seinen noch spätgotischen Fresken geschmückt hat. Die sehr bunten Bordüren und etwas starren Figuren in flachem Architekturrahmen sind typisch für seinen Stil. Die Farbkraft der Fresken scheint zunächst von der Restaurierung aus den Jahren 1965–1966 herzurühren, Vergleiche mit anderen nicht restaurierten Stellen machen diese Vermutung jedoch hinfällig.

Im Kreuzgewölbe finden wir eine Majestas Domini mit den vier Evangelistensymbolen, die vier lateinischen Kirchenväter in prächtigem Ornat und den Kirchenpatron Michael zwischen Mauritius und Abundius. Die Kirchenväter sitzen in tabernakelähnlichen Gehäusen an Tischen, in deren Fächern Bücher liegen, Papst Gregor betrachtet kritisch seinen Federkiel. An den Seitenwänden stehen die zwölf Apostel in perspektivisch nicht ganz gelungener Architektur. Mit prächtigen Gewändern bekleidet, tragen sie die Werkzeuge ihrer Martyrien (Abb. 45). Typisch für den Stil der Zeit sind die hellen Augen, die aus dem Gesicht des Hl. Andreas starren. Grausam realistisch, wie überall bei der ländlichen Malerei jener Zeit im Tessin, ist die Hl. Agatha am ehemaligen Chorbogen dargestellt. An der Ostwand ein durch Fensterausbrüche späterer Zeit teilweise zerstörter Kalvarienberg.

In der Sockelzone der Seitenwände befinden sich, wie auch in Ronco und Verscio, eine Reihe von Monatsbildern, die die Menschen jener Zeit bei ihren ländlichen und handwerklichen Arbeiten zeigen (Abb. 46, 47). Besonders gut ist das Februarbild erhalten, das einen Weinbauern beim Beschneiden der Rebstöcke darstellt; ein Jüngling auf einem Schiff, der sich den Wind mit einem Horn selbst erzeugt, symbolisiert den März; ein schöner Jüngling mit Blumen in den Händen steht für den April. Interessant die Figur einer thronenden Madonna mit Kind: Das Jesuskind trägt ein Spruchband, auf dem zu lesen ist: »*In gremio matris sedet sapientia patris*«. Diese Aufschrift ist sonst bei Darstellungen der Madonna di Ré zu finden, die an ihrer Stirnwunde, die hier fehlt, zu erkennen ist. Der Legende nach hat in Rè (Val Vigezzo) ein erboster Bocciaspieler seine Kugel gegen ein Madonnenbild geschleudert, aus der Stirn der Maria soll drei Wochen lang Blut geflossen sein.

In der westlichen Seitenkapelle der Kirche ist ein 1602 von Emigranten in der Toskana für ihre Heimatkirche gestiftetes Verkündigungsbild zu sehen, die hervorragende Kopie eines Gemäldes in der Annunziata in Florenz. Die Malerei erinnert an den Stil Fra Angelicos, verglichen damit erscheinen da Tradates Fresken eher derb. Am Ende des Strahls zwischen der Taube und Maria kann man in Spiegelschrift die Antwort der Jungfrau lesen: ›Ecce ancilla Domini‹.

Ein kleines Granitkreuz schmückt die Mauer des Kirchplatzes. Bei einem Gang über den Friedhof findet man auf vielen Grabsteinen den Namen Mazzi. Mitglieder dieser alteingesessenen Familie aus Palagnedra brachten es am Hof der Medici in Florenz zu hohem Ansehen und Vermögen und durften in ihrem Wappen die Kugeln der Medici führen. Zeugnisse dieses Wohlstandes sind die zahlreichen Palazzi im Ort, deren Fassaden mit teils klassizistischer, teils biedermeierlicher Malerei und schönen Balkonen versehen sind. Auf Kirchengeräten und -möbeln, die von Stiftungen aus der Toskana stammen, findet man die Abkürzungen B.D.L. oder B.D.F. = *benefattori di Livorno* und *benefattori di Firenze*. Gegenüber der Anfang des 18. Jh. erbauten *Casa Mazzi* steht an einer Gartenmauer ein bemalter Bildstock mit einem sehr seltenen Gnadenbild der Muttergottes von Pötsch in Ungarn.

Ein ganz altes ›Stück Tessin‹ erreicht man von Palagnedra aus auf einem sehr schmalen Weg: **Bordei,** nur noch von wenigen Einheimischen bewohnt, liegt fast ganz versteckt im Schatten des Gridone in einem Kastanienwald. Die Stadt Bern fördert ein Projekt, in dessen Rahmen junge Leute die Häuser instand setzen und die alten Dachkonstruktionen wieder herstellen. Die breiten, weißen Fensterumrahmungen dienen dazu, möglichst viel Licht ins Innere der Häuser zu reflektieren. In dem 500 Jahre alten Haus der *Osteria* findet man noch die Küche mit rußgeschwärzter Balkendecke, eine *batteria della cucina* (Küchengeräte an der Wand) und eine Bank am Kamin, deren halbe Rückenlehne sich als Tischplatte herunterklappen läßt. Diese kurzen Sitzbänke beiderseits des offenen Kamins galten früher als Ehrenplätze. In den häufig fensterlosen Küchen war der stets brennende Kamin die einzige Lichtquelle.

Die Straße, die kurz vor dem Grenzort Camedo beginnt, führt steil nach **Borgnone** auf der Sonnenseite des Tales hinauf. Ein schöner, im Herbst besonders stimmungsvoller Kirchplatz mit Platanen und einer Friedhofssäule von 1697 umgibt die Pfarrkirche *S. Maria Assunta* (Abb. 41), deren spätmittelalterlichen Turm ein Pyramidendach krönt. Das Gotteshaus wurde 1364 erstmals erwähnt und mehrfach umgebaut. Die Innenausstattung stammt weitgehend aus dem Barock. Über dem Hochaltar befindet sich ein holzgeschnitzter Tabernakelaufbau aus dem Jahr 1640, die Gnadenbilddarstellung der Madonna von Montenero schuf Andrea de Grandis 1644.

Von **Lionza** aus hat man einen schönen Blick auf die gegenüberliegende Talseite mit Rasa, Palagnedra, Moneto und das unterhalb liegende Borgnone. Neben der im 17. Jh. erbauten Kirche S. Antonio di Padova mit ihrem bemalten Turm steht *il Palazzo, die Casa Tondù.* Die Brüder Tondù wurden von dem Arbeitgeber ihres Vaters, der als Kaminfeger in Parma tödlich verunglückt war, adoptiert und kehrten als wohlhabende Bürger in ihre Heimat zurück, wo sie 1658 ihr als *palazzo* bezeichnetes Haus bauten, dessen schmiedeeiserne Fenstergitter von schönen Sgraffito-Ornamenten umgeben sind. 1784 vermachte der Cavaliere Ferdinando Tondù di Parma den Palazzo sowie alle seine Besitzungen den Bürgern von Lionza. Das Wappen der Familie, ein vom Kaminruß schwarzgefärbtes Gesicht, das fälschlicherweise als Mohrenkopf bezeichnet wird, soll sich in der Kirche von Lionza befinden. Durch die Gasse hinter dem Palazzo gelangt man in den alten Ort mit steinplattengedeckten Bruchsteinhäusern und alten Ställen.

Auch in **Moneto** auf einer Geländeterrasse der gegenüberliegenden Talseite leben nur noch wenige Einheimische. In den letzten Jahren hat man durch den Bau von Skiliften den Wintertourismus belebt. Die wahrscheinlich schon im Mittelalter errichtete Kirche *S.. Giacomo e Filippo* wurde im 17. Jh. umgebaut, die Malereien im Inneren stammen aus dem 19. Jh. In der Kapelle finden wir ein Fresko der Taufe Jesu, signiert 1678 von Guglielmo Bata.

Die malerisch gelegene Kirche *S. Anna* in **Costa**, ein unverputzter Bruchsteinbau mit Steinplattendach, wurde im 16. Jh. errichtet und im 17. Jh. umgebaut (Abb. 42, 66). In dem bis vor kurzem fast ausgestorbenen Dorf herrscht heute rege Bautätigkeit. Man versucht, die am Steilhang errichteten Häuser vor dem Verfall zu retten.

Letzter Schweizer Ort vor der italienischen Grenze ist **Camedo**, dessen Läden, Restaurants und Tankstellen nicht vermuten lassen, daß unterhalb der Straße ein alter verschachtelter Ortskern mit Brückenhäusern erhalten blieb, die jedoch leider in sehr schlechtem Zustand sind. Oberhalb des Dorfes steht die Kirche S. Lorenzo, ein unverputzter Bau aus Bruchsteinmauerwerk, dessen toskanische Vorhalle im 18. Jh. errichtet wurde. Das Chorgewölbe schmücken Malereien von Giacomo Pedrazzi aus dem 19. Jh.

Durchs Pedemonte ins Val Onsernone
Strohflechterei am Isorno

Die Onsernoner sind wie alle Italiener mäßig. Sie essen eine Stunde nach Sonnenaufgang eine Schüssel Polenta, das ist Mehl von Hirs, Roggen und Türkenkorn, in Milch zusammengekocht. Um zwölf Uhr erscheint wieder Polenta mit Kastanien für die armen Weiber und Kinder und Käs für den Hausdespoten, der wie eine Spinne allein frißt; so auch des Abends.
Karl Viktor von Bonstetten (1745–1832)
»Briefe über die italienischen Ämter Lugano, Mendrisio, Locarno, Valmaggia etc.« (1795–1797)

Pedemonte – Gebirgsfuß – heißt die fruchtbare Landschaft zwischen Locarno und Intragna, durch die die Melezza fließt. Die Hauptorte Tegna, Verscio und Cavigliano erstrecken sich auf der Sonnenseite, Golino und Losone liegen gegenüber. Dahinter breitet sich die vom Maggia-Gletscher geformte Hügellandschaft um Losone und Arcegno aus. Über dem Pedemonte thront auf einem Sporn zwischen den Tälern Onsernone und Centovalli Intragna mit seinem weithin sichtbaren Campanile.

Gleich nach der Überquerung der Maggia bei Ponte Brolla erreicht man **Tegna,** dessen Piazza mit Brunnen unter alten Bäumen zum Verweilen einlädt. Die Säulenarkaden des Ristorante alla Cantina, einem Ende des 17. Jh. errichteten Bau, öffnen sich auf den Hof. Ein Fresko, eine Pietà und den Stifter darstellend, wurde 1753 von Giuseppe Orelli gemalt. In der Rochuskapelle der Pfarrkirche *Santa Maria Assunta* finden wir Stukkaturen aus dem späten 17. Jh. Den Campanile aus dem 16. Jh. krönt ein im 19. Jh. hinzugefügtes Oktogon. Zwei der drei Loggien des mit Steinplatten gedeckten Pfarrhauses sind teilweise geschlossen.

Hoch über Tegna in herrlicher Aussichtslage steht die Kapelle *Madonna delle Scalate (Oratorio Sant'Anna),* zu der ein steiler Treppenweg hinaufführt. Im Inneren ein Fresko der Muttergottes aus dem 16. Jh. Von hier aus läßt sich eine Wanderung längs des alten Saumweges in das Maggia-Tal anschließen, die durch das landschaftlich reizvolle Val di Riei und über das Sommerdörfchen Dunzio hinunter nach Aurigeno führt.

Auf dem Castelliere hat man zwischen 1941 und 1945 eine keltische Burganlage ausgegraben. Der steile und im letzten Teil nicht ganz ungefährliche Aufstieg von Tegna aus wird jedoch nicht mit einem Blick auf interessante Ruinen belohnt – das Plateau ist von mannshohem Farn überwuchert.

Verscio war als kunst- und kulturgeschichtlich bedeutendster Ort des Pedemonte im Mittelalter dessen weltliches und geistiges Zentrum. Das Bild der Piazza mit dem schönen Brunnen, dessen Säule aus dem Jahr 1811 einen kleinen Obelisken als Symbol für demokratische Freiheit trägt, wird durch Neubauten und parkende Autos sehr beeinträchtigt.

Von den vielen Sehenswürdigkeiten des alten Verscio mit seinen zahlreichen malerischen Winkeln, Wandmalereien, Portalen und herrschaftlichen Häusern verdient die *Casa Leoni* nördlich der Piazza in einer aufsteigenden Gasse besondere Aufmerksamkeit. Das Gebäude mit zweigeschossiger Arkadenfront wird zur Zeit renoviert. Im Erdgeschoß führt ein Säulengang auf ein besonders schönes, schmiedeeisernes Tor, das während der Renovierungsarbeiten herausgenommen wurde. Außerdem findet man Reste von Wandmalereien und Grisaillen aus dem 17. bis 19. Jh.

Ein mit Wappen, zwei Soldaten und den Abbildungen der Sanktuarien von Rè und Caravaggio bemaltes Portal schmückt ein Haus aus dem 18. Jh. an der östlichen Seite der Piazza. Erst vor 25 Jahren wurde in der Nische einer Hauswand nahe der Piazza das besonders schönes Fresko einer Madonna mit Kind aus dem 16. Jh. entdeckt. Eine Attraktion besonderer Art ist das Teatro Dimitri, eine Kleinkunstbühne samt Theaterschule, vom Clown Dimitri geleitet, dessen philosophisches Spiel nicht nur Kinder fasziniert.

Die monumentale Barockkirche *S. Fedele* ersetzte im 18. Jh. einen aus dem 12. oder 13. Jh. stammenden Vorgängerbau, von dem nur der Chor und Teile des Schiffs erhalten blieben (Abb. 70). Lisenen gliedern die verschieden hohen Bauteile der Kirche, die mit Steinplatten gedeckt ist. Der fünfgeschossige Campanile, dessen Glockengeschoß ein Pyramidendach krönt, stammt von 1704. Das ursprüngliche Hochaltarbild von Giuseppe Antonio Felice Orelli wurde durch ein Kreuzigungsbild des Spaniers Turcio ersetzt (1963).

Das *Oratorio della Confraternità della Madonna Immacolata* finden wir hinten rechts in der Kirche. In dem von zwei Fenstern erhellten, quadratischen Raum des ehemaligen Chores wurden bei der Renovierung in den vierziger Jahren Reste romanischer Malereien unter neueren Farbschichten entdeckt (Abb. 44): Das Fragment einer Abendmahlsszene – das Mittelstück mit Christus und Johannes – hat man auf Leinwand übertragen und hinter Glas gebracht. Weitere romanische Fresken, die früher einmal das ganze Schiff der Kirche geschmückt haben müssen, sehen wir mit dem Judaskuß in einer Nische rechts vor dem Chorbogen an einem schmalen Rest der ursprünglichen Schiffswand. Christus soll hier in dem Augenblick dargestellt worden sein, als er, auf Petrus zeigend, die Worte ›Stecke dein Schwert in die Scheide‹ spricht. Die ausgestreckte Hand unten könnte dem Malchus gehören, dem das Ohr abgeschlagen wurde.

Am Chorhaupt befindet sich das Bild des überall im Tessin verehrten Sennenheiligen Luzius mit einem großen Käserad. Erst 1891 entdeckte man die spätgotischen Wandmalereien aus der Schule des Antonio da Tradate, die den ganzen Chorraum schmücken und große Ähnlichkeit mit denen von Palagnedra aufweisen. Im Gewölbe eine Majestas Domini

Val Onsernone (Girard und Lalaisse)

mit den vier Evangelisten und eine Himmelfahrt Christi. In den Feldern rechts und links sitzen die Kirchenväter an großen Tischen, meditierend oder mit Federkielen hantierend. Am Chorbogen Propheten und in den Abschlußteilen Berge und Tiere.

An der Abzweigung ins Onsernone-Tal kommen wir nach **Cavigliano.** Das Backofenge-bäude an der Gasse zum Bahnhof erkennt man sofort an einem schönen Hofportal, das von zwei Frauengestalten ›bewacht‹ wird und zu dem großen Backofen mit mächtigem Kamin führt. Die Inschrift von 1748 lautet: ›Noli ess s'tult – ne oriaris in tempore non tuo – fingunt cuncti medicos, idiota, sacerdos, judaeus, monachus, histrio, rasor, anus – IGD – 1748.‹(Sei nicht töricht! Paß dich deiner Zeit an. Jeder pfuscht dem Arzt ins Handwerk: der Laie, der Priester, der Jude, der Mönch, der Gaukler, der Barbier und die alte Vettel).

Der Fluß Isorno, den man in der tiefen Schlucht von der Straße aus nicht sehen kann, gab dem **Val Onsernone** seinen Namen. Die erst 1896 gebaute Straße schlängelt sich in zahllosen Kurven durch Tobel und über hohe Brücken auf der Sonnenseite des Tals nach Auressio hinauf, hier ist es noch felsiger, die Hänge sind noch steiler als in den Centovalli.

Auressio (Abb. 40) zählte früher zum Pedemonte, bis man 1850 die tiefe Waldschlucht des Ri del Vò überwand. Die Familie Remonda aus Comologno hatte eine Straße in das Tal bauen lassen, durch die die mühsamen Übergänge von den Centovalli her vermieden werden konnten. Schon Mitte des 15. Jh. wanderten die Bewohner dieser Region aus, über den Sant'Antonio-Sattel zogen sie ins Val Vigezzo und von Domodossola nach Deutschland, Frankreich und Flandern.

Aus Flandern zurückkehrende Auswanderer brachten später die Kunst der Strohflechterei in das Tal, die der Bevölkerung vom 16. bis 19. Jh. einen bescheidenen Wohlstand bescherte. Man schnitt die noch biegsamen Roggen- und Weizenhalme vor der Reife und trocknete sie drei Wochen auf den langen Holzlauben, die mit ihren feinen waagerechten und senkrechten Linien das Bild der Onsernone-Häuser prägen. Die Männer verarbeiteten die aus den Halmen geflochtenen Bänder oder Strohzöpfe *(treccia)* zu Taschen und Hüten und verkauften sie auf den Märkten in Italien. Für 100 m Flechtband gab es zwei Franken Lohn. Schon fünfjährige Kinder wurden angelernt, die Frauen arbeiteten pausenlos. Von Bonstetten berichtet in seinen Briefen (1795): ›Die Weiber flechten, wenn sie stehen, gehen und sitzen, sie flechten in der Gerichtsstube, wenn sie vor dem Landvogt erscheinen, sie sollen flechtend einschlafen, ja man hat mir versichert, daß sie zuweilen schlafend eine Zeit lang fortflechten: sie haben ein munteres Flechterlied, das sie zuweilen singen‹.

Die Armut im Val Onsernone wurde nach dem Niedergang der Strohflechterei im 19. Jh. sprichwörtlich. Es hieß: ›*Il ponte di Melide, il campanile d'Intragna e la fame d'Onsernone sono le tre rarità del Canton.*‹ (Die Brücken von Melide, der Glockenturm von Intragna und der Hunger des Onsernone sind die drei Eigentümlichkeiten des Kantons.)

Für Freunde neuerer Literatur bietet das Tal eine Kuriosität: 1951 zog sich der Berner Bundesbeamte Armand Schulthess nach Auressio zurück, wo er sein 18 000 m² großes Waldgelände in einen ›Wissenskosmos‹ verwandelte, indem er Tausende von Tafeln mit Stichworten, Tabellen und Buchverweisen aus allen Sachgebieten beschriftete und an Bäume heftete. Schulthess könnte Max Frisch, der eine Zeit lang in Berzona im Onsernone-Tal lebte, als Vorbild für den Herrn Geiser in dem Roman ›Der Mensch erscheint im Holozän‹ gedient haben.

Loco, früher *luogo* genannt und auf mehrere Siedlungsgruppen am Steilhang verteilt, war ehemaliger Hauptort des Tales und Zentrum der Strohflechterei, die im *Museo Onsernone* im Ortsteil Pezze dokumentiert wird. Verwinkelte Treppengänge führen durch den Ort, in dem schöne Fassaden und Laubengänge aus Holz zu sehen sind. Zum malerischen Kirchplatz von *S. Remigio,* der Mutterkirche des Val Onsernone, gelangt man über einen leicht ansteigenden Treppenweg durch die Vorhalle eines Beinhauses. Neben der barocken Pilasterfassade steht ein hoher Turm aus dem 16. Jh., dessen Zifferblatt von moderner Malerei aus dem Jahr 1934 umgeben ist. Das Hochaltargemälde von Giovanni Meletta (1902) zeigt die Taufe des Merowingerkönigs Chlodwig durch den Hl. Remigius.

Max Frisch, Alfred Andersch und Golo Mann lebten eine Zeit lang in **Berzona,** dem einzigen Ort, der nicht an der Talstraße liegt. Die Pfarrkirche *S. Defendente* wurde 1564 neu erbaut und 1971–1972 außen restauriert. Das Hochaltarbild – eine Kreuzigung mit den Hll. Rochus und Sebastian – stammt vielleicht noch aus dem 16. Jh.

In **Mosogno** fällt westlich der Pfarrkirche ein dreigeschossiger Bau mit dreiteiligen Pfeilerarkaden auf. Die Kirche *S. Bernardo* wurde im ausgehenden 16. Jh. erbaut und 1817 vergrößert. Der Hochaltar sowie die Altäre in den beiden Kapellen stammen aus dem 18. Jh., die Verkündigung an der Nordwand aus dem 17. Jh.

Man sollte nach **Mosogno di sotto** hinuntersteigen, um sich die für das Val Onsernone typischen und hier besonders gut erhaltenen Holzbalkone anzusehen. Dort findet man auch schöne Architrave und ein Vorhangbogenportal aus Granit. Das monumentale Beweinungsgemälde in der Kapelle *S. Maria Addolorata* schuf ein Rubensschüler 1691. Die Passion als zentrale Darstellung ist in ›flammendem, schmetterndem Barock‹ (Bianconi) als Bild im Bild dargestellt.

Die fünf Arkaden des *Palazzo Moschini*, in dem heute die Post untergebracht ist, prägen den malerischen Dorfplatz von **Russo**. Drei kleine Balkone mit schmiedeeisernem Gitter sind der einzige Schmuck des langgezogenen Gebäudes, das durch seine architektonische Geschlossenheit besticht. Gegenüber erhält die Piazza durch zwei Häuser mit Holzgalerien einen weiteren Akzent. An der Fassade der Pfarrkirche *S. Maria Assunta,* oberhalb einer Treppenanlage, ist ein kolossaler Christophorus aus dem 15. Jh. zu sehen. Der Jesusknabe balanciert elegant mit übergeschlagenem Bein und Weltkugel in der Hand auf der Schulter des Riesen, der ihn mit seiner Hand umfaßt. Die bis ins 14. Jh. zurückzudatierende Kirche, deren Schiff eine spätgotische Balkendecke schmückt, wurde im 18. Jh. innen ausgestattet.

Hinter Russo fahren wir in den größten Einschnitt des Val Onsernone, der durch die Schlucht des aus dem Val Vergeletto kommenden Ribo gebildet wird. Zwei in stumpfem Winkel zusammenstoßende hohe Viadukte, deren Bau 1849–1862 eine halbe Million Franken kostete, überbrücken den Fluß. Wegen ihrer finsteren Umgebung erhielt die alte, noch erhaltene kleine Brücke den Namen Ponte Oscuro. Die hohen Baukosten der Viadukte zwangen die Gemeinde, Wald zu verkaufen, die Kahlschläge im oberen Talabschnitt kann man heute noch erkennen.

In **Vergeletto** erinnern Häuser mit hölzernen Laufgängen an die Zeit der Strohflechterei, ebenso wie in **Gresso**, das in herrlicher Aussichtslage in fast 1000 m Höhe weithin sichtbar ist. Aus der Schlucht des Ribo führt die Straße hinauf zur Sonnenterrasse von Crana und weiter nach **Comologno**. Dort, fast am Talende, findet man überraschenderweise mehrere herrschaftliche Häuser: die Palazzi der in Frankreich zu Wohlstand gelangten Familie Remonda. General Carlo Francesco Remonda (1761–1847) stand in Napoleons Diensten. Die preiswerte Ersteigerung eines zunächst als verschollen gegoltenen Handelsschiffs, das jedoch wieder zurückkehrte, soll den Reichtum der Remonda noch vergrößert haben. Die Vorderfront der links der Straße liegenden *Casa Remonda* öffnet sich nach Süden in einen Garten, der von einer hohen Mauer umgeben ist, die seitlichen Loggien sind zugemauert. Der *Palazzo della Barca* – wohl nach dem Schiff genannt – ist das schönste Haus der Remonda. Er erhebt sich auf der gegenüberliegenden Straßenseite über einer künstlichen Terrasse. Dem herrschaftlichen Äußeren des Hauses mit Zeltdach, Dachreiter und Balkonen auf Steinkonsolen entspricht das wertvoll ausgestattete Innere, das man leider nicht besichtigen kann. Die Tessiner Schriftstellerin Aline Valangin, die jahrelang dieses Haus bewohnte, bot während des Zweiten Weltkrieges italienischen Flüchtlingen Schutz.

Zur Kirche S. Giovanni Battista muß man einige Stufen hinuntersteigen, die einzigartige Lage des Kirchplatzes mit einer Missionssäule aus dem 18. Jh. lädt zum Verweilen ein. Modern ausgemalte Kreuzwegkapellen ziehen sich malerisch den Steilhang hinunter. Hinter dem Bergweiler **Spruga** mündet die Straße in einen Pfad, der zur italienischen Grenze führt.

Valle Maggia
Vom Orthogneis zum Cristallina

›Leukera‹, die Weiße, nannten die Gallokelten die Maggia. Einen der eindrucksvollsten Blicke in das Maggia-Tal bietet die Straße, die durch die Rovana-Schlucht bei Cevio nach Linescio hinaufführt: Mehrere Flußarme schlängeln sich zwischen den Kies- und Geröllbänken im 500 m breiten Grund des fjordähnlichen Trogtales. Man sieht hier kaum Orte oder Häuser, das Tal macht einen urweltlichen Eindruck mit seinen senkrechten, schwarzen Felswänden, über die an vielen Stellen die weißen Schleier der Wasserfälle wehen.

Rodungen verursachten die verheerenden Hochwasserkatastrophen des letzten Jahrhunderts. 1868 wurde das fruchtbare Land zwischen Cevio und Giumaglio durch Hochwasser der Wildbäche unwiederbringlich in eine Kieswüste verwandelt. Viele Talbewohner verloren ihre Existenzgrundlage und zogen als Kaufleute nach Deutschland, als Ofensetzer nach Holland, als Gepäckträger nach Genua oder als Maurer in die Toskana. Allein in den Jahren 1850 bis 1860 verließ ein Drittel der männlichen Bevölkerung das Tal.

Gletscher und Wasser formten das geologisch ›alte‹ Tal und legten die rauhe Granitgneisstruktur bloß. Die Quelltäler Lavizzara, Bavona und Valle di Campo weisen zum Maggia-Tal Höhenunterschiede bis zu 1000 m auf und sind von den höchsten Bergen des Kantons umgeben: Basòdino, Antabbia, Cavagnoli und Campo Tencia. Nur kurze Zeit des Jahres sind unterhalb der Gletscher die kleinen Seen, aus denen die Wildbäche entspringen, eisfrei. Der Wasserabzug der Maggia-Kraftwerke ließ den Fluß zu einem Rinnsal werden, jedoch auch heute noch kann es zur Zeit der Schneeschmelze oder bei sommerlichen Unwettern zu verheerenden Schäden kommen, wie z. B. 1978, als Locarno unter Wasser stand. ›Die Maggia ging spazieren‹, sagen die Locarnesi.

Als Valle Maggia wird der Talabschnitt von Bignasco bis zum Engpaß von Ponte Brolla bezeichnet. Der Name des Tales wird von *Valle maggiore* – das größte Tal – hergeleitet. In der Nordschweiz spricht man auch vom Maiental – *Valle di maggio* –, weil die frühen Bewohner das Tal nur im Frühling und Herbst aufgesucht haben sollen. Während und nach der gallokeltischen Zeit siedelten hier die Römer. Die von ihnen eingeführte Verwaltung wurde im Mittelalter von den Gemeinden beibehalten und war Grundlage des starken politischen Selbstbewußtseins der Talbewohner. Während der Kolonisation nach 720 wurden weitere Gebiete des Val Maggia besiedelt. Die Gründung der ersten Talkirchen in Maggia und Sornico (Lavizzara) erfolgte um das Jahr 1000. Die *vicinanza*, die Gemeindeversammlung, der alle Haushaltsvorstände angehörten, wählte Beamte und stellte Statuten auf. Die Amtszeit der Beamten betrug nur ein Jahr, an ihrer Spitze stand ein Konsul, der in den *credenziarii* seine Berater und Kontrolleure hatte. Der *canevarius*, eine Art Stadtkämmerer, verwaltete die Finanzen und zog die Steuern ein, Rechtshüter waren die *campari*, Polizeibeamte. Auch während der Herrschaft der Eidgenossen blieb die demokratische Verwaltungsstruktur unangetastet. In Cevio, dem Sitz des Landvogts, existierte in der einflußreichen Familie Franzoni fast so etwas wie eine Gegenregierung, die die Belange des Volkes vertrat.

Die geschichtliche Entwicklung verlief ähnlich wie in den anderen Tessiner Tälern. Im Mittelalter den Mailänder Familien der Visconti und Sforza untertan, stellten sich die Bewohner erstmals 1411 unter den Schutz der Eidgenossen, 1422 wurde das Tal noch einmal von den Mailändern besetzt und 1513 Landvogtei. 1798 kam es zu Lugano und 1803 als eigener Distrikt zum Kanton Tessin. Nach der Unabhängigkeitserklärung 1799 zogen fremde Heere durch das Tal, schwere Hungersnöte und Seuchen waren die Folge.

In den Briefen des eidgenössischen Gesandten Karl Viktor von Bonstetten (1795) kann man nachlesen, wie groß die hier herrschende Armut war. Den Hochwassern war die Bevölkerung schutzlos ausgeliefert, da das Geld für die dringend notwendigen Dammbauten fehlte. Heute bieten die großen Granitsteinbrüche im mittleren Talabschnitt Arbeitsplätze für die Einheimischen. Im Val di Peccia wird weißer Marmor abgebaut, der dem von Carrara an Qualität und Reinheit nicht nachsteht. Durch den Bau der Maggia-Kraftwerke erhielten die Gemeinden in den letzten Jahrzehnten zwar zusätzliche Einnahmen, doch führte ein ungerechtes Verteilungssystem zu Unzufriedenheit in den Dörfern. Die über Peccia, Cavergno und Palagnedra stufenweise gesammelte Energie der Maggia versorgt vor allem die Nordschweiz mit Strom.

Das auf der 25. km langen Strecke zwischen Ponte Brolla und Bignasco nur um 200 m ansteigende Tal läßt nichts von den herrlichen Sonnenterrassen von Bosco-Gurin, Cimalmotto oder Rima erahnen. Unterhalb der senkrechten, schwarzen Felswände ducken sich auf Geröllhalden die Dörfer zwischen kleinen Rebterrassen. Freundlicher erscheint das Tal zwischen Aurigeno und Maggia, wo sich weite, mit Bäumen bestandene Matten, auf denen Schafe weiden, ausdehnen. Quelltäler, wie Rovana oder Lavizzara, öffnen sich in wilden Schluchten. Das Bavona-Tal lädt dazu ein, die urtümlichen Dörfer zwischen den riesigen

Felsblöcken zu besuchen und von San Carlo aus mit der Seilbahn zum Fuß des Basòdino-Gletschers hinaufzufahren.

Kunstgeschichtliche Kostbarkeiten findet man in der Kirche S. Maria delle Grazie in Campagna vor Maggia mit Renaissance-Fresken, dem Oratorio della Rovana mit reichem Stukkaturenschmuck und in der ländlich-sinnenfrohen Malerei von Giovanni Antonio Vanoni, der im 19. Jh. nicht nur Kirchen wie in Aurigeno ausmalte, sondern auch zahlreiche Bildstöcke und Kapellen ausschmückte.

Unterhalb der Häuser und Grotti von **Ponte Brolla** schäumt die Maggia durch eine gewaltige und bizarre Felslandschaft, in die sie ihre Erosionsmühlen hineingeschliffen hat: dieser *orrido* gehört zu den großartigsten Eindrücken der Tessiner Landschaft (Farbt. 16). Gegen ein kleines Eintrittsgeld, das man in der Trattoria entrichtet, steigt man über einen Treppenweg in die Schlucht hinunter.

Von der Umgehungsstraße abbiegend, gelangt man nach **Avegno,** das aus den drei Fraktionen Avegno di fuori, Avegno Chiesa und Avegno di dentro besteht, von denen besonders Avegno di fuori mit den alten Bruchsteinhäusern sehenswert ist. Trotz seiner Lage im Tal hat dieser schön renovierte Ortsteil alpinen Charakter. Der Dorfkern wurde leider einem großen Platz geopfert, heute steht dort ein Granitdenkmal. Auf einer kleinen Straße erreicht man Avegno Chiesa, dessen gelb und ockerfarben getünchte Häuser städtisch wirken. Die mittelalterliche Kirche *S. Abbondio* erfuhr in der Barockzeit und im 19. Jh. Umbauten, die Innenausstattung stammt hauptsächlich aus der Barockzeit, die Ausmalung aus dem 19. und 20. Jh.

Außerhalb von Avegno, wie auch im gesamten Maggia-Tal, findet man zahlreiche Bildstöcke, auch Kapellen oder Tabernakel genannt, deren Bemalung oft sehenswert ist. Zwar ist es üblich, diese Bildstöcke nur mit der Volksfrömmigkeit zu erklären, sie sind sicher jedoch auch in einem weiteren anthropologischen Rahmen zu sehen.

Den sehr stimmungsvollen Kirchplatz mit Friedhofssäule in Villa, dem ältesten Teil **Gordevios,** betritt man durch ein Tor. Das Beinhaus mit Säulenarkaden, von Giuseppe Antonio Felice Orelli ausgemalt, wurde im 18. Jh. an die Kirche *SS. Giacomo e Filippo* angebaut. Der eindrucksvolle Turm wurde stark restauriert. Der Innenraum ist barock ausgestattet, ein spätgotisches Dreinagelkruzifix aus dem 15. Jh. ist an der südlichen Schiffswand zu sehen.

Am Nordeingang des Dorfes steht das sogenannte ›Landhaus‹ mit zweigeschossiger Säulenarkade und einer Holzstützengalerie. Den Bildstock in einer Gartenmauer malte Orelli aus. Bemerkenswert ist eine Madonna mit Kind ohne Namen und Jahreszahl auf der Galerie eines Stalles im Dorfzentrum.

Dicht an der Talstraße beim Weiler Antrobbio, dessen Name nur in der Aufschrift einer Tankstelle auftaucht, steht rechts zwischen zwei alten Bruchsteinhäusern etwas zurückgesetzt die wohl älteste Kapelle des Tales, *Capella di Antrobbio*, mit spätgotischen Fresken aus der zweiten Hälfte des 15. Jh. Wir sehen eine Madonna mit dem Jesusknaben, der sich mit helfend ausgestreckten Händen dem knienden Stifter zuneigt. Die Hll. Antonius, Johannes der Täufer, Bernhard und Jakobus umgeben die Muttergottes. An den Seitenwän-

Die Maggia bei Ponte Brolla

den die Hll. Andreas und Philippus. Pilgerkritzeleien, die bis in das 16. Jh. zurückreichen, befinden sich an den Wänden.

Aurigeno mit einigen herrschaftlichen Häusern wurde in den vergangenen Jahren renoviert. Hier wurde der Bauernmaler Giovanni Antonio Vanoni (1810–1896) geboren, dessen Werken wir in vielen Kirchen des Locarnese begegnen; in der Pfarrkirche *S. Bartolomeo* malte er das Chorgewölbe aus wie auch einen großen Bildstock südlich der Kirche. Neben der

210

Pfarrkirche finden wir den stimmungsvollen Friedhof mit einer Friedhofssäule von 1691 und einem teilweise abgetragenen Beinhaus aus dem 19. Jh. An der Nordseite der barocken Kirche erkennt man noch romanisches Mauerwerk, die Pilasterfassade stammt von 1795. Der Turm an der Südseite, dessen Fundament wohl noch romanischen Ursprungs ist, wurde 1857 erhöht.

An der kleinen Straße in Richtung Dunzio hinter der Kirche finden wir kurz nach dem Weiler **Ronchi** rechts, etwas erhöht liegend, die kleine Kapelle *S. Antonio Abate,* in der eine Schutzmantelmadonna aus dem Jahr 1508 zu sehen ist. Zwei Engel mit spitzen Flügeln helfen, den Mantel auszubreiten, rechts und links kniende Stifter. An der rechten Wand ein Loretowunder, eine Hl. Luzia und eine Hl. Apollonia, die in einer Zange einen Zahn hochhält. An der linken Wand ein Kruzifixus, außen Bernhard von Siena und der Hl. Antonius.

Weiter auf dem Weg nach Dunzio befindet sich links unterhalb der Straße ein Bildstock, auf dessen Seitenwand man einen Knochenmann erkennen kann, der seine Sense abgelegt hat, um in fast tänzerischer Haltung mit einem großen Netz Kronen, einen Kardinalshut, eine Tiara und eine Bischofsmütze einzufangen (Farbt. 47).

Von der Straße zum 538 m hoch gelegenen **Dunzio** bietet sich ein großartiger Blick ins Tal. Nachdem die Bruchsteinhäuser auf der weiten Geländeterrasse zum großen Teil renoviert wurden, ist der Ort zumindest im Sommer bewohnt.

Ein Brunnen schmückt den schönen Platz des Haufendorfes **Moghegno.** Östlich des Dorfkerns befindet sich die Barockkirche *S. Maria Vergine di Natività,* deren Ausstattung zum größten Teil aus dem 18. Jh. stammt. Die *Casa Ramelli* wurde 1740 erbaut, von der Hofseite aus sieht man einen Portikus und Loggien, die teilweise zugemauert und leider in schlechtem Zustand sind. Im Ortsteil Moghegno-Ronchi blieben einige Steinbauten mit tiefen Grotti und hochgelegenen Eingängen gut erhalten. Die Häuser mit Steinplattenbedachung sind zum Teil ausgebaut und werden heute wieder genutzt.

Jenseits der Maggia liegt etwas erhöht *S. Maria delle Grazie in Campagna**, die zu Maggia gehört. Man sieht der unscheinbaren kleinen Kirche nicht an, welche Schätze sie enthält. Der Apsidensaal, der im Spätmittelalter und im 18. oder 19. Jh. verlängert und mit einer Vorhalle versehen wurde, ist fast vollständig ausgemalt. Kirche und Malereien wurden Anfang der siebziger Jahre renoviert.

Die Fresken der verschiedenen Maler stammen hauptsächlich aus der Zeit von 1525 bis 1528. Während die Krönung Mariae in der Apsiskalotte, die Evangelistensymbole, die Apostelreihe und die Verkündigung am Chorbogen eher der Tradition ländlicher Malerei entsprechen, fallen die 17 Szenen aus dem Marienleben, die in zwei Reihen die Südwand schmücken, aus dem Rahmen; besonders die untere Reihe, die an Luini erinnert, ist von hoher künstlerischer Qualität. Dargestellt sind Bilder der Zurückweisung von Joachims Opfer bis zum Kindermord von Bethlehem. Besonders die Flucht nach Ägypten und die Anbetung der Könige sind hervorragend gelungen. In die gegenüberliegende Wand wurde im 17. Jh. eine Seitenkapelle eingebaut. Ein Abendmahlsbild verschwand fast ganz und nur ein Teil der reichgedeckten Tafel mit einer Languste ist noch zu sehen. In der Seitenkapelle Fresken des 17. Jh. Außerdem sehen wir an der nördlichen Wand zweimal eine thronende Muttergottes, vielleicht noch 15. Jh., und eine Schutzmantelmadonna. Die Sparren der Holzdecke sind dekorativ bemalt. Hinten in der Kirche teilweise von Vanoni gemalte Votivtafeln, die in dramatischen kleinen Bildern die Rettung aus vielerlei Gefahren zeigen.

Zwischen Kirche und Maggia dehnt sich ein weiter Wiesengrund aus. Etwas außerhalb von **Maggia**, dem Hauptort des Tales, wurde im 18. und 19. Jh. die Pfarrkirche *S. Maurizio* errichtet, zu der eine große Freitreppe hinaufführt. Unterhalb der Kirche bei der Brücke liegt die *Casa Martinelli* mit Holzbalkonen hinter einer Mauer mit Portal. Am Ortsausgang schräg gegenüber vom Hospital findet man an der Wand eines Stalles aus Bruchstein ein Weihnachtsfresko. Mutter und Kind sind umgeben von musizierenden Engeln, sowie Hirten und Frauen in der Tracht des Tales. Eine Frau trägt einen Holzeimer, eine *zufa*, wie sie in Bosco-Gurin benutzt wurde. Interessant ist der rechte Bildteil mit einer Hl. Messe, die hier mit der Geburt Christi in Verbindung gebracht wird.

Im Ort findet man schöne Wandmalereien und Bildstöcke, besonders eindrucksvoll ist die sogenannte Quanchi-Kapelle mit einer prächtig gekleideten Katharina (1836).

Nördlich des Dorfes beginnt ein Treppenweg, der zur prachtvoll gelegenen und mit interessanten Malereien geschmückten Kapelle *Madonna della Pioda* oder *Cascata* hinaufführt. Sie liegt am früheren Paßweg, der über den Passo di Nimi ins Verzasca-Tal hinüberführt. An der südlichen Wand sehen wir ein sehr schönes Verkündigungsbild. In der alten Nische des 1713 zu einer Kapelle ausgebauten Bildstocks blieben spätgotische Wandmalereien in der Art der Seregnesi erhalten. Eine thronende Madonna hält den stehenden, und mit einer Blume spielenden Jesusknaben auf dem Schoß. Rechts der Hl. Petrus, links vielleicht Johannes der Täufer. Hinter der Muttergottes breiten Engel einen gemusterten Teppich aus. Die übrige Ausmalung der Kapelle entstand nach deren Erweiterung im 18. Jh. Am Altar eine Fegefeuerdarstellung, auf den Wandbildern Frauen mit Kopftüchern und Männer mit Perücken, wohl die Stifter der Kapelle. Rechts am Chorbogen Rochus mit einem Hund, der Brot in der Schnauze trägt.

Überraschend ist am Chorbogenscheitel ein Trivultus. Diese Drei-Gott-Darstellung, die 1628 von Papst Urban VIII. als heidnisch verboten wurde, findet man nur noch dreimal im Tessin (Muralto, Giornico, Someo).

Coglio sollte man wegen des teilweise noch intakten Ortsbildes und des stimmungsvollen Ensembles von Kirche, Bäumen und Beinhaus einen Besuch abstatten (Abb. 50). *S. Maria di Monte Carmelo*, ein Rechteckbau mit markanter Lisenengliederung aus dem 17. Jh., wurde von Giovanni Antonio Vanoni 1866 ausgemalt. Besonders zu beachten ist das Beinhaus mit Säulenvorhalle (1765), dessen Bemalung mit Knochenmännern, Tötungsszenen und Todessymbolen überraschend realistisch ist.

Giumaglio ist beispielhaft für eine Tessiner Siedlung aus Stein und Holz: im Dorfkern ungepflasterte Gassen zwischen Granitbauten und steinplattengedeckten Ställen mit offener Dachkonstruktion und Holzgalerien (Abb. 51).

Trivultus an einem Bildstock in der Nähe von Someo (Maggia),
von Richard Seewald gezeichnet

Someo wurde 1924 von großen Gesteinsmassen zur Hälfte zerstört. Etwas außerhalb des Dorfes steht die Kirche *S. Eustachio,* ein Barockbau in sehr schöner Baugruppe mit freistehendem Campanile, Portal zum Friedhof und Beinhaus. Historisch interessant ist der gesonderte, talseitige Friedhof neben der Kirche. Große Grabmonumente, vor allem der Familien Tognazzi und Righetti, enthalten Hinweise auf Emigrantenschicksale in Kalifornien und anderen Ländern. Jenseits der Maggia, über eine Hängebrücke zu Fuß erreichbar, findet man einen Bildstock von 1760, der nicht nur wegen der Madonna di Rè und der Todessymbolik, sondern vor allem wegen des Trivultus im Giebel beachtenswert ist.

Während der Fahrt durch das Tal sieht man immer wieder Wasserfälle, so die Cascata del Soladino gegenüber von Riveo, wo in großen Granitsteinbrüchen der rosafarbene *Granito biondo* abgebaut wird.

Der städtische Charakter des Straßendorfes **Cevio** mit seinen stattlichen Gebäuden und Prunktoren erinnert an die Zeit, als der Ort Verwaltungszentrum des Tales war. Schon im 15. Jh. regierten hier die Podestà der Visconti, später war Cevio Sitz des Landvogtes. An der Brücke über die Rovana steht unübersehbar das *Oratorio della Rovana* oder *Madonna del Ponte.* Durch die etwas zu groß geratene dreijochige Vorhalle und das mit schönen Schnitzereien geschmückte Portal betritt man den mit Stukkaturen und Malereien reich ausgestatteten Kirchenraum. Der Bau entstand Anfang des 17. Jh. im Übergangsstil von der Renaissance zum Barock unter den Franzoni, deren Wappen mehrfach in der Kirche zu sehen sind. Im 18. Jh. wurde die Vorhalle ausgebaut und die Kirche innen neu dekoriert. Der weiße Stuck hebt sich von dem blauen Hintergrund effektvoll ab, die Bilder zeigen Szenen aus dem Marienleben und am Chorbogen die Hll. Sebastian und Rochus, die vielleicht von Giuseppe Mattia Borgnis stammen. Das eindrucksvolle Weihwasserbecken aus dunkelgrünem Lavezstein stammt aus dem späten 16. Jh.

Am südlichen Ende der Piazza sehen wir das mit den Wappen der zwölf Orte und der Landvögte geschmückte *Pretorio,* in dem auch heute noch Polizei und Gerichtsbehörden untergebracht sind. Das Bild der Piazza beherrscht jedoch das prunkvolle Barockportal der *Casa Respini,* deren Mauer von pavillonartigen Ecktürmen flankiert ist. Sie diente als Wohnsitz der Landvögte, die von 1523 bis 1798 hier – abwechselnd mit Sornico im Lavizzara-Tal –

residierten. Nach Cevio Vecchia, das sich seinen ursprünglichen Charakter weitgehend erhalten hat, führt parallel zur Straße ein Weg durch Wiesen und Weingärten.

Die im 15. Jh. aus der Toskana eingewanderte Familie Franzoni, deren Häuser hier zu sehen sind, gehörte zu den einflußreichsten Mitgliedern der *Comunità*, dem Rat der Einheimischen, der das Recht besaß, die Erlasse der Landvögte zu prüfen. Die drei Franzoni-Häuser aus dem 17. Jh., die sich mit ihren hohen Giebeln hinter Mauern und Toren verschanzen, hätten vollends burgartigen Charakter, wenn nicht die Gärten, die kunstvollen schmiedeeisernen Arbeiten, die Holzbalkone, die bemalten Gartenmauern und eleganten Treppen das Bild milderten. Im größten Haus ist das *Museo Valmaggese* untergebracht, dessen Besuch sich sehr lohnt. Dort wird unter anderem das Belüftungssystem eines Grotto erklärt und Abbau und Verarbeitung des Lavezsteins dokumentiert.

Die im 16. Jh. errichtete Pfarrkirche *S. Maria Assunta e S. Giovanni* wurde mehrmals erweitert und umgebaut. Im Gewölbe der toskanischen Vorhalle die gemalten Leidenswerkzeuge Christi und an der Südwand ein schönes Epitaph aus tiefgrünem Lavezstein der 1676 gestorbenen Tochter des bernischen Landvogtes Anton Lombach.

Ein 1739 erbautes und mit Memento-Mori-Darstellungen versehenes Beinhaus schließt einen vierjochigen Portikus an der Südseite des Kirchplatzes ab (Abb. 53, 54). An der Frontseite zeigt es einen Mann und eine Frau, deren Oberkörper im Stil des 18. Jh. modisch gekleidet sind, deren Becken und Beine jedoch als Gerippe gemalt wurden. Darüber stehen die Worte ›*Tu verrai come son 'io*‹ und ›*Io fui come sei tu*‹ (›Du wirst sein wie ich bin‹ und ›Ich war, wie du bist‹).

Gegenüber der Madonna del Ponte führt eine kleine Straße nach **Boschetto**, das im Winter nur noch von wenigen Personen bewohnt ist. Viele der ausgebauten typischen Häuser dienen als Ferienwohnungen, so daß der Ort wenigstens im Sommer belebt ist (Farbt. 25). In Boschetto scheint es, als ob die Steinbausiedlung aus der Felswand herauswuchs und von ihr beschützt wird. Am Weg unterhalb der Kirche deuten prähistorische Schalensteine auf einen alten Kultort hin. Die Gewalt der Natur hat in der Nähe von Boschetto erschreckende Spuren hinterlassen: Wo früher Weideflächen waren, erstreckt sich heute eine Stein- und Geröllwüste, die ein Unwetter im August 1978 hinterlassen hat.

Bignasco liegt am Zusammenfluß der Maggia-Quellflüsse aus dem Val Bavona und dem Val Lavizzara (Abb. 68). Die Pfarrkirche des Ortes, *S. Michele*, wurde schon 1483 von Cevio getrennt, und im 19. und 20. Jh. umgebaut. An der Nordseite erhebt sich ein spätmittelalterlicher Campanile mit kegelförmigem Dach. Bignasco vecchio erreicht man über eine hohe Bogenbrücke, die bei der Kapelle S. Rocco die Maggia überspannt. Der Ortsteil wurde in den letzten Jahren renoviert, wir finden Bruchsteinhäuser mit Steinplattendächern, Holzstrickbauten mit Mäusesteinen und Malereien an verschiedenen Häusern.

Lohnend ist die etwa einstündige Wanderung zur Kirche *S. Maria del Monte*, neben der in einer kleinen Kapelle eine Madonna mit Kind aus dem frühen 16. Jh. zu sehen ist (Abb. 56). Man kann auch auf der kleinen Straße jenseits der Maggia ein Stück hinauffahren. Oben bietet sich ein herrlicher Blick ins Val Maggia, auf Bignasco, Cavergno und das Val Bavona, das vom Basòdino abgeschlossen ist.

Blick auf Bignasco mit der Pfarrkirche S. Michele

Durch das Holzgitter der Kapelle neben dem *Oratorio S. Maria di Monte* sehen wir eine großäugige Madonna mit Kind im Stil der ländlichen Renaissance-Malerei im Tessin, 1512 von einem unbekannten lombardischen Künstler geschaffen. Leider wurden die Malereien in der Kapelle aufgefrischt. Nur die schöne Verzierung mit Ranken und Blättern auf der Fassade dürfte unverändert geblieben sein. An der rechten Seitenwand befindet sich eine Kreuzigung, an der linken die Hll. Bernhard und Antonius.

Val Lavizzara

Von Bignasco gelangt man nach Überquerung der Bavona in das wilde, landschaftlich besonders schöne Val Lavizzara, das von Bignasco bis Fusio einen Höhenunterschied von fast 800 m überwindet. Der Lavezstein, der früher hier abgebaut wurde, gab dem Tal seinen Namen.

An einem Steilhang in 716 m Höhe liegt **Brontallo.** Erst nach der letzten Kehre der Straße sieht man die übereinander auf dem Hang gestaffelten Speicher mit ihren Holzbalkenfronten. Ein Gang durch den Ort führt uns zu der 1526 geweihten Pfarrkirche *S. Giorgio,* deren Fassade ein Christophorus in Renaissance-Tracht aus dem 16. Jh. schmückt. Im Kircheninneren, das erst in jüngster Zeit ausgemalt wurde, finden wir einen wohl noch mittelalterlichen Taufstein. Die Friedhofskapelle neben der Kirche enthält stark beschädigte Renaissance-Bilder: Todesdarstellungen, eine Kreuzigung und Heilige.

Von der Talstraße zweigt eine kleine Straße links ab, die nach **Menzonio** hinaufführt. Das Ortsbild des in 705 m Höhe auf einer Geländeterrasse liegenden Dorfes ist gut erhalten. In der ursprünglich mittelalterlichen Kirche *SS. Giacomo e Filippo*, die Anfang dieses Jahrhunderts renoviert wurde, sehen wir an der Stirnfront des Chores ein restauriertes Kreuzigungsfresko aus der Renaissance.

Auf der Talstraße setzen wir unsere Fahrt nach **Broglio** fort, einem Straßendorf am alten Talweg und Heimatort des populären Tessiner Dichters Giuseppe Zoppi, der zwischen 1931 und 1951 als Professor für italienische Literatur an der Eidgenössischen Technischen Hochschule in Zürich lehrte und zusammen mit Francesco Chiesa zu den bekanntesten Dichtern des Kantons zählt. Von der Straße aus erblickt man die 1486 geweihte und mehrfach erweiterte Pfarrkirche *S. Maria Lauretana*, deren Turm im späten Mittelalter errichtet wurde. Die Ausstattung stammt aus dem 19. Jh. An der Kirchenfront finden wir ein verblichenes Christophorus-Fresko aus dem 15. Jh. sowie über dem Rundbogenportal eine Muttergottes des 17. Jh. Den malerischen Arkadenhof der Casa Pometta aus dem 17. Jh. können wir zum Teil durch ein Gittertor sehen. Unter der oberen Arkadenreihe die Wappen der Zwölf Orte.

Von Broglio aus kann man das 1000 m hoch gelegene Maiensäß **Monti di Rima** erreichen, das in herrlicher Lage von einer weiten Wiesenterrasse aus Blicke auf die Berge und in das gegenüberliegende Prato-Tal bietet (Farbt. 24). Über dem Portal der *Kapelle S. Maria* eine schöne Madonna mit Kind. Die Holzhäuser und Speicher auf Mäusesteinen verraten wieder walserischen Einfluß.

Prato mit seinen herrschaftlichen Häusern betreten wir durch eine enge, von einem gedeckten Bogengang überwölbte Gasse. Im Mittelalter fanden hier politisch verfolgte Familien aus Florenz Zuflucht, ihre Wappen, darunter das der Medici, schmücken einige Häuser. Das schönste dieser Gebäude, von denen viele mit Sgraffiti-Dekorationen des 17. Jh. versehen sind, ist der *Palazzo Berna*, in dem die Familie des Luzerner Landvogts Pfyffer wohnte.

In der 1761 weitgehend neu gebauten Pfarrkirche *SS. Sebastiano e Rocco* (Abb. 59) ist an der Nordwand ein in seine Teile zerlegter Kanzelkorb mit geschnitzten Figuren aus dem 17. Jh. angebracht. An der gegenüberliegenden Wand ein Madonnenfresko, auf dem Maria und das Kind Papstkronen tragen. Das Kreuzigungsgemälde am Hochaltar wird Giuseppe Mattia Borgnis zugeschrieben.

In **Sornico** (Abb. 58), das zusammen mit Prato eine Gemeinde bildet, befindet sich die *Casa Moretti*, die, unter der einflußreichen Familie Pellonini im 17. Jh. erbaut, Sitz des Eidgenössischen Landvogts war, der hier sowie in Cevio residierte und Gericht hielt. Die Wappen der Zwölf Orte sowie das Familienwappen der Pellonini schmücken die Fassade. An der linken Ecke sind ein Prangerstein und ein Halseisen zu sehen. Von Bonstetten bemerkt in seinen Briefen über die italienischen Ämter (1796), daß es immer noch Blutrichter gab, die selbst wegen kleinerer Vergehen die Folter anwandten. Das Haus des Landvogts bestehe aus zwei Zimmern und drei Kerkern. ›Kein Bild ist trauriger als die Idee eines Kerkers in diesen engen Bergen, wo beym ersten Gedanken von Unglück die ganze Natur zum Kerker wird.‹

In der im Spätmittelalter erbauten Pfarrkirche S. *Martino* wurden 1902 an den Schiffswänden große Apostelfresken aus dem 16. Jh. entdeckt. Die 1372 erwähnte Kirche, deren ursprüngliche Innendekoration größtenteils unter barocken Stukkaturen verschwand, diente als Mutterkirche des Lavizzara-Tals. In der Kapelle links ein spätgotischer Kruzifixus aus dem 15. Jh.

Im Gegensatz zu den fast herrschaftlichen Orten Prato und Sornico hat **Peccia**, das nach Überschwemmungen in den Jahren 1834 und 1840 zum großen Teil neu gebaut werden mußte, eher ländlichen Charakter. An einigen Häusern finden wir noch schöne Wandbilder und Freskenreste.

Über Serpentinen windet sich die Straße über eine Steilstufe auf 1000 m Höhe hinauf. In **Mogno** mit Holzstrickbauten nach Walserart umgibt eine harmonische Baugruppe die kleine Kirche S. *Giovanni Battista* mit ummauertem Friedhof und Beinhaus. An der Fassade, über einem Thermenfenster, ein Madonnenfresko mit Johannes dem Täufer und Carlo Borromeo. Am Beinhaus ein Epitaph für Paolo Orelli (1845) und ein Fresko der Madonna als Fürbitterin für die armen Seelen aus dem 18. Jh.

Fusio, das 1281 m hoch gelegene alpine Dorf am Talende, breitet jenseits des Flusses an einem steilen Hang seine dichtgedrängten Häuser aus (Abb. 57). Die 1516 geweihte Kirche S. *Maria Assunta* betritt man durch eine schöne, reliefgeschnitzte Tür. 200 m oberhalb von Fusio liegt der Sambuco-Stausee (*sambuco* = Holunder) in botanisch interessanter Umgebung. Die Talsperre gehört zum Elektrizitätsverbund der Maggia-Werke mit der Zentrale in Brissago.

Val di Peccia

Dieses landschaftlich sehr reizvolle Tal ist wegen seiner Marmorbrüche berühmt. Gleich zu Anfang finden wir links unterhalb der Straße den teilweise wieder bewohnten Weiler **Veglia,** der zur Zeit restauriert wird. An der spätmittelalterlichen Kirche S. *Maria del Carmine* ein Madonnengemälde aus dem 17. Jh., das an das einfachere Madonnenbild an der Kirche von Gannariente im Val Bavona erinnert.

Nach wenigen Kilometern weitet sich das von hohen Bergen umgebene Tal vor **S. Carlo**, dort kann man von der Straße aus rechts ein Friedhofskreuz sehen. Der Corpus des rustikalen Steinkreuzes aus grobkörnigem Cristallina-Marmor könnte älter als 300 Jahre sein. In der Pflasterung des kleinen Platzes vor der Kirche kann man die Oberfläche der Lavezsteine – Reste der Topfherstellung – in Kreuzform erkennen.

Ein Elektrizitätswerk stört den Blick auf **Piano di Peccia.** Am rechten Ufer des Flusses in der Wiese am Waldrand steht S. *Maria della Neve,* eine Votivkapelle, die der Bevölkerung

Schutz vor den häufigen Lawinen sichern sollte. Im kleinen Chor finden wir Renaissance-Fresken von 1577: eine thronende Madonna mit Kind zwischen Johannes dem Täufer und dem Hl. Bernhard.

Von hier aus blickt man auf den Ort und ein tunnelartiges Portal in der gegenüberliegenden Bergwand. Durch dieses Tor und einen langen Gang gelangt man zur Turbinenhalle des Kraftwerks. In der vom Dröhnen der Generatoren erfüllten neonbeleuchteten Halle finden wir von der Casa Bazzi in Peccia abgenommene Renaissance-Fresken, die eine Sacra Conversazione, die Dreiheit von Madonna, Johannes dem Täufer und Antonius, darstellen. Das Stifterpaar Batio und die Wappen der Familien Bazzi und Pellonini umgeben die Figurengruppe. Das Fresko scheint sorgfältig restauriert zu sein, seiner ursprünglichen Umgebung beraubt, geht der Zauber des Bildes hier leider verloren.

Ein Stückchen talaufwärts führt die Straße zu Marmorbrüchen, die jedoch wegen der dort vorgenommenen Sprengungen nicht betreten werden dürfen. Von weitem kann man die Felswand sehen, an der der sogenannte Cristallina seit 1946 abgebaut wird.

Val Bavona

In **Cavergno,** dessen Name aus *Ca' d'inverno* = Winterhaus entstand, besaßen die Bewohner der steilen Seitentäler Bavona und Lavizzara ihre Wintergüter; während der Sommermonate lebten sie auf den Maiensäßen der oberen Täler. Der große Ort mit archaisch wirkenden Granitarchitraven an den Häusern und Speichern in Holzstrickbau breitet sich mit langen, übereinanderliegenden Gassen am Hang aus. Schöne Stukkaturen aus dem 17. Jh. sowie ein marmorner Hochaltar schmücken die im vorigen Jahrhundert ausgemalte Pfarrkirche *S. Antonio di Padova,* die im Spätbarock errichtet wurde. Das Beinhaus mit toskanischer Vorhalle neben der Kirche enthält Malereien von 1811.

Zunächst macht das **Val Bavona** (Farbt. 20) einen finsteren und abweisenden Eindruck, aber hinter Cavergno weitet sich das Tal. In den Wiesen liegen riesige Felsblöcke, Zeugen verheerender Bergstürze. Überall am alten Talweg findet man gut erhaltene Bildstöcke. Mit seinen zahlreichen Wasserfällen gilt das Val Bavona als eines der schönsten alpinen Täler des Tessin. Unterhalb steiler Felswände liegen kleine Weiler mit bescheidenen Bruchsteinhäusern.

An den Dörfern Mondada, Fontana, Sabbione und Ritorto vorüber gelangt man nach **Foroglio,** wo früher die Straße endete. Der weithin sichtbare Wasserfall des Fiume Calneggia prallt gischtsprühend auf die großen Felsen. Foroglio, das heute nur noch im Sommer bewohnt ist, wurde sorgfältig renoviert. Auf engstem Raum drängen sich eine Kirche, ein Gasthaus, zwei Speicher und einige Scheunen und Ställe sowie 20 Wohnhäuser, hauptsächlich aus Gneis gebaut, deren quadratischer Grundriß von ca. 25 m^2 nur Platz für ein Zimmer läßt. Die Kapelle *S. Maria Assunta* birgt den kleinen Flügelaltar eines süddeutschen Meisters aus dem Jahr 1553 mit geschnitzter Kreuzigungsgruppe. Über dem Eingang eine Marienkrönung aus dem 18. Jh.

*Foroglio im Val
Bavona mit der Pfarr-
kirche S. Maria
Assunta*

In **Sonlerto** (Farbt. 22), einem Ort mit kleinen Bruchsteinhäusern, finden wir eine Piazzetta, die nach Feierabend als Versammlungsstätte diente und während des Tages Arbeits-
stätte der Dorfbewohner war.

An dem einsam über dem Talgrund an der Straße gelegenen *Oratorio S. Maria delle Grazie*
in **Gannariente** finden wir eine liebevoll gemalte Madonna mit Kind, die wohl den Frau-
entyp dieses Tals besonders gut wiedergibt (Farbt. 23). Von Cavergno nach Gannariente
findet im Mai eine Flurprozession durch die Wiesen statt.

Das am Talende gelegene **S. Carlo** wird heute hauptsächlich von Feriengästen bewohnt. Außerhalb des Dorfes befindet sich die Talstation einer Seilbahn, die die Gebirgswelt mit den Stauseen von Robiei unterhalb des Basòdino erschließt. Von der Talstation aus gelangt man über einen blauweiß markierten Pfad durch einen Kastanienwald zur *Kapelle La Presa* (Abb. 67). Die schöne, mitten im Wald an einem steinigen Bachbett gelegene Kirche mit einem kleinen Campanile sollte man nicht nur wegen ihrer Lage besichtigen. In dem quadratischen Gehäuse mit Holzgitter und Vorhalle finden wir eine Mater lactans von 1524 mit Johannes dem Täufer und Antonius, eine Kreuzigungsgruppe an der linken Wand und rechts einen Hl. Bernhard. Trotz der Beschädigung der Mater lactans, wirkt die zauberhafte Darstellung auch heute noch auf den Betrachter.

Valle di Campo und Valle di Bosco-Gurin

Um zu den höchstgelegenen Orten des Tessin zu gelangen, fährt man von Cevio aus eine serpentinenreiche, bis auf die Ortsdurchfahrten gut ausgebaute Straße über der Rovana-Schlucht hinauf. **Linescio,** das früher zu Cevio gehörte, wurde 1860 selbständig. Der Ort, den drei Monate im Jahr die Sonne nicht erreicht, besteht aus mehreren Siedlungskernen, früheren Niederlassungen einzelner Sippen. An einigen Häusern findet man Fresken.

Die Ende des vorigen Jahrhunderts gebaute Straße führt weiter taleinwärts, wo wir einen Blick auf die Häuser von **Collinasca** werfen können, die sich malerisch um die hohe Kirche gruppieren. Hier vereinen sich die beiden Rovana-Flüsse aus dem Val di Campo und dem Val di Bosco. Nach einer Fahrt über enge Kehren erreicht man **Cerentino,** den Heimatort des Festungsbaumeisters Pietro Morettini, der 1708 das sogenannte ›Urner Loch‹ baute und damit die Schöllenenschlucht am Gotthard überwand. Außerhalb des Ortes am Hang liegt weithin sichtbar die barocke Pfarrkirche *S. Maria,* die mit dem Beinhaus, einem Torbogen an der Westflanke und dem Pfarrhaus, das mit fünf Marienbildern geschmückt ist, eine festungsartige Anlage bildet. In der im vorigen Jahrhundert ausgemalten Kirche befinden sich noch Reste von Renaissance-Fresken.

In der Nähe von Cotino kann man von der Straße aus eine Steinbogenbrücke und einen Bildstock von 1765 sehen. Durch Lärchenwald folgt die Straße der Rovana bis **Bosco-Gurin** (Abb. 60), der mit 1506 m höchstgelegenen Gemeinde des Tessin. In dem einzigen deutschsprachigen Dorf des Tessin ließen sich Bewohner des Nachbarkantons Wallis nieder. Im 13. Jh. hatte der Locarneser Heerführer Simone de Orelli Männer aus dem Wallis, die ins benachbarte italienische Formazza-Tal ausgewandert waren, als Söldner angeworben und ihnen später die Alp als Lehen übertragen.

Der Baustil der Häuser erinnert an die ursprüngliche Heimat der Bewohner: Holzstrickbau mit Zangen und Schwertkeilen und Heuschober mit Rundholzwandungen auf Mäusesteinen ähneln der walserischen Architektur. Bosco-Gurin breitet sich mit seinem geschlossenen Ortsbild hauptsächlich unterhalb der Kirche auf einem Bergsturzkegel aus. Die Pfarrkirche *S. Jakobus und Christophorus* geht auf das Jahr 1253 zurück. Sie wurde im 16. Jh.

umgebaut, im 17. Jh. barockisiert und 1845 durch den polygonalen Chor verlängert. In einer Mulde hinter der Kirche zwischen großen Felsblöcken verstreut findet man einige sehr schöne Heuschober. Eine lange Reihe aneinandergebauter Ställe schließt den Ort zum Talende hin ab. Die zahlreichen Bildstöcke malte der einheimische Künstler Hans Tomamichel aus. Das *Walserhaus* beherbergt ein *Museum*, in dem die Lebensform der ländlichen Bevölkerung anhand von Hausrat, Arbeitsgeräten und Trachten dokumentiert wird.

Über Piano di Campo, das einen Blick über das Val di Campo mit seiner felsigen Schattenseite und die etwas sanfter geneigten und besonnten Wiesenhänge bietet, erreicht man das in 1318 m Höhe gelegene **Campo.** Das noch sehr einheitlich wirkende Dorf ist stark gefährdet, da das Gelände langsam abgleitet. Mitte des vorigen Jahrhunderts versuchte man, durch die Stauung der Rovana die Holzschwemme zur Maggia zu erleichtern. Die Wasserströme förderten die Bodenerosion, Schutthalden gerieten in Bewegung, und die Terrasse senkte sich zum Teil. Die Fraktion Chiesa wurde völlig zerstört, an den Gebäuden in Campo sind überall die Spuren der Schäden zu erkennen. Gegen Ende des 19. Jh. mußten weitere Dorfteile aufgegeben werden, da 1868 ein Felssturz auf der gegenüberliegenden Talseite die Rovana noch näher an die Terrasse von Campo herangedrückt hatte. Trotz des erfolgreichen Versuches, das Abgleiten des Geländes durch die Umleitung des Oberflächenwassers zu verlangsamen, verlassen immer mehr Bewohner das Dorf. Notdürftig geflickte Risse lassen sich an den Wänden und dem Turm von *S. Bernardo* erkennen, der Fußboden der Kirche ist uneben, das Gewölbe einsturzgefährdet. Im 18. Jh. malte Giuseppe Mattia Borgnis die Ostseite des Chores aus, die dekorativ bemalte Holzdecke stammt aus dem 15. Jh.

Am Rande des Weges vom Dorf hinauf zur Kirche sieht man Kreuzwegstationen aus dem 18. Jh. An der 1767 erbauten Kapelle S. Maria Addolorata mit einer eigentümlichen konvexen Fassade vorbei kommen wir zu den *Palazzi Pedrazzini*, die beidseitig des Baches erbaut wurden. Obwohl sich die Gebäude in sehr schlechtem Zustand befinden – die Mauern weisen große Risse auf – zeugen sie von der großen Vergangenheit der Pedrazzini, die ihren Reichtum in Deutschland und Mexiko erwarben. Zwei religiöse Wandmalereien schmücken den größeren der beiden im 18. Jh. erbauten Palazzi, an dessen Ostecke 1749 die von Giuseppe Mattia Borgnis eindrucksvoll ausgemalte Kapelle *S. Giovanni Battista* angebaut wurde.

Cimalmotto, die größte Fraktion von Campo, ist nur im Sommer von Feriengästen bewohnt. Die im 16. Jh. errichtete Pfarrkirche *S. Maria Assunta* erfuhr verschiedene bauliche Veränderungen. So wurde unter anderem die nördliche Bogenöffnung der Vorhalle zugemauert, um Platz für ein monumentales, auf Leinwand übertragenes Kreuzigungsgemälde von Borgnis zu schaffen, das nach Bianconi die volkstümliche Wiedergabe eines Bildes von Rubens sein soll. An der Außenwand der Kirche erinnert eine Inschrift an die frühe Besiedlung Cimalmottos im Jahre 985. Der Innenraum wurde im 18. Jh. vollständig ausgemalt und stukkiert, Giuseppe Mattia Borgnis schuf vermutlich die Himmelfahrt sowie die Krönung Mariae.

Das Sottoceneri

Vedeggio und das Val d'Isone
Auf dem Weg nach Lugano

Der nur 554 m hohe Monte Ceneri-Paß trennt den Kanton Tessin in zwei geologisch und klimatisch-botanisch sehr verschiedenartige Gebiete, deren Profan- und Sakralbauten erhebliche Stilunterschiede aufweisen. Noch im 19. Jh. wirkte der Paß wie eine Mauer zwischen den beiden Halbkantonen, die um den Regierungssitz stritten, so daß Stefano Franscini als Tessiner Bundesrat eine künstliche Hauptstadt namens ›Concordia‹ auf dem Monte Ceneri vorschlug, um zwischen den feindlichen Brüdern Frieden zu stiften.

Reisende fürchteten lange Zeit, den Paß zu überqueren, Räuber und Wegelagerer machten das Gebiet unsicher und konnten sich, wenn nötig, stets rechtzeitig über die italienische Grenze in Sicherheit bringen.

Während das Sopraceneri von kristallinem Gestein alpin geprägt ist, herrscht in der voralpinen Hügellandschaft des Sottoceneri Kalkgestein vor. Monte Tamaro und Camoghè im Norden sind noch aus kristallinem Gestein, die zerklüfteten Denti della Vecchia und der Monte San Salvatore bestehen dagegen aus Dolomitkalk, Monte Brè und Monte Generoso aus Liaskalk. Den Monte Ceneri formte vor allem der Tessin-Gletscher mit seiner 800 m dicken Eismasse, der Adda-Gletscher vertiefte den Porlezza-Arm des Luganer Sees. Auf den fruchtbaren Terrassen und Rundhügeln der Moränen liegen heute die Orte des Vedeggio-, Cassarate- und Capriasca-Gebietes. Mit dem vorherrschenden Gestein ändert sich auch der Baustil. Die Strenge der schlichten Campanili aus grauem Gneisbruchstein wird abgelöst von der heiteren und phantasievollen Architektur der Renaissance- und Barocktürme. In dieser Region findet man auch den lombardischen Vierkanthof aus Backstein mit dem Pfettendach aus roten Ziegeln *(coppie)*.

Die drei Täler der Magliasina (Malcantone), des Vedeggio und des Cassarate führen hinunter zum Luganer-See. Vom Vedeggio-Tal aus kann man im Osten das Val d'Isone und die Capriasca, im Westen den Malcantone besuchen.

In **Bironico**, dem ersten Ort im Vedeggio-Tal, trafen sich jedes Jahr in der *Casa dei Sindicatori* die eidgenössischen Gesandten, bevor sie nach Lugano weiterzogen, um die Amtsführung des dortigen Landvogts zu überprüfen. Das 1576 erbaute, äußerlich schmucklose Arkadenhaus zeigt in den Loggien des Innenhofs über 100 Wappen von Landvögten. Schräg gegenüber wird eine tiefer gelegene kleine Barockkapelle von riesigen Mineralöltanks überragt.

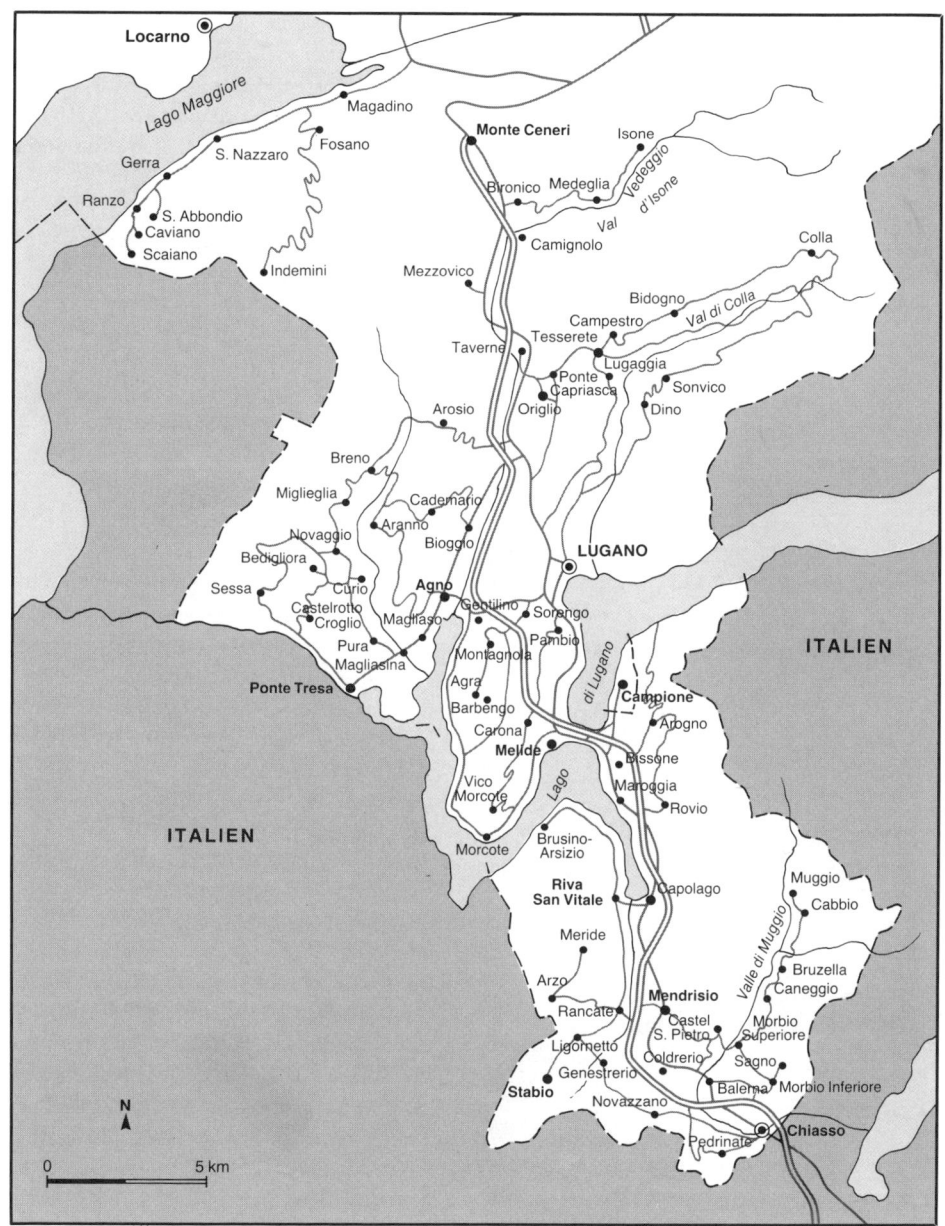

Regionalkarte Sottoceneri: Vedeggio und das Val d'Isone, Val Colla, Malcantone, das Luganese, die Collina d'Oro, das Val Mara, das Mendrisiotto, das Val di Muggio

Das **Val d'Isone,** am Fuße des 2227 m hohen Camoghè gelegen und seit 1499 Teil des Bezirks Bellinzona, zweigt von Bironico ab. Schon wegen der herrlichen Landschaft lohnt es sich, flußaufwärts zu fahren, um die malerisch oberhalb des Dorfes **Medeglia** liegende Kirche *S. Bartolomeo* zu besuchen. Von der früher geosteten Kirche blieben nur der im 15. Jh. errichtete Turm und Reste von Renaissance-Malereien erhalten. An der Außenwand unter der Vorhalle das Martyrium einer Heiligen aus dem 18. Jh.

Auch in **Isone** blieb von der ursprünglich romanischen Anlage der Pfarrkirche *S. Lorenzo* nur noch der Turm mit Blendarkaden an der Nordseite erhalten. Die Kirche wurde 1905 erweitert und 1927 neu ausgemalt. In der Seitenkapelle links des Chores befindet sich das abgelöste Fresko einer thronenden Madonna mit Kind (um 1500), die Stukkaturen im Chor stammen aus dem 17. Jh.

Bei der Rückkehr aus dem Isone-Tal sehen wir nach der Unterquerung der Bahnlinie bei Bironico die wohl aus dem 13. Jh. stammende Kirche *SS. Giovanni e Martino,* die durch die Erschütterungen der nahen Eisenbahnlinie gefährdet ist; der südliche Turm mußte wegen Einsturzgefahr schon 1931 ersetzt werden. Sowohl im Spätmittelalter als auch in der Barockzeit wurde der romanische Bau stark verändert. Bis auf teilweise abgedeckte Renaissance-Fresken des 16. Jh. stammt die Innenausstattung aus dem Barock.

Auf einem Hügel südlich des Dorfes **Camignolo** liegt neben einem Schießplatz die Kirche *Sant'Ambrogio*.* Die Abmessungen der 1719 erhöhten Aula sowie die Hufeisenform von Apsis und Triumphbogen weisen auf den romanischen Ursprung der Kirche hin. An der Fassade ein stark verblaßtes Fresko des Hl. Ambrosius zu Pferd aus dem 18. Jh.

Innen finden wir interessante spätromanische Fresken, die leider stark übermalt wurden. Besonders die beiden Engel am Triumphbogen, von denen der rechte vielleicht einmal die Jungfrau aus einer Verkündigung darstellt, verdienen unsere Aufmerksamkeit. Das helle, schön fallende Gewand, die Haltung des rechten Arms und die Ocker- und Gelbtöne erinnern an den Verkündigungsengel von Sorengo. Die Gestalt des segnenden und freundlich blickenden Christus in goldener und purpurner Kleidung mit dem Buch des Lebens auf den Knien hebt sich vor dem blaßblauen Hintergrund mit weiß-rot-blauem Zickzackband kunstvoll ab. Von den Evangelistensymbolen ist der rote, zähnefletschende Markuslöwe

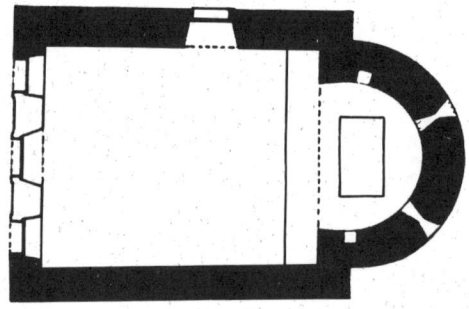

Camignolo, Grundriß der Kirche S. Ambrogio

40   Auressio, S. Antonio Abate

41 Borgnone, Kirchplatz vor S. Maria Assunta

43 Centovalli, Verlassener Weiler mit Rebterrassen [

42 Costa, S. Anna

44 Verscio, S. Fedele, Gewölbemalerei im alten Chor

45 Palagnedra, S. Michele, Fresken im alten Chor

46 Palagnedra, S. Michele, Monatsbild im alten Chor von Antonio da Tradate

47 Palagnedra, S. Michele, Monatsbild im alten Chor von Antonio da Tradate

49 Sonogno, Bildstock
48 Dorfgasse in Sonogno

50 Coglio im Val Maggia, charakteristisches Bruchsteinhaus

52 Centovalli, Terra Vecchia

51 Giumaglio im Val Maggia, charakteristische Dachkonstruktion mit Holzgalerie

53 Cevio, Malerei am Beinhaus der Kirche S. Maria
    Assunta e S. Giovanni

54 Cevio, Malerei am Beinhaus der Kirche S. Maria
    Assunta e S. Giovanni

55 Aurigeno, Bildstock

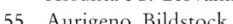

56   Madonna, oberhalb von Bignasco in einer Kapelle neben dem Oratorium Madonna del Monte

57 Fusio im Val Lavizzara

58 Sornico im Val Lavizzara, charakteristische Steinplattenhäuser

59 Prato im Val Lavizzara, SS. Sebastiano e Rocco

60 Walserhaus in Bosco Gurin

61 Mezzovico, S. Mamete

62 Rovio, S. Vigilio

63 Dorfstraße in Origlio ▷

besonders eindrucksvoll. Die Apostelreihe darunter wurde vielleicht zu stark restauriert. Gegenüber vom Seiteneingang erinnert ein Hl. Ambrosius im Bischofsgewand aus dem frühen 14. Jh. an verschiedene Bischofsdarstellungen jener Zeit, so an Guglielmo della Torre an der Fassade von S. Maria di Torello bei Carona. Ihm gegenüber eine Madonna del latte aus dem 15. Jh. mit den Hll. Antonius und Katharina.

Die rot getünchte Fassade der Pfarrkirche Sant'Abbondio auf einem Hügel oberhalb des Ortes **Mezzovico** ist unübersehbar. Die frühere Pfarrkirche von Mezzovico, S. Mamete* (Abb. 61), findet man hinter einigen Bäumen versteckt, nahe der Nationalstraße unterhalb des Dorfes. Die beiden Wandbilder der Hll. Mamete und Antonius an der Pforte der Friedhofsmauer malte einer der Seregnesi. Die vermutlich schon 1055 gegründete Kirche wurde mehrfach umgebaut, an der Ostseite kann man die Fundamente der ehemaligen Apsis der Vorgängerkirche sehen, das frühere Hauptportal an der Westseite, das innen auf eine freigelegte Eingangstreppe mündet, wurde während der Umbauten zugemauert.

Ein Blendbogenfries schmückt die im 15. Jh. nach Süden erweiterte Kirche. Der romanische, leicht abgewinkelt neben der ursprünglichen Apsis stehende Campanile zeigt im unteren Geschoß dreibogige Blendnischen und im Glockengeschoß Zwillingsfenster. An der Ostseite wurden in nachmittelalterlicher Zeit zwei Kapellen angebaut, die überdimensionale nördliche Vorhalle ist nicht datierbar.

Im kreuzgewölbten Chor sehen wir einen Kalvarienberg in der Nachfolge Luinis aus dem frühen 16. Jh. An der rechten Chorwand eine schwer erkennbare, ungewöhnliche Darstellung des Jüngsten Gerichts, die Christus als Ecce Homo mit Engeln, die die Leidenswerkzeuge halten, zeigt. An der Chorbogenfront links ein Fresko der Hll. Antonius und Luzia von ca. 1500.

Capriasca
Sanftes Hügelland im Schatten der Denti della Vecchia

Von Taverne können wir in das sehr reizvolle, von den Denti della Vecchia überragte Hügelland der Capriasca hinauffahren, dessen Dörfer schon fast italienisch anmuten. Weinberge umgeben den beliebten Ferienort **Origlio** (Abb. 63). Wie im Sottoceneri üblich, schmücken große Loggien und sogenannte solaios, offene Sonnengeschosse, die in einem Halbkreis angelegten Gebäude. An einer Hauswand findet man ein Fresko eines vornehm gekleideten Christophorus (um 1500), an dessen Haarschopf sich der Jesusknabe festhält.

In malerischer Lage über dem Dorf befindet sich die Pfarrkirche SS. *Giorgio e Maria Immacolata**. Die zwischen 1608 und 1640 errichtete Kirche enthält in der sogenannten Georgskapelle noch Bauteile aus dem 15. Jh. Zu der unverputzten und von zwei Lisenen gegliederten Fassade mit drei Portalen führt eine breite Treppe hinauf. Das Mauerwerk

◁ 64   Kirche im Mendrisiotto

besteht aus Bruch- und Backsteinen, eine im Tessin seltene lombardische Bauweise. Der Campanile mit spätmittelalterlichen Grundmauern erhielt sein oberstes Geschoß und die Bekrönung Ende des 18. Jh. In dem von Pilastern gegliederten Innenraum mit Tonplattenboden finden wir Stukkaturen aus dem 17. Jh. sowie in der Nische des Hochaltars eine holzgeschnitzte Madonna aus dem 14. Jh. Die sehr kostspielige Renovierung der Kirche, die von den Bürgern des Ortes mitfinanziert wird, zieht sich seit einigen Jahren hin. Während der Arbeiten entdeckte man am Altarfrontale der ersten Seitenkapelle rechts ein älteres Fresko, das die bisherige Datierung der Kirche in Frage stellt.

Vor dem Besuch von Ponte Capriasca sollte man einen Abstecher an den idyllisch gelegenen Origlio-See machen, der von Schilf und schönem Baumbestand umgeben ist. **Ponte Capriasca** war das kirchliche Zentrum der Pieve Capriasca, die als Enklave im Erzbistum Como zu Mailand gehörte. Auf der kleinen Piazza vor der Post sehen wir rechts über einem Toreingang ein Fresko von Tarilli: eine Madonna mit Kind und den Hl. Rochus mit einem Bischof. In der Gasse links vom Laden befindet sich an einer Hauswand ein sehr schönes, gut erhaltenes spätgotisches Madonnenfresko.

In der Pfarrkirche S. Ambrogio sehen wir eine der besten zeitgenössischen Kopien von Leonardo da Vincis Abendmahl, das einer seiner Meisterschüler, vermutlich nach Leonardos Skizzenbüchern, schuf. Wegen des schlechten Zustands des Originals besitzt diese 6,5 m breite Kopie dokumentarischen Wert. Die Farben der Gewänder sowie der Architekturrahmen wurden gegenüber dem Original verändert. Am unteren Rand erkennt man die Namen der Apostel. Die Leonardo-Kopie bewahrte die alte Kirche im 19. Jh. vor dem Abriß: Wegen des Freskos ließ man die Westwand stehen und baute die neue Kirche 1835 an. Der tonnengewölbte, neoklassizistische Bau mit kreuzförmigem Grundriß enthält außer dem Abendmahl noch einige bemerkenswerte Bilder unbekannter Meister, wie etwa eine Loreto-Madonna aus dem 16. Jh. und abgelöste Fresken im südlichen Eingangsjoch.

Die Pfarrkirche von **Sala Capriasca,** *S. Antonio Abate,* ist zwar im Grundbestand mittelalterlich, wurde jedoch im 16. Jh. neu gebaut und innen später barockisiert. Bei Tesserete findet man am Fußweg nach Sala einen schönen Schalenstein.

Tesserete gehörte ebenfalls zur mailändischen Enklave; der *Carnevale ambrosiano* wird hier später gefeiert als in der Umgebung, die dem Erzbistum Como unterstellt war. Der Ort, dessen Bahnverbindung mit Lugano 1966 aufgegeben wurde, hat kunsthistorisch außer S. Stefano nicht viel zu bieten. Nur der hohe, unverputzte Turm im Zentrum der Fassade blieb von dem Vorgängerbau der Mitte des 15. Jh. errichteten Kirche S. Stefano erhalten. Blendbogennischen und Zwillingsfenster gliedern die sieben Geschosse, die ein Kegeldach krönt. Unter den Traufen der Seitenwände des Schiffes sehen wir Rundbogenfriese und rechts in der Lünette über dem Portal ein spätgotisches Madonnenbild. Ein gotischer Christophorus an der Fassade rechts ist leider kaum noch zu erkennen. Nur noch in S. Lorenzo und im Durchgang des Lettners von S. Maria degli Angioli in Lugano findet man wie hier ein gotisches, spitzbogiges Kreuzrippengewölbe vor.

In der dritten Kapelle links eine vergoldete holzgeschnitzte Madonna aus dem 15. Jh., umgeben von Rosenkranzbildern, die auf Marmor gemalt wurden, darunter ein Altarfrontale mit Marmorintarsien. Um den klassizistischen Hochaltar mit Säulentempietto im barocken Chor befindet sich ein reich verziertes Renaissance-Chorgestühl von 1568. Dahinter ein Gemälde der Steinigung des Hl. Stephanus aus dem späten 16. Jh. Rechts in einer Seitenkapelle eine in Camaieu-Technik bemalte Orgelempore, daneben das abgelöste Fresko einer thronenden Madonna mit Kind, laut Inschrift aus Peccia, von 1577. Eine fast identische Komposition findet man in der Kapelle S. Maria delle Neve in Piano di Peccia.

In der dritten, der Arme-Seelen-Kapelle, eine sehr ausdrucksvolle, von Maßwerkbordüren umgebene Kreuzigungsgruppe, die links ein Fragment des Hl. Bernhardin zeigt und aus dem Kreis der Seregnesi stammen könnte. In der Taufkapelle am Eingang sehr schöne Fresken aus dem 15. Jh.: die thronende Muttergottes ist dreimal dargestellt, unter anderem mit den Hll. Sebastian und Rochus. Die Fresken an der Turmwand sind stark verblaßt. Hoch oben angebracht eine holzgeschnitzte Kreuzigungsgruppe aus dem späten 14. Jh.

Tesserete, S. Stefano

In **Campestro**, oberhalb von Tesserete, findet man in der schon 1375 erwähnten kleinen Kirche S. *Andrea* mit schön reliefiertem Portal aus Gneisquadern (16. Jh.) gotische Fresken des 14. Jh., die an Giotto erinnern. Umgeben von einem ornamentalen Fries und Akanthusblattbordüren zeigen sie fragmentarisch den Kindermord von Bethlehem, rechts Herodes, eine Epiphanie, eine Muttergottes mit Kind und einige Heilige, darunter den Hl. Vitalis.

Nicht weit von Tesserete liegt in 700 m Höhe das 1535 gegründete Kapuzinerkloster **Bigorio,** das als erste Niederlassung dieses Ordens in der Schweiz gilt. Auch die Klosterkirche stammt aus dem 16. Jh. Am Hochaltar finden wir ein schönes Renaissance-Gemälde der Muttergottes von einem flämischen Meister. Die Kreuzwegstationen an der Via Crucis zum Kloster hinauf wurden in neuester Zeit mit zeitkritischen Malereien verschiedener Künstler versehen.

Vor **Lugaggia** sehen wir unterhalb der Straße den schlanken romanischen Turm von S. *Pietro di Sureggio**, einer der ältesten Kirchen des Capriasca-Tales. Bei archäologischen Untersuchungen entdeckte man Reste einer Doppelapsidenanlage aus dem 9. Jh. Das ursprüngliche Schiff blieb während der späteren Umbauten erhalten, hinzugefügt wurden das Presbyterium und der Campanile, der in den drei unteren Geschossen zwei- und dreibogige Blendnischen aufweist. Das obere Geschoß sowie das Zeltdach wurden später ergänzt. Ein offener Dachstuhl schließt das Kirchenschiff ab. Die sehr eindrucksvollen romanischen Fresken sind leider nur fragmentarisch erhalten. Wir sehen in gedeckten, bräunlich-gelben Farben einen Ostermorgen am Grab Christi, eine Kreuzigungsgruppe mit Maria und Johannes, zwei Kriegsknechten und einem Schächer, daneben einen Vogel Strauß vor der Mailänder Stadtmauer, über den Bildern Reste eines perspektivischen Mäanderfrieses (Farbt. 50). Die Fresken der gegenüberliegenden Seite stammen wahrscheinlich aus dem späten 12. Jh. und zeigen eine Darbringung im Tempel, eine Flucht nach Ägypten und eine thronende Muttergottes mit Kind. Die Einzelheiten der Malereien, wie die feine Zeichnung der Gewandfalten oder den tiefblauen Hintergrund, von dem sich der Kruzifixus leuchtend abhebt, sollte man sich näher ansehen.

Val Colla

Wir nehmen die obere Straße auf der Sonnenseite des Tales über Roveredo und Bidogno, um auf der Schattenseite über Sonvico wieder talauswärts zu fahren. Es lohnt sich, die voralpine Landschaft des Val Colla zu besuchen, die im Mittelalter zur Pieve Lugano und somit zum Erzbistum Como gehörte. Erst 1950 wurde das abgelegene Tal durch eine Straße erschlossen. Die isolierte Lage und fehlende Verdienstmöglichkeiten zwangen auch hier die Bewohner zur Auswanderung, als Kesselflicker und Kupferschmiede gingen viele von ihnen nach Oberitalien. Die Dörfer in dieser Region haben fast alle ihre Eigenart bewahrt. Orte wie Insone oder Cimadera sind besonders sehenswert.

In **Bidogno** finden wir den wohl schönsten Kreuzweg des Tessin, der steil zur 1646 erbauten Wallfahrtskapelle S. *Maria delle Grazie* oder *Maestà* hinaufführt (Farbt. 48). Die ausgemalten Stationen stammen aus dem 18. Jh., von der Via Crucis blickt man auf Bidogno und die Pfarrkirche S. Barnaba mit ihrem hohen barocken Campanile.

Oberhalb von Bogno liegt in 1542 m Höhe auf der italienischen Grenze die Kapelle *S. Lucio*. Hier lebte der aus Cavargna stammende Sennenheilige Luzius, dessen Fest am 16. August ein Tag der Begegnung mit den Bewohnern aus dem italienischen Val Cavargna und dem Val Colla ist.

Sonvico (*summus vicus* = oberstes Dorf), früher einmal von einer Ringmauer umgeben, entwickelte sich aus dem Grundbesitz des Benediktinerklosters S. Carpoforo in Como und bildete im 11. Jh. eine *castellanza*, der auch Dino und Villa (Colyone) mit ihren Fraktionen angehörten. Schalensteine, reich ausgestattete Gräber und eine etruskische Inschrift belegen die sehr frühe Besiedlung des Gebietes um Sonvico. An der Piazza fällt sofort der durch ionische Pilaster, große Oculi und Lisenen harmonisch gegliederte, dreiseitige Renaissance-Chor der Pfarrkirche *S. Giovanni Battista* auf, der durch ein auf Konsolen ruhendes Traufgesimse abgeschlossen wird. Er entstand um 1600, das Kirchenschiff wurde Mitte des 19. Jh. im klassizistischen Stil umgebaut. Durch ein südlich angebautes Tor gelangt man in eine Vorhalle mit fünf Säulen, von der man einen weiten Blick auf die Bucht von Lugano und den Monte S. Salvatore hat. An der Südwand blieben Reste eines Totentanzes und in der Lünette über dem Westportal eine Pietà aus der Mitte des 16. Jh. erhalten. Durch eine schöne Holztür betritt man das Ende des 18. Jh. ausgestattete, dreijochige Schiff. An der Rückwand unter der Empore Freskenreste des 15. Jh., die eine Muttergottes, die Hll. Martin und Sebastian und einen weiteren, von Pfeilen durchbohrten Heiligen zeigen. Beachtenswert sind auch die vier großen Tafelbilder an den Chorwänden, die, 1614 von Domenico Caresano gemalt, Szenen aus dem Leben Johannes des Täufers zeigen.

Ein gemalter Reichsadler sowie die Wappen der zwölf Kantone schmücken das alte Gerichtshaus an der Piazza. Auf einem bewaldeten Hügel oberhalb von Sonvico in einer Lichtung liegt sehr malerisch die Kapelle *S. Martino sul colle*, die als älteste Kirche des Tales gilt. Die winzige Basilika mit niedriger, halbrunder Apsis, deren zwei Luziden von Zwil-

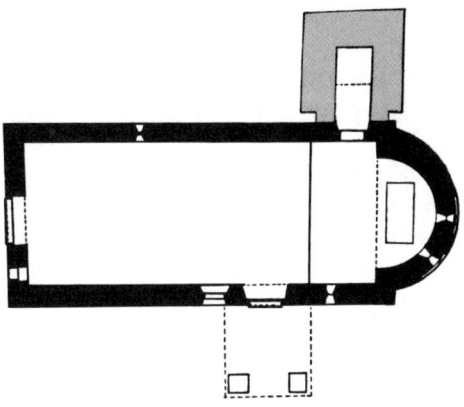

Sonvico, Grundriß der Kapelle S. Martino

lingsblendarkaden umgeben sind, wurde schon 1146 erwähnt. Lisenen, Bogenfriese und Zwillingsfenster in den beiden oberen Geschossen gliedern den hohen romanischen Campanile an der Nordseite. Neben der kleinen Pfeilervorhalle vor dem Südportal erkennt man einen sehr schönen spätgotischen Christophorus.

Am gegenüberliegenden Hang, jenseits des kleinen Val del Franscinone, liegt **Villa Luganese,** das alte Colyone. An der in das 15. Jh. zurückreichenden Pfarrkirche *S. Maria Assunta,* die im 18. Jh. innen barockisiert wurde, ist vor allem die fünfbogige Renaissance-Säulengalerie sehenswert. Das Lünettenfresko aus dem frühen 16. Jh. in der östlich angrenzenden Kapellennische, der ehemaligen Sakristei, stellt in der Mitte eine Frau mit Palmzweig, vermutlich Maria mit einem vor ihr wegstrebenden Knaben vor sich dar, über ihr schweben zwei Engel mit Krone. Die Hll. Rochus und Luzia und Jakobus d. Ä. umrahmen diese Frauengestalt, eine vierte Heiligenfigur ist zerstört. Weitere Freskenreste an der südlichen Außenwand und in der ehemaligen Portal-Lünette stammen aus dem 15. Jh.

Von Villa aus erreicht man **Dino,** in dessen Kirche *S. Nazario* Reste romanischer Wandmalereien erhalten blieben. Der kleine Bau wurde Ende des 19. Jh. stark verändert und in jüngster Zeit renoviert. Den wohl schon im 11. Jh. errichteten romanischen Turm mit Zeltdach gliedern Blendbogennischen, in die niedrige Mauer des Portikus sind Schalensteine eingelassen. Im Inneren finden wir an der Nordseite einfache romanische Wandmalereien, die unter einem perspektivischen Mäanderfries links den sitzenden Kaiser Nero zeigen und rechts drei recht dümmlich blickende römische Krieger, denen der Befehl zur Tötung von Petrus und Paulus erteilt wird.

Die kleine Kirche von Dino birgt neben diesen alten Malereien noch eine weitere Kostbarkeit. In der *Gruftkapelle* der Familie Lepori hängt seit 1954 ein abgelöstes Kreuzigungsfresko, das Bernardino Luini zugeschrieben wird und vorher in der Casa Albertolli in Lugano zu sehen war. Ursprünglich stammt das Fresko aus einem Franziskanerkloster, das dem Bau der Casa Albertolli weichen mußte. Trotz starker Beschädigungen lassen sich die ausdrucksvollen Gesichter noch gut erkennen.

Malcantone
Ins Bergland der Hammerschmiede

Das landschaftlich sehr reizvolle, kleine Bergland an der Südabdachung der Monte-Lema-Tamaro-Kette lädt zu einem längeren Aufenthalt ein. Früher versuchte man immer wieder, das in einigen Zonen mit Erz durchsetzte Gestein aus Paragneis und Schiefer abzubauen. Die Region, *cantone,* sowie der Fluß Magliasina erhielten ihren Namen von Hammerschmieden, den *magli.* Der letzte wassergetriebene Hebelhammer wurde nach einem Hochwasser 1951 stillgelegt.

Funde aus der Römerzeit in Miglieglia, Arosio und Sessa sowie zwei in eine Hauswand in Aranno eingemauerte ligurisch-etruskische Inschriftsteine belegen die frühe Besiedlung.

Während im Mittelalter in Arosio freie Bauern wohnten, wurde das benachbarte Mugena mehreren geistlichen und weltlichen Herren zugeteilt, die Dörfer Novaggio, Banco, Bedigliora und Curio bildeten eine *castellanza*.

Wie in fast allen Regionen des Tessin kam es auch im Malcantone zur saisonalen Auswanderung, die Männer zogen als Maler, Maurer und Schreiner ins Ausland, die Frauen versorgten die Landwirtschaft und verkauften ihre Waren auf dem Markt von Lugano. Im 17. und 18. Jh. verließen einige berühmte Architekten ihre Heimat. Domenico Trezzini aus Astano erbaute im Auftrag Peters des Großen St. Petersburg, Luigi Pelli aus Aranno war in Moskau, Petersburg und Nowgorod tätig.

Da die Orte rechts und links der Magliasina auf Hügeln verteilt sind, sollte man die Fahrt in eine Nord- und eine Südroute aufteilen, um so möglichst alle Sehenswürdigkeiten betrachten zu können. Von der Straße nach Ponte Tresa rechts nach **Bioggio** abbiegend, fährt man auf die turmartige *Casa Riva* zu. Das herrschaftliche Haus mit hohem *solaio* und Loggien wurde unter Giovanni Battista Riva im 17. Jh. erbaut, hat jedoch durch eine lieblose Restaurierung seinen Zauber verloren.

Im 450 m höher gelegenen **Cademario** durchfährt man den Ort, um zu der alten Pfarrkirche *Sant'Ambrogio* am unterhalb gelegenen Friedhof zu gelangen, in dessen Nähe frühchristliche Gräber gefunden wurden. Von der alten romanischen, im 13. Jh. erweiterten Kapelle blieb nur die Apsis erhalten. Der ursprünglich geostete Apsidensaal erfuhr im 17. Jh. während des Anbaus eines Chors eine Drehung der Achse nach Norden, gleichzeitig wurde der Bau erhöht und eingewölbt. Die Restaurierung Ende der sechziger Jahre führte besonders den Innenraum in den früheren Zustand zurück, man senkte das Bodenniveau, zog eine Holzdecke ein und schloß den barocken Chor. Außen kann man an der tieferliegenden, mit drei Luziden und dreibogigen Blendarkaden versehenen Apsis das ursprüngliche Niveau erkennen. In der Westfassade, an der sich die Bauetappen ablesen lassen, blieb das ursprüngliche Portal aus Gneisquadern erhalten, neben dem alten Portal erhebt sich ein romanischer Campanile.

Durch das in der Barockzeit eingefügte Südportal betritt man die Kirche und gelangt in den Anbau aus dem 13. Jh., der vom älteren Nordteil durch zwei Arkaden getrennt ist. Die Malereien der lombardischen Schule in der Apsis stammen aus der ersten Hälfte des 13. Jh.; es ist zu vermuten, daß auch die nördliche Wand mit Fresken bedeckt war. In der Apsiskalotte eine Majestas Domini, umgeben von den Evangelistensymbolen mit Tierköpfen und Menschenhänden, die Bücher halten. Der segnende Christus mit dem Buch des Lebens auf den Knien ist trotz der Nachbesserung noch sehr eindrucksvoll mit seinen ornamentierten, verschiedenfarbigen Gewändern in der gewürfelten Mandorla vor einem gelb- und ockerfarbenen Hintergrund. Am Chorbogen hält der Verkündigungsengel in der Linken eine Schriftrolle mit dem Engelsgruß. Besonders schön sind auch der umrahmende Akanthusblattfries und der in die Apsisrundung hineinlaufende, dreifarbige perspektivische Zickzackfries. Die Apostelreihe und ein Hl. Ambrosius darunter sind leider nur noch fragmentarisch erhalten.

Die angebaute südliche Aula ist mit Fresken des 15. Jh. geschmückt. An der westlichen Wand ein Kalvarienberg mit interessanten Details: die um das Gewand Christi streitenden und würfelnden Krieger und die als kleiner Körper dargestellte Seele, die aus dem Mund des Schächers erscheint und von einem Höllentier verschlungen wird. An der Südwand ein prächtiger, auf einem Thron mit Löwenköpfen sitzender Hl. Ambrosius mit geschwungener Geißel. Rechts von der Eingangstür Reste eines Weltgerichts, links unten sind die Verdammten im Höllenrachen erkennbar (Abb. 65). Am Mittelpfeiler der beiden Arkaden vorne ein Gnadenstuhl und seitlich eine Hl. Agathe. Eine Kopie des romanischen Vortragskreuzes aus Bronze, das im Pfarrhaus verwahrt wird, ist in der Pfarrkirche *S. Maria del Popolo* zu sehen.

Auch **Aranno** gehört zu den sehr früh besiedelten Orten. Vier lepontisch-ligurische Inschriftsteine sind in die Fassade der *Casa Pelli* eingemauert, die wir unterhalb der Dorfstraße an einer kleinen Piazza finden. Die malerisch gelegene, barocke Pfarrkirche *S. Vittore* ist im Kern noch spätmittelalterlich. Das sehenswerte Schiffsgewölbe malten Cipriano und Fernando Pelli Ende des 18. Jh. illusionistisch aus.

Breno, sehr malerisch auf einem Hügel gelegen, bietet eines der schönsten und besterhaltenen Ortsbilder des Malcantone. Bei einem Gang durch die Gassen kommen wir zur Piazza Vicinanza; das Haus Nr. 30 ist phantasiereich mit allegorischen Bildern geschmückt. Unter einem auf einer Waage liegenden Gesetzbuch (lex) ein französisches Wortspiel: ›L est h t = elle est achetée!‹ Ein paar Schritte abwärts an einer Hauswand eine schöne Madonna del latte von 1596.

Die ursprünglich geostete, auf einem Plateau über dem Dorf gelegene Pfarrkirche *S. Lorenzo* erfuhr im 16. Jh. eine Drehung nach Norden und wurde im 19. Jh. erweitert. Die Innenausstattung stammt aus dem 17., 18. und 19. Jh. In der Rochuskapelle, einem hohen Zentralbau, der im 18. Jh. neu erbaut wurde, finden wir ein Fresko der Muttergottes aus dem 16. Jh.

Von Breno aus können wir nach Arosio fahren und dabei die hoch über dem Magliasina-Tal gelegenen malerischen Orte Fescoggia, Vezio und Mugena mit ihren kleinen Barockkirchen und den meist gut erhaltenen Ortskernen sehen.

Arosio ist mit zwei übereinanderliegenden Ortsteilen die höchstgelegene Gemeinde des Malcantone (860 m). In der Nähe des Ortes wurden vorrömische Ascheurnen gefunden sowie Spuren einer Römerstraße, die von Breno und Taverne nach Mezzovico geführt haben muß. Die Pfarrkirche *S. Michele* wurde in der Barockzeit erhöht, eingewölbt und mit Außenstreben versehen, die vierjöchige Vorhalle an der Südseite des Schiffes ist wohl jüngeren Datums. Eine Zwiebelkuppel krönt den im 18. Jh. errichteten rechteckigen Turm.

Im barock ausgebauten Innenraum befinden sich gut erhaltene, erst 1948 entdeckte Wandmalereien des Antonio da Tradate. An der Chorfront unter einem Oculus mit Flammenornament sehen wir eine Kreuzigung, darüber links eine Beschneidung und rechts eine Epiphanie, leider von den Säulen des Hochaltars teilweise verdeckt. An der linken Chorwand Szenen aus dem Leben Christi, von denen besonders das Abendmahl interessant ist:

eine der drei im Tessin vorhandenen Darstellungen an einem runden Tisch. Die Malereien an der rechten Chorwand sind nur noch schwer erkennbar, in der Fensterfüllung ein schöner Sebastian.

An der nördlichen Schiffswand finden wir über einer Pietà mit verschiedenen Heiligen eine Aufnahme Mariens in den Himmel; musizierende Engel und eine Mandorla umgeben die Maria. An der südlichen Wand hinten noch Malereien aus dem frühen 14. Jh., die vielleicht einen Hl. Franziskus vor Papst Innozenz III. darstellen und stilistisch denen in der Chiesa Rossa in Castel San Pietro ähneln.

Von Arosio über Breno kommend, sehen wir kurz vor Miglieglia an einer Straßenbiegung etwas erhöht einen Bildstock, der an das während der Pestzeit entvölkerte Dorf Tortoglio erinnert und ein sehr schönes Muttergottesfresko aus dem 15. Jh. enthält.

1478 zerstörte ein Brand das schon im 12. Jh. bezeugte **Miglieglia** fast völlig. Hoch über dem Dorf liegt umgeben vom Friedhof die frühere Pfarrkirche *S. Stefano al Colle*. Turm und Chor stammen aus romanischer Zeit. Von anderen romanischen Türmen im Tessin unterscheidet sich dieser durch die außergewöhnlich hohen, die Schlankheit noch betonenden dreibogigen Blendarkaden des unteren Geschosses und die Unregelmäßigkeit der drei- und zweibogigen Blendarkaden der oberen Geschosse sowie der Fensteröffnungen. Der früher vermutlich freistehende Campanile wurde bei spätromanischen und gotischen Erweiterungen mit der Kirche verbunden.

Miglieglia, S. Stefano

Trotz der dekorativen romanischen Elemente stammt der heutige Chor aus der Spätgotik und könnte eine Halbrundapsis oder einen quadratischen Chor der Romanik ersetzt haben. An der nördlichen Wand finden wir einen rostrot umrandeten Arkadenfries und Rautenornamentik auf weißem Verputz. Die Spitzbogentür in der Fassade, die Spitzbogengurte im Kircheninneren und das Kreuzgewölbe im Chor sind gotische Stilelemente. An der Stirnwand des im frühen 16. Jh. vollständig ausgemalten Chores finden wir einen gut erhaltenen Kalvarienberg mit den Hll. Stephanus und Antonius Eremita in leuchtenden Farben, im Hintergrund die Stadt Jerusalem; in den Arkaden Apostelfiguren, in der Lünette links eine sehr schöne Geburt Christi und an der hinteren Gurte eine Hl. Katharina von 1479. Im alten, unterhalb der Kirche gelegenen Beinhaus sind die Fresken aus dem 16. Jh. leider in sehr schlechtem Zustand.

In **Magliaso** kann man eine zweite Route ins Malcantone beginnen. Auf einer Anhöhe sehen wir das *Castello di S. Giorgio,* von dem früher die Straße von Lugano nach Ponte Tresa überwacht wurde. Der heutige, dem Verfall preisgegebene Bau entstand unter Konrad von Beroldingen Ende des 17. Jh., geht jedoch auf eine Burggründung im frühen 12. Jh. zurück. 1117 diente er dem Mailänder Landolfo da Carcano als Zufluchtsstätte. Heinrich IV. hatte ihn zum Bischof von Como ernannt, nachdem er das Amt käuflich erworben hatte. Da jedoch die Geistlichkeit und das Volk von Como schon einen eigenen Bischof gewählt hatten, kam es zu Kämpfen. Die Comasker überfielen 1118 das Schloß Magliaso, nahmen

Magliaso, Castello di S. Giorgio

Landolfo gefangen und töteten dessen zwei Neffen. In dem folgenden, zehn Jahre andauernden Krieg zwischen Mailand und Como hat das Sottoceneri sehr gelitten.

Von Magliaso fährt man durch das Tal der Magliasina in das herrschaftliche **Pura** hinauf,
das in der *Casa Crivelli* ein sehr schönes Beispiel profaner lombardischer Renaissance-
Architektur bietet. Auffällig ist die Backsteindekoration, die der der Casa Piccionaia in
Lugano sehr ähnelt. Zur Pfarrkirche *S. Martino* in erhöhter Terrassenlage führt eine mächtige Treppe empor. Die Kirche mit Beinhaus und Friedhofssäule geht auf einen Umbau im
Jahre 1580 zurück, der Chor wurde im 17. Jh. angebaut. Die Innenausstattung stammt aus
dem Barock sowie dem 19. Jh.

Über **Curio**, dessen Kirchenpatrozinium S. Pietro auf Besitzungen des Klosters S. Pietro
in Ciel d'Oro in Pavia hinweist, erreicht man **Bedigliora**, ein verwinkeltes Dorf, dessen enge
Gassen zu einem Spaziergang einladen. In der Pfarrkirche *S. Rocco* Freskenfragmente aus
dem späten 16. Jh.

Über Banco fahren wir in die Südwestecke des Malcantone nach **Astano**. Oberhalb des
Dorfes liegt die Barockkirche *S. Pietro,* die mit ihrer harmonisch durch geschweiften Giebel,
Serliana-Fenster und Portal gegliederten Fassade, dem Treppenaufgang, dem links davor
stehenden Beinhaus und den umgebenden Kreuzwegkapellen eine der schönsten Gebäude-
gruppen des Tessin bildet. An der Südseite der 1636 errichteten und im 18. Jh. umgebauten
Kirche befindet sich ein hoher Turm mit oktogonalem Aufsatz. Der schöne Marmoraltar
stammt aus dem 18. Jh., im 19. Jh. wurde die Kirche illusionistisch ausgemalt.

Die Hauptgasse des Dorfes führt zu der im 17. Jh. erbauten *Ca' da Roma,* die vor den
Umbauten des Erdgeschosses und der Verglasung der Loggien das schönste Haus des Dorfes
war. Aus Astano stammte der Architekt Domenico Trezzini, der im Auftrag Peters des
Großen Anfang des 18. Jh. St. Petersburg plante. Das rosa gestrichene Haus der Trezzini,
dessen Fassade Arkaden und Kolonnaden schmücken, ist heute eine Osteria. Die Kapelle
S. Antonio Abate gehörte zu einem Humiliatenkonvent, der seit dem 13. Jh. hier bestand.
Dahinter ein schönes Haus mit Holzgalerie.

In **Sessa** ließen sich langobardische Familien nieder, ein Ubizonus de Carcano war 980
dux Mediolani und Vasall des Kaisers. Friedrich II. beanspruchte noch 1240 das *castrum
nostrum Sesse.* Eine Burg, die vermutlich am Dorfrand stand, existiert heute nicht mehr.
Etwas abseits der Piazza finden wir das *Gerichtshaus,* in dem der Landvogt von Lugano sein
Amt ausübte. In einem nach Westen offenen Hof sehen wir das durch seine hohe Loggia im
Obergeschoß auffallende Gebäude. Links ein Madonnenfresko mit den Hll. Rochus und
Gratus von 1601; im Obergeschoß eine leider ziemlich verfallene Geißelungsdarstellung
(1577) und das Wappen von Uri.

Über die enge Hauptgasse, durch die sich der Verkehr wälzt, kommen wir zur 1601
errichteten Dorfkirche *S. Orsola*. Die harmonisch gegliederte Fassade des schönen Renaissance-Baus wird von einem Serliana-Fenster geschmückt. Der stukkierte Hochaltar enthält
eine Darstellung der Hl. Ursula mit den 11 000 Jungfrauen. Schräg gegenüber der Kirche
steht das Pfrundhaus, hinter dessen Portal sich ein idyllischer Hof mit Laubengängen,
Mauerportal und Steintisch verbirgt.

Die Pfarrkirche *S. Martino*, deren Patrozinium auf die sehr frühe Gründung im 13. Jh. hinweist, wurde Anfang des 17. Jh. zum großen Teil neu gebaut. Im Innenraum, der im 17. und 18. Jh. reich ausgestattet wurde, fällt besonders der hohe, holzgeschnitzte Tabernakelaufbau von 1662 über dem Hochaltar auf.

Auf dem Weg ins Tal der Tresa durchfährt man **Monteggio**, einen beliebten Ferienort in sonniger Lage. Dort finden wir die *Casa Passera*, die mit elf Bogen wohl die längste Arkadengalerie im Malcantone aufweist.

Vom Tresa-Tal muß man beim Weiler Madonna del Piano links abbiegen, um nach **Croglio** hinaufzufahren. Die kleine Kirche *S. Bartolomeo** mit barockem Türmchen wurde vor 1411 gebaut, 1945 renoviert und mit einem offenen Dachstuhl versehen. Die sehr gut erhaltenen Fresken sind an einer Stelle mit 1440 datiert und zeigen in der Apsis eine Majestas Domini in der Mandorla. Christus ist in blaue und goldene Gewänder gehüllt und von den Evangelistensymbolen, die Schriftbänder halten, umgeben; besonders gelungen der Engel, der Matthäus symbolisiert, und die fein gezeichnete Menschenhand des Markuslöwen. Unterhalb eines Akanthusfrieses eine Apostelreihe, in der wir den Schutzheiligen Bartholomäus mit einem aufgeschlagenen Buch in der Hand erkennen. Die Krönung Mariae an der südlichen Wand enthält eine Trinitätsdarstellung in Form des Gnadenstuhls. Gottvater, als junger Mann dargestellt, krönt mit der Rechten Maria und hält mit der Linken den Kruzifixus, rechts der Hl. Antonius. Ebenfalls an der Südwand eine farblich besonders eindrucksvolle, thronende Madonna mit Kind. Das grüne Gewand des Jesuskindes hebt sich fein ab vom Weinrot des Marienkleides vor dem goldenen Hintergrund des gotischen Thrones. Bei der barocken, holzgeschnitzten Statue des Hl. Bartholomäus weisen die Messer in der Linken auf sein Martyrium hin.

Auf einer Geländeterrasse hoch über dem Tresa-Tal liegt das Dorf **Castelrotto**, das seinen Namen von einer 1116 von den Mailändern zerstörten Burg erhielt. Die Fassade der Barockkirche *S. Nazzaro* aus dem 17. Jh. krönt ein klassizistischer Giebel. Die Innendekoration stammt vorwiegend aus dem 18. Jh., den großen Hochaltar schuf Antonio Camuzzi Ende des 17. Jh.

Ponte Tresa hat durch zahlreiche Neubauten viel von seinem ursprünglichen Reiz verloren. Von Bonstetten nennt in seinen Briefen über die italienischen Ämter Ponte Tresa ein ›garstiges Städtchen mit schöner Lage an einem halbstundenbreiten‹ See, der durch einen Kanal mit dem Luganer See verbunden ist. Dazwischen erhebt sich der Monte Caslano, der während des Krieges zwischen Comaskern und Mailändern im 12. Jh. hart umkämpft wurde und heute vor allem botanisch interessant ist.

Auf halbem Weg zwischen Magliasina und Caslano liegt die kleine Kapelle *S. Maria delle Grazie*, auch *Chiesuola di Mezzo** genannt. Von einer früheren gotischen Kapelle blieb im Inneren ein Wandstück erhalten, auf dem in Form eines Triptychons eine thronende Muttergottes mit Hl. Sebastian und Hl. Bischof vom Anfang des 15. Jh. zu sehen ist.

Dicht an der verkehrsreichen Straße nach Ponte Tresa steht die Kirche *S. Maria del Rosario* in **Magliasina**. Die kleine Kapelle *S. Maria* vor ihrer Westfront enthält Renaissance-Fresken, die jedoch stark beschädigt sind.

Lugano und das Luganese

Lugano muß einmal wunderschön gewesen sein . . . bevor der landschaftsfressende, parzellierende Bebauungswahn ohne Rücksicht auf gewachsene Strukturen von Stadt und Umgebung diese bevorzugte Region verunstaltete. Wo die Natur es zuließ, wurde sie zugebaut, der Monte Brè ähnelt immer mehr dem Anfang der siebziger Jahre prognostizierten ›babylonischen Wohnturm‹ (M. Wermelinger), Lugano entwickelt sich zu einer ausufernden Metropole aus Stein; ›Fernziel‹ ist die Agglomeration Lugano-Mendrisio-Chiasso.

Von einem erhöhten Standpunkt erkennt man den verwirrend vielarmigen Ceresio und die wunderbare Lage der Stadt (Abb. 75) – das weite Halbrund, flankiert von den Hausbergen Monte S. Salvatore und Monte Brè, mit dem langsam ansteigenden Hinterland der Capriasca und den Bergen im Norden (Farbt. 45).

Die Stadt, 724 als *Leguano*, später als *Luvano* in Dokumenten erwähnt, erhielt ihren heutigen Namen nach 1300. Die Eidgenossen nannten sie *Lauis*. Nach der langobardischen Herrschaft im 6. Jh., während der Lugano und das Luganese zur Grafschaft Seprio gehörten und mit Mailand verbunden waren, kam die Stadt an Como. Kaiser Heinrich V. unterstellte sie der Gerichtsbarkeit des Bischofs von Como, der zeitweilig in Lugano residierte. Nachdem weltliche Machthaber dem Bischof die Hoheitsrechte entwunden hatten, geriet Lugano in direkte Abhängigkeit von Como, behielt jedoch während des zehnjährigen Krieges zwischen Como und Mailand einige Privilegien, die sich Ende des 12. Jh. in eigener Gerichtsbarkeit und einheimischen Konsuln manifestierten.

1286 erlangten die Rusca die Herrschaft über Lugano und das Sottoceneri. Mit der Zusammenfassung der Kirchspiele Lugano, Agno und Capriasca zu einem Generalkapitel begann die Autonomie des Ortes. Ende des 14. Jh. entstand die Grafschaft Lugano. 1512 besetzten die Eidgenossen Lugano, nach Ableistung des Treueschwurs wurde auch Lugano Vogtei. Es folgte ein 300 Jahre dauernder geschichtlicher Dornröschenschlaf, Sicherheit und Ruhe traten ein; statt des Luganese wurde jetzt Oberitalien zum Schauplatz von Kämpfen.

Seit jener Zeit wurde auf der Piazza Castello der 1513 bewilligte, berühmte Herbstmarkt abgehalten, auf dem Vieh, Nahrungsmittel und Manufakturwaren gehandelt wurden. Die große Stunde Luganos schlug im Februar 1798, als entschieden werden mußte, ob sich das Luganese der Cisalpinischen Republik von Napoleons Gnaden oder der Eidgenossenschaft als freier Staat anschließen sollte. Der amtierende Landvogt war bestrebt, den bisherigen

J. Weber
4 Mai 1886.

Zustand beizubehalten, überall im Tessin wuchs jedoch die Forderung nach Freiheit und Unabhängigkeit. Am 15. Februar 1798 versuchte eine Cisalpinertruppe, unterstützt von sympathisierenden Bürgern, die sich Patrioten nannten, die Stadt im Handstreich zu nehmen, Freiwilligencorps der Bevölkerung ließen jedoch den Versuch scheitern. Das Volk forderte die Entbindung vom Untertanenschwur sowie die Unabhängigkeit innerhalb des schweizerischen Staatsverbandes: Sie wollten ›Liberi e Svizzeri‹ sein. Nach der Proklamation für Freiheit und Gleichheit traten die Abgeordneten der helvetischen Eidgenossenschaft zurück. Die Herrschaft der Vögte war beendet, und nachdem die französische Regierung den Verfassungsentwurf des Basler Oberzunftmeisters Peter Ochs angenommen hatte, entstand die ›Helvetische Republik‹. Am 28. März 1798 wurden aus den italienischen Vogteien die Präfekturen Lugano und Bellinzona. 1803 beschloß Napoleon, die Eidgenossenschaft wiederherzustellen, in der Mediationsakte wurde sie von 13 auf 19 Kantone erweitert. Das Tessin wurde zu einem souveränen Staat als Republik und Kanton.

An der Stelle des früheren Castello und eines Palazzo von Beroldingen aus dem 17. Jh. wurde um 1840 die *Villa Ciani* erbaut, die sich zum zentralen Stützpunkt italienischer Emigranten während des Risorgimento entwickelte. Giacomo und Filippo Ciani, politische Flüchtlinge aus Mailand, führten diese freiheitlich-patriotisch motivierte Gruppe, die die Unterstützung der Tessiner Bevölkerung und der Kantonsregierung genoß. Der Bildhauer Vincenzo Vela sympathisierte ebenfalls mit dem Risorgimento, sein berühmtes Denkmal ›La Desolazione‹ soll wieder im Parco Civico aufgestellt werden. Die Villa Ciani beherbergt heute das *Museo Civico di Belle Arti,* das neben einer bedeutenden Sammlung einheimischer Künstler Werke von Pissarro, Rousseau und Matisse enthält (s. S. 345). In der Nähe der Villa Ciani ist eine Marmorskulptur des ›Sterbenden Sokrates‹ von Markus Antokolski zu sehen.

Beginnen wir unseren Stadtbummel nach einem Spaziergang an der Uferpromenade des Luganer Sees. Am anderen Ende der halbrunden Bucht liegt die Chiesa *S. Maria degli Angioli* an der Piazza Luini. Die Kirche wurde 1490 gegründet und gehörte zu einem 1848 aufgehobenen Franziskanerkloster, dessen Gebäude im benachbarten, 1852 von den Brüdern Ciani initiierten Hotelbau aufgingen, wobei ein Flügel des Kreuzgangs erhalten blieb. Die Fassade hat nichts von ihrer strengen Harmonie verloren, die vor allem auf dem regelmäßigen Gneisquaderwerk beruht.

Beim Eintritt in den schlichten Raum fällt der Blick auf das monumentale Passionsfresko an der dreibogigen Lettnerwand, das Bernardino Luini 1529 malte. Wegen der verschiedenen über- und hintereinanderliegenden Ebenen mit personenreichen Handlungen ist es nicht ganz einfach, sich in die Komposition einzulesen. Das Fresko wirkt mit den vielen, zum Teil sehr poetischen Details wie ein Bildteppich. Auf der hinteren Bühne oben links Christus im Garten Gethsemane, rechts seine Himmelfahrt als Anfang und Ende der Leidensgeschichte,

◁ *Lugano mit dem Monte Caprino, S. Lorenzo und dem Monte S. Salvatore*

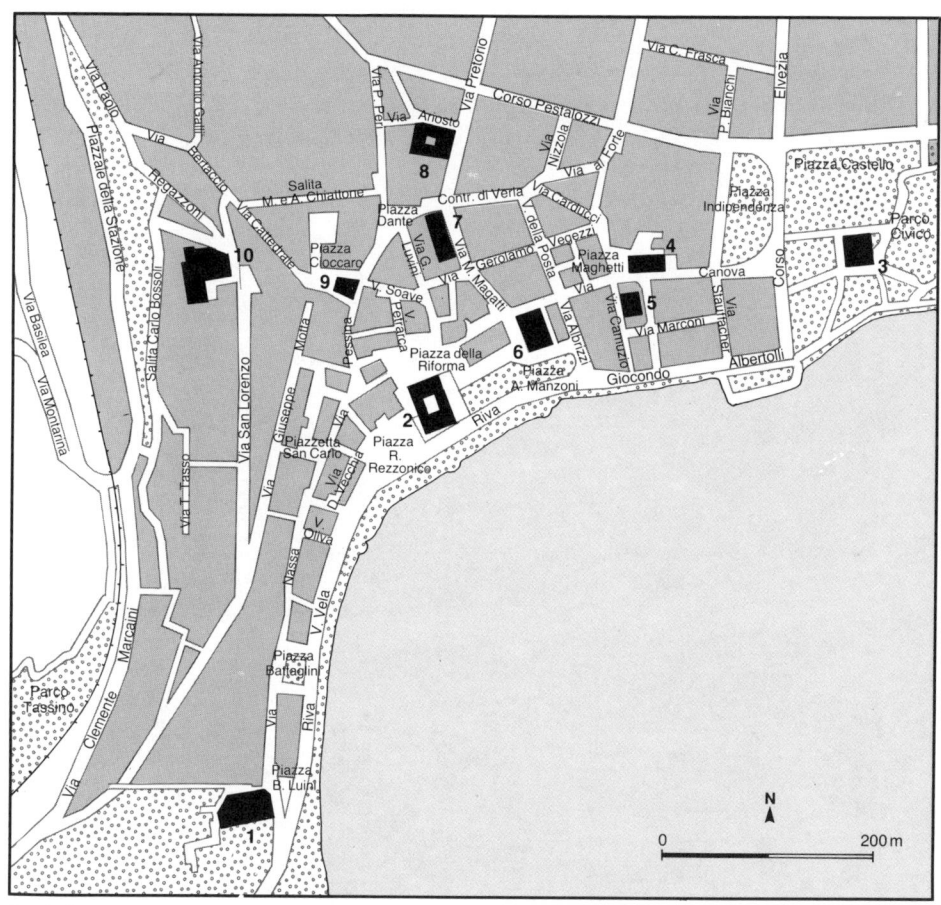

Stadtplan von Lugano   1 S. Maria degli Angioli   2 Palazzo Civico, Municipio   3 Villa Ciani   4 San Rocco   5 Palazzo Albertolli   6 Palazzo Riva   7 S. Antonia   8 Palazzo Riva   9 Palazzo Riva, Funicolare   10 S. Lorenzo

dazwischen eine Landschaft mit Stadt-Architektur. Im Mittelteil von links Szenen der Verspottung, Kreuztragung, Grablegung und Begegnung mit dem ungläubigen Thomas. Der gesamte Vordergrund gehört der volkreichen Szenerie des Kalvarienberges mit zahlreichen bewegenden Details, besonders eindrucksvoll sind die Figuren der Maria und des Johannes. An der linken Schiffswand ist eine abgelöste Abendmahlsdarstellung von Luini zu sehen, die sich früher im Refektorium des Klosters befand. In der Seitenkapelle rechts neben dem Eingang wurde das Fresko der Madonna mit Jesus und Johannes angebracht, das Luini für die Lünette der Kreuzgangtür gemalt hat. In der vierten Seitenkapelle rechts vor dem Lettner

Lugano, nach einem Kupferstich von Matthäus Merian

Lowertz.

A. S. Laurentio.	E. Cafa de rafo.	H. Porte S. Catharina.
B. Porte S. Laurent.	B. Come.	I. Compion D.
C. L. del Madame.	F. Hofpitale.	K. Lago de Lugano.
D. S. M. Angel.	G. S. Francifco.	L. S. Saluator.

an der rechten Wand eine noch gut erhaltene Flucht nach Ägypten von Domenicus Sursnicus in der Art des Bramantino um 1520–1530.

Zwischen den Fenstern dieser Kapelle entdecken wir eine thronende Madonna, offenbar ein abgelöstes Fresko mit einem bemerkenswerten Detail: Maria in Orantenhaltung, das Christuskind ›freischwebend‹ über ihrem Schoß. Sehr interessant sind auch die Grisaille-Malereien hinter dem Altar: die Szenen aus dem Leben der Maria von 1523 an den Seitenwänden wurden in den letzten Jahren restauriert. Ganz vorn im Altarhaus eine eindrucksvolle Pietà.

Nicht weit von S. Maria degli Angioli befindet sich *S. Maria di Loreto* (Abb. 74), ein kleines Schmuckstück in idyllischer Lage. Von außen verrät nur der barocke Glockenturm, daß es sich bei dem Gebäude mit Arkadenportikus und gemalten Szenen zwischen den Fenstern des Obergeschosses nicht um einen Palazzo handelt. Der 1524 errichtete Bau geht auf einen älteren Bildstock zurück, der in der Kapelle links vom Eingang mit einem sehr schönen Madonnenfresko aus dem späten 15. Jh. erhalten blieb: Maria mit dem Kind in einer Mandorla, im Vordergrund die Loretokirche (Casa lauretana).

Auf dem Weg zurück ins Zentrum kommen wir durch die mondäne Via Nassa, vorbei an teuren Feinkostläden, in deren Arkadenbögen riesige Salamiwürste aus Plastik hängen, zur Via Pessina, der einzigen noch authentischen Altstadtstraße. Hier befindet sich einer der drei in der ersten Hälfte des 18. Jh. erbauten Palazzi Riva mit der Schaufassade zur Piazza Cioccaro. Im Innenhof finden wir eine elegante Treppenanlage und Fenster in Illusionsmalerei.

Von hier aus kann man mit der Seilbahn zum Bahnhof fahren und zur *Kathedrale S. Lorenzo* (Abb. 72) hinabsteigen oder den schöneren Treppenweg zu Fuß über die Via alla Cattedrale gehen. Vom Vorplatz der Kathedrale – 1888 wurde Lugano durch eine Bulle Papst Leos XIII. zum Bistumshauptort der Diözese Tessin erklärt – bietet sich ein großartiges Panorama über die Dächer hinweg vom Monte Brè zur Linken über den Monte Caprino zum Monte S. Salvatore zur Rechten.

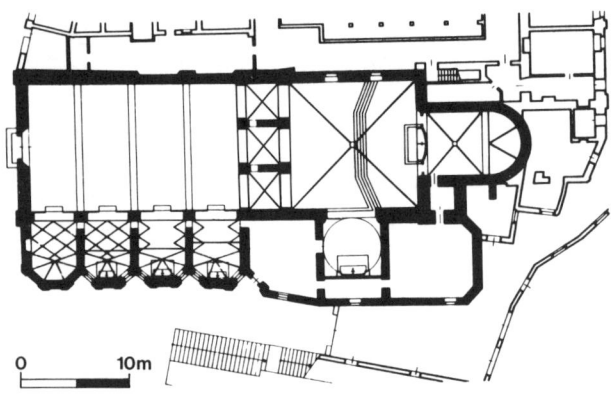

0   10m

Lugano, Grundriß der Kirche
S. Maria degli Angioli

*Lugano, Renaissance-Taber-
nakel in S. Lorenzo*

Die schon im 9. Jh. erwähnte Kirche wurde im 15. Jh. unter Verwendung älterer Bauelemente als Pfeilerbasilika errichtet. Die an allen Seiten über das Gebäude hinausragende
Fassade von 1517 aus Saltrio-Kalkstein ist mit maßvoll verteilten Dekorationen versehen:
einer quadratisch eingefaßten Rosette, Reliefbüsten der Evangelisten an den Seitenportalen
sowie Büsten von David und Salomo am Hauptportal und gliedernder Friesornamentik.
Über die Namen der Erbauer dieser lombardischen Frührenaissance-Fassade herrscht
Unklarheit, nicht weniger als fünf berühmte Baumeister vom Beginn des 16. Jh. könnten es
gewesen sein.

Nach der barocken Umgestaltung im 18. Jh. präsentiert sich der nur schwach beleuchtete
Innenraum stilistisch uneinheitlich. Romanische und gotische Bauelemente sind an den
Stützpfeilern und dem Kreuzrippengewölbe in den Seitenschiffen erkennbar. Vom Eingang

links beginnend, sieht man am ersten Pfeiler eine Hl. Luzia aus dem 14. Jh., an der Südseite des vordersten Pfeilers thront eine Madonna in Orantenhaltung unter gotischem Baldachin, zu ihren Füßen eine Stifterfamilie aus der zweiten Hälfte des 15. Jh. Am gegenüberstehenden Pfeiler zum Altar hin eine als Martyrium des Hl. Mamete gedeutete Darstellung (im Gegensatz zu dieser Darstellung besagt die Legende, daß dem Heiligen der Leib aufgeschlitzt wird), rechts davon Sebastian und Rochus unter einer Verkündigung, von Ambrogio da Muralto 1487 gemalt, und links eine Madonna mit einem seltsam alt wirkenden Kind. Am mittleren rechten Pfeiler ist eine Reliefbüste des Bischofs Bonifatius von Como angebracht, datiert 1347; ein Pendant hierzu befindet sich in der Chiesa Rossa in Castel S. Pietro.

An der übrigen Ausstattung fällt besonders die Verwendung vielfarbiger Marmorarten auf sowie die sich überlagernden stilistischen Formen der verschiedenen Kunstepochen. Im vierten Joch sehen wir einen Renaissance-Tabernakel aus Saltrio-Stein, der alte Taufstein im südlichen Seitenschiff stammt aus dem Jahr 1430.

Kehren wir aus dieser stillen Atmosphäre zurück ins städtische, sehr italienisch wirkende Ambiente um die Piazza della Riforma. Der *Palazzo Civico*, in dessen Tordurchgang der ›Spartakus‹ von Vincenzo Vela mit emphatischer Geste grüßt, wurde 1840–1844 errichtet. Der freistehende klassizistische Bau mit einem imposanten Innenhof sollte als Regierungssitz des Kantons Tessin dienen; seit 1878 ist er ›nur‹ noch Municipio. Von den Patrizierbauten im historischen Stadtbereich blieben leider nur noch wenige erhalten, wie etwa der *Palazzo Riva* an der Piazza Manzoni, heute ein Bankgebäude, mit Fresken und Stukkaturen des 18. Jh., oder ein weiterer Riva-Palast in der Via Pretorio mit reich skulptiertem Portal.

Die *Casa Albertolli*, heute ebenfalls ein Bankgebäude, ersetzt ein 1812 abgebrochenes Franziskanerkloster. Bis 1954 hing hier ein sehr eindrucksvolles Kreuzigungsfresko, wahrscheinlich von Bernardino Luini, das heute in der Pfarrkirche von Dino zu sehen ist (vgl. S. 246). In der 1592 errichteten Kirche *S. Rocco* sieht man neben Stukkaturen und Malereien im Gewölbe illusionistische Ausmalungen aus dem späten 18. Jh.

An der Piazza Dante, deren Atmosphäre durch eine klotzige Kaufhaus-Fassade beeinträchtigt wird und die zum täglichen Treffpunkt von Jugendgruppen avancierte, liegt die Kirche *S. Antonio Abate* – äußerlich markant wegen des unverputzten Mauerwerks aus rotem Backstein. Die ehemalige Humiliatengründung von 1334 wurde im 17. Jh. neu gebaut und mit Bildern von Francesco Bianchi und den Brüdern Torricelli aus dem 18. Jh. ausgestattet. Die sehr schönen Altargemälde von Giuseppe Petrini stammen ebenfalls aus dem 18. Jh.

Durch die Via Peri – links die *Chiesa dell'Immacolata* von 1880 – gelangen wir zum Corso Pestalozzi, auf dem wir zum Parco Civico zurückkehren können. An dieser nördlichen Begrenzung der Altstadt, einer im Neo-Renaissancestil erbauten Geschäftspassage mit Säulenarkaden, findet man einen der wenigen erhaltenen Bauten aus dem 15. Jh. Das 1962 restaurierte, von einem Hochhaus stark bedrängte Renaissance-Haus *La Piccionaia* ist mit seiner gemalten Dekoration ein seltenes Beispiel lombardischer Architektur jener Zeit. Leider sind die Friese mit Vögeln, Früchten, Blättern und Blumen nicht mehr sehr gut erhalten, am besten erkennt man den Girlandenfries unmittelbar unter der Dachtraufe.

Blick auf Lugano um 1850 mit S. Antonio, S. Maria degli Angioli und S. Lorenzo, im Hintergrund der Monte Caprino

Einen Besuch in der *Villa Favorita* in Castagnola sollte man auf keinen Fall versäumen. Am Seeufer gelegen und umgeben von einer herrlichen Parkanlage, beherbergt die 1687 erbaute Villa eine der schönsten privaten Gemäldesammlungen Europas, die sich im Besitz des Barons Thyssen-Bornemisza befindet. Von April bis Oktober sind die Werke an drei Tagen der Woche der Öffentlichkeit zugänglich (vgl. S. 346).

Zur Entspannung und Erholung von der Luganeser City kann man den berühmten Spaziergang nach Gandria anschließen. Der Weg beginnt bei S. Domenico, das mit Bus, Schiff oder Auto zu erreichen ist. Der *Sentiero di Gandria* wird bald nach S. Domenico zu einem Fußweg mit herrlichem Ausblick auf den Ceresio und den gegenüberliegenden bewaldeten Monte Caprino. Hier erkennt man, daß die besondere klimatisch-geographische Situation eine ganz typische Pflanzenwelt hervorbringt. Vom Monte Brè vor den Nordwinden geschützt, gedeiht auf Kalkböden die insubrische Flora, deren schönste Exemplare auf dem Stück zwischen Castagnola und Gandria zu sehen sind.

Kurz nach dem Sasso di Gandria ist der verwinkelte Terrassenort **Gandria** (Abb. 76) erreicht, dessen faszinierende Lage man am besten vom See aus bewundern kann. Die barocke Pfarrkiche *S. Vigilio* geht auf einen älteren Bau zurück, von dem ein Arkadenfries an der Südseite erhalten blieb. Die Ausstattung stammt aus dem 17. und 18. Jh., ein kunsthistorisch interessanter Renaissance-Altar mit lombardischen Tafelmalereien – um 1510 aus dem Umkreis des Borgognone – wurde leider in das Landesmuseum in Zürich gebracht.

Blick auf Gandria mit S. Vigilio

Von Gandria aus lassen sich zwei ungewöhnliche Unternehmungen machen: Auf dem gegenüberliegenden Ufer, nur mit dem Schiff zu erreichen, liegen die *Cantine di Gandria* – Felsenkeller zur Weinlagerung – und das nur im Sommer geöffnete *Schweizerische Zollmuseum*, in dem man den Erfindungsreichtum der örtlichen Schmuggler dokumentiert wird (vgl. S. 345).

Oberhalb von Gandria, in etwa 600 m Höhe mit phantastischem Blick auf den Porlezzaarm des Ceresio, ist der Schalenstein *Sasso della Predescia* zu finden, ein Felsbildblock mit vielen Vertiefungen und Abdrücken, die als Kultsymbole gedeutet werden.

Collina d'Oro

Gleich zu Beginn der Fahrt zur Collina d'Oro, dem südlich von Lugano gelegenen Höhenrücken, erwarten uns einige der ältesten Malereien im Tessin. Die 1298 erstmals erwähnte

Kirche *S. Maria Assunta* in **Sorengo*** war im 17. Jh. Teil eines Kapuzinerklosters. In jener Zeit wurde der noch existierende frühromanische Teil um 180° gedreht, so daß die heutige Fassade vor der ehemaligen Apsis steht und die Malereien über den Gewölben der Schiffsjoche verschwanden. Der Pfarrer von Sorengo schließt eine kleine Eisentür rechts von der Fassade auf, und man steigt über eine Eisentreppe in den Dachstuhl der Kirche, steht auf dem Gewölbe des Schiffs und blickt auf wunderbar erhaltene Fresken (Abb. 77, 78) aus der zweiten Hälfte des 11. Jh. hinunter, deren enge stilistische Verwandtschaft mit denen in S. Ambrogio di Prugiasco und S. Vittore di Muralto offensichtlich ist.

Links und rechts von einem Gewölbebogen sehen wir eine Verkündigungsszene von großer Ausdruckskraft, der Engel mit weitausgebreiteten Flügeln weist gebieterisch auf die von einem Architekturrahmen umgebene Maria. Beide Figuren, obwohl nur noch zum Teil erhalten, zeigen eine beachtliche Sicherheit in der bildnerischen Darstellung, nicht zuletzt fasziniert der perspektivische Fries oberhalb der Fresken: ein ornamentales Mäanderband, unterbrochen von Bildfeldern mit Vögeln und Fischen.

Eine Reihe von zum Teil beschrifteten Apostelfiguren aus dem 14. Jh., deren untere Hälfte zugemauert ist, beeindruckt durch schöne bogenförmige Umrahmungen. Im Inneren der unlängst restaurierten Kirche blieben ebenfalls frühe Freskenreste um das Eingangsportal herum erhalten. Neben der Tür die römische Aschenurne eines Kindes mit Inschrift und Reliefdekoration, deren Existenz für einen römischen Friedhof auf dem Hügel von Sorengo im 1. Jh. n. Chr. spricht.

Die Fahrt um die Collina d'Oro auf der weniger bekannten Strecke über Carabietta bietet vor allem einen großartigen Blick auf die Seen, das gegenüberliegende Ufer sowie die üppige Vegetation. Außerhalb von **Barbengo** liegt hoch über dem Scairolo-Tal die Pfarrkirche *S. Ambrogio* aus dem 17. Jh., deren Besonderheit zwei Campanili sind.

Der Chorraum der 1298 erwähnten, im 18. Jh. umgebauten und vor kurzem renovierten Pfarrkirche *S. Toma* in **Agra,** dem höchstgelegenen Dorf der Collina d'Oro, wurde um 1770 in der Art der Torricelli illusionistisch ausgemalt; an der Stirnfront ein lombardisches Gemälde des ungläubigen Thomas, um 1600 in manieristischem Stil entstanden. In der südlichen Seitenkapelle ein Gnadenstuhl aus der zweiten Hälfte des 17. Jh.

Bei der Fahrt nach **Montagnola** wird die ganze Pracht dieser Gegend deutlich, die allerdings durch zunehmende Zersiedelung gefährdet ist. Aus der Region zwischen Barbengo, Arasio und Montagnola stammen zahlreiche Baumeister und Ingenieure, die in ganz Europa tätig waren und auch in ihrer Heimat Spuren hinterließen, wie zum Beispiel Pasquale Lucchini aus Arasio, der die Straße im Onsernone-Tal und den Damm bei Melide baute.

Montagnola, Heimatort des Architekten Gilardi, der am Hofe Katharinas II. arbeitete und 1812 den Wiederaufbau Moskaus nach einem verheerenden Brand leitete, wurde in diesem Jahrhundert noch durch andere Persönlichkeiten bekannt. Angezogen von der einmaligen Lage des Dorfes auf dem Rücken des ›Goldenen Hügels‹ mit Blick auf Lugano, den Monte Generoso und den Malcantone sowie von den klimatischen Vorzügen, lebten und arbeiteten Hans Purrmann und Hermann Hesse in Montagnola.

Der *Palazzo Camuzzi* in der Ortsmitte, dem ehemaligen Sitz der Familie Camuzzi, die bekannte Architekten und Stukkateure hervorgebracht hatte, war das erste Domizil Hermann Hesses, der sich schon 1919 hier niederließ. Hesse liebte das Tessin, über 40 Jahre lebte er in Montagnola, zog jedoch auf der Flucht vor den kalten Wintern 1931 in das Haus seines Zürcher Freundes Hans C. Bodmer. Der Gefahr für diese Landschaft durchaus bewußt, schrieb er in seiner Erzählung »Rückkehr aufs Land«: ›Der Letzte von uns wird sich am letzten alten Kastanienbaum des Tessin, am Tag, eh der Baum im Auftrag eines Bauspekulanten gefällt wird, aufhängen.‹ In Montagnola entstanden Hesses bedeutendste Werke, die Generationen von jungen Leuten tief beeindruckten. Nicht zuletzt die Absolventen der American School im Nachbarort Certenago werden dafür gesorgt haben, daß er in den Vereinigten Staaten zeitweilig bekannter war als im deutschsprachigen Raum.

Mitte der vierziger Jahre zog Hans Purrmann in die *Casa Camuzzi*. Seine Bilder zeigen heitere, unberührte Landschaften von klaren Formen und reinen Farben.

Südlich der Piazza versteckt sich die kleine Kirche *SS. Nazario e Celso*. Durch eine Drehung nach Westen im 19. Jh. wurde der ehemalige Chor zur Seitenkapelle, in der wir Renaissance-Fresken von 1551 finden. An der Stirnfront des jetzigen Chors eine spätgotische, geschnitzte Madonna, wahrscheinlich süddeutscher Herkunft, vom Ende des 15. Jh.

Die Weiterfahrt Richtung **Gentilino** führt zu einem der schönsten und stimmungsvollsten Plätze des Sottoceneri. Auf einer Terrasse oberhalb des Dorfes liegt die schon im 14. Jh. erwähnte Kirche *S. Abbondio*. Die barockisierte Baugruppe mit freistehendem Campanile von 1570, Kapellen und Beinhaus erhält ihren malerischen Charakter durch eine Zypressenallee. Im Chor der Säulenbasilika findet man reiche Stukkaturen der Gebrüder Camuzzi vom Ende des 17. Jh., in der nördlichen Nebenkapelle eindrucksvolle Gemälde von Giuseppe Antonio Petrini. Besondere Beachtung verdient das Beinhaus links der Kirche, wahrscheinlich von Petrini 1730 ausgemalt; an den Außenwänden Fresken von Bartolomeo Rusca aus dem späten 17. Jh.

Jenseits der Straße liegt hinter hohen Mauern der Campo Santo mit den Gräbern von Hermann Hesse, Hugo Ball, Emmy Ball-Hennings und Bruno Walter.

Die häßlichen Spuren landschaftsfressender Autobahnen und Industrieanlagen werden sichtbar, wenn man auf das Scairolo-Tal hinabblickt, in dessen Mitte bei Grancia gewaltige Tanklager errichtet wurden. Unterhalb von Gentilino liegt am Beginn des Piano di Scairolo der kleine Ort **Pambio** mit *S. Pietro*, dessen schlanker spätgotischer Campanile einen spitzen Helm trägt. Im Innenraum ein Gemälde mit der Übergabe der Schlüsselgewalt an Petrus von G. A. Petrini und ein Taufstein aus dem Jahr 1518. Um von der Collina d'Oro zum gegenüberliegenden Höhenzug zu gelangen, muß man bis Paradiso zurückfahren, wo sich die Talstation zum Monte S. Salvatore befindet, dessen Gipfel einen herrlichen Rundblick auf das Sottoceneri bietet.

Monte S. Salvatore – Monte Arbòstora

An der Westflanke des **Monte S. Salvatore** schraubt sich die Straße nach **Pazzallo** hinauf. Hier wurden in den vergangenen Jahren drei Gräber entdeckt, deren Beigaben eine Datierung um 450 v. Chr. erlauben. Geometrische Sgraffiti schmücken die Wände der Casa Laurenti mit zwei übereinanderliegenden Loggien und einem *solaio* in **Carabbia.**

Für **Carona** sollte man sich etwas mehr Zeit nehmen. Als *Calauna* schon 926 erwähnt, war der Ort im Mittelalter eine kleine autonome Republik mit eigener Gerichtsbarkeit, zwei Konsuln an der Spitze und Privilegien, die auch unter eidgenössischer Herrschaft erhalten blieben. Eine Reihe von Künstler- und Architektenfamilien stammt aus Carona, die jedoch in ihrer Heimat wenig Zeugnisse hinterließen. Die *Casa Solari* in der Ortsmitte mit Fassaden-Sgraffiti erinnert an die Solari, deren Söhne am Bau des Kreml und an S. Maria dei Miracoli in Venedig mitarbeiteten.

Am Turmunterbau und der Chorrückwand erkennt man den romanischen Ursprung der Pfarrkirche *S. Giorgio*. Um 1500 nach Plänen eines Solari neu erbaut, wurde sie später mehrfach umgestaltet. Über der Renaissance-Loggiengalerie, die S. Giorgio mit dem Pfarrhaus verbindet, sieht man die Wappen der Eidgenössischen Orte. Das Innere der Pfeilerbasilika ist mit Fresken des 15. und 16. Jh. reich ausgestattet: an der rechten Chorwand ein von Michelangelo inspiriertes Jüngstes Gericht, gemalt von Domenico Pezzi aus dem Val Solda um 1580, der auch eine Disputà (nach Raffael) und eine Kreuzigung an der Chorfront schuf.

Sehr eindrucksvoll sind die Reliefplastiken aus Saltrio-Stein und Marmor. An der rechten Schiffswand ein aus verschiedenen Fragmenten gut rekonstruiertes gotisches Triptychon mit den Hll. Georg, Agathe und Stephan, Christus im Grab mit Maria und Johannes und den Figuren von Petrus und Paulus. Auf der gegenüberliegenden Seite eine Madonna mit Kind zwischen Sebastian und Rochus aus dem 15. Jh., möglicherweise aus einer Solari-Werkstatt, mit sehr schöner Renaissance-Ornamentik. Das dritte Marmorrelief, ebenfalls an der linken Schiffswand, mit einer thronenden Madonna fasziniert durch die Steinbearbeitung und die interessante, atypische Haltung der beiden Figuren aus der Mitte des 17. Jh. Rechts neben dem Relief befinden sich abgelöste Freskenreste aus dem späten 15. Jh., Sebastian und zwei Heilige darstellend.

Der Weg nach *S. Marta** führt durch den gut erhaltenen Ortskern mit engen Gassen und stattlichen Häusern mit Sgraffiti-Dekoration, Reliefs und Fresken, Rundbalkonen und schmiedeeisernen Gittern. Der Besuch der außerhalb auf einem Hügel gelegenen Kirche, die 1984 geplündert wurde, lohnt sich immer noch. *S. Marta* gehört heute noch einem Orden, dessen Vorgänger im Mittelalter als ›*Arci-confraternità del gonfalone maggiore di Santa Marta di Roma*‹ Kranke pflegte und Tote bestattete.

Der teilweise unverputzte Bau mit spätmittelalterlichem Grundbestand und barocker Erweiterung weist im Inneren hervorragende spätgotische Fresken des späten 15. Jh. auf. Sehr schön das besternte Gewölbe des früheren Chors mit Gottvater im Flammenkranz, darunter an der Chorfront faszinierende Gemälde. In der Mitte thront eine Madonna, links und rechts Paulus und Johannes sowie Petrus und Franziskus, darunter links der Hl. Georg

*Carona, Fassade der
Casa Solari*

mit der Prinzessin und rechts eine anmutige Hl. Martha. In der Art der Schutzmantelma-
donnen hält sie ihr Gewand über vermummte Gestalten, die in der Kleidung der Bruder-
schaftsmitglieder, die aus Hygienegründen und wegen der Ansteckungsgefahr in Pestzeiten
getragen wurde, wie Gespenster aussehen. (Eine weitere Darstellung dieser Art finden wir in
S. Stefano bei Pedrinate.) Sehr beeindruckend sind die Figuren der Hll. Bernhard und
Antonius, rechts der Sennenheilige Luzius.

Die dritte Kirche von Carona, *Madonna d'Ongero**, liegt außerhalb des Dorfes auf einer
Waldlichtung, von der man einen wundervollen Blick über die Collina d'Oro bis zu den
Walliser Alpen hat. Die Wallfahrtskirche entstand im 17. Jh. an der Stelle eines Bildstocks

mit einem Madonnengemälde von 1515 – heute im Hochaltar als Gnadenbild – und gilt als eine der stilreinsten Barockkirchen im Tessin. Besonders erwähnenswert sind die üppigen Stukkaturen von Alessandro Casella und die Fresken mit Szenen aus dem Leben Christi an den Schiffswänden von Giuseppe Antonio Petrini aus Carona (1750).

Nach einem etwa zwanzigminütigen Spaziergang durch lichten Mischwald erreicht man die kleine romanische, aus rotem Porphyr erbaute Kirche *Santa Maria di Torello* (Abb. 79). Das ehemalige Augustiner-Chorherrenstift, 1217 gegründet durch den Bischof Guglielmo della Torre von Como, dessen Grab sich im Inneren befindet, wurde schon 1389 wieder aufgelöst. Leider sind die ehemaligen Klostergebäude sowie die Kirche in Privatbesitz, so daß man den Bau nur von außen betrachten kann. Bei der Errichtung der Kirche auf abschüssigem Gelände wurden die Grundmauern eines vermutlich lombardischen Vorgängerbaus –

Morcote, S. Maria del Sasso

269

Reste davon erkennt man in der Apsis – als Fundament verwendet. Rundbogenfenster gliedern die zweigeschossige Westpartie, der von einem Zeltdach gekrönte Campanile wurde nördlich an die Kirche angebaut. Rechts und links von dem schönen Säulenportal mit Tympanon sehen wir Reste romanischer Fresken: Christophorus und den Kirchengründer Guglielmo della Torre.

Die Straße von Carona nach **Vico Morcote** führt am *Parco botanico di S. Grato* vorbei, von wo aus man den einmaligen Blick auf Carona, den Monte S. Salvatore und den Ceresio genießen kann.

In Vico Morcote, einem verwinkelten Ort mit Laubengängen, blieben Reste einer Burganlage erhalten, die um 1100 von den Mailändern errichtet wurde. Die 1625 erbaute Pfarrkirche *SS. Fedele e Simone* birgt rechts im Schiff über der Tür zur Sakristei ein besonders schönes Renaissance-Triptychon aus der Werkstatt der Rodari. Maria mit Kind, Johannes und Fidelis stehen in Nischen unter Muschelarkaden, umgeben von schöner lombardischer Frührenaissance-Ornamentik: Delphine, Vögel, die vier Evangelistensymbole, Cherubimköpfe, Früchte, Laubwerk und Blumen darstellend; über den beiden Heiligen die Erschaffung Adams und Evas und als Bekrönung ein Relief mit Christus über dem Grab sowie den Leidenswerkzeugen.

Auf halber Höhe zwischen Vico Morcote und Morcote führt ein Weg zur Pfarrkirche *Maria del Sasso.* Auch über die berühmte, 1718 von Domenico Fossati erbaute Treppe mit architektonischem Schmuck und Votivkapellen gelangt man hinauf. Die Pfarrkirche, im 13. Jh. gegründet, 1462 erneuert und 1758 barockisiert, imponiert vor allem durch den harmonischen, spätromanischen Campanile und die Malereien im dreischiffigen Innenraum. Die im 17. Jh. im alten Chor aufgestellte Orgel verdeckt teilweise Fresken an den Wänden und im Gewölbe aus dem 15. Jh., die Szenen aus der Genesis darstellen. Im vorderen Teil des linken

Morcote, Allegorische Darstellung aus einem Weltgericht in der Kapelle S. Antonio Abate

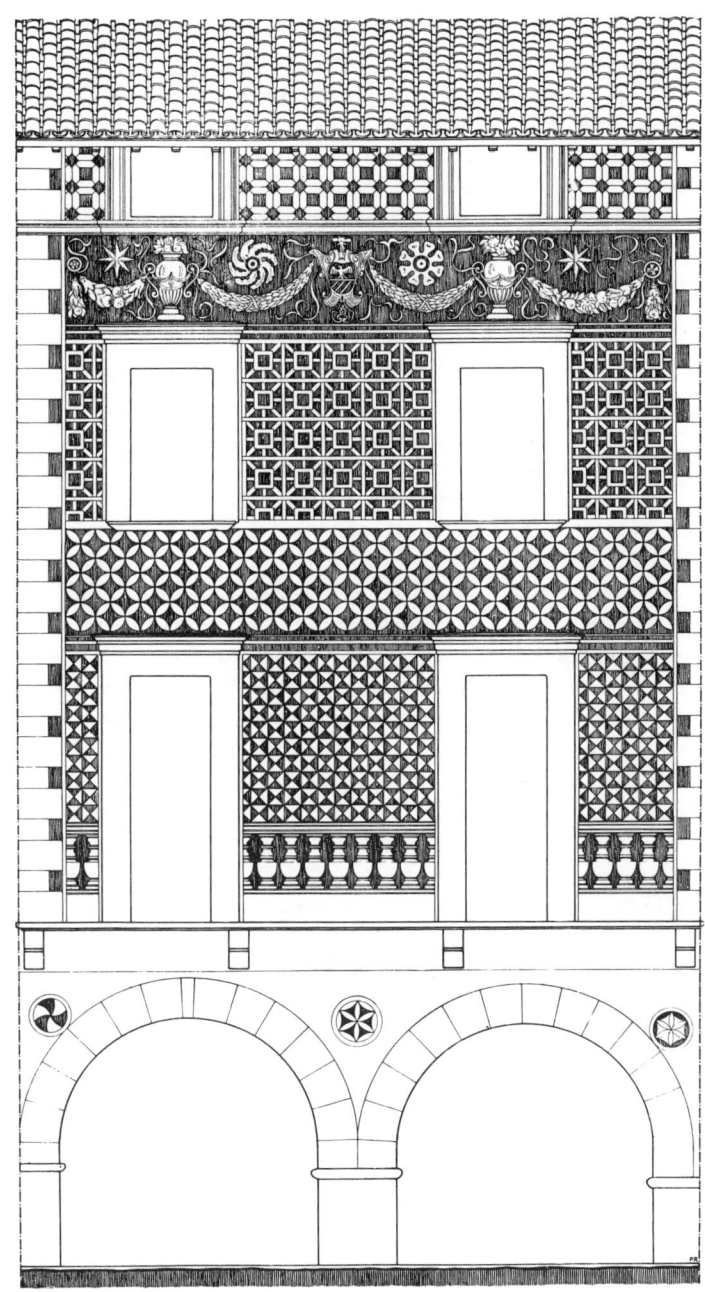

Morcote, Fassade der
Casa Buzzi

271

Seitenschiffs befinden sich die schönsten Darstellungen: weibliche Heilige von großer Ausdruckskraft und zarter Anmut, zum Beispiel Katharina, Agathe, Apollonia (16. Jh.). Weitere Köpfe sehen wir an den Gewölbegurten, Sybillen und Propheten, sehr schön auch die Kirchenväter und Hieronymus.

Rechts vom Altar mit den Papstbüsten sind in einem Nebenaltar Johannes der Täufer mit dem Lamm Gottes und rechts Johannes der Evangelist mit einem Kelch, aus dem sich eine Schlange windet, dargestellt: Johannes, vom Oberpriester in Ephesus für Unruhen verantwortlich gemacht, sollte einen Becher mit Gift trinken, er schlägt das Kreuz darüber, und das Gift entweicht in Gestalt einer Schlange. Über den beiden Heiligen in der Mitte eine Enthauptungsszene, in der Salome das Haupt Johannes des Täufers auf einer Schale entgegennimmt.

Im unteren Drittel der steilen Scalinata, die am Ufer hinter der Post beginnt, stoßen wir auf die spätmittelalterliche Kapelle *S. Antonio Abate* (1471) mit schönen Fresken, von denen einige von außen durch die Gitter betrachtet werden können: in sieben Bildfeldern Szenen aus dem Leben des Hl. Antonius, im dritten Feld ein Hl. Nikolaus. Darüber ein ausgespanntes Netz mit zappelnden nackten Figuren, als Zustand der menschlichen Seelen in den Schlingen der irdischen Existenz oder als Teil eines Jüngsten Gerichts, in dem Teufel die nach oben strebenden Seelen einfangen, gedeutet (um 1500).

Am Seeufer zieht sich als Beispiel für Reichtum und Selbstbewußtsein der Bevölkerung die Front der Patrizierhäuser im Halbrund hin. **Morcote** (Abb. 71), das ›Schatzkästlein des Tessin‹, war schon im Mittelalter eine autonome Gemeinde und besaß von Mailand vergebene freie Fischereirechte auf dem See. Auch unter den Eidgenossen behielt Morcote seine bevorzugte Stellung als *terra privilegata* mit eigener Gerichtsbarkeit sowie Zoll- und Steuerfreiheit. Als Fischlieferanten für Lugano erwarben die Bewohner im 16. Jh. bescheidenen Wohlstand. Der *Palazzo Paleari*, 1537 errichtet, gehört mit seiner reich geschmückten Renaissance-Fassade und Sgraffiti-Dekoration zu den schönsten der zahlreichen Bürgerhäuser. Auch die *Casa Buzzi* ziert reiches Sgraffiti-Dekor, an der *Torre del Municipio* mit gotischem Zwillingsfenster finden wir das Wappen von Morcote.

Ein Brückendamm verbindet den langgestreckten Ort **Melide** mit Bissone; diese wichtige Straßen- und Zugverbindung wurde zwischen 1845 und 1847 mit Granitfindlingen aus der Umgebung aufgeschüttet. Dem Straßenbau fiel das Geburtshaus des größten Sohnes von Melide zum Opfer: Domenico Fontana (1543–1607), der als bedeutender Barockarchitekt in Rom den Lateranpalast und die vatikanische Bibliothek sowie den Königspalast in Neapel schuf. Sein Bruder Giovanni arbeitete mit Carlo Maderno zusammen und gestaltete als Wasserbauingenieur mehrere römische Monumentalbrunnen. In dem schönen kleinen Ortskern findet man an mehreren Häusern illusionistische Malereien. Das Portal der Pfarrkirche *SS. Quirico e Giulietta* entwarf Domenico Fontana, an den Säulenbasen die Wappen der Fontana, im Inneren ein eindrucksvolles Leinwandbild von Giuseppe Antonio Petrini mit Paulus und Antonius aus dem 18. Jh.

65   Cademario, Höllendarstellung in S. Ambrogio ▷

66 Centovalli, Costa S. Anna

68 Bignasco im Val Maggia, S. Michele

67 La Presa im Val Bavona bei S. Carlo

69 Brissago, Madonna di Ponte

70   Verscio, S. Fedele

71   Blick auf Morcote ▷

73 Lugano, Municipio
72 Lugano, S. Lorenzo
74 Lugano, Vorhalle von S. Maria di Loreto

75　Blick auf Lugano vom Monte Brè

76　Gandria am Luganer See

77 Sorengo, S. Maria Assunta, Romanische Fresken über dem heutigen Chor, nur vom Dachstuhl aus zu sehen: Maria in der Verkündigungsszene

78 Sorengo, S. Maria Assunta, Romanische Fresken über dem heutigen Chor, Apostelreihe

79 Carona, S. Maria di Torello

80 Riva San Vitale mit S. Croce ▷

81   Riva San Vitale, Baptisterium S. Giovanni

82 Riva San Vitale, Taufbecken im Baptisterium S. Giovanni

83 Meride, Innenhof der Casa Oldelli

Campione – Bissone – Val Mara

Die landschaftlich reizvolle Route führt zunächst zu der italienischen Enklave **Campione d'Italia.** Campiones politische Zugehörigkeit zu Italien geht auf eine Schenkung im 8. Jh. an Sant'Ambrogio in Mailand zurück, das in dem Ort ein Kloster und eine Burg bauen ließ. Jahrhundertelang blieb es trotz verschiedener Versuche, die Herrschaftsverhältnisse zu ändern, bei dieser Regelung. Nach kurzer Zugehörigkeit zur Cisalpina und zu Österreich und einem vergeblichen Versuch Campiones, den Anschluß an den Kanton Tessin zu erreichen (1848), wurde der Ort 1859 endgültig italienisch, allerdings mit Sonderregelungen, die das Post-, Steuer- und Zollwesen sowie den militärischen Bereich betreffen.

Während Campione heute wegen seines Spielcasinos, dem Grundstein des Reichtums der Gemeinde, populär ist, sorgten zwischen dem 12. und 15. Jh. die sogenannten *maestri campionesi* als Baumeister und Bildhauer dafür, daß der Name der Gemeinde über die Grenzen hinaus bekannt wurde. Außerdem befinden sich Campione im *Santuario Madonna dei Ghirli** Freskenzyklen von Seltenheitswert. (Der Name *ghirli* = Schwalben deutet auf die Künstler von Campione hin, die immer auf Wanderschaft waren.) Prachtvoll am See gelegen, umgeben von einem parkähnlichen Gelände, überrascht der Bau zunächst durch einen pompösen, von Zypressen flankierten Treppenaufgang. Die gotische Saalkirche aus dem 14. Jh. erhielt im 17. Jh. im Zuge der Barockisierung eine triumphbogenartige Fassade und die heutige Kuppel. Die Fresken aus dem 14. Jh. schienen nicht mehr zur neuen Raumauffassung zu passen – man übertünchte sie kurzerhand, erst im 19. Jh. wurden die 1962 restaurierten Malereien wieder freigelegt.

Die Südwand und die Rückwand im Innenraum zeigen Szenen aus dem Leben Johannes des Täufers von der Verkündigung an Zacharias über die Entgegennahme des Hauptes durch Salome bis zu dessen Auffindung und Verehrung (Farbt. 51). Die Lebensstationen sind in einzelnen, architektonisch fein gegliederten Raumbühnen gemalt, die Personendarstellung mit den mandelförmigen Augen und fließenden Gewändern steht in der Nachfolge Giottos und dessen Schülers Giovanni da Milano. Das durch ein Gitter vom Schiff getrennte Presbyterium, über dem sich die oktogonale Tambourkuppel erhebt, wurde vom Leiter des barocken Umbaus, Isidoro Bianchi, einem einheimischen Künstler, ausgemalt.

Die 1400 entstandenen Malereien an der südlichen Außenwand von Lanfranco de Veris und dessen Sohn Filippolo sind heute durch eine Verglasung geschützt. Die im sogenannten ›weichen Stil‹ gemalten Fresken zeichnen sich durch die kunstvolle Wiedergabe der Körperhaltung und Gestik aus. Im Jüngsten Gericht werden Elemente deutlich, die an Grünewald oder Bosch erinnern. Christus als Weltrichter thront, anatomisch merkwürdig verzerrt, in einem gotischen Gehäuse, unter ihm die Verdammten und Erlösten. Die Darstellung der Höllenqualen ist in ihrer phantastischen Symbolik und Realistik wohl von den Methoden

Am Strand von Bissone, im Hintergrund der Monte Generoso

des zeitgenössischen Strafvollzugs inspiriert. Weiter rechts Adam und Eva in der Vertreibungsszene umgeben von einer paradiesischen Landschaft mit See und Bergen, wahrscheinlich von Bramantino 1514 gemalt. An einem Pfeiler eine schöne gotische Madonna in Orantenhaltung.

Wir fahren zurück nach **Bissone,** dem als *Blixumi* schon 735 erwähnten Heimatort berühmter Künstlerfamilien wie der Maderni, Gaggini, Tencalla und der Borromini. Mit einer an Morcote erinnernden arkadengeschmückten Häuserzeile, deren geschlossener Charakter der Renovierung in den fünfziger Jahren zu verdanken ist, paßt sich das langgestreckte Dorf dem Seeufer an. Unter den steinernen Lauben sind Wappen und Fresken angebracht. Das kleine *Museum* in der *Casa Tencalla* vermittelt einen Einblick in die Lebensverhältnisse einer Patrizierfamilie des 17./18. Jh. Der hier geborene Maler Carpoforo Tencalla, im 17. Jh. Hofmaler in Wien, unterstützte den Kirchenumbau von *S. Carpoforo,* einer der ältesten Gründungen im Luganese. Von ihm stammen auch zwei Gemälde im Chor, eine Pietà und ein Altarbild. Überraschend an dieser Kirche mit harmonischer, dreiachsiger Pilasterfassade und einem Turm mit zuckerhutartigem Helm ist die überreiche barocke Stuckausstattung. Der prachtvolle Hochaltar von 1591 zeigt eine frühe Verwendung des Arzo-Marmors ›Macchia vecchia‹, die Stuckfiguren aus der Mitte des 16. Jh. werden dem aus Bissone stammenden Tomaso Lombardo zugeschrieben.

Der berühmteste Sohn des Dorfes, Francesco Borromini (1599–1667), dessen Porträt auf der 100-Franken-Note zu sehen ist, sprengte mit seinen revolutionären Raumvorstellungen die architektonischen Traditionen seiner Zeit. Zusammen mit Carlo Maderno arbeitete er an St. Peter in Rom und entwarf Villen und Paläste.

In **Maroggia** wurde der bedeutende Barockarchitekt Baldassare Longhera (1598–1682) geboren, der die großartige S. Maria delle Salute in Venedig erbaute. Der Grundbestand der am See gelegenen Kirche *S. Pietro* wurde vor zehn Jahren noch als vermutlich mittelalterlich eingestuft; Forschungen der letzten Jahre förderten Reste aus dem 9. Jh. zutage und lassen eine Datierung des Turms, der unter Beibehaltung einer karolingischen Apsis erbaut wurde, in das 11./12. Jh. zu. Die zum zweiten Mal um 1400 vergrößerte Kirche wurde Anfang des 17. Jh. zerstört, um Platz für den heutigen Bau zu schaffen. Aus der Zeit um 1500 stammt ein Madonnenrelief an der *Casa Caccia.*

Von Maroggia aus biegen wir in das reizvolle **Val Mara** ab, dem man nicht mehr ansieht, daß hier im 19. Jh. Fabriken als Zulieferbetriebe der jurassischen Uhrenindustrie existierten. Ein zu Maroggia gehörendes Elektrizitätswerk versorgte unter anderem die Bahn auf den Monte S. Salvatore sowie die Straßenbahn von Lugano mit Strom.

Das bemerkenswerte Ortsbild von **Arogno**, in dessen Nähe zeitweise Steinkohle abgebaut wurde, hat sich durch Neubauten stark verändert. Ein Besuch lohnt sich wegen der prachtvoll gelegenen Barockkirche *S. Stefano* mit reich stuckierter Fassade. Die Kirche wurde bereits 810 erwähnt, der heutige Bau stammt aus den Jahren 1581 und 1630. Überraschend sind im Innenraum ein zart reliefierter Marmortabernakel aus dem frühen 16. Jh., die phantasievollen Malereien in der Kuppel und die reichen Stuckarbeiten in den Kapellen und Nischen. Eine romanische Madonnenskulptur aus Holz (12. Jh.) ist im Besitz der Pfarrkirche. Ein schönes Stuckportal und leider schon verblaßte Illusionsmalereien schmücken die *Casa Cometta* an der Piazza.

Auf der Weiterfahrt nach Rovio, kurz hinter dem kleinen Weiler Cà Nova, finden wir rechts einen Bildstock mit zum Teil gut erhaltenen, sehr schönen Malereien aus dem späten 15. Jh. An der Außenwand ein Gnadenstuhl, im Inneren ein segnender Gottvater, eine Madonna del latte und zwei weibliche Heilige, farbintensive Fresken mit unverwechselbaren Details, wie den Augen des *Eterno* oder dem ikonenähnlichen Gesicht der Madonna.

Auf einer Geländeterrasse liegt **Rovio**, bekannt geworden als Schauplatz der Erzählung »Der Ketzer von Soana« von Gerhart Hauptmann, der einige Zeit im Parkhotel wohnte. In dem geschlossenen Ort mit schöner Piazza, unveränderten Gassen und wohlhabenden Häusern fand man einen römischen Jupiteraltar sowie einen Inschriftstein. Die Pfarrkirche *SS. Vitale e Agata* mit klassizistischem Turm stammt aus dem 18. Jh.

Nordwestlich oberhalb des Dorfes liegt die kleine romanische Kirche *S. Vigilio* (Abb. 62), deren Außenstruktur aus dem 11. Jh. völlig erhalten blieb. An den beiden unverputzten Längsseiten eine dreibogige Gliederung, zusätzlich an der Südseite ein Rundbogenportal mit vier Blendarkaden. Im Chor des einschiffigen schmucklosen Saalbaus mit offenem Dachstuhl findet man ausdrucksstarke Fresken aus dem 13. Jh. Im Gewölbe sitzt Christus als Majestas in spätromanischer Pose mit erhobener rechter Hand, den eindringlichen Blick auf

*Fassade der Kirche
S. Vigilio oberhalb von
Rovio, wie Rahn sie
Ende des 19. Jahrhun-
derts sah*

den Beschauer gerichtet, in der Linken das Buch des Lebens; schöne Details erkennt man am Thron und an dem mit Perlen bestickten Fußkissen. Die Evangelistensymbole konnte Rahn Ende des letzten Jahrhunderts noch beschreiben; heute sind sie zerstört. Unter einem Mäanderfries die zwölf Apostel, in ihrer Mitte Maria: ihre Handhaltung als Beterin mit erhobenen, nach außen gewendeten Händen kennzeichnet byzantinische Mariendarstellungen.

Von Rovio aus südwärts fahrend erreicht man bald **Melano,** wo in den letzten Jahren eine kleine römische Nekropole mit interessanten Fundstücken erforscht wurde. Gut erhaltene Eisenstücke erlauben einen Vergleich zwischen römischem Material und dem unserer Zeit: Ein Gerät für den Fischfang zum Beispiel ließe sich auch heute noch ohne weiteres für den gleichen Zweck verwenden.

Der Hafen des Ortes, im Besitz Comos, war während des Krieges mit Mailand stark umkämpft. Die Kirche *S. Andrea* am Südende des Dorfes wurde im 19. Jh. errichtet, nachdem der ursprüngliche Bau aus dem 15. Jh. einer Straße weichen mußte. Ein üppiger Stuckfries mit Wappen, Inschriften und Putten aus dem Jahr 1668 schmückt das Torgebäude der *Casa Canavesi* an der schönen Piazza. Von hier aus führt ein Weg hinauf zu der herrlich gelegenen Wallfahrtskirche *S. Maria di Castelletto.*

Basso Ceresio
Uraltes zwischen den Bergen

Capolago, das zwischen Autobahn und Kantonalstraße eingeklemmt am Fuß des Monte Generoso liegt, war vor dem Bau der Gotthard-Bahn und des Dammes von Melide ein wichtiger Handels- und Umladeplatz für den Seeweg nach Norden. An einem Knotenpunkt zwischen Lugano, Varese und Como gelegen, wurde es schon von den Visconti befestigt. Der Ort ist berühmt wegen seiner *grotti* oder *cantine*, den aus Naturkellern entwickelten Gebäuden, die der Vorratshaltung dienten. Capolago war Sitz der *Tipografia Elvetica*, einer Druckerei, die von 1830–1856 Proklamationen und Pamphlete für das italienische Risorgimento druckte, woran ein Denkmal erinnert. Von Capolago aus fährt eine Zahnradbahn in anderthalbstündiger Fahrt zur Station La Vetta unterhalb des Generoso-Gipfels, von wo aus man den herrlichen Rundblick genießen kann. Die 1889/90 in nur elf Monaten erbaute Bahn überwindet auf der 9 km langer Trasse einen Höhenunterschied von 1368 m.

Jenseits des Seearms liegt **Riva San Vitale,** schon zur Römerzeit Kolonie eines Comasker *vicus* und im 5. Jh. eine der ersten Pieven südlich der Alpen. Unter dem Namen Sobenno wurde der Ort 774 Teil des Gerichtsbezirks Seprio. Der Name Riva San Vitale erscheint zwar erst in einem Dokument von 1115, könnte jedoch älteren Ursprungs sein, ebenso die alte Kirche S. Vitale, die seit 962 bezeugt ist. Da der zehnjährige Krieg zwischen Como und Mailand Anfang des 12. Jh. auch auf dem See geführt wurde, richteten die Comasker einen Stützpunkt in Riva San Vitale ein, den sie aufgeben mußten, als Mailand noch im 12. Jh. das sogenannte Sepriensische Territorium zurückgewann. Schon zu jener Zeit wurde Riva San

Blick auf Lugano vom Monte Generoso

Vitale Zentrum eines kirchlichen und politischen Kreises, der von Bissone bis Saltrio reichte und damit große Teile des Mendrisiotto umfaßte. Aus der politischen Selbständigkeit dieses Kreises mit eigenem Rat, Konsuln und dem Recht, Waffen zu tragen, resultierten Versuche im 16. und 17. Jh., sich völlig selbständig zu machen. Nach dem Ende der Vögteherrschaft rief man im Februar 1798 in Riva San Vitale eine unabhängige Republik aus, die jedoch nur bis zum 4. März des gleichen Jahres bestand, als Lugano den Ort besetzte und die Pieve mit der von Lugano vereinigt wurde.

In Riva San Vitale finden wir bei der Pfarrkirche den ältesten Sakralbau der Schweiz, das *Baptisterium S. Giovanni* (Abb. 81), dessen Kerngebäude heute noch so erhalten ist, wie es um 500 erbaut wurde. Nach ersten archäologischen Untersuchungen zwischen 1919 und 1926 wurde die Kirche in den fünfziger Jahren restauriert. Aus dem ursprünglich achteckigen Baukern ergibt sich zusammen mit den vier angebauten Nischen, die zwei Drittel der Gesamthöhe erreichen, ein quadratischer Grundriß. Aufgrund mittelalterlicher Zahlensymbolik – die Acht als ein Zeichen für neues Leben – basieren viele Baptisterien und Taufbecken auf einem oktogonalen Grundriß.

Das Baptisterium liegt auf tieferem Niveau als die heutige Pfarrkirche. Am Stil dieses Baus, der unter den etwa 20 urchristlichen und frühmittelalterlichen Taufkirchen in Norditalien einen hervorragenden Platz einnimmt, lassen sich östliche Einflüsse, vielleicht sogar aus der Zeit vor Theoderich ablesen. Es hatte ursprünglich einen Umgang (Deambulatorium) für die Täuflinge, von dem heute noch die Konsolen für das Dach an der Westseite zu sehen sind.

Die heutige, im oberen Teil rekonstruierte, innen leicht hufeisenförmige karolingische Apsis ist die dritte von drei Apsiden. Im 9. Jh. angebaut, ersetzte sie eine leicht trapezoide Apsis, die wiederum auf den Grundmauern einer kleinen Halbrundapsis errichtet worden war. Der ursprüngliche Bau besaß keine Apsis. Die Beschädigungen der Außenwände wurden mit grauem Verputz und Zement ausgebessert. Die ursprünglichen Portale an der Nord- und Südseite müssen viel breiter gewesen sein, bei der Restaurierung stellte man ihr ursprüngliches Niveau wieder her. Das Portal an der Westseite kam später hinzu, als die kleine Halbrundapsis auf der gegenüberliegenden Seite angefügt wurde, die Kreuzluke an der Ostseite über der Apsis stammt auch aus späterer Zeit.

Rekonstruktionszeichnung des Baptisteriums in Riva San Vitale

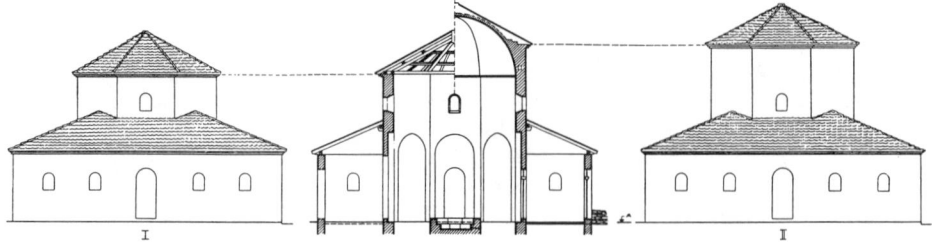

Der oktogonale Innenraum überwältigt durch seine Schlichtheit und die im Halbkreis angelegten Nischen mit der Apsis dazwischen. In der Mitte ist der archäologisch vielleicht wichtigste Bauteil, das achteckige Taufbecken (Abb. 82), zu sehen, in das zwei Stufen hineinführen, da es der Taufe durch Untertauchen (Submersionstaufe) diente. Für die im Frühmittelalter aufgekommene Immersionstaufe diente das monolithische Becken von 1,9 m Durchmesser aus einem Muskovitgneis-Findling des Sopraceneri. Von dem ursprünglichen Fußboden sind im südlichen Teil noch große Teile erhalten und mit Flicksteinen ergänzt. Aus hellen Majolikasteinen des Mendrisiotto und den dunklen Liaskalksteinen der Umgebung wurde ein Muster aus großen Sechsecken, kleinen weißen Quadraten und dunklen Dreiecken gebildet. Die oktogonale Kuppel stammt aus späterer Zeit.

Die vorromanischen und romanischen Fresken sind zwar leider nur fragmentarisch erhalten, man erkennt jedoch die interessante Komposition sowie schöne künstlerische Details. Die seitlichen Nischen wurden in romanischer Zeit übermalt, während der Kruzifixus in der Apsis noch ein Rest der Ausmalung um das Jahr 1000 ist und zur ottonischen Malerei zählt. Das junge, bartlose und dem Tode mit offenen Augen entgegenblickende, ruhige Gesicht erinnert an Darstellungen des triumphierenden Gekreuzigten in karolingisch-ottonischen Miniaturen. Die Körperformen sind mit großer Sicherheit und Unbefangenheit gezeichnet, vor allem der wohl später hinzugefügte Lendenschurz mit seinem Faltenwurf ist kunstvoll ausgeführt. Kreuzbalken und Körper haben den gleichen ockerfarbenen Ton. Links daneben ein bärtiger Männerkopf aus spätgotischer Zeit, den Seligen Manfredo von Settala darstellend, der in Riva verehrt wurde. Im zentralen Bogen kann man dort, wo ein grüngelbes Flechtband von Heiligenfiguren in gotisierenden Arkadenbogen überlagert wird, die beiden Malschichten erkennen.

In der südöstlichen Nische sieht man die Verbindung einer Aufnahme Mariens in den Himmel mit einer Geburt Christi darunter, bei der nicht das Kind, sondern Maria in das Zentrum des Bildes gerückt ist: umgeben von Engeln liegt sie auf dem Wochenbett. Ein weiterer Engel bringt den heraneilenden Hirten die frohe Botschaft. Rechts Joseph, links unten zwei Hebammen, die das Badewasser für das Kind prüfen. Die Jungfrau in der Mandorla, die von Engeln gehalten wird, nimmt ein altes Motiv wieder auf, das schon im 8. Jh. in Sens (Frankreich) zu finden ist. Die linke Nische zeigt in der Kalotte den richtenden Christus in einer Mandorla, von zwei Richterengeln und den Evangelistensymbolen umgeben. Links ein Cherub als Tetramorph: die Köpfe der Evangelistensymbole sind umgeben von vier Flügelpaaren in schillernden Farben. Die Grundfarben Rot, Blau und Gelb, die weißen Einfassungen der Konturen und die bewegten Gewänder verleihen den Gestalten dieser im späten 12. Jh. entstandenen Malereien große Dynamik. Unten sieht man die Auferstehung der Toten, als Kinderschar dargestellt, die aus einem Sarkophag hervorsteigt. Der Richterengel rechts trägt ein Schriftband mit der Inschrift ›*Mala dicti in ignem eternum*‹.

Die Pfarrkirche S. *Vitale* neben dem Baptisterium geht ebenfalls auf eine sehr alte Gründung zurück, die wahrscheinlich sogar früher anzusetzen ist als die erste Erwähnung um 962. Von der ursprünglichen Kirche sind Teile in den Neubau von 1756–1759 einbezogen worden. Im Altartisch ruhen die Gebeine des seligen Manfredo Settala, der 1217 als Eremit auf dem Monte S. Giorgio gestorben ist. Im Chor findet man Darstellungen aus seinem Leben.

Am Nordende des Ortes steht etwas erhöht die von G. Andrea della Croce, der in der Gunst des Kardinals Farnese, des späteren Papstes Paul III., gestanden hatte, gestiftete Kirche S. Croce (Abb. 80). Der 1588–92 von Giovanni Antonio Piotto errichtete Zentralbau mit oktogonaler Tambourkuppel gehört zu den wichtigsten Renaissance-Kirchen der Schweiz. Acht mächtige Säulen tragen die Pilaster des Tambours, den eine Kuppel mit Laterne abschließt. Der Innenraum fasziniert durch reiche dekorative Ausmalung mit Grotesken, Girlanden, Marmor- und Teppichimitationen.

An der Piazza fällt ein großer Renaissance-Bau mit siebenbogigem Arkadenportikus und Mezzaningeschoß auf. Der frühere Palazzo der Familie della Croce mit Säulen aus bräunlichgrauem Liaskalkstein dient heute als Casa Comunale.

Am See entlang kann man den Monte S. Giorgio umfahren und das frühere Fischerdorf **Brusino-Arsizio** besuchen, das idyllisch gegenüber von Morcote liegt. Der Beiname Arsizio soll von arsiccio = versengt abzuleiten sein und auf einen Dorfbrand verweisen. In der Chorkapelle der Barockkirche S. Michele hängt das Fresko einer Madonna del latte mit dem Hl. Rochus aus dem 15. Jh., von einem der Seregnesi geschaffen. 1954 ließ es die Familie Giuseppe Polli von einer Wand ihres Hauses ablösen und stiftete es der Kirche. Marmorintarsien sowie ein Reliefmedaillon des Erzengels Michael schmücken den Barockaltar.

Von Brusino aus führt eine Luftseilbahn zum 645 m hoch gelegenen Kurort Serpiano mit einzigartiger Aussicht auf den See, Morcote und die umliegenden Berge.

Das Mendrisiotto
Schon fast Italien

›Es ist, als ahnte das Mendrisiotto immer wieder, daß der hartnäckige Glaube an das zu Bewahrende, sich in sich selbst Erneuernde, der einzige Schutzmantel ist für dieses offene Land mit seiner Hügeligkeit.‹ Der Autor dieser Zeilen, Max Wermelinger, überschreibt 1982, 20 Jahre später, einen Zeitungsartikel mit der Zeile »Trauerflor für das Mendrisiotto?«. Das Fragezeichen kann heute wegfallen, die Zerstörung der Landschaft läßt sich wohl kaum noch rückgängig machen.

Das offene Land, die sanften Hügel und die geschützten Täler mit ihren Dörfern gibt es zwar immer noch, massive Verkehrssträngen trennen jedoch die Hügellandschaft an der Südabdachung des Monte S. Giorgio von den steilen Hängen um die Schlucht der Breggia oberhalb von Balerna. Dazwischen erstreckt sich nach Südwesten in Richtung Stabio eine flache Landschaft, die an die nahe Ebene der Lombardei erinnert, die Region zwischen Ligornetto und Genestrerio nennt man **Campagna Adorna.**

Von dieser ›lieblichen Landschaft‹ ist nicht mehr viel zu erkennen (Campagn Adorna bedeutet ›Eschenland‹ und wurde von der mundartlichen Bezeichnung für Esche, d'orgna für ornello, abgeleitet). Die verkehrstechnische Erschließung dieser Region, die Ausdehnung des Umschlagplatzes Chiasso und die hemmungslose Bautätigkeit der sechziger und siebziger Jahre veränderte die einst unberührte Landschaft unwiderruflich. Im Talboden der Campagna Adorna drängen sich Fabriken, Lagerhallen und die häßlichen Tanks der Brennstofflager, die in der Nähe des Laveggio und des Luganer Sees eine ständige Gefahr für das Grundwasser bilden.

In der Schlucht der Breggia zwischen Sagno und Castel S. Pietro finden wir eine stillgelegte Zementfabrik, deren Spuren jedoch erhalten blieben. Dem Bauboom fielen auch ältere Gebäude zum Opfer. Im Gegensatz zum Ortskern von Balerna konnte die Altstadt von Mendrisio teilweise jedoch gerettet werden.

In keinem anderen Gebiet des Kantons sind die Gegensätze von Natur und Technik, alter Kulturlandschaft und ihrer Vernichtung durch ökonomische Zwänge so deutlich sichtbar wie hier. Trotz allem lohnt es sich, die südlichste Landschaft des Tessin zu besuchen: die Schönheiten blühen im Verborgenen. Am Fuße des Monte San Giorgio, im Muggio-Tal und in der südlichsten Ecke der Schweiz um Pedrinate finden wir noch intakte Ortsbilder und unzerstörte Landschaftszonen.

Das Mendrisiotto reicht von Capolago bis Chiasso. Im Osten begrenzt das Bergmassiv des Monte Generoso, im Westen der Monte S. Giorgio die Region. Zwischen Mendrisio und Stabio erstreckt sich eine fruchtbare Ebene, in der Tabak, Mais und Kartoffeln angebaut werden, an der Südabdachung des Monte S. Giorgio liegt das größte Weinbaugebiet des Tessin. Das Muggio-Tal, das südlichste Tal des Kantons mit alpinem Charakter, das sich unterhalb der Felswände des Monte Generoso erstreckt und sich mit der tiefeingeschnittenen Schlucht der Breggia oberhalb von Balerna öffnet, erinnert landschaftlich an das Sopraceneri. Am Monte San Giorgio, einem reichen Fundort fossiler Wirbeltiere aus dem Erdmittelalter, wie auch am Monte Generoso, der von den Botanikern *princeps montium* genannt wird, wachsen seltene Pflanzen. Hier finden wir, im Gegensatz zum nördlichen Tessin, Kalkstein statt Gneis, was nicht nur den Charakter der Landschaft, sondern auch die der freundlichen Landschaft angepaßte Architektur bestimmt.

Die römische Technik des Backsteinbaus, die um 800 in Italien erlosch, blühte um 1100 in der Lombardei und im Mendrisiotto wieder auf. Da der zur Mörtelherstellung wichtige Kalk in der Region reich vorhanden ist, sieht man hier anstelle der aus unverbundenen Steinen gebauten *cascine* verputzte Häuserwände. Statt Gneisplatten decken runde Ziegel *(coppi)* die Pfettendächer mit niedrigem Giebel und abgeflachtem First. Die Dörfer mit ihren engen, gewundenen Gassen zwischen hohen Häuserreihen haben städtischen Charakter. Das Leben spielt sich im Patio ab, dem Innenhof, auf den sich die Wohnräume mit ihren Loggien und Portici öffnen. Er spendet nicht nur Schatten, sondern erfüllte, wenigstens früher, auch eine soziale Funktion. Da es in den meisten Orten keine Piazza gibt, trafen sich dort die Dorfbewohner und tauschten Erfahrungen und Handwerkszeug aus.

Zum Bild der Landschaft gehören die meist auf Terrassen oberhalb der Orte gelegenen Kirchenbauten, zu deren strahlenden, harmonisch gegliederten und mit Skulpturen geschmückten Fassaden monumentale Treppen hinaufführen. In einigen dieser Kirchen finden sich Zeugnisse früherer Kunstepochen, wie zum Beispiel Renaissance-Wandmalereien in der Kirche SS. Quirico e Giulietta in Novazzano oder frühgotische Fresken in S. Pietro, der sogenannten Chiesa Rossa bei Castel San Pietro. Eine der ältesten Kirchen des Sottoceneri steht vor den Toren Mendrisios: S. Martino.

Funde aus der Römerzeit in der Umgebung von Stabio, dessen Name von *stabulum* (Stall) herrührt, belegen die frühe Besiedlung der Region. Man nimmt an, daß die Römer bei Stabio eine Kavalleriestation unterhielten und die dortige Mineralquelle nutzten. Auch die Langobarden quartierten Truppen in Mendrisio ein. Die Geschlechter nannten sich ›de Mendrixio‹ und ›*Laturre de Mendrixio*‹. Aus diesem Zweig, der später den Namen Torre annahm, stammt Guglielmo, Bischof von Como (1197–1226), der in S. Maria di Torello bei Carona begraben wurde. Mendrisio schied schon 1170, zusammen mit dem heutigen Gebiet des Sottoceneri, aus der von Mailand abhängigen Grafschaft Seprio aus und fiel an Como. Einbezogen in den jahrhundertelangen Kampf zwischen Como und Mailand, zwischen kaisertreuen Ghibellinen und Welfen, die Anhänger der Kommunen und des Papstes waren und zu denen auch die della Torre oder Torriani gehörten, wurde Mendrisio 1242 wegen eines angeblichen Vertragsbruches Comos von den Mailänder Ghibellinen zerstört.

Der Niedergang des Landadels im späten 13. Jh. rührte von dem Zwang her, Bürger Comos werden zu müssen. Um den Stadtaufenthalt finanzieren zu können, der Voraussetzung für die Verleihung der Bürgerrechte war, mußten zahlreiche Adlige ihre Güter verpachten. Oft gingen die Besitztümer an die Gemeinden und Kirchen über. Das 15. Jh. prägten die regierenden Rusca, die unter Franchino II. 1409 für kurze Zeit auch die Herrschaft in der Stadt Como an sich reißen konnten, jedoch dem Druck der Visconti in Mailand nachgeben und sich in das Mendrisiotto zurückziehen mußten. Schon 1513 von den Urnern besetzt, stellte sich das Mendrisiotto im Krieg zwischen Karl V. und Frankreich 1521 unter den Schutz der Eidgenossen, als deren erster Landvogt der Urner Hans Imhof 1522 sein Amt in Mendrisio antrat. Die von den Eidgenossen in den italienischen Vogteien eingesetzte Verwaltung tolerierte die demokratischen Bestrebungen der Bevölkerung und ließ die Selbstverwaltung weitgehend unberührt.

Zur Zeit Napoleons formierte sich auch im Mendrisiotto die Partei der Patrioten, die den Anschluß an die cisalpinische Republik forderte. Die Bevölkerung entschied sich jedoch für die Schweiz: Am 15. 2. 1798 wurde in Mendrisio der Freiheitsbaum mit dem Tellshut errichtet, die Vögteherrschaft beendet. 1803 fiel das Mendrisiotto durch die Mediationsakte an den Kanton Tessin. Nur der fehlgeschlagene Rußlandfeldzug Napoleons verhinderte, daß das Mendrisiotto im Zuge einer Grenzbereinigung an Italien bzw. die cisalpinische Republik abgetreten wurde, die Tagsatzung der Eidgenossen hatte zuvor schon zugestimmt. – Die Agrarkrise in der zweiten Hälfte des 19. Jh. ließ aus den Bauern Arbeiter werden; das Mendrisiotto entwickelte sich zu dem bevölkerungsreichsten und am stärksten industrialisierten Gebiet des Tessin.

Mendrisio

Das Städtchen, das man ›il magnifico borgo‹ nannte, liegt auf der untersten Geländestufe des Generoso-Massivs in einer ›Überbauungslandschaft‹, die sich fast lückenlos über Balerna bis Chiasso hinzieht. Den ältesten Teil des Ortes findet man zwischen S. Giovanni und der Pfarrkiche SS. Cosma e Damiano, die das Zentrum der lombardisch geprägten Stadt bildet. Südöstlich erinnert die Via Industria an die Blütezeit der Seiden- und Textilindustrie Mendrisios im 19. Jh., als unter einheimischen Baumeistern wie Luigi Fontana und Antonio Croci westlich des alten Borgo Profanbauten wie das Theater, das Municipio und die Villa Argentina in historisierend klassizistischem Stil entstanden.

Wenn man von Norden kommend über die Via Carlo Maderno und die Via Carlo Pasta in die Stadt hinauffährt, kann man auf der kleinen Piazza S. Giovanni vor dem Servitenkloster den Rundgang durch die Altstadt beginnen. Das schmucklose Gebäude des 1852 aufgehobenen Servitenklosters (Abb. 84) an der Piazza S. Giovanni diente bis 1958 als Gymnasium, worauf die Via Vecchio Ginnasio hinter dem alten Torbogen rechts hindeutet. Schon 1251 findet die Humiliaten-Niederlassung Erwähnung, 1476 wurde das auf Torre gegründete Servitenkloster hierher verlegt. Die Mitglieder des 1233 in Florenz gegründeten Bettelordens nannten sich ›Diener Mariens‹ und widmeten sich der Seelsorge und der Mission. Zu den Klostergebäuden gehören die mittelalterliche Kapelle S. Maria delle Grazie, ein Kreuzgang, um den sich die Konventsgebäude gruppieren, sowie die Kirche S. Giovanni.

Die Kapelle S. Maria delle Grazie, die von der Piazza aus zwischen dem Klostergebäude und dem Torbogen zu sehen ist, zeigt Teile des ersten romanischen Oratoriums und könnte identisch sein mit einer 1298 genannten Kapelle dell'ospedale dei poveri di S. Giovanni. Sie wurde 1829 klassizistisch ausgemalt, das Fresko in der Lünette des Hochaltars – Madonna mit Katharina und Johannes dem Täufer – stammt jedoch aus dem 14. Jh.

Erst wenn man den Torbogen passiert hat, erkennt man an einem Zwergarkadenfries, zugemauerten Luziden und dem ebenfalls vermauerten Rundbogenportal die romanischen Bauteile. Durch eine kleine Pforte, die gleichzeitig als Eingang zum Museo d'Arte dient, gelangen wir von der Via del Ginnasio in den stimmungsvollen Kreuzgang aus dem 17. Jh. mit Arkadenportikus und einem Glockenjoch über der Uhr an der Nordseite (18. Jh.). In der Ecke des Südflügels befindet sich ein fast kaum noch erkennbares, 1507 von Giovanni Gaggini aus Bissone geschaffenes Renaissance-Relief aus Saltrio-Stein, das eine Madonna mit Johannes und der Hl. Katharina darstellt.

Die ehemalige Klosterkirche S. Giovanni, 1722 nach Plänen des Giovanni Pietro Magni erbaut, gehört zu den stilreinsten Kirchenbauten des Spätbarock im Tessin. Von der Vorgängerkirche aus dem 16. Jh. blieb nur der Turm erhalten, an der sehr hohen Pilasterfassade kann man noch verblichene Fresken erkennen. Bekannte einheimische Meister dekorierten den Innenraum mit reichem Stuck, der inkrustierte Hochaltar und die Chorschranken sind aus Arzo-Marmor gefügt. Francesco Innocente Torriani schuf 1668 das Bild der Hll. Sebastian und Rochus am hinteren Altar links. In der Sakristei werden die ›Trasparenti‹ für die Prozessionen in der Karwoche aufbewahrt.

Vor der Kirche erkennt man hinter einer Mauer eine Laternenkuppel, die zu einer Seiten-kapelle von *S. Maria in Borgo* gehört. Rundbogenfriese und Lisenen gliedern im unteren Teil den aus der Gründungszeit im Hochmittelalter stammenden romanischen Turm an der südlichen Fassadenseite des barockisierten Baus. Das im 19. Jh. aufgesetzte Glockengeschoß stört leider das Bild. An der Westfront des Turmes innen finden wir hinter Glas ein Renais-sance-Fresko der Madonna aus dem frühen 16. Jh. Giovanni Battista Bagutti malte die Kuppel der Kirche illusionistisch aus.

Beim Gang durch die Via Santa Maria oder die Via Nobili Rusca am *Vecchio Pretorio* vorbei in die Via Vecchio Pretorio blickt man durch wappengeschmückte Tore in alte Innenhöfe mit Loggien. Den äußerlich unscheinbaren und in den Straßenzug an der Ecke zur Via San Damiano einbezogenen *Palazzo Torriani* schmückt ein schönes Rundbogenpor-tal, das von einem Turmwappen bekrönt ist. In dem im 18. Jh. entstandenen ersten Binnen-hof sehen wir einen toskanischen Arkadenportikus mit Loggia darüber, im zweiten Hof aus dem 16. Jh. einen aus Holz konstruierten *solaio* über zwei von toskanischen Säulen gestütz-ten Geschossen.

Gegenüber vom Palazzo Torriani steht die *Torre,* ein Rest der mittelalterlichen Befesti-gungsanlage, die römischen Ursprungs sein könnte und als Glockenturm der ersten Kirche S. Damiano diente. In den 12 m hohen, im 12. Jh. aus Quaderwerk errichteten Turm von 4 m Seitenlänge wurde auf der Nordseite ein römischer Inschriftstein von Valerius Dromon aus dem 2. Jh. eingelassen.

Mendrisio, Balkongitter am Palazzo Pollini

Wenige Schritte weiter ragt über einem Treppenaufgang die nach Plänen von Luigi Fontana in den Jahren 1863–1875 erbaute Propsteikirche *SS. Cosma e Damiano* auf, der die alte Pfarrkirche aus dem 14. Jh. weichen mußte. Sie wurde erst 1925 vollendet und gilt als ›monumentalster Kirchenbau des 19. Jh. im Tessin‹. Die Fassade des heutigen Zentralbaus besteht aus einer sehr hohen Arkadenvorhalle mit niedrigerem Obergeschoß und Turm darüber. Im neoklassizistisch ausgestatteten Innenraum findet man das aus der Vorgängerkirche übernommene holzgeschnitzte Altargehäuse. Einen barocken Seitenaltar schmücken Rosenkranzbilder aus dem 17. Jh. von Francesco Innocente Torriani. Am Fuß des Treppenaufgangs steht eine Bronzebüste des Politikers und Geologen Luigi Lavizzari (1814–1875) von Antonio Soldini (1900).

Auch in der Via S. Damiano finden wir malerische Seitengäßchen, Stukkaturen in den Gewölben von Tordurchgängen und schattige Innenhöfe. Heute oft in schlechtem Zustand, zeugen sie von einstigem Wohlstand. Der Corso bello führt zum *Palazzo Pollini*, der ebenfalls von einem Torriani Anfang des 18. Jh. erbaut und von Gaetano Pollini 1792 erworben wurde, dessen Namen er seither trägt. Der lange Zeit verwahrloste, große Barockpalast sollte abgebrochen werden, wurde jedoch in den letzten Jahren renoviert. Die sehr hohe Front zur Via Pontico Verunio vermittelt einen abweisenden Eindruck, die Fassade mit zwei Rundbogenportalen und Balkonen darüber, sowie gemalte Fensterumrahmungen zeigen den Palazzo wieder in der alten Pracht, die kleine Piazzetta Carrobiello vor dem Palazzo ist mit Kopfsteinen gepflastert.

S. Sisinio liegt weithin sichtbar auf einer Anhöhe, vom Palazzo Pollini kann man die Via alla Torre hinaufsteigen. Umgeben von alten Häusern erhebt sich anstelle eines 1350 von den Mailänder Ghibellinen zerstörten Turmes die Privatkapelle der Torriani. Sie diente von 1454–1477 als Kirche des Servitenordens, bevor die Bruderschaft nach S. Giovanni verlegt wurde. Hier ließen sich 1679 die Beroldingen nieder, aus deren Zeit die Bauten und der Arkadenhof stammen.

Prozessionen während der Karwoche machten Mendrisio berühmt. Die Häuser am Prozessionsweg werden mit Tansparenten geschmückt, am Abend des Gründonnerstag bewegt sich der Zug mit bekannten Figuren aus der Leidensgeschichte Christi durch die Gassen der Altstadt. Die Karfreitagsprozession im Beisein des Bischofs ist weniger volkstümlich und betont eher den religiösen Charakter, wenn die Bruderschaften die Barockfiguren des Christus und der Maria durch die Gassen der Altstadt tragen, stimmungsvoll beleuchtet durch die von Jungen und Mädchen gehaltenen alten Lampions.

S. Martino, das älteste Gotteshaus des Sottoceneri, nordöstlich von Mendrisio zwischen Eisenbahn und Autobahn auf freiem Feld gelegen, sieht auf den ersten Blick kaum wie ein Sakralbau aus. Die Ursprünge der ehemaligen Zentralkirche der Region reichen bis in das Urchristentum zurück. 1960–1964 wurde S. Martino archäologisch untersucht und restauriert. Man nimmt drei Bauabschnitte an. Der erste Bau, dessen große Apsis mit einem kleinen Vorhof im 9. bis 10. Jh. in eine Kirche mit hufeisenförmiger Zwillingsapsis verändert wurde (S. Martino II), ist vermutlich älter als es aus Urkunden hervorgeht. Auch von der dritten Apsis blieben nur noch die Fundamente erhalten, deren Ausgrabung man besichtigen

*Mendrisio, Südseite
von S. Martino*

kann. Wenn nicht noch ein vierter Bauabschnitt hinzugefügt wurde, stammen die beiden Seiten des heutigen Kirchenschiffes aus spätromanischer Zeit. Die Apsis wurde beim Bau des hohen quadratischen Chors mit Glockenjoch in der Barockzeit zerstört, aus dem Barock stammen auch die angebaute Sakristei und die Vorhalle.

Auffallend ist die unterschiedliche Gliederung der Nord- und der Südwand des Kirchenschiffes. Wird bei der Nordwand durch die zweigeschossige Aufteilung und zwei Rundbogenfriese die Horizontale betont, erscheint die Südwand durch steil aufsteigende Lisenen, die die Vertikale akzentuieren, höher. Die untere Partie der Nordseite, dem ältesten Teil des Kirchenschiffes, wurde wohl von dem Vorgängerbau übernommen. Drei Lisenen, die durch einen Rundbogenfries aus Tuffstein miteinander verbunden sind, teilen sie in vier Felder. Ein Adler-Relief schmückt die mittlere der drei Luziden im oberen Teil. Das Obergeschoß zeigt unregelmäßigeres Quaderwerk als der aus sauber gefügten Quadern bestehende untere Teil. Die in fünf Felder aufgeteilte Südwand hat man sorgfältig wieder in den ursprünglichen Zustand zurückversetzt: Zwei Fenster aus späterer Zeit wurden zugemauert, das mit einem schweren Steinrahmen versehene Portal geöffnet und die drei Luziden wieder hergestellt.

Über Balerna zu den Aussichtskanzeln des Mendrisiotto

Südlich von Mendrisio lohnt sich ein kleiner Abstecher nach **Coldrerio,** dem Heimatort der Familie Mola, aus der im 17. und 18. Jh. bekannte Maler hervorgingen. Neben der stattlichen Barock-Pfarrkirche *S. Giorgio* mit überraschenden illusionistischen Grisaille-Malereien sollte man sich im Weiler Costa di sopra das Landhaus Malacrida mit sehr schönen Terrakottafriesen aus dem 15. Jh. ansehen.

In **Villa** finden wir noch einen alten Dorfkern und die 1674 von Carlo Beccaria gestiftete Privatkapelle *Natività di Gesù;* im Marmoraltar ein schönes Gemälde der Geburt Christi. Auf der Nationalstraße in Richtung Balerna kommen wir am Weiler **Mezzana** vorbei. Das große Landgut gehörte im 16. Jh. den Torriani aus Mendrisio. Nach mehrmaligem Besitzerwechsel schenkte Pietro Chiesa 1912 dem Kanton Tessin diese klassizistische Villa, die heute als Sitz des *Istituto agrario cantonale* dient.

Balerna, ursprünglich eine Siedlung der Langobarden, ging in den Besitz des Klosters S. Ambrogio in Mailand über. Als Hauport einer großen Pieve erhielt es im 13. Jh. zusammen mit Mendrisio die Reichsunmittelbarkeit und wurde Lehen der Bischöfe von Como. Nachdem Balerna und Mendrisio 1521 zur eidgenössischen Vogtei erklärte wurden, diente Balerna als Gerichtsort des Landvogts.

Ein direktes Zentrum besitzt Balerna nicht, die Gebäude sind längs der Hauptstraße aneinandergereiht. Wegen der Modernisierungen des Borgo und der Verbreiterung der Straße mußte das neben der Kirche gelegene Beinhaus 1927 versetzt werden. Die schöne dreiachsige Fassade der *Collegiata S. Vittore* wurde 1744 aus Granitfindlingen, Resten glazialer Ablagerungen aus dem Bergell, errichtet. Der von Säulen flankierte Mittelteil der Thermenfenster ergibt mit den schlichten Seitenflügeln ein harmonisches Bild. Seit 1180 ist S. Vittore Pfarrkirche, von der romanischen Vorgängerkirche, Ende des 16. Jh. erweitert und 1818 zu einer dreischiffigen Anlage ausgebaut, blieb nur die Chorapsis erhalten. Lisenen gliedern die aus regelmäßigen Quadern schön gefügte Wand, unter dem etwas vorspringenden Dach läuft ein auf Konsolen ruhender Rundbogenfries. Daneben erhebt sich ein zwischen 1658 und 1661 errichteter hoher Barockturm.

Im überkuppelten Chor der dreischiffigen Pfeilerhalle mit drei kreuzgewölbten Langhausjochen und einem Querhausjoch sind Szenen aus dem Leben des Hl. Viktor aus dem frühen 18. Jh. zu sehen. Der Hochaltar aus schwarzem und rotem Marmor gehört zu den schönsten Barockaltären des Tessin. An der Stirnwand des nördlichen Seitenschiffes finden wir das Renaissance-Fresko einer Sacra Conversazione. Rechts Sebastian und links der Kirchenpatron S. Vittore, der als römischer Legionär unter Kaiser Maximilian enthauptet wurde, weil er dem christlichen Glauben nicht abschwören wollte. Der Thron, auf dem die Madonna sitzt, wirkt wie eine Nische und betont die zarte Gestalt, die das segnende Kind auf ihrem Schoß hält. Darunter Reste einer Epiphanie und einer Himmelfahrt Mariae aus dem 15. Jh. Eine Reliefbüste zeigt den Erzpriester Marco Paernio im Profil.

An die Südseite von S. Vittore wurde die Taufkapelle *S. Maria delle Grazie e S. Giovanni Battista* angefügt, ein Zentralbau, den Pier Luigi Fontana 1820 in klassizistischem Stil erweiterte. Über dem großen mittelalterlichen Taufstein wölbt sich eine flache Kuppel. Das Renaissance-Triptychon aus Marmor stellt Maria als Königin dar, umgeben von den Hll. Viktor und Stephanus, darüber ein Aufsatz mit einer Kreuzigungsgruppe. Besonders schön ist die Umrahmung durch zierliche Renaissance-Friese. Die Tafel erinnert an die von Carona, stammt jedoch nicht aus der gleichen Werkstatt.

Das ehemalige Beinhaus aus dem Spätbarock links der Kirche hat durch die Anlage eines Parkplatzes viel von seinem früheren Zauber verloren. Den 1759 errichteten, wohlproportionierten zierlichen Bau aus verschiedenfarbigem Kalkstein schmückt eine schöne Fassade mit Volutenverzierung.

1706 baute Carlo Francesco Silva den am Hang liegenden *Palazzo Belvedere* als Sommersitz der Bischöfe von Como. Das große Gebäude besteht aus einem Rechteckbau mit vier vorspringenden Gebäudeteilen, die einen Ehrenhof mit Terrassen und Freitreppen umgeben; ein Mezzaningeschoß schließt die Mittelpartie ab. Nachdem 1859 die Schweizerische Bundesversammlung die Gerichtsbarkeit ausländischer Bischöfe in der Schweiz aufhob, ging der Palazzo in kantonalen Besitz über und diente seither verschiedenen Zwecken.

Hinter der Kollegiatskirche, gegenüber der romanischen Apsis, befindet sich die ehemalige Nuntiatur. Sie wurde Anfang des 18. Jh. unter dem Erzpriester Giacomo Torriani, einem Sohn des Malers Francesco Innocente Torriani, erbaut. Den Empfangssaal des äußerlich schlichten Gebäudes schmücken eine prächtige Holzbalkendecke sowie ein Fries mit alttestamentarischen Szenen. Dem Erzpriester von Balerna fiel die Ehre zu, als erster den Nuntius aus Rom auf Schweizer Boden empfangen zu dürfen. Da er mit der Amtsführung mancher Schweizer Geistlicher während der Gegenreformation unzufrieden war, empfahl Kardinal Carlo Borromeo nach einer Visitationsreise durch das Land dem Vatikan, eine Nuntiatur in Luzern einzurichten. 1579 bestellte Papst Gregor den ersten Nuntius, der sich in Luzern niederließ. Die Reihe der päpstlichen ›Aufseher‹ für die katholische Schweiz endete 1874 mit der Aufhebung der Nuntiatur.

Zwischen Beinhaus und Kollegiatskirche führt eine schmale Straße in die Schlucht der Breggia. Nach der Überquerung des Flusses kann man geradeaus weiterfahren zur früheren Pfarrkirche von Morbio Inferiore *S. Giorgio*, die heute als Friedhofskirche dient. Der schon 1309 erwähnte Bau wurde 1975 archäologisch untersucht und mehrfach restauriert. Der spätmittelalterliche Campanile erhielt ein Glockengeschoß. Im Innenraum findet man Wandgemälde aus dem 16. Jh., in der heutigen Sakristei ein Fresko der thronenden Madonna mit den Hll. Martha, Joseph und Hieronymus aus dem 15. Jh.

Aus **Morbio Inferiore,** dem heutigen Villenvorort von Mendrisio und Balerna, stammt die Künstlerfamilie Silva, deren Mitglieder vom 16. bis 18. Jh. tätig waren. In dem Dorf in herrlicher Lage sollte man vor allem die Pfarrkirche *S. Maria dei Miracoli* besichtigen, die als einheitlichster Barockbau des 17. Jh. im Mendrisiotto bezeichnet wird. An ihrer Stelle stand eine 1516 von den Eidgenossen geschleifte Burg, in die sich 1448 Franchino Rusca aus Locarno nach der Niederlage gegen die Comasker zurückgezogen hatte. 1595 wurde anstelle der Schloßkapelle die heutige Kirche mit einem großartigen Treppenaufgang errichtet. Falls auf dem breiten, grasbewachsenen und von Bäumen flankierten Treppenweg nicht gerade Autos parken, ist der Eindruck vollkommen, wenn man vom Dorfplatz zur Kirche hinaufschaut.

Von 1595 bis 1613 wurde die Wallfahrtskirche im Übergangsstil zwischen Renaissance und Barock mit zweigeschossiger Pilasterfassade und unverputztem Südturm erbaut. Der Innenraum wirkt durch die Größenverhältnisse von Langhaus, überkuppelter Vierung und quadratischem Chor sehr harmonisch, seine reiche figürliche Ausstattung und die Stukkaturen sind vor allem der Künstlerfamilie Silva zu verdanken. Unter den Fresken befindet sich eine besonders schöne Madonna del latte aus dem 15. Jh. An der Straße unterhalb des Treppenweges in einer kleinen Nische in der Hauswand sehen wir eine sehr hübsche Madonna mit Kind, wohl aus dem 16. Jh.

Hinter einem Friedhof bei **Morbio Superiore** befindet sich ein als Brunnentrog in eine Mauernische eingebauter römischer Sarkophagdeckel mit einer kaum noch erkennbaren Auguraldedikation auf dem Rand. Oberhalb von Morbio Superiore, das einen weiten Rundblick in die schöne Landschaft bietet, liegt die Kapelle *S. Martino*. Der romanische Bau aus dem 12. Jh. wurde 1971–1973 restauriert und archäologisch untersucht, wobei außerhalb der Kapelle vorromanische Fundamente freigelegt wurden. In zwei weiteren Bauetappen wurde die Kirche verändert: Der rechteckige Chor stammt von ca. 1700, die Fassade von 1866. Im Innenraum finden wir einen früher in die Fassade eingemauerten Inschriftstein des Schwiegersohnes Theoderichs, Eutaricus, der 519 Konsul war, mit Taube, Kreuz und geometrischen Mustern.

Sagno bietet vom Kirchplatz der klassizistischen Pfarrkirche S. Michele einen der besten Aussichtspunkte des Mendrisiotto. Die Ursprünge der Siedlung, in der man zahlreiche Gegenstände aus der Bronzezeit fand, reichen in vorgeschichtliche Zeit zurück. Aus Sagno stammt der berühmte Tessiner Dichter Francesco Chiesa, der am 5. 7. 1971 in Lugano seinen 100. Geburtstag feiern konnte. Sein Bruder Pietro, ein bedeutender Maler, schuf unter anderem das Fresko ›Die Auswanderer‹ in der Bahnhofshalle von Chiasso.

Wir fahren zurück nach Morbio Superiore und biegen unterhalb des Dorfes nach **Castel S. Pietro** ab. Von der Brücke über die Breggia sieht man Caneggio wie eine Festung am Eingang des Muggio-Tales liegen sowie die Gebäude eines stillgelegten Zementwerkes am Ausgang der Schlucht. Hoch darüber entdecken wir auf einem Felsen zwischen Bäumen die sogenannte *Chiesa Rossa** (S. Pietro), die einen der reichsten Zyklen frühgotischer Malerei im Tessin aus der zweiten Hälfte des 14. Jh. birgt.

Das ehemalige *Castrum S. Petri* des 12. Jh. gehörte dem Bischof von Como, der 1343 die Kirche S. Pietro erbauen ließ, später ging es in den Besitz der Rusca über. Ein Familienstreit zwischen den Rusca und den Busioni führte 1390 während der Weihnachtsfeier in der Kirche S. Pietro zu einem Blutbad: Bei einem Racheakt der Familie Busioni kamen mehr als 100 Menschen um. Vielleicht heißt das Gotteshaus seither *Chiesa Rossa* und nicht nur wegen der abblätternden roten Farbe an der Fassade.

Die Kirche steht auf dem Gelände des *Castrum Petri*, das im 16. Jh. aufgegeben wurde. Auch der Palast des Bischofs von Como ist längst zerfallen, nur die 1345 geweihte Kirche überdauerte die Jahrhunderte. Allerdings ist das auf einer Kalksteinterrasse errichtete Gebäude durch eine unterirdische Grube stark gefährdet. Die zur Stabilisierung notwendigen Grabungsarbeiten förderten verschiedene Schichten eines Friedhofs zutage, die vom 4. bis zum 19. Jh. reichen.

Ein ursprünglich über dem Portal der Kirche angebrachter Reliefstein, seit 1979 links vom Altar aufgestellt, zeigt den Kirchengründer Bonifazius von Como gleich zweimal: als Bischof im Ornat mit Hirtenstab und als Professor der Rechte in Modena vor seiner Berufung als Bischof. In der Händ hält er ein großes Buch, die wenig intelligent aussehenden Studenten hören ihm zu, darunter eine lateinische Inschrift. Die Rückseite des Reliefs in S. Pietro ist eigentlich Teil einer frühmittelalterlichen Chorschranke aus der Basilika Sant'Abbondio in Como. Dieses besonders schöne Werk mit der vollkommenen, in Marmor gemei-ßelten Flechtbandornamentik könnte ein Beispiel für die Arbeiten der langobardischen Steinmetzschule der *magistri comacini* sein. Bonifazius ließ die kleine Kirche drei Jahre vor S. Lorenzo in Lugano erbauen, wo wir im Innenraum an einer Säule ebenfalls sein Relief finden.

Der einfache Kirchenraum mit offenem Dachstuhl muß zu Zeiten des Bonifazius ganz ausgemalt gewesen sein. Von den Malereien an den Wänden des Kirchenschiffs ist nicht mehr viel zu sehen, auch die wellenförmigen Ranken, Schachbrettfriese und Rosetten sind verblaßt, nur im Chor blieben die Fresken aus der zweiten Hälfte des 14. Jh. weitgehend erhalten. In der Wölbung der Apsis eine von den Evangelistensymbolen umgebene Majestas Domini. Darunter finden wir vier sehr ausdrucksstarke Bilder aus dem Leben des Hl. Petrus. Sie zeigen links die Berufung durch Christus während des Fischfangs mit Andreas, daneben Petrus vor Kaiser Nero (?). Im letzten Bild sehen wir ihn mit dem Kopf nach unten am Kreuz hängend. An der Ostwand oben eine Verkündigung, unten links eine thronende Madonna. Besonders schön sind die drei Gestalten der Hll. Agathe, Katharina und Agnes rechts von der Apsis. Ein Bild aus dem frühen 15. Jh., das Johannes den Täufer mit einer Stifterin zeigt, die vor der Dreifaltigkeit in Gestalt eines Gnadenstuhles kniet, steht stilistisch in einem anderen Zusammenhang. Mit ihrer reichen Ornamentik sind die frühgotischen Fresken ein hervorragendes Beispiel lombardischer Malkunst – besonders gelungen ist die Tapisserie-Malerei in der Sockelzone.

Die 1670–1678 von Agostino Silva errichtete Pfarrkirche von Castel S. Pietro, *S. Eusebio,* einer der schönsten Barockbauten des Tessin mit einer harmonisch gegliederten zweige-schossigen Fassade, steht auf einem Geländevorsprung unterhalb des Dorfes. Im Innenraum ist besonders der 1759 von Francesco Pozzi mit Stukkaturen ausgeschmückte Chor sehens-wert, der an Kirchen des oberschwäbischen Barock erinnert. Schiff, Chor und Seitenkapel-len sind reich ausgestattet mit Gemälden und Wandmalereien des 18. Jh. Im Chor ein

Karolingische Chorschranke (Rückseite des Bonifazius-Reliefs in Castel S. Petro) in der Kirche S. Abbondio

Ölgemälde der Taufe des Hl. Eusebius, der auch in den Bildfeldern im Tonnengewölbe des Schiffs dargestellt ist, vor dem Marmoraltar eine farbige Chorbalustrade.

Oberhalb von Castel S. Pietro liegt **Obino** mit der kleinen Kirche *Sant'Antonino* auf einem Hügel in idyllischer ländlicher Umgebung, die noch einen Eindruck davon vermittelt, wie das Mendrisiotto einmal ausgesehen hat. Eine mächtige Treppenanlage führt zu der von Zypressen umgebenen Kirche hinauf, deren Gründung wohl in das späte Mittelalter zurückreicht. An der Südseite eine angebaute Eremitenklause sowie ein kleiner Turm aus dem 17. Jh. Über dem Südportal wurde ein kleines Sandsteinrelief des Titelheiligen aus dem 16. Jh. eingelassen, innen sind Fresken und Wandgemälde aus der Zeit um 1500 zu sehen.

Valle di Muggio

›Ein einzig bewohntes Alpenthal steht im ganzen Amt. Dieses ist das Val di Müggia, eines der schönsten Alpenthäler, das ich je gesehen. Im Maynthal und in Lavizzara ist alles Tod und Verheerung. In Valmüggia steht die Alpennatur in ganz unversehrter Pracht. Schwer ist's, ohne Rührung diese magischen Szenen der Natur zu schildern.‹ So steht es am 15. September 1796 im vierten Brief über die italienischen Ämter des Gesandten Karl Viktor von Bonstetten. Es ist erfreulich, daß das tiefeingeschnittene Valle di Muggio im Rücken des Monte Generoso nichts von seiner landschaftlichen Schönheit eingebüßt hat: Auch wenn man hier keine großen kunsthistorischen Schätze findet, sollte man es unbedingt besuchen. Das südlichste Tal des Tessin unterscheidet sich von der alpinen Region des Sopraceneri in der üppigen Vegetation, die die äußerst steilen Talwände bedeckt. Die Dörfer sind an so stark abfallenden Hängen aufgereiht, daß man sich wundert, wie sich die Häuser dort überhaupt halten können. Um etwas anbauen zu können, legte man längs der Hänge schmale Terrassen an, die zum Wahrzeichen dieser Landschaft wurden, heute jedoch nur noch als Wiesenterrassen zu sehen sind.

Die Bewohner des Val di Muggio sind hauptsächlich im Dienstleistungssektor tätig. Ein Förderungsprogramm versucht durch Meliorationen, Wohnraumrestaurierungen und Schaffung neuer Arbeitsplätze die Menschen im Tal zu halten. Es ist zu hoffen, daß durch das Verbot des Immobilienverkaufs das Tal seine Ursprünglichkeit behält und im Besitz der einheimischen Bevölkerung bleibt.

Caneggio liegt von weitem sichtbar auf einem Geländerücken quer vor dem Tal. Die spätbarocke Kirche *S. Maria Assunta,* in deren rechter Seitenkapelle noch Reste spätgotischer Monatsbilder zu sehen sind, prägt das Dorfbild.

Auch die nächsten Orte, Bruzella und Cabbio, konnten weitgehend ihr ursprüngliches Aussehen bewahren. In Cabbio mit seinen sehr schmalen Gassen findet man eine klassizistische Dorfbrunnenanlage.

Muggio ist Heimatort der Architektenfamilie Fontana. Luigi Fontana und Simone Cantone trugen im 18. und 19. Jh. zur Entwicklung des Klassizismus in Mailand und Oberitalien bei. Giuseppe Fontana erbaute 1760 die spätbarocke Pfarrkirche *S. Lorenzo,* zu der eine große Treppenanlage hinaufführt. Pilaster gliedern die leicht konvexe, von einem geschwungenen Dach abgeschlossene Fassade. Den östlich angebauten Turm schmückt ein oktogonaler Aufsatz.

Hinter Muggio, der flächenmäßig größten Gemeinde des Mendrisiotto, bietet **Scudellate** in 900 m Höhe mit seinen zwei Reihen von Steinhäusern ein sehr schönes Ortsbild. Wer die abenteuerliche Straße zur Brücke über die Breggia nicht scheut, kann am rechten Talhang über Casima, Monte und Campora zurückfahren. In **Monte** erbaute 1826 Luigi Fontana die große Halbrundapsis der Pfarrkirche *S. Antonio Abate.* Zu beachten ist auch das schöne Beinhaus vor der Kirche aus dem 18. Jh.

Der Westen und Süden des Mendrisiotto

Ausgangspunkt für das westliche und südliche Mendrisiotto ist **Rancate,** in dessen engen Gassen man vergißt, daß das Dorf mit seinen zersiedelten Hängen zu einem Vorort von Mendrisio wurde. Einen Eindruck besonderer Art vermittelt der zur Kirche hin abfallende große Platz mit einer Stephanssäule von 1790. Die 1771–1776 neu gebaute Pfarrkirche *S. Stefano* mit großer Pilasterfassade enthält Teile des alten Baubestandes und ist barock ausgestattet. An der Nordseite vor dem Chor ein Madonnenfresko aus dem 15. Jh. Der obere Teil des Turmes von 1845 ist verkantet und paßt sich damit der veränderten Achse des Barockbaus an. Neben der Kirche befindet sich im umgebauten Pfarrhaus die *Pinacoteca Cantonale Züst* mit einer ausgezeichneten Sammlung Tessiner Malerei vom Barock bis zur Neuzeit aus dem Privatbesitz des Basler Unternehmers Giovanni Züst.

Von dem Hügel, auf dem die ehemalige Pfarrkirche *S. Antonino** errichtet wurde, hat man einen sehr schönen Blick auf die einheitlichen Dächer von **Besazio.** Der schlanke Turm stammt im Grundbestand aus dem 8. Jh., im Chor sind Mauerreste mit Farbspuren der ursprünglichen Kirche aus dem 5. Jh. zu sehen. Reste mittelalterlicher Ornamentmalerei blieben in der Vorhalle erhalten. Innen, an der nördlichen Schiffswand, verblaßte Fresken einer Apostelreihe aus der zweiten Hälfte des 15. Jh.

Während des Ausbaus der Straße nach Tremona fand man 1958 eine der interessantesten Nekropolen der Region. Die Schichtung der Gräber könnte darauf hinweisen, daß der Platz vom Neolithikum bis in die römische Kaiserzeit als Grabfeld benutzt wurde.

In **Tremona,** einem malerischen Haufendorf, sehen wir das originelle Haus des Malers Antonio Rinaldi (1815–1875). Ein Fresko der Hl. Agathe von Rinaldi befindet sich in der schon 1578 erwähnten Pfarrkirche *S. Maria Assunta.* Die auf einem Hügel errichtete frühere Pfarrkirche *S. Agata* ist im Grundbestand romanisch, der heutige Bau stammt aus spätgotischer Zeit. Im 17. und 18. Jh. entstand die Innenausstattung, Fresken aus der zweiten Hälfte des 15. Jh. sind nur fragmentarisch erhalten. Bei der Fahrt in das Tal des Gaggiolo zwischen dem Monte S. Giorgio und dem Poncione d'Arzo sieht man auf die Marmorsteinbrüche von Arzo.

Meride, dessen harmonisches Ortsbild schon von weitem sichtbar ist, steht unter Denkmalschutz und dürfte der schönste Ort in diesem Teil des Mendrisiotto sein. Links sehen wir die Pfarrkirche *S. Silvestro* auf einem ehemaligen Burghügel liegen. Die Häuser in den engen Gassen sind meist mit geräumigen Innenhöfen und Loggien versehen. Das kleine *Paläontologische Museum* im Municipio zeigt interessante Versteinerungen von Sauriern und anderen urweltlichen Tieren. In einer Vitrine sind wissenschaftliche Arbeiten des Zürcher Professors Bernhard Peyer ausgestellt, der 1924 mit systematischen Grabungen in den Ölschieferschichten des Monte S. Giorgio begann und aus dem Material der reichsten Saurierfundstelle der Welt wichtige Erkenntnisse aus der Zeit vor etwa 200 Millionen Jahren ableitete.

Eine weitere Kostbarkeit von Meride ist der Innenhof der *Casa Oldelli* (Abb. 83) aus dem 18. Jh., deren schmuckloses Äußeres ein grünes Holzportal kennzeichnet, das wir an der Hauptstraße nach einer Bogendurchfahrt als viertes Portal links finden. Im Hof eine eindrucksvolle Rokoko-Balustrade aus Saltrio-Stein mit großen Masken, gegenüber zwei Loggien mit lateinischen Inschriften über den Fenstern. Aus der Familie Oldelli stammt der Franziskanerpater, Professor der Theologie und der Tessiner Geschichtsschreiber Gian Alfonso Oldelli (1733–1821). An der hübschen Piazza mit Brunnen finden wir die Kirche *S. Rocco* mit einem sehr schönen Altar aus Arzo-Marmor, einem Vortragekreuz aus dem 15. Jh. sowie einem Ölgemälde der Hl. Luzia von 1595.

Ein Friedhof mit barockem, schmiedeeisernem Tor umgibt die sehr malerisch auf einem Hügel nördlich des Dorfes gelegene Pfarrkirche *S. Silvestro*. Ein vermutlich romanischer Vorgängerbau wurde im 16. Jh. durch die heutige Kirche ersetzt. Der Turm in der Westfassade mit oktogonalem Aufsatz stammt aus dem 17. Jh. Zum Eingang gelangen wir durch einen vierbogigen, im 19. Jh. errichteten Portikus an der Südseite, dessen Säulen jedoch auf teilweise reliefierten romanischen Würfelkapitellen aus dem 12. Jh. ruhen.

Der in Meride geborene Künstler Francesco Antonio Giorgioli (1655–1725) schmückte den Chor im reich ausgestatteten Innenraum mit Szenen aus dem Leben des Hl. Silvester. Neben dem großen Gemälde hinter dem Hauptaltar sehen wir links Manfredo Settala mit dem Hl. Georg. An den Chorpfeilern unter anderem die Hll. Apollonia, Luzia und Agathe.

Versteinerter Saurier im Paläontologischen Museum von Meride

Ein Gemälde des Antonio Rinaldi aus Tremona hinten im Schiff zeigt als witziges Detail im Hintergrund einen im Fenstergitter steckengebliebenen Kirchenräuber. Hauptthema des Bildes ist die Versammlung Merider Bürger anläßlich der Gefangennahme des Räubers. Links im Chorbogen eine polygonale, schön bemalte Holzkanzel.

Von Meride aus kann man nach **Serpiano** fahren; die Bergstation der Seilbahn nach Brusino bietet einen weiten Blick auf den Luganer See, den Monte S. Salvatore und Morcote. In **Fontana** beginnt ein Naturlehrpfad zum Monte S. Giorgio (s. S. 336).

Wir verlassen Meride in Richtung Arzo und kommen im **Gaggiolo-Tal** zu den Marmorsteinbrüchen. Neben alten Kalkbrennöfen kann man die verschiedenfarbig melierten Blöcke des *Macchia vecchia, Brocatello* und *rosso d'Arzo* sehen, die in fast allen Kirchen des Sottoceneri an Altären, Chorschranken und Weihwasserbecken verarbeitet wurden. Auch **Arzo** ist ein gut erhaltenes, charakteristisches Mendrisiotto-Dorf mit malerischen Arkadenhöfen. Ein Denkmal auf der Piazza erinnert an die Arbeiter in den Marmorsteinbrüchen. Die Kirche *SS. Nazario e Celso* erkennt man nur an dem über einem Eckhaus hervorragenden kleinen Turm. Das Portal ist in einem höher gelegenen Atrium zu finden. Im dreijochigen Innenraum mit Säulen aus Arzomarmor (17. Jh.) befindet sich ein prachtvoller Hochaltar aus verschiedenen Marmorarten. An der nördlichen Chorwand ein Fresko der Passion Christi, am nördlichen Seitenaltar, umrahmt von Rosenkranzbildern, eine Muttergottesstatue des 17. Jh., die der in Arzo geborene Salvatore Allio (1736–1786) auf schwarzen Marmor malte. Allio, dessen Geburtshaus, die *Casa Allio,* an einem sehr schönen Portal mit Vorhangbogen und zweigeschossiger Loggia zu erkennen ist, war Spezialist für diese Maltechnik und arbeitete im 18. Jh. vornehmlich in Dresden. Den Achteckbau der *S. Maria del Ponto* oder *dei Quatro Coronati* aus dem 17. Jh. finden wir an der Brücke über den Gaggiolo.

Über Besazio erreicht man Rancate, von wo wir das südliche Mendrisiotto besuchen können. Der Weg nach **Ligornetto** führt an dem Friedhof vorbei, auf dem ein bekannter Sohn dieses Dorfes begraben liegt: Auf dem Grab des Vincenzo Vela (1820–1891) ist sein berühmter ›Ecce Homo‹ zu sehen. Ursprünglich Marmorarbeiter, ging der begabte Vierzehnjährige nach Mailand, um dort die Bildhauerkunst zu erlernen. Sein ›Spartacus‹ von 1848, den wir in Lugano gesehen haben, und das Gewehr, das an seinem Grabdenkmal neben den Bildhauerwerkzeugen zu sehen ist, sind die Symbole seiner Begeisterung für die Einigungs- und Freiheitsbewegung Italiens im 19. Jh., mit der sein Werk eng verknüpft war. Nachdem ihn die österreichische Regierung ausgewiesen hatte, kehrte er nach Ligornetto zurück und wurde 1856 Professor für Bildhauerei an der Academia Albertina in Turin. Sein 1863 in einem Park oberhalb von Ligornetto erbautes Wohnhaus, das er der Eidgenossenschaft testamentarisch überließ, beherbergt seit 1898 das *Museo Vela,* in dem seine Werke im Original oder als Abgüsse fast vollzählig ausgestellt sind. Velas heroische Gestalten mögen heute pathetisch wirken, sind jedoch wie auch seine Porträts und Kinderköpfe von Menschlichkeit und echtem Gefühl geprägt.

Beim Gang durch den Ort, dessen zwei Straßen sich bei der Kirche gabeln und sich weiter oben wieder vereinigen, kommen wir an Häusern mit Freskenschmuck und Stukkaturen vorbei, so zum Beispiel über der Eingangstür der ehemaligen *Osteria Circolo Operaio,* dem Haus des Arbeitervereins. Im Haus Nr. 29, dessen schönen Innenhof zahlreiche neuere Steinplastiken schmücken, wurde Vela 1820 geboren. Links der Kirche *S. Lorenzo* ein ehemaliges Beinhaus.

Am Weg nach Stabio liegt rechts die Fraktion S. Pietro, deren Umgebung wegen der zahlreichen römischen und frühmittelalterlichen Funde bekannt ist. Die Ursprünge des wahrscheinlich als Friedhofskirche gegründeten Baus von *S. Pietro* reichen ins 7. Jh. zurück. Die vermutlich erste Pfarrkirche Stabios wurde im 19. Jh. zu einer dreischiffigen Pfeilerhalle erweitert. Neben dem Eingang des *Municipio* in Stabio finden wir einen römischen Altarstein, der laut Inschrift von einem C. Capellinus dem Gott Merkur gewidmet wurde. 1550 in S. Michele in Ligornetto entdeckt, war der Stein lange verschollen, wurde 1849 in der Kirche SS. Giacomo e Cristoforo in Stabio wiederentdeckt und später vor dem *Municipio* aufgestellt. In der Halle des *Municipio* eine römische Grabstele aus Sacharoid-Marmor, die seitlich kunstvoll mit Reben reliefiert ist, deren Zweige ein Ornament um einen Vogel bilden. Die sehr schöne Inschrift nimmt die ganze Vorderseite ein und nennt den Toten: C. Virius Verus (5. Jh.)

Stabio (von *stabulum* = Stall), das mit seinen herrschaftlichen Häusern einen städtischen Eindruck macht, war vermutlich eine römische Kavalleriestation. Möglicherweise haben auch schon die Römer die Schwefelquellen benutzt, die noch heute Rheuma und Hautkrankheiten heilen sollen. Der Kirchplatz zwischen zwei Hügeln ist nach Süden von der Fassade der Pfarrkirche *SS. Giacomo e Cristoforo* begrenzt, die, schon 1104 erwähnt, vom 16. bis 18. Jh. gebaut und erweitert wurde. Übereck zur Pfarrkirche steht die im Spätbarock errichtete kleine Bruderschaftskapelle *S. Maria di Caravaggio.* An der Straße, die zum Hügel hinaufführt, finden wir das *Museo Contadina* für bäuerliche Kultur.

In der Umgebung von Stabio, in der vor allem Tabak angebaut wird, haben sich in den letzten Jahren Gewerbe- und Industriebetriebe niedergelassen. Die nahe am italienischen Grenzzaun gelegene romanische Kapelle *S. Margherita in Campo* befindet sich in so schlechtem Zustand, daß der Besuch kaum lohnt.

Die verblüffend illusionistisch bemalte Fassade von *S. Antonio Abate* in **Genestrerio** scheint konvex zu sein. Der früher geostete Bau wurde im 17. Jh. nach Norden gedreht. Die Ausmalung im Inneren stammt zum Teil aus dem 19. Jh., man findet jedoch auch ein kleines Madonnenfresko in Stuckrahmung aus dem 15. Jh. und in einer Seitenkapelle Renaissance-Gemälde aus dem 16. Jh.

Der vielleicht in der Römerzeit gegründete Ort **Novazzano** liegt in hügeligerem Gelände. Die Ende des 18. Jh. neu gebaute Pfarrkirche *SS. Quirico e Giulietta* überrascht mit einem stilreinen romanischen Campanile aus dem 12. Jh., der von der Vorgängerkirche erhalten blieb. Die unteren vier romanischen Geschosse mit Blendarkaden erheben sich auf einem hohen Sockel, die Glockenstube ist eine Zutat des 19. Jh. Erst in den dreißiger Jahren entdeckte der Ortsgeistliche die aus dem 16. Jh. stammenden Fresken von Gian Battista Tarilli. Man erreicht die hoffentlich nur vorübergehend als Abstellkammer genutzte Seitenkapelle, den ehemaligen Chor, vom nördlichen Querschiff aus. Leider sind die teilweise von

Brettern verstellten Fresken in schlechtem Zustand. Das interessanteste Werk ist eine manie-ristische Kopie des Abendmahls von Leonardo, die allerdings weniger gelungen ist als die Kopie in Ponte Capriasca, die Tarilli, der in Sesto Calende ein identisches Bild schuf, zum Vorbild nahm.

Das Mitte der sechziger Jahre erbaute Betonhochhaus ›La Ferasca‹ in der Nähe von Novazzano hatte Le Corbusiers ›Cité radieuse‹ in Marseille zum Vorbild.

Wer eines der schönsten Außenfresken im Tessin sehen möchte, muß einen kleinen Abste-cher nach **Castel di sotto** machen. Das Bild versteckt sich im Hausflur der *Casa Colombi-Bernasconi* mit grüngestrichenem Holztor in einem Rundbogenportal des 13. Jh. in der Häuserzeile rechts von der Kapelle *S. Trinità*, deren Halbrundapsis aus dem 12.–13. Jh. erhalten blieb. Das gut erhaltene Fresko aus dem 15. Jh. zeigt neben der Muttergottes die Hll. Sebastian, Hieronymus und Petrus Martyr.

Östlich von Novazzano biegen wir nach Seseglio und Pedrinate ab. Das Weinbauerndorf **Pedrinate**, südlichster Ort der Schweiz, liegt 100 m höher als Novazzano. Eine 1931 hier gefundene Weinamphore, die der Bestattung eines Neugeborenen diente, weist auf römische Besiedlung hin. In 20 Minuten ist die auf einem Hügel nördlich von Pedrinate gelegene Kapelle *S. Stefano** zu erreichen. Die unscheinbare Kirche, an der noch eine romanische Apsis erkennbar ist, wurde im 19. Jh. umgebaut. Leider sind die Fresken in der unbeleuchte-ten Kapelle schwer zu erkennen. Links das abgelöste Fresko einer thronenden Madonna und gegenüber eine Hl. Martha mit der Bruderschaft des guten Todes (s. Carona, S. 268). Der idyllische Platz bietet einen schönen Blick ins Mendrisiotto. Am Fuß des Monte Olimpino brodelt Chiasso, dessen Name identisch ist mit dem italienischen Wort für Lärm.

Chiasso machte nach der Eröffnung des Gotthard-Tunnels im Jahr 1882 als Tor Italiens für die Märkte in Mittel- und Nordeuropa eine rasante Entwicklung durch. Die Bevölke-rung lebt heute vor allem von der Beschäftigung bei der Bahn, im Zollwesen und vom Speditionshandel. Da die Fläche des Grenzortes mit nur etwa 530 ha sehr begrenzt ist, mußten die in den sechziger Jahren gebauten Rangieranlagen mit einer Gesamtlänge von 120 km in einer Schleife angelegt werden – Chiasso wurde zum Verkehrstrichter. Das Goldge-schäft ist ein weiterer wichtiger Wirtschaftsfaktor: Ein Viertel der Weltproduktion wird in Chiasso verarbeitet. Die kilometerlange Hauptgeschäftsstraße, den Corso S. Gottardo, beherrschen die Zweckbauten der Banken und Speditionsfirmen sowie Bürohäuser, denen viele Bauten des 19. Jh. weichen mußten.

In der Bahnhofsvorhalle symbolisieren zwei 1932 von Margherita Osswald Toppi geschaffene Steinplastiken die Schweiz und Italien. Pietro Chiesas Wandgemälde ›Die Aus-wanderer‹ von 1933 erinnert an die Tessiner Auswanderungsbewegungen. Interessant als Beispiele des funktionalen Stils sind die *magazzini generali*, die von Maillart und Brenni 1924–1925 errichtet wurden. 1934 erbaute Aristide Conti die heutige Pfarrkirche S. Vitale anstelle einer Barockkirche. In der mächtigen Säulenbasilika finden wir Barockaltäre sowie im Chor Gemälde des späten 17. Jh.

Verwendete Literatur (Auswahl)

Anderes, Bernhard: Kunstführer Kanton Tessin. Zürich 1977[2]

Beerli, André: Tessin o. O. u. J.

Bianconi, Giovanni: Val Verzasca. Locarno 1966

Bianconi, Piero: Tessiner Glockentürme. Lugano 1970

ders. (Hrsg.): Inventario delle Cose d'Arte e di Antichità. Leventina, Blenio, Riviera. Bellinzona 1948

ders.: Der Stammbaum. Zürich 1982[3]

ders.: Kreuze und Kornleitern im Tessin. Zürich 1946

ders.: Tessiner Kapellen. Locarno 1971[2]

ders.: Locarno. Zürich 1972

Bisagni, Gianluigi und Bruno Brocchi: Grotti. Lugano 1984

Boettcher, Paul: Das Tessintal. Aarau 1936

Bonstetten, Karl Viktor von: Briefe über die italienischen Ämter. Ascona 1982. Nachdruck der Ausgabe von 1800/1801

Burckhardt, Titus: Tessin. Basel 1943

Burke, Peter: Die Renaissance in Italien. Berlin 1984

Cambin, Gastone: Ca' da Rivöi. Olivone 1969

Chiesa, Francesco: Die künstlerische Betätigung des Tessiner Volkes und ihr geschichtlicher Wert. Zürich o. J.

Christ, Franz: Kunst im Tessin. Ronco 1972

Donati, Bruno: Das Maggiatal. Bellinzona 1985

Eschenmoser, Jakob: Tessiner Skizzenbuch. Zürich 1981

Flach, Jakob: Ascona. Zürich 1971[2]

Franscini, Stefano: Der Kanton Tessin. Ascona 1980. Faksimilenachdruck der Ausgabe von 1835

Fusco, Vincenzo: Führer zu den Burgen der italienischen Schweiz. Lugano 1981

Gilardoni, Virgilio: Filippo Franzoni. Bellinzona 1968

ders.: Il Romanico. Bellinzona 1967

ders.: I Monumenti d'Arte e di Storia del Canton Ticino. Vol. I, Basel 1972; Vol. II, Basel 1979; Vol. III, Basel 1983

Gschwend: Das Val Verzasca. Aarau 1946

Hardmeyer, Jakob: Locarno und seine Thäler. Zürich 1979

ders.: Lugano und Umgebung. Zürich o. J.

Heinsohn, G. und O. Steiger: Die Vernichtung der weisen Frauen. Herbstein 1985

Huber, Jürg-Peter: Tessin. Lübeck 1984

Hutterli, Kurt: Die Centovalli. Bern 1972

Kutzli, Rudolf: Langobardische Kunst. Stuttgart 1981

Landmann, Robert: Ascona Monte Verità. Frankfurt 1979

Lips, Th. und G. Moresi: Der Kanton Tessin. 1985 o. O.

Merz, Ernst: Kleine Geschichte des Kantons Tessin. Ascona 1985

Mittler, Max (Hrsg.): Tessin. Zürich 1983

Molsdorf, Wilhelm: Christliche Symbolik der mittelalterlichen Kunst. Graz 1984. Nachdruck der Ausgabe von 1926

Mondada, Giuseppe: Die Brissago-Inseln. Locarno 1975

ders.: Corippo. Lugano 1976

Mühsam, Erich: Ascona. Zürich 1979

Nelz, Walter: Das Mendrisiotto. Zürich 1937

Nething, Hans-Peter: Val Bedretto, Valle Leventina e Strada alta. Lugano o.J.

Obermeier, Siegfried: Lago Maggiore. München 1972[2]

Orelli, Giovanni: Der lange Winter. Zürich 1983

Pfister, Max: Sonnenstube Tessin. Zürich 1977

ders.: Tessin. Bern 1972

ders.: Tessinführer. Zürich 1976

Pforte, Dietger (Hrsg.): Fontana Martina. Ascona 1981[2]. Faksimilenachdruck der Ausgabe von 1931/32

Quervain, Francis de: Gesteinsarten an historischen Bau- und Bildwerken der Schweiz: Tessin, Wallis. Zürich 1984

Rahn, Johann Rudolf: I Monumenti artistici del Medio Evo nel Cantone Ticino. Lugano 1976. Nachdruck der Ausgabe von 1894

ders.: Kunst- und Wanderstudien aus der Schweiz. Zürich 1888[2]

Rossi, Giulio und Eligio Pometta: Geschichte des Kantons Tessin. Bern 1944

Schalk, Adolph: Die Indemini-Story. Indemini 1983

Schinz, Rudolf: Beyträge zur nähern Kenntniß des Schweizerlandes. 4. Heft, Zürich 1967. Faksimilenachdruck der Ausgabe von 1786

Schmid, Ernst: Heilige des Tessin. Frauenfeld 1951

Schmid, Ernst: Tessiner Kunstführer. Bd. I–V, Frauenfeld 1948–1950

Schmidt, Heinrich und Margarethe Schmidt: Die vergessene Bildersprache christlicher Kunst. München 1984[3]

Seidler, Eduard: Seuche und Sucht, in: Hubert Markl (Hrsg.), Natur und Geschichte. München 1983

Szeemann, Harald (Hrsg.): Monte Verità. Milano 1978

Tessin – Täler und Dörfer. Zürich 1981

Verscio: Ein Dorf im Tessin. Locarno 1982

Vollenweider, Alice (Hrsg.): Südwind. Zürich 1976

Seewald, Richard: Gestehe, daß ich glücklich bin. Stuttgart 1959

Wälti, Hans (Hrsg.): Die Schweiz in Lebensbildern. Band I: Tessin. Aarau 1947[2]

Wermelinger, Max: Die italienische Schweiz heute. Zürich 1971

Wielich, Gotthard: Ascona. Locarno o.J.

Zodiaque: Suisse Romane. Genf 1967[2]

Zoppi, Giuseppe: Mein Tessin. Locarno 1981[5]

Glossar

Akanthus

(griech. Akanthos = Bärenklau, Distelart)
In der ornamentalen Kunst ein Blatt ohne
Stiel mit gesägtem Rand. Symbol der Un-
sterblichkeit, bevorzugt an romanischen
Kapitellen.

Ambrosianischer Ritus

Der Ambrosianische Ritus geht auf eine Li-
turgie-Reform des Hl. Ambrosius von Mailand (340–397) zurück und gilt seit dem
4. Jh. in der Erzdiözese Mailand, den sogenannten ambrosianischen Tälern und einigen ambrosianischen Enklaven im Tessin.
Für Laien sichtbare Unterschiede zum römischen Ritus sind: Taufe durch Untertauchen (Immersionstaufe), Beginn des Kirchenjahres am Martinstag (11. November,
die Adventszeit dauert daher 6 Wochen),
Beginn der Fastenzeit erst Quadragesima
statt Aschermittwoch. Bei Pontifikalmessen
bringen je vier Greise und Greisinnen Brot
und Wein zum Altar.

Apsis

(griech. apsis = das Angefügte)
Eckiger oder halbrunder Chorabschluß
(Chorhaupt), der als Altarnische in christli-
chen Kirchen dient.

Architrav

Querbalken über Türen und Fenstern aus
Stein oder Holz.

Basilika

(griech.: Königshalle)
Langgestreckte Säulenhalle mit Mittelschiff
und zwei bis vier Seitenschiffen und Fenstern in der Überhöhung des Mittelschiffs
(Lichtgaden).

Beinhaus

(Ossuarium, Karner)
Gebäude bei einer Kirche oder einem Friedhof zur Aufbewahrung exhumierter Gebeine aus neu belegten Gräbern.

Borgo

italienisch: Dorf, Ortskern.

Camaieu-Technik

Maltechnik, besonders im 18. Jh. für Landschaften, Stilleben und Blumendekors verwendet, bei der alle Tonwerte des Bildes in
einer Farbe gehalten sind. → Grisaille.

Castellanza

Zu einem Schloß gehörendes Herrschaftsge-
biet mit mehreren Gemeinden.

Chor

(griech. Choros = Gesang)
Einige Stufen über dem Niveau des Langhauses gelegener Platz, der ursprünglich
dem Kirchenchor diente. Später Ort für Altar, Bischofsthron und Sitze der Geistlichkeit (Chorgestühl).

Collegiata
(Kollegiatskirche)
Kirche mit Chorherrengemeinschaft.

Coppi
Rund- oder Hohlziegel, wie sie im Mendrisiotto verwendet werden, auch Kloster-oder Mönch-Nonne-Ziegel genannt.

Blendarkade
Für die romanische Baukunst charakteristisches Architekturmotiv zur Gliederung einer undurchbrochenen Wand.

Deambulatorium
(Chorumgang)
Prozessionsumgang für die Täuflinge an Baptisterien.

Dreipaß
Drei Dreiviertelkreise, die sich zum Kleeblattmuster ordnen.

Epitaph
Gedächtnismal für einen Toten an einem Pfeiler oder an der Außenwand einer Kirche.

Erbärmdebild
Andachtsbild, das seit dem frühen 14. Jh. Christus, oft im Grabe stehend, mit Leidensmerkmalen und Leidenswerkzeugen darstellt.

Evangelistensymbole
Seit dem 4. Jh. häufig um die Majestas Domini angeordnete Symbolgestalten: Mensch = Matthäus, Löwe = Markus, Stier = Lukas, Adler = Johannes. Die Symbole gehen auf das von Johannes in der Offenbarung beschriebene Vierfachwesen (Tetramorph), der ranghöchsten Engelsgestalt Cherubim, zurück, der mit den Köpfen von Mensch, Löwe, Stier und Adler versehen ist.

Fraktion *(frazione)*
Teilgemeinde. z. B. Piodina = Fraktion von Brissago.

Fries
Ornamentale oder figürliche, waagerecht verlaufende Formen zur Gliederung oder Dekoration einer Wand.

Frontale
Vordere Altarverkleidung, auch Antependium genannt.

Gesprenge
Turmartiger Maßwerkaufbau über gotischen Flügelaltären.

Gnadenstuhl
(Sedes gratiae)
Dreifaltigkeitsdarstellung, bei der der thronende Gottvater den Kruzifixus oder den Leichnam Christi vor sich hält. Die Taube als Symbol des Heiligen Geistes schwebt häufig über dem Kruzifixus vor der Brust Gottvaters.

Gotthard-Haus
Eine umstrittene Bezeichnung, weil sich dieser Mischtypus aus Holz- und Steinbauweise vom Wallis bis ins St. Galler Rheintal finden läßt. Holzblockbau, dessen Küchenteil zum Schutz vor Feuer gemauert ist. Die Tessiner Abwandlung ist das Gneisplattendach mit Sparrengerüst. Weiter südlich tritt dieser Haustyp hinter dem Steinhaus lombardisch-italienischer Prägung zurück.

Grisaille-Malerei
Eine erstmals im 12. Jh. in der Glasmalerei angewandte Grau- in Grau-Malerei, auch als ›Totfarbe‹ bezeichnet. Sie diente hauptsächlich zur besseren Darstellung der plastischen Form in der Malerei.

Gurtbogen
Bandartige Abgrenzung und Stütze eines Gewölbes, als Quergurt quer zur Hauptachse und als Längsgurt in Richtung der Hauptachse des Raumes.

Insubrien
Siedlungsgebiet des Keltenstammes der Insubrier. Der Begriff wird vor allem in der Botanik verwendet.

Kalotte
Flache Kuppel, oft als Apsiskalotte.

Laterne
Kuppelaufbau mit Fenstern.

Lavezstein
Früher vor allem im Val Lavizzara gebrochener Serpentinstein, der sich leicht bearbeiten läßt und politurfähig ist. Man stellte daraus *laveggi* (steinerne Kochtöpfe) her.

Lettner
(lat. lectionarium = Lesebühne)
In mittelalterlichen Kirchen und Ordenskirchen Trennwand zwischen dem Raum der Kleriker und Mittelschiff.

Lisene
(franz. *lisière* = Leiste)
Senkrecht verlaufender, flacher Wandstreifen ohne Basis und Kapitell zur Wandgliederung.

Loggia
Offener Bogengang, häufig im Obergeschoß.

Loreto
Häufig vorkommende Bezeichnung einer Wallfahrtskapelle (Madonna di Loreto). Der Legende nach das Haus Marias, das Engel von Nazareth nach Loreto bei Ancona gebracht haben sollen. Loreto-Madonnen-Darstellungen kann man an den Engeln erkennen, die die Säulen eines Hauses umschlingen, in dem die Madonna thront.

Lünette
(franz. *la lune* = der Mond)
Halbkreisförmiges Feld über Türen und Fenstern.

Luzide
Sehr schmales Fenster oder Lichtschlitz, hauptsächlich in der romanischen Baukunst.

Majestas Domini
(lat. Herrlichkeit des Herrn)
Thronender Christus, meist in der Apsiskalotte, mit segnend erhobener rechter Hand und dem Buch des Lebens auf dem linken Knie. Oft in mandelförmigem Kreis (Mandorla →) und von den Evangelistensymbolen umgeben.

Mandorla
(ital. mandorla = Mandel)
Mandelförmige Aureole, die die ganze Gestalt Christi umgibt. Auch bei Darstellungen der Aufnahme Mariens in den Himmel angewandt.

Mensa
Altartisch

Mezzanin
(ital. Halbgeschoß)
Zwischengeschoß häufig zwischen Parterre
und erstem Geschoß oder unter dem Dach.

Nimbus
Eine aus der Antike in die christliche Kunst
übernommene Kennzeichnung göttlicher
und heiliger Personen. Ursprünglich nur für
die Dreifaltigkeit (als Kreuznimbus) angewandt.

Nodus
Der Knauf eines Kelches, auch der mittlere
Teil eines kelchförmigen Brunnens (s.
Sforzabrunnen in Bellinzona).

Obergaden
Auch Lichtgaden genannte Fensterzone in
der Wand des überhöhten Mittelschiffs
einer Kirche.

Oculus
(lat. Auge)
Kreisrunde Fensteröffnung.

Pendentifkuppel
Kuppel, deren Kreisumfang durch Hänge-
zwickel (sphärische Dreiecke) in das Vieleck
des überwölbten Raumes übergeleitet wird.

Podestà
Seit dem Mittelalter ein von der Gemeinde
auf Zeit gewählter Bürgermeister. Heute
sindaco.

Portikus
Von Säulen getragene oft mehrachsige Halle

als Vorbau vor dem Haupteingang eines
Gebäudes oder ein Laubengang im Erdgeschoß.

Predella
Altarstaffel. Unterbau des Flügelaltars, mit
Malerei oder Schnitzerei geschmückt.

Retabel
Altaraufsatz, in der Gotik zum Flügelaltar
erweitert.

Rustico
Bezeichnung für ländliche Nutzbauten und
primitive Wohnbauten.

**Sagra (oder Sacra/Santa) Conversa-
zione**
(ital. = Heilige Unterhaltung)
Seit dem 15. Jh., besonders in der Renaissance beliebte Darstellung der Madonna im
Gespräch mit Heiligen.

Scagliola
Eine aus Italien stammende, besonders an
Altarfronten im 18. Jh. als Ersatz für
Marmorinkrustationen angewandte Stuck-
technik, bei der die Zeichnung durch Auftrag farbiger Pasten entsteht (meistens
schwarzgrundig).

Schalenstein
Steine mit künstlichen Vertiefungen aus prä-
historischer Zeit, noch bis in die jüngste
Vergangenheit mit kultischer Bedeutung.

Serliana
Auch als Palladiomotiv bezeichnete, dreiachsige Fensteröffnung, deren Mittelteil
durch einen Bogen betont wird. Die Bezeichnung geht auf den italienischen Renais-

sance-Baumeister Sebastiano Serlio (1475–1554) zurück.

Sgraffito

(ital. *sgraffiare* = kratzen)
Wetterbeständige Fassadenmalerei, bei der auf den Rohputz mehrere farbige Putzschichten aufgetragen und mit dem Kratzeisen unterschiedlich tief bearbeitet werden.

Sinopie

Vorzeichnung eines Freskos, zunächst mit Kohle, dann mit Ocker aus Sinope am Schwarzen Meer. Der erste Entwurf ist oft freier komponiert als das spätere Fresko.

Solaio

(ital. Sonnengeschoß)
Oberstes offenes Geschoß, wie es besonders im Sottoceneri vorkommt.

Spolien

(lat. *spolium* = Siegesbeute)
Teile früherer Bauwerke, die an späteren wiederverwandt werden.

Stichkappengewölbe

Von dreieckigen Flächen unterteiltes Tonnengewölbe.

Strickbau

Holzbau mit horizontal geschichteten, verzapften Balken. (→ Gotthard-Haus)

Tambour

Unterbau einer Kuppel, meist zylindrisch oder polygonal.

Thermenfenster

Aus der römischen Architektur in die barocke Sakralarchitektur übernommenes dreiteiliges Fenster in Form eines Halbkreises.

Toskanische Säulenordnung

Eigentlich tuskisch oder etruskisch, in der römischen Baukunst Abwandlung der dorischen Ordnung: glatte dorische Säule mit Basis und Kapitell ohne Schmuck.

Triptychon

(griech. = aus drei Platten bestehend)
Dreiteiliges Gemälde, häufig als Flügelaltar, aber auch als dreiteilige Architekturplastik mit Nischen für Skulpturen.

Trivultus

Dreifaltigkeitsdarstellung in Form eines Kopfes mit drei Gesichtern oder drei gleichen Köpfen; im Mittelalter verbreitet, von den Protestanten als ›katholischer Zerberus‹ verspottet und 1628 von Papst Urban VIII. als häretisch erklärt und verboten.

Tympanon

(griech. = Handpauke)
Das über dem waagerechten Türsturz eines Rundbogenportals entstehende Feld, das häufig mit plastischen Darstellungen oder Malerei ausgefüllt ist.

Vicinanza

Bezeichnung für frühere Bürgergemeinden im Tessin, oberstes Organ der demokratischen Selbstverwaltung; heute Patriziat.

Zwölf Orte

Die 12 Orte der Eidgenossen, die die Landeshoheit im Tessin inne hatten: Zürich, Bern, Luzern, Uri, Schwyz, Unterwalden, Glarus, Basel, Freiburg, Solothurn, Schaffhausen, Zug.

Geologie und Pflanzenwelt des Tessin
von Michael Witschel und Rudolf Schwarz

Das Tessin, eine politische und keine geographische Einheit, gehört zwei Großräumen an: den Zentralalpen, denen die Tessiner Alpen im Norden zuzurechnen sind, und Insubrien mit den beiden großen Seen, dem Lago Maggiore und dem Luganer See. Über die tief eingeschnittenen Talausgänge von Ticino, Verzasca und Maggia sind beide Naturräume ineinander verzahnt, wobei die Nordgrenze Insubriens ungefähr mit der Verbreitungsgrenze der Edelkastanie zusammenfällt. Südlich der Ticino-Niederung verläuft in Ost-West-Richtung parallel ein Gebirgsriegel, der das Tessin querteilt. Zwischen seinen höchsten Erhebungen, dem Camoghè (2227 m) im Osten und dem Monte Tamaro (1962 m) im Westen ragt aus einer Senke der Monte Ceneri hervor. Eine Paßstraße überwindet ihn in 550 m Höhe und verbindet so die beiden unterschiedlichen Landesteile, das nördliche Sopraceneri und das südliche Sottoceneri.

Seinem geologischen Aufbau nach gehört das **Sopraceneri** zu den Zentralalpen, die zum größten Teil aus einer Serie über- und nebeneinander gelagerter Schichtstöße, die man als Decken bezeichnet, bestehen. Durch Schub und Faltung wurden diese Decken zum Teil von weit her verfrachtet, die dabei auftretenden hohen Temperaturen und der ungeheure Druck kristallisierten das Gestein um. Jede Decke besteht in ihrem Kern aus Orthogneis, der durch Metamorphose aus magmatischem Gestein, in der Regel Granit, hervorgegangen ist, während an der Basis und in den Deckenpartien Paragneise, die aus Sedimentgesteinen entstanden, auftreten. Untereinander weisen die verschiedenen Deckenkerne große Ähnlichkeit auf. Die Antigoriogranite, Orthogneise mit plattiger Beschaffenheit, wird der Besucher des Tessin häufig sehen. Ihr kristallines Ausgangsgestein wurde während der Alpenbildung zu dünnen Platten ausgewalzt, die sich hervorragend zu Bauzwecken eignen. Bei Bellinzona benutzt man sie, senkrecht in den Boden gestemmt, als Gartenzäune und Wegbegrenzung. Noch dünnere, aber längere Platten dienen zum Decken der Häuser. Auch heute wird dieses Gestein noch in zahlreichen, *graniti* genannten Steinbrüchen abgebaut.

Auf der Linie Bellinzona–Ascona–Brissago biegen sich die Decken der Tessiner Alpen um und tauchen unter das Altkristallin der Südalpen ab. Parallel zu dieser Nahtstelle verläuft eine der Hauptstörungszonen der Alpen, die sogenannte insubrische Linie, die sich am Südrand der Zentralalpen entlang der Strecke Tonale-Paß – Veltlin – Jorio-Paß zum Lago Maggiore hinzieht, um sich dann über die Centovalli und das Val Vigezzo bis Domodossola fortzusetzen.

Die heutige Oberflächengestalt des Sopraceneri entstand in ihren wesentlichen Zügen während der Eiszeiten. Gletscher überzogen bis auf wenige Ausnahmen – die im Sommer eisfreien Südhänge der höchsten Gipfel – die gesamten Tessiner Alpen. Sie vertieften vorhandene Täler und weiteten Talflanken, so daß typische U-förmige Querprofile mit steilen Trogwänden entstanden. Hänge- und austretende Seitengletscher begünstigten die Bildung von Trogschultern. Im Verhältnis zu ihrer Umgebung wurden die Haupttäler stark übertieft, die Nebentäler konnten wegen der geringeren Eismassen mit dieser Eintiefung nicht Schritt halten. Vom Talgletscher gestaut, wurden sie in ihrer Erosion gebremst. Es bildeten sich Hängetäler, die oft beträchtlich höher als das Haupttal lagen. Die Seitentäler münden über Steilabstürze mit zahlreichen großartigen Wasserfällen und Schluchten in die Täler der Leventina, der Riviera und des Val Maggia. Auch der grandiose Durchbruch der Maggia durch einen Riegel harter Orthogneise bei Ponte Brolla stellt eine solche, allerdings nur ca. 30 m hohe, Mündungsstufe dar, mit der das Val Maggia in die Tessiner Niederung übergeht.

Bei der Erosion durch fließendes Eis werden die unterschiedlichen Gesteinshärten deutlicher als bei Erosion durch Wasser, daher sind auch die großen Täler zumindest in ihrem Oberlauf mehr oder weniger stark gestuft; flache, mittlerweile aufgeschotterte Becken wechseln mit harten, vom Gletscher nicht so stark abgehobelten Querriegeln. Dort sägen sich Flüsse hinein und bilden wilde, zerklüftete Schluchten wie etwa der Ticino unterhalb Airolo, am Monte Piottino bei Faido und in der der Biaschina zwischen Lavorgo und Giornico.

Die Talsohlen von Leventina und Valle Maggia ändern von Biasca bzw. Bignasco an ihr Aussehen vollständig; die Flüsse weisen ein gleichmäßiges Gefälle auf und verwildern in breiten Schotterfeldern, den sogenannten *fiumare*. Hier schneiden sie nicht mehr das Gestein an, da die Gletscher die Talsohle so stark übertieft haben, daß diese unter das Abflußniveau geriet und von angeschwemmten Schottern aufgefüllt wurde.

Eines der größten Werke der Gletscher ist der Lago Maggiore, das ehemalige Zungenbecken des Tessingletschers. Der See reichte ursprünglich fast die gesamte Riviera hinab bis über die Piano di San Vittore bei Roveredo im Moesa-Tal. Der Burgfelsen von Bellinzona war zu jener Zeit eine von Wasser umspülte Insel. Bereits gegen Ende der letzten Eiszeit begannen jedoch der Ticino und seine Nebenflüsse diese Senke wieder mit Abtragungsmaterial aufzufüllen. Wie weit dieser Prozeß heute schon fortgeschritten ist, zeigt die Aufschüttungsebene von Magadino.

Die landwirtschaftliche Nutzung der Tessiner Alpen ist außerordentlich erschwert: Die Täler sind eng und die kultivierbaren Flächen entsprechend klein. Die besten Wiesenstandorte liegen auf den schwer zugänglichen, relativ flachen Trogschultern oberhalb der Täler. In der Leventina befinden sich dort vielfach auch die Dörfer, da die wilden Schluchten des Ticino oft keinerlei andere Siedlungsmöglichkeiten boten.

Im Bereich der *fiumare* werden die Täler breiter, doch Hochwasser bedrohen Äcker und Wiesen immer wieder. Weite Gebiete wie zum Beispiel zwischen Someo und Riveo im Val Maggia blieben daher unkultiviert und haben ihren natürlichen Zustand annähernd bewahren können. Die ursprüngliche Feuchtgebietslandschaft der Ebene von Magadino ist dagegen durch Trockenlegung und Flußkorrektur fast vollständig verschwunden. Heute prägen Gemüsekulturen, Obstanlagen und Maisacker das Bild.

Die Nordgrenze des **Sottoceneri** fällt mit der insubrischen Linie, die auch die Südalpen nördlich begrenzt, zusammen. Die Südalpen bestehen aus einer Basis von kristallinen Schiefern, dem insubrischen Seengebirge und einer mächtigen Abfolge von Sedimenten, dem insubrischen Deckengebirge.

Im Quartär wurde das Sottoceneri bis zu einer Höhe von 1200 m von einem Eisstromnetz überzogen. Gewaltige, aus dem Norden kommende Eismassen schufen das Trogtal des Vedeggio, die Rundhöckerlandschaft beiderseits des Flusses und den Luganer See mit seiner fjordartigen Gestalt. An der Entstehung des Luganer Sees, eines typischen Zungenbeckensees, waren zwei Gletscher beteiligt. Der Ostteil wurde von dem Adda-Gletscher, der aus dem Veltlin über die Talwasserscheide zwischen Menaggio und Porlezza einen Eisstrom sandte, geschaffen. Der Kalkstock des San Salvatore zwang den Gletscher zur Änderung seiner Fließrichtung, dabei hobelte er große Partien des Bergfußes ab; es entstand eine nahezu unbezwingbare Steilwand, in der seltene und wärmeliebende Pflanzenarten, ungefährdet durch höher- und schnellerwüchsige Konkurrenten, überdauern konnten.

Am Monte San Giorgio wurden die Eismassen noch einmal zum Ausweichen gezwungen, dort teilten sie sich und schufen die beiden Zungenbecken von Capolago und Morcote. Ein Rückzugsstadium des Adda-Gletscherarmes schüttete zwischen Melide und Bissone einen Endmoränenwall auf, auf dem heute Eisenbahn und Autos den See überqueren.

Über den weithin sichtbaren Steilwänden aus Dolomit am Monte San Giorgio lagert eine 10 m dicke Schicht, der sogenannte Grenzbitumenhorizont. Diese Schicht wurde früher bergmännisch abgebaut, um daraus das zur Wunddesinfektion verwendete ›Saurol‹ zu gewinnen; Reste der alten Stollen und Förderanlagen sind heute noch sichtbar. Der Grenzbitumenhorizont birgt eine große Anzahl von Fossilien, vor allem von Fischen und Fischsauriern, aber auch räuberische Landreptilien wie den Ticinosaurus.

Ein breites Quertal trennt den Monte San Giorgio und dessen Fortsetzung nach Süden, den Kalkstock der Poncione d'Arzo. Wie am Monte San Giorgio fallen die Schichten stark nach Süden ein. Mit ihrem Abtauchen unter tertiäre Konglomerate und eiszeitliches Moränen- und Schottermaterial ist das Südende der Alpen erreicht. Wir befinden uns im Mendrisiotto, einer Talmulden-Landschaft von uneinheitlicher Entwässerung. Das Gebiet ist vielerorts von nährstoff- und kalkreicher Grund- und Obermoräne bedeckt und wird landwirtschaftlich intensiv genutzt. Sanfte, bis zu 530 m hohe Hügel aus südalpiner Molasse, vor bzw. auf deren Rücken die Staatsgrenze verläuft, bilden die Südbegrenzung des Mendrisiotto.

Klima

An den Alpen, einer kontinentalen Wetterscheide, teilen sich die über Mitteleuropa eingeflossenen feuchten atlantischen Nord- und Nordwestströmungen. Ein Teil prallt gegen den

Hauptkamm, wo er sich seiner Feuchtigkeit in Form von Steigungsregen entledigt, der andere umfließt das Alpenmassiv in einem großen Bogen und dringt über Triest und Venedig von Osten her in die Po-Ebene vor. Diese beiden Strömungen, die einander nahezu ideal ergänzen, bestimmen das Klima des Tessin: die eine bringt Schönwetterperioden, die andere Regen.

Die am Alpenkamm abgeregnete Luft strömt als Fallwind hinab ins Tessin. Da sich wegen des großen Höhenunterschieds ein beträchtlicher Föhneffekt einstellt, ist die Luft klar und trocken. Aus dieser Wetterkonstellation erklärt sich die außerordentlich hohe Anzahl heller Tage, an denen weniger als 20 % des Himmels bewölkt sind (in Locarno 124 pro Jahr gegenüber 48 in Zürich). Die jährliche Sonnenscheindauer beträgt in Locarno 2300 Stunden, in der Nordschweiz dagegen nur 1700–1800. Zu Recht trägt das Tessin daher den Beinamen ›Sonnenterrasse der Schweiz‹.

Auf der Höhe des Tessin verengt sich der Alpenbogen und wird nur noch von einem Hauptkamm aufgebaut. Die nach Norden ablaufenden Flußsysteme von Aare und Reuß sowie die nach Süden ablaufenden von Maggia und Ticino bilden eine durchgehende, feuchte Rinne, die sich im Tessin zum sogenannten insubrischen Trichter erweitert. In diesem Abschnitt sind keine Quertäler in das Alpenmassiv eingeschoben, die durch ein trockenes und kontinentales Klima den Austausch der Luftmassen unterbrechen, wie etwa östlich und westlich des Tessin im Engadin und im Wallis.

Wenn die Föhnwetterlage zusammenbricht, fällt die über der Po-Ebene stehende feuchte Luftmasse nach Insubrien. Dies führt zu kurzen, aber sehr ergiebigen Steigungsregen. Locarno verzeichnet mit 1900 mm im Jahr wesentlich höhere Niederschläge als Zürich (1100 mm) oder Basel (780 mm). Auch innerhalb des Alpensüdrandes stellt das Tessin eine feuchte Insel dar: Die Niederschläge liegen bedeutend höher als in der Umgebung. Die westlich anschließenden Regionen am Südfuß der Grajischen Alpen liegen bereits im Regenschatten des hier nach Süden schwenkenden Alpenbogens; östlich von Insubrien wirkt sich in den Landschaften, die den Bergamasker Alpen vorgelagert sind und am Gardasee bereits der stärkere mediterrane Einfluß aus.

Die Niederschläge sind im Tessin über das ganze Jahr verteilt. Mai und September sind die regenreichsten Monate, die Sommer zeichnen sich durch kurze, heftige Regenschauer, oft in Verbindung mit Gewittern, aus. Zwar wechseln feuchte Sommer mit trockenen, doch übersteigt die niederschlagsfreie Zeit nur selten einen Monat. Das Tessin kann also nicht – wie gerne in Prospekten verkündet wird – dem mediterranen Klimagürtel, der durch eine mindestens dreimonatige Trockenheit im Sommer charakterisiert ist, zugeordnet werden.

Wegen der geschützten Lage am Südfuß der Alpen sind die Durchschnittstemperaturen im Tessin erheblich höher als in der Nordschweiz: In Basel werden 9° C gemessen, in Bellinzona 12°. Die Julitemperatur beträgt im langjährigen Mittel 22° C. See- oder Fallwinde von den umgebenden Bergen sorgen für Kühlung und die Luft ist, vor allem bei längeren Schönwetterperioden, sehr trocken. Daher kann man die hohen Sommertemperaturen gut ertragen. Die kalten, kontinentalen Ostwinde erreichen das Tessin, das nur nach Süden offen ist, im Winter selten. Die Anzahl der Frosttage beträgt in Locarno nur 32, bedeutend weniger als in der Po-Ebene. Eine seltene Ausnahme war der extrem kalte Winter 1984/85, dem zahlreiche subtropische Pflanzen zum Opfer fielen. An nur etwa zehn Tagen im Jahr schneit es in Locarno; bis ca. 300 m über dem Seespiegel schmilzt jedoch der Schnee sehr schnell.

Innerhalb der gesamten Südabdachung der Alpen nimmt das Tessin klimatisch eine bevorzugte Stellung ein. Die Natur hat das fast Unmögliche geschafft, sie sorgt für ausreichende Niederschläge, ohne daß man dafür längere Schlechtwetterperioden in Kauf nehmen muß. Leider ist diese klimatische Oase bedroht. In jüngster Zeit häufen sich Berichte und Untersuchungen über Klimaverschlechterungen. Von 1950 bis 1970 ist die Zahl der Tage mit verminderter Sicht wegen zunehmender Umweltverschmutzung um 50 % gestiegen. Feuchte Luft, die nach dem Zusammenbruch von Föhnwetterlagen aus der Lombardei in das Tessin gelangt, ist mit einer beträchtlichen Schmutzfracht aus dem Mailänder Industrierevier beladen, die durch Auto-Abgase und die Emissionen von den Industrieanlagen um Lugano und im Mendrisiotto noch zusätzlich angereichert wird.

Vegetation

Mitteleuropäische, alpine und mediterrane Pflanzen bilden im Tessin ein einzigartiges Mosaik: die insubrische Flora. Ihr Einzugsbereich liegt entlang der Südabdachung der Alpen vom Orta- bis zum Comer See, ihren Mittelabschnitt bilden die Landschaften um den Luganer See und den Lago Maggiore, die nördlichsten Ausläufer ragen bis in die unteren Abschnitte der großen Täler des Sopraceneri wie Leventina und Valle Maggia und vermischen sich dort mit der Flora der Zentralalpen. Nur 15 % der einheimischen Pflanzenarten gehören zur mediterran-submediterranen Vegetation. Die hohe Anzahl mediterraner und subtropischer Pflanzen, vor allem auffällig viele Bäume und Sträucher, sind erst vom Menschen in das Tessin eingebracht worden. Viele dieser Arten konnten sich im Laufe der Zeit aufgrund der günstigen Klimabedingungen auch außerhalb von Gärten und Parks ansiedeln und vermehren sich dort teilweise so gut, daß sie – wenn auch als ›Neubürger‹ – mittlerweile zur Tessiner Flora gehören, deren Grundstock eigentlich nordischen Ursprungs ist mit recht spärlichen, spezifisch mediterranen Elementen. Ihre Eigenart verdankt die insubrische Flora hauptsächlich wärme- und feuchtigkeitsliebenden Pflanzen, die vermutlich Reste einer früheren Mediterranflora sind.

Um einen Überblick über die kaum überschaubare Vielfalt an Pflanzenarten zu gewinnen, bietet sich die Gliederung in Vegetationsgürtel an. Dabei ist es nur annähernd möglich, für die vertikale Ausdehnung der Vegetationsgürtel, die sich oft beträchtlich überschneiden und nur im Ausnahmefall nahtlos ineinander übergehen, bestimmte Höhenangaben zu machen.

Der **Flaumeichengürtel** ist im gesamten Mittelmeerraum in den niederen Berglagen verbreitet. Mit seinen nördlichsten Ausläufern erreicht er gerade noch das Tessin. Erst während

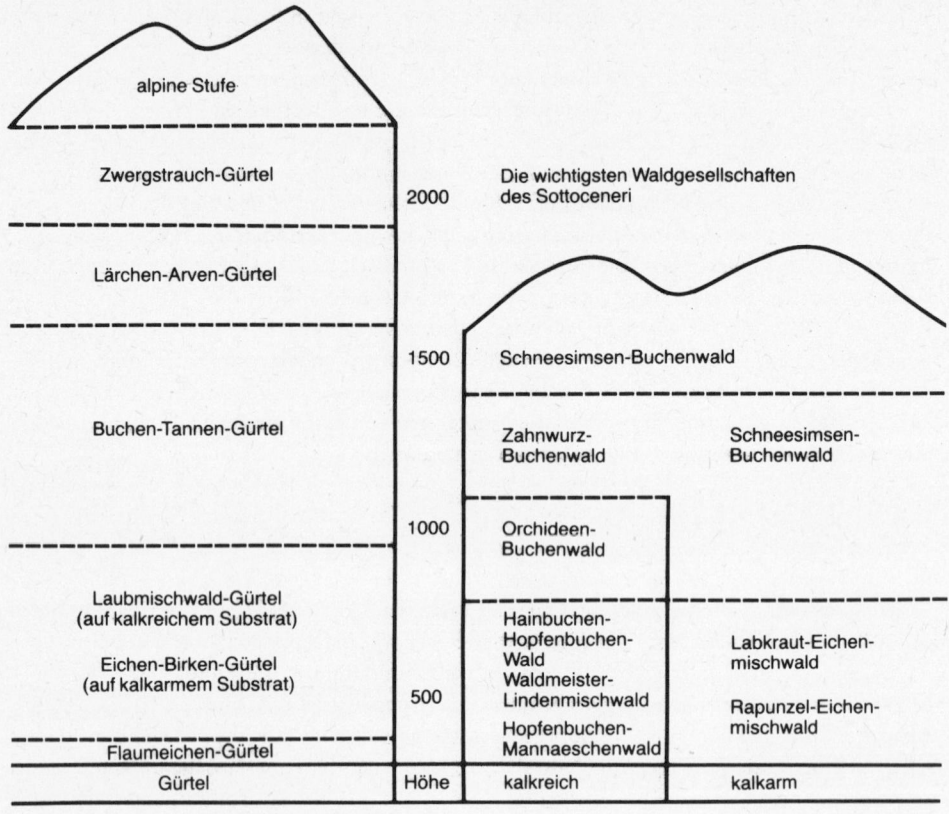

Gürtel	Höhe	kalkreich	kalkarm

einer nacheiszeitlichen, warmen und trockenen Klimaperiode stieß die Flaumeiche zusammen mit wärmeliebenden Begleitarten von Osten her an den insubrischen Alpenrand vor. Da viele Arten des typischen Flaumeichenwaldes bei der Wiederbesiedlung nicht mehr oder noch nicht wieder in das Tessin gelangten, steht der Flaumeichenwald hier hinsichtlich seines Arten- und Strukturreichtums hinter alteingesessenen Beständen wie zum Beispiel des Balkans zurück.

Als der nacheiszeitlichen Wärmeperiode ein feuchteres und kühleres Klima folgte, wurden die licht- und wärmeliebenden Arten des Flaumeichenwaldes von der schneller- und höherwüchsigen Konkurrenz verdrängt. Lediglich auf den trockensten und wärmsten Standorten des Tessin, auf Kalk- und Dolomituntergrund, hielten sich bis in unsere Zeit Reste der ursprünglich zusammenhängenden Flaumeichenbestände. Sie treten heute nur noch inselartig innerhalb des Laubmischwaldgürtels, vor allem auf den Kalkstöcken am Luganer See, auf. Reste dieser Flora sind auch im Sopraceneri zwischen Bellinzona und

Locarno, westlich von Ascona und im Val Onsernone dort vorhanden, wo größere Kalk- und Marmorlinsen im Gneis anstehen.

Der Flaumeichengürtel ist nicht an extrem tiefe Lagen in Seehöhe gebunden. Auf trocken- warmen Standorten wächst die Flaumeiche sogar in über 1000 m Höhe, wie zum Beispiel am Südostabhang des Pizzo Peloso bei Sella im Val Onsernone. Die kleinwüchsige, nicht geschlossene Baumschicht des Flaumeichenwaldes, in der unter anderem noch Hopfen- buche, Feldulme, Zürgelbaum und Mannaesche auftreten, ist mehr oder minder stark von Sträuchern durchsetzt, beispielsweise von Kornelkirsche, Perückenstrauch, Steinweichsel und Blasenstrauch. Die Übergänge von der Baum- zur Strauchschicht sind meist fließend. Wo immer die Bestände einigermaßen zugänglich waren, wurden sie vorwiegend zur Brenn- holzgewinnung genutzt. Die so natürlich wirkenden, krüppeligen Flaumeichenbestände mit reicher Strauch- und Krautschicht im Unterwuchs sind daher oft nur das Ergebnis intensiver Nutzung.

Farbenprächtige Hochstauden säumen die Gehölzbestände. Da die meisten dieser soge- nannten Saumarten bevorzugt in kleinen oder größeren Gruppen wachsen, ist ihre optische Wirkung zur Zeit der Hauptblüte im Frühsommer ein unvergeßliches Erlebnis; das Farben- spektrum reicht von dem gebrochenen Weiß der Aufrechten Waldrebe, dem Gelb des Schmalblättrigen Alants, dem Rot des Blutroten Storchschnabels bis zum Blau der Bunten Flockenblume. An anderer Stelle sind größere, gehölzfreie Flächen vollständig von den bis 1,5 m hohen, mächtigen Doldenblüten des Berg-Laserkrauts bedeckt, in deren Unterwuchs nur die Schopfige Kreuzblume oder die Alpendistel für Farbtupfer sorgen. Seltener und eher in der Übergangszone zwischen Flaumeichen- und Laubmischwaldgürtel wachsen in den Säumen stark duftende Hochstauden aus der Familie der Rautengewächse wie Diptam und Weinraute (Farbt. 33).

Auf Felsvorsprüngen, die der Sonne stark ausgesetzt sind, treten die Saumarten fast vollständig zurück. Sie überlassen das Terrain dem Zwerg-Sonnenröschen, der Grasblättri- gen Skabiose, der Österreichischen Schwarzwurzel, dem Faserschirm und dem Zierlichen Federgras, allesamt Arten, die nur aufgrund spezieller Anpassungen in Form von Rollblät- tern, Wachsüberzug, filziger Behaarung oder Speicherwurzeln auf diesem extremsten, für den Botaniker aber zugleich reizvollsten Pflanzenstandort des Tessin überleben konnten.

Geschlossener und größerflächig verbreitet ist der **Laubmischwald-Gürtel** als vorherr- schender Waldtypus auf Kalkstandorten des Sottoceneri. Er bedeckt in den niederen Berg- lagen weite, zusammenhängende Flächen. Das Klima dieser Zone sorgt für eine genügend warme und feuchte Vegetationszeit sowie für Winter ohne lange, extreme Frostperioden. Anspruchsvolle Edellaubhölzer wie Winterlinde, Bergulme und Nußbaum weisen auf guten und nährstoffreichen Boden hin.

Besonders schöne und artenreiche Laubmischwälder wachsen am Unterhang des Monte Generoso, am Westhang des San Salvatore und am Monte San Giorgio, der unter Natur- schutz steht. Die Kantonsverwaltung hat dort einen geologisch-botanischen Lehrpfad ange- legt, der einen umfassenden Eindruck vom Wesen und Aufbau des Laubmischwaldes ver- mittelt (s. Vorschläge für Ausflüge, S. 336).

Die basen- und kalkarmen Böden auf Urgestein des Sopraceneri genügen den Ansprüchen des Laubmischwaldes im allgemeinen nicht. Dort findet man ihn nur an Stellen mit besserer Nährstoffversorgung wie frischen Verwitterungsflächen oder über kalk- und basenreichem Moränenmaterial. Der Laubmischwald-Gürtel nimmt die weniger sonnigen Lagen ein, steile Südhänge überläßt er dem Flaumeichenwald, in feuchten und schattigen Nordlagen dagegen muß er schon in ca. 500 m Höhe der Buche Platz machen.

Schon früh erkannten die Menschen die Fruchtbarkeit dieser Standorte und nutzten sie für ihre Zwecke. Anstelle der in weiten Bereichen gerodeten Laubmischwälder befinden sich heute Äcker, Wiesen, Weinberge, Obstkulturen und Siedlungen.

Der Laubmischwald wird im Tessin schon seit jeher wirtschaftlich genutzt. Bis etwa in die Mitte des 20. Jh. war die Niederwaldwirtschaft die gängige Nutzungsform, wobei die Bestände alle 10 bis 15 Jahre abgeholzt wurden, um dann wieder neu aus dem Stock auszutreiben. Das Holz diente überwiegend als Brennmaterial, seltener auch zur Herstellung von leichtem Bauholz und Weinbergpfählen. Mit dem Aufkommen der Ölfeuerung verlor die Brennholzerzeugung an Bedeutung, viele Niederwälder wurden entweder sich selbst überlassen oder durch Auslichten in qualitativ schlechte Hochwälder verwandelt. Von der einstigen Niederwaldwirtschaft zeugen heute überall noch mächtige Baumstümpfe, aus denen zahlreiche dünne Stämme entspringen.

Die häufigste Pflanzengesellschaft des Laubmischwald-Gürtels ist der Hainbuchen-Hopfenbuchen-Wald mit Baumarten, die ein schnelles Regenerationsvermögen charakterisiert. Vor allem die Hopfenbuche wurde durch die Niederwaldwirtschaft stark gefördert und ist daher heute die häufigste Baumart des Laubmischwaldes. In natürlichen oder naturnahen Beständen steht die Hopfenbuche nur im Unterwuchs und wird überragt von höherwüchsigen, stattlicheren Baumarten mit vergleichsweise schlechterem Regenerationsvermögen wie der Traubeneiche, Zerreiche oder Winterlinde.

Das lichtdurchlässige Blätterdach der Laubbäume und der nährstoffreiche Boden bedingen eine artenreiche Strauchschicht im Unterwuchs. Hier wachsen Goldregen, Liguster, Stechpalme, Schwarzwerdender Geißklee, Strauchige Kronwicke und Stechender Mäusedorn, den die Tessiner *lo spazzocamino*, Kaminfeger, nennen, weil sich der immergrüne Busch mit seinen Kurztrieben, die in eine empfindlich stechende Spitze auslaufen, gut zum Rußen eignet.

Überaus artenreich ist die Krautschicht. An schattigen Stellen bedecken Alpenveilchen, Leberblümchen und Immergrün den Boden. Mehr Licht und Sonne vertragen Blaugras, Immenblatt und Blaurote Steinsame.

Offene Stellen im Wald sowie Wald- und Gebüschränder sind überwiegend von wärmeliebenden Hochstauden mit prächtigen Blüten gesäumt. Es dominieren Kalkaster, Straußblütige Wucherblume, Blutroter Storchschnabel und Hirschhaarstrang.

Als Ersatzgesellschaft des Laubmischwaldes dominieren auf den Wiesen gleichfalls wärme- und kalkliebende Arten. Diese Wiesen sind bekannt für ihren Orchideenreichtum, aber auch das Vorkommen des sehr schönen Goldbarts sowie der nur vereinzelt auftretenden Lilienblättrigen Drüsenglocke.

Auf tiefgründigen, frischen bis feuchten Böden, in Schluchten und an Nordhängen tritt der Laubmischwald in Form des Geißbart-Eschen-Waldes auf. Eschen, Bergulmen und Bergahorn bilden einen nur wenig lichtdurchlässigen Hochwald, in den bereits die Rotbuche eingestreut ist. Besonders an diesen Standorten wächst die Rotbuche in tieferen Lagen und verdrängt dort den Laubmischwald. Die Strauch- und Krautschicht ist im lichtarmen Geißbart-Eschen-Wald stellenweise schwach ausgebildet. Erwähnenswert sind Lorbeer-Seidelbast, Turiner Waldmeister und Hirschzunge.

Der **atlantische Eichen-Birken-Gürtel** unterscheidet sich grundlegend vom Flaumeichen- und Laubmischwald-Gürtel hinsichtlich seiner Standortansprüche, seiner Artenzusammensetzung und seiner Herkunft. In den gleichen Höhen wie der Laubmischwald-Gürtel verbreitet, wächst er ausschließlich auf dem Urgestein des Sopraceneri. Besonders in dem über Orthogneisen gebildeten Rohhumus gedeihen nur noch einige weniger anspruchsvolle Arten. Sind an der Bodenbildung Paragneise oder frisches Moränenmaterial beteiligt, entstehen basenreichere Böden, auf denen noch Eiche und Esche wachsen können.

Nur noch an wenigen Stellen ist der Eichen-Birken-Gürtel in natürlicher oder naturnaher Ausbildung vorhanden, er wurde weitgehend durch angepflanzte und verwilderte Edelkastanien, den in der Vergangenheit wichtigsten Nutzbäumen im Tessin, verdrängt. Wie vollständig dieser Verdrängungsprozeß stattgefunden hat, mag die Tatsache zeigen, daß die Edelkastanie bis in jüngste Zeit auch von Fachleuten als ›eigentlicher Vertreter der insubrischen Wälder‹ angesehen wurde.

Besticht der Laubmischwald durch seine Vielfalt, so fasziniert beim Edelkastanienwald die Dominanz einer Art. Die kraftvollen und majestätischen Bäume, die fast die gesamten niederen Berglagen des Sopraceneri bedecken, sind zusammen mit den endlosen Steintrümmern aller Dimensionen und den kristallklaren, wildtosenden Sturzbächen zum Wahrzeichen der Tessiner Alpen geworden.

Eine eigene Begleitflora hat die Edelkastanie nicht hervorgebracht. So finden wir in ihrer Nähe den Unterwuchs des Eichen-Birken-Gürtels wieder. Sie bevorzugt Urgestein und meidet trockene Kalkböden; auf Moränen- und Urgesteinsmaterial tritt sie auch im Kalkgebiet auf, so zum Beispiel an den Südhängen des Monte Generoso.

Die Edelkastanie wurde von den Etruskern und Römern nach Insubrien eingeführt, während des Mittelalters und der frühen Neuzeit war sie eine der wichtigsten Grundlagen der Landwirtschaft. Zwei Nutzungsformen werden unterschieden: die *selva*, der Fruchthain aus stattlichen Einzelbäumen, in dem im Herbst die Schweine gemästet wurden, lieferte die mehligen Früchte, die durch Räuchern lagerfähig gemacht wurden und zur Brotbereitung und als Futter dienten, und die *palina*, die Niederwaldwirtschaftsform in schwer begehbarem Gelände. Da die Ernte der Früchte dort mühsam und wenig lohnend war, wurde das Holz als Brenn- und Baumaterial gesammelt. In beiden Waldtypen gewann die Bevölkerung außerdem durch das Schneiden der Schößlinge Winterfutter für Ziegen und Rinder.

Da die Nutzung der Edelkastanie außerordentlich arbeitsintensiv war, ging ihre Bedeutung im Laufe der letzten 100 Jahre mit der zunehmenden Industrialisierung, der Intensivierung der Landwirtschaft und dem wachsenden Fremdenverkehr zurück. Die Selven verwilderten in weiten Bereichen, und die Palinen gingen in Hochwälder über. Seit etwa 1930 beschleunigte der Krebsbefall der Bäume den Niedergang der Kastanienwirtschaft zusätzlich.

Auch in naturnahem Zustand ist der Eichen-Birken-Wald relativ eintönig. Seine Arten machen nur 7% der Flora des Tessin aus. Typische, nur auf diesen Gürtel beschränkte Arten fehlen sogar gänzlich. Die häufigsten Baumarten sind neben der Edelkastanie Birke und Stieleiche sowie auf besseren Standorten Traubeneiche, Esche und Bergulme, in den oberen Höhenlagen auch die Buche. Auf den feuchten Böden steilerer Hänge werden Eiche und Birke teilweise durch die kleinblättrige Form der Grau-Erle ersetzt.

Die Begleitpflanzen sowohl des natürlichen Eichen-Birken-Waldes wie des Edelkastanienwaldes sind unter anderem Rotes Straußgras, Verschiedenblättriger Schwingel, Adlerfarn, Heidekraut, Besenginster und Salbei-Gamander. Auf den waldfreien Felsstandorten innerhalb des Eichen-Birken-Gürtels haben sich mit dem Bunten Schwingel Reste der mediterranen Gebirgssteppe erhalten. Zur Hauptblütezeit im Juni bieten die sonst eher trostlos und abweisend wirkenden Felswände ein farbenprächtiges Bild, das an die Felsvegetation im Flaumeichengürtel erinnert. Weithin leuchten die weißen, pyramidenförmigen Blütenstände des Strauß-Steinbrechs (Farbt. 35), die rosa Büsche der Steinnelke, die großen orangefarbigen Blüten der Feuerlilie und das Blau der Teufelskralle (Farbt. 36), dazwischen die Blattrosetten verschiedener Hauswurz- (Farbt. 37) und Mauerpfefferarten, deren weiße, gelbe und rote Blüten bald darauf die Spalten und Simse der Gneiswände schmücken.

Noch eine Besonderheit, aber auf eng begrenztem Areal am Ausgang mehrerer Flußtäler des Sopraceneri, sind die Vorkommen der Salbeiblättrigen Cistrose. An sonnigen und gut durchfeuchteten Standorten bildet sie zusammen mit dem Besenginster und einigen feuchtigkeitsliebenden Alpenpflanzen ausgedehnte Bestände.

In etwa 1000 m Höhe enden sowohl der Laubmischwald- wie der an Urgestein gebundene Eichen-Birken-Gürtel. Auf allen Böden findet man jetzt den **Buchen-Weißtannen-Gürtel.** Die Vegetationszeit dauert nur noch etwa fünf Monate, das Klima ist merklich kühler, die Luftfeuchtigkeit hoch. Buchen bevorzugen nährstoffreiche, nicht zu schwere Böden, magere, tonige Böden auf Urgestein sind von einer bestimmten Höhe an eher von Tannen besiedelt.

Die schönsten Bestände bildet die Buche im Sottoceneri. Bis zur Waldgrenze bei ca. 1600 m bleibt sie die vorherrschende Baumart und läßt abgesehen von einzelnen Eiben auch keinerlei Nadelgehölze neben sich gedeihen. Zu dem Sanikel, der Vielblütigen Weißwurz und dem Waldmeister gesellen sich Arten, die den besonderen Charakter der insubrischen Buchenwälder ausmachen: unter anderem die Christrose, Einseles Akelei, die Pfingstrose (Farbt. 38) und der Weiße Affodill (Farbt. 39).

Pfingstrose, Striemensame und Affodill scheinen sich aber erst optimal in den vom Wald nicht besiedelbaren, nahezu unzugänglichen, grasbewachsenen Felshängen zu entfalten – ein überwältigendes Bild zur Blütezeit im Juni. Dazwischen siedeln auf extrem flachgrundigen Stellen Aurikel, Kugelschötchen, Augenwurz, Narzissenblütiges Windröschen, Veränderter Steinbrech und Ysop-Nelke.

Ähnliche Sonderstandorte unterhalb der Waldgrenze haben sich auf Dolomit erhalten. Hier findet man noch Reste aus älteren, heute nicht mehr existierenden Vegetationsgürteln mit Behaartem Geißklee und Busch-Geißklee. Für die Buche ist dieser Standort teilweise zu trocken, ihren Platz nimmt die Bergföhre ein. Der lückige Baumbewuchs beeinflußt dort kaum die Zusammensetzung der Zwergstrauch- und Krautschicht mit Bärentraube, Alpen-Seidelbast, Herzblättriger Kugelblume, Pyrenäen-Drachenmaul, Grauem Löwenzahn und Gelbem Lerchensporn.

Im Sopraceneri sind die Buchenwälder artenärmer. Die besten Lagen mußten Fettwiesen, den sogenannten *monti*, weichen. In den weniger günstigen Lagen findet man Nutzungsformen, die den Bedürfnissen der bäuerlichen Bevölkerung angepaßt sind: Buschweiden und Niederwälder.

Oberhalb 1200 m gedeiht neben der Buche die Tanne. In ihrem Unterwuchs findet sich fast überall die Rostblättrige Alpenrose (Farbt. 40) sowie das Woll-Reitgras. Auch die Tanne, die oberhalb von 1650 m nicht mehr wächst, wurde in den vergangenen Jahrhunderten stark abgeholzt und verschwand so im Bereich ganzer Täler. Heute sind ihre Standorte von Fichten besetzt.

Die *monti* als Ersatzgesellschaften der Buchen-Tannen-Wälder befinden sich zumeist an weniger geneigten Hängen auf den Trogschultern oberhalb der Steilwände. Sie dienen je nach Höhenlage zur Heugewinnung oder als Maiensäße beim Almauftrieb. Im Frühjahr und Frühsommer bieten sie mit Ziestblättriger Teufelskralle, Wald-Storchschnabel, Trollblume, Trichterlilie und Narzisse ein buntes Bild, das eher an Almen in der alpinen Stufe erinnert. Häufig haben Auswärtige die früher nur während der Ernte bewohnten Berghütten gekauft und sie zu Ferienwohnungen umgebaut.

Der **Fichten-Gürtel** fehlt in der insubrischen Flora. Auch im Sopraceneri war er ursprünglich von untergeordneter Bedeutung, erst forstwirtschaftliche Maßnahmen haben den Fichtenbestand stark gefördert. Ab 1100 m Höhe wachsen sie bevorzugt in Nordlagen zusammen mit Weißtannen oder Buchen. Bei etwa 1400 m Höhe überwiegt die Fichte, bei 1750 m gehen die Bestände allmählich in den Lärchen-Arven-Gürtel über. Die Bodenflora der Fichtenwälder ist sehr spärlich: In lichteren Beständen entspricht der Unterwuchs mit Alpenrose, Heidelbeere und verschiedenen Farnen dem der Tannenwälder, zu deren Lasten die Fichte erst das heutige Areal besiedeln konnte.

An den Buchen-Tannen-Gürtel schließt sich als letzter Waldgürtel der **Lärchen-Arven-Gürtel** an. Die Arve wächst allerdings selten im Tessin, nur im Val Santa Maria am Lukmanier-Paß, ferner im Val Piora und Val Bedretto findet man sie häufiger.

Mit dem Lärchen-Arven-Gürtel erreicht man eine Flora, die sich in ihrer Struktur von der der tieferen Lagen wesentlich unterscheidet. Den üppigen Unterwuchs der Lärchenwälder bilden subalpine und alpine Arten vor allem der Zwergstrauchheiden. Schon in 1000 m Höhe treffen wir auf einzelne, in den Buchen-Tannen-Gürtel eingestreute Lärchen. In Nordlagen ab 1600 m Höhe und auf Südhängen bei 1750 m wird der Baumbestand ausschließlich aus Lärchen gebildet, der mit seinem lockeren Bewuchs kaum als Wald bezeichnet werden kann.

Die Lärche ermöglicht auf Südlagen in ihrem Unterwuchs noch das Vorkommen ertragreicher Weide- und Wildheurasen. In wenig geneigten Lagen wachsen Borstgras, Gelbe Hainsimse, Alpen-Klee, Brandlattich und Schweizer Löwenzahn; an steileren Hängen findet man langhalmige Wildheurasen unter anderem mit Horstsegge, Violettem Schwingel, Rispen-Schwingel und Wald-Rispengras. Zwergwacholder-Gebüsch überwuchert häufig diese Weiderasen, die dadurch landwirtschaftlich nicht mehr nutzbar sind.

In Nordlagen treten auf geneigtem Gelände anstelle des dort fehlenden Zwergwacholders üppige Alpenrosenbestände auf, zu denen sich auf flacherem Gelände die Heidelbeere gesellt. Die obere Grenze des zusammenhängenden Lärchenbestandes liegt im Tessin bereits bei 1900 m Höhe. Einzelne Lärchen sind allerdings noch in einer Höhe von 2300 m anzutreffen. Vermutlich hat der jahrhundertelange Almbetrieb die Waldgrenze, die in den Zentralalpen erst bei 2200 m liegt, heruntergedrückt.

Oberhalb des Lärchen-Arven-Gürtels, in der alpinen Stufe, sind Zwergwacholder und Alpenrose Teil eines eigenen **Zwergstrauchgürtels.** Die Wacholderbestände sind auf Süd-, Südost- und Südwestlagen beschränkt, die Alpenrosengebüsche erscheinen bevorzugt in nördlichen Lagen. Bezeichnende Arten in dem dazwischen wachsenden Woll-Reitgras-Rasen sind in Nordlagen Purpur-Enzian, in Südlagen oder auf trockenen Felsgraten Stern-Hasenohr und Rosenwurz. Sowohl Zwergwacholder wie Alpenrosen sind vom almwirtschaftlichen Standpunkt aus unerwünscht, so daß der Zwergstrauchgürtel zur Gewinnung von Weideland vielfach zerstört wurde.

Nach oben löst sich der Zwergstrauchgürtel in verschiedene Wiesentypen (Borstgrasrasen und Krummseggenrasen) mit Bärtiger Glockenblume, Alpen-Küchenschelle, Stengellosem Enzian (Farbt. 41) und Alpen-Petersbart auf. In flachen, quelligen Senken und an Karseen findet man Rasenbinsenmoore, Wollgrasmoore und Braunseggenmoore. Die Vegetation lange mit Schnee bedeckter Stellen enthält Krautweide und Kleine Soldanelle. In Felsspalten wachsen Rauhblättriger Steinbrech und Leim-Primel.

In den unteren Abschnitten der großen Täler des Sopraceneri findet sich oft noch eine wilde unzugängliche, im Tessin als *fiumare* bezeichnete **Flußlandschaft.** Der geologische Untergrund der breiten Talsohlen besteht aus Schottermassen, die seit der letzten Eiszeit in die von den Gletschern stark übertieften Trogtäler verfrachtet wurden. Da die meist über dem Haupttal verlaufenden Nebenflüsse wegen ihres größeren Gefälles mehr Verwitterungsmaterial anliefern als der Hauptfluß abtransportieren kann, schottert sich dieser selbst auf und wird daher gezwungen, ständig seinen Lauf zu verändern. Das kiesige Flußbett teilt sich in zahlreiche Rinnen und schildförmige Buckel.

Der größte Teil des breiten Flußbettes bleibt aufgrund der ständigen Verlagerungen durch reißende Hochwässer pflanzenleer. Auf den Kiesrücken und in deren Strömungsschatten, wo sich feiner Sand ablagern konnte, siedeln sich einzelne Pflanzen an. Meist sind es Alpenschwemmlinge, die vom Wasser herbeigetragen werden. Zusammen mit dem Rosmarinblättrigen Weidenröschen und der Hunds-Braunwurz bilden sie eine sehr unbeständige und lückige Krautschicht, in der nur vereinzelt Tamariske, Sanddorn, Lavendel-Weide und Purpur-Weide Fuß fassen können. Erst auf etwas höher gelegenen Kiesinseln wachsen sie in zusammenhängenden, undurchdringlichen Beständen, in denen kleine grundwasserferne Trockenbiotope mit Feld-Beifuß, Ährigem Ehrenpreis und Berg-Sandrapunzel entstehen können.

In einige dieser wilden Flußtäler haben Menschen störend eingegriffen und sie für Verkehrswege sowie als Lagerplatz für die *graniti* umfunktioniert. Der größere Teil der Flußlandschaften hat sich jedoch bis heute wenig verändert. Zunehmender Freizeit- und Badebetrieb und das Ableiten des Wassers zur Stromerzeugung lassen aber nur noch wenige Tälern als Urlandschaften erscheinen.

Die frostgeschützten und wasserdampfgesättigten **Standorte in Seenähe** lassen verschiedene seltene Farne, deren Hauptverbreitung in den Tropen und Subtropen liegt, gedeihen. Der einjährige Dünnblättrige Nacktfarn stirbt meist schon im Juni ab. Seine wenigen Vorkommen bei Bignasco, Brissago und Osogna lassen sich daher am besten im Winterhalbjahr aufspüren. Dieser bis 25 cm hoch wachsende Farn mit zarten, dunkelgrünen Wedeln ist weltweit verbreitet. Der ausdauernde Kretische Saumfarn mit bis 1 m langen Blättern wächst bevorzugt in der Spritzzone von Wasserfällen. Seine Hauptverbreitung liegt in den feuchten Tropen der Alten Welt sowie in Mexico, auf Hawaii und in Südafrika. Fast überall in den Subtropen sowie in warmen Breiten zu finden, in der Schweiz bzw. im Tessin aber auf wenige Standorte beschränkt, ist der imposante Königsfarn, der jährlich mehrere bis zu 2 m lange, doppelt gefiederte sommergrüne Blätter treibt. Im Val Maggia in geschützter Lage an ständig durchfeuchteten Stellen kann man ihn sogar im Straßenrand entdecken.

Das günstige Klima des Tessin spiegelt sich auch in der Flora der **insubrischen Seen** wider, die Lebensraum oft weltweit verbreiteter, aber aufgrund spezieller Standortansprüche sehr seltener Arten sind.

Die auffälligste Wasserpflanze des Tessin ist die Wassernuß (Farbt. 44), die in kalkarmen, aber nährstoffreichen und sich stark erwärmenden Humusschlammseen, Altwassern und Teichen wächst. Ihre fast ausschließlich auf das Tiefland beschränkten Vorkommen reichen vom Mittelmeergebiet bis nach Japan. Funde der gut konservierbaren Frucht aus entsprechend datierten Sedimenten und Torfschichten zeigen, daß die Wassernuß in den zwischen- und nacheiszeitlichen Wärmeperioden wesentlich weiter verbreitet war. Im Tessin werden die Früchte seit dem Mittelalter in Rosenkränzen verwendet. Da mehrere Unterarten mit jeweils charakteristischen Merkmalen und differierendem Verbreitungsgebiet unterschieden werden können, läßt sich die Herkunft der Nüsse eines Rosenkranzes recht genau bestimmen. Am bekanntesten ist die früher ausschließlich am Lago di Muzzano wachsende *var. muzzanensis* mit bis zu 5 mm hohen Höckern zwischen den vier Hörnern. Am Lago di

Muzzano, in den verstärkt Abwässer eingeleitet werden, findet man die Wassernuß seit kurzem nicht mehr. Die vornehmlich am Lago Maggiore wachsende *var. verbanensis* charakterisieren zwei meist stumpfe Hörner. Von der *var. coronate* mit vier Hörnern ohne Zwischenhöcker gibt es Vorkommen am Lago di Origlio und am Luganer See.

In den Tropen und Subtropen beider Hemisphären ist die Wasserschraube weit verbreitet, die ihre nördlichsten Vorkommen am Alpensüdrand, vor allem am Lago Maggiore und am Luganer See, hat. Seit mehreren Jahrhunderten ist diese Art durch ihren eigentümlichen Bestäubungsvorgang bekannt. An spiralig gerolltem Stiel treibt die weibliche Pflanze ihre Blüten aus bis zu 4 m Tiefe an die Wasseroberfläche, wo sie sich öffnen und die drei großen Narben ausbreiten. Die Blüten der männlichen Pflanze lösen sich im Knospenzustand aus dem untergetauchten Blütenstand los, steigen mit Hilfe einer eingeschlossenen Luftblase an die Wasseroberfläche und schwimmen, von Wind und Wellen getrieben, zu den weiblichen Blüten, wo sie sich in den Buchten zwischen den Blütenblättern einnisten. Durch das Zusammenziehen der Fruchtstielspiralen gelangt die reifende Frucht dann auf den Seegrund.

Im Lago Maggiore findet man das einzige Vorkommen des Brachsenkrautes in der Schweiz, das sonst hauptsächlich in Skandinavien und Schottland beheimatet ist.

Zur Befestigung des nutzbaren Bodens, der am Hang gelegenen Wohngrundstücke, Straßen und Wege, aber auch zur Markierung von Eigentumsgrenzen wurde im Laufe der Jahrhunderte – vor allem im Sopraceneri – eine Vielzahl von **Trockenmauern** aus kunstvoll aufeinander geschichteten Gneisblöcken errichtet. Die bergwärts gelegene Seite der Mauern ist meist ganz oder größtenteils von Erdreich bedeckt, das nach kurzer Zeit durch die Fugen bis nahe zur talwärts gerichteten, freiliegenden Seite vordringt und zusammen mit der sich einstellenden Vegetation als völlig ausreichendes Befestigungsmittel dient. Da die Mauerrückseite relativ feucht und meist gut gedüngt ist, stellen die Mauerritzen auch auf der Sonnenseite günstige Standorte für höhere Pflanzen dar, während sich auf den nackten Gesteinsflächen nur Moose und Flechten ansiedeln können.

Das Arteninventar der Trockenmauern ist überraschend reichhaltig und verändert sich mit zunehmender Höhenlage deutlich. Es besteht aus einem Grundstock besonders charakteristischer Mauerpflanzen, wie Farnen, Mauerpfeffer-Arten, Ruderal- und Adventivpflanzen, weist aber gleichzeitig eine enge Beziehung zur jeweiligen Vegetation der betreffenden Höhenlage auf. In den Stützmauern der Wiesen kann fast jede Wiesenpflanze gelegentlich als Mauerpflanze auftreten.

Allgegenwärtig sind auf Kalk und Urgestein: Mauer-Glaskraut, Karwinskys Berufskraut, Schwarzstieliger Strichfarn, Dickblättrige Fetthenne (Farbt. 43), Zimbelkraut, Schweizer Moosfarn, Spornbaldrian und Milzfarn; vornehmlich auf Urgestein entdeckt man den Schwarzen Strichfarn, Nordischen Strichfarn, Einjährige Fetthenne und Bunten Schwingel; ausschließlich auf Kalk wachsen hingegen Frauenhaarfarn und Gelber Lerchensporn.

In Seenähe, den eigentlichen Zentren der insubrischen Flora, wurden die einheimischen Arten weitgehend verdrängt und durch eingeführte Arten aus dem Mittelmeerraum und den

Subtropen ersetzt. Einige dieser Pflanzen haben sich derart gut entfalten können, daß es für den Botaniker oft schwierig und für den Nichtfachmann meist unmöglich ist, eingebürgerte Vorkommen von ursprünglichen auf den ersten Blick zu unterscheiden.

Vor etwa 1 Million Jahren glich der Alpensüdrand einer Fjordlandschaft, deren Küsten eine subtropische Vegetation mit Palmen, Magnolien, Kampferbäumen, Gingko, Mammutbaum und Sumpfzypresse säumte. Mit Beginn des Eiszeitalters und der Klimaverschlechterung verschwanden zunächst viele dieser wärmebedürftigen Gehölze. Weniger empfindliche Nadelhölzer wie Schirmtanne, Douglastanne, Sumpfzypressen- und Zedernarten konnten sich noch längere Zeit halten. In der ersten wärmeren Zwischeneiszeit bestimmten Flügelnuß, Hickory, Walnuß, Edelkastanie, Amberbaum, Tulpenbaum, Tupelobaum und Korkbaum das Landschaftsbild. Blatt- und Pollenfunde aus der letzten Zwischeneiszeit zeigen, daß eine wärmeliebende Flora, unter anderem mit der Pontischen Alpenrose, vorherrschte. Diese Arten findet man auch heute im Tessin, sie gelangten jedoch erst wieder mit Hilfe des Menschen in diese Region.

Sehr früh wurden die eiszeitlichen Verluste in der Tessiner Flora durch importierte Nutz- und Zierpflanzen ausgeglichen. Ölbaum, Feige und Zitronat-Zitrone gelangten bereits im Gefolge der Etrusker und Römer, teilweise auf dem Umweg über das antike Griechenland, ins Tessin. Bis zum Mittelalter kam eine Fülle weiterer Arten dazu: Zypresse, Steineiche, Platane, Oleander, Erdbeerbaum, Granatapfel, Lorbeer, Myrte, Buchsbaum, Lorbeer-Schneeball, Rosmarin und Lavendel. Aus der Mitte des 16. Jh. sind bereits sorgsam gehegte Pomeranzen- und Zitronenkulturen, die im Winter abgedeckt wurden, in Locarno und Castagnola belegt. Aus der Türkei wurde der Kirsch-Lorbeer und der Syrische Eibisch eingeführt.

Der größte Zustrom exotischer Arten setzte mit der Entdeckung Amerikas ein. Von dort kamen unter anderem Palmlilie, Immergrüne Magnolie, Orangenblume und Lorbeer-Rose. Etwa um 1750 herum wurde die Indische Azalee, 50 Jahre später die Japanische Kamelie importiert, die heute noch viele Gärten schmückt. Weitere Arten sind die Persische Azalee und die Strauch-Pfingstrose. Im 19. Jh. kamen der Duftende Ölbaum, die Lilien-Magnolie, die Aukube, das Japanische Pfaffenhütchen, die Glyzinie und die Japanische Mispel hinzu. Insgesamt gedeihen rund 350 Holzgewächse aus allen Kontinenten im Tessin.

Vor allem aber prägen Palmen das subtropische Bild der Tessiner Flora. Häufigste und verbreitetste Art ist die Hanfpalme aus Ostasien, ihr sehr ähnlich ist die Zwergpalme aus Sizilien. Beide Arten sind winterhart und im Bereich der Seen vollständig eingebürgert.

Die meisten importierten Arten wurden nur zur Zierde angepflanzt, wenngleich Kaki-Pflaume, Granatapfel, Feige und Japanische Mispel wohlschmeckende Früchte liefern. Lediglich der Weiße Maulbeerbaum aus China wurde früher im Mendrisiotto als Futterpflanze für Seidenraupen angebaut. Nachdem die Seidenraupenzucht im ausgehenden 18. Jh. ihren Höhepunkt überschritten und die Tabakverarbeitung die Seidenproduktion verdrängt hatte, findet man immer weniger dieser Bäume.

Botanisch und landschaftlich orientierte Ausflüge

Castagnola – Gandria
Auf dem ca. 1½ stündigen Spaziergang entlang des Luganer Sees sehen Sie u. a. Cyrtomium fortunei, Milzfarn, Spornblume, Kugellauch, Diptam, Weinraute, Lorbeer, Manna-Esche und Zürgelbaum.

Monte San Salvatore
Ein etwa dreistündiger Spaziergang (oder die Bahn) führt Sie durch Hainbuchen-Hopfenbuchen-Wald. In Gipfelnähe Flaumeichenwald mit farbenprächtigen Säumen und Felsvegetation.

Monte San Giorgio
Der Naturlehrpfad mit zehn Stationen, für die Sie dreieinhalb Stunden veranschlagen sollten, beginnt in Fontana und führt durch Hainbuchen-Hopfenbuchen-Wald, orchideenreiche Halbtrockenrasen mit Goldbart, Drüsenglocke, Grasblättriger Schwertlilie und durch Edelkastanienwälder auf Moränenresten.

Monte Generoso
Tagesausflug mit der Bahn bis auf den Gipfel, dort Rundwanderweg mit herrlichen Ausblikken. Sie finden dort u. a. Pfingstrosen, Ysop-Nelken und Schnee-Heide. Während des Abstiegs zur Alpe di Melano über steile, mit Gras bewachsene Felshalden und Wildheuwiesen sehen Sie Affodill, Striemensame, Narzisse; von dort durch Zahnwurz-Buchenwald und Eichen-Ulmen-Wald (Lorbeer-Seidelbast, Mäusedorn und Hirschzunge) nach Melano oder Rovio. Weniger anstrengend ist der Rückweg nach Bellavista und von dort zur Alpe di Melano und nach Rovio.

Denti della Vecchia
Fahrt von Villa Luganese bis zum Gasthaus in Creda durch urtümlichen Kastanienhain, von dort Aufstieg durch Buchenwald, der mit Behaarter Alpenrose und Alpen-Heckenrose ausklingt; im lichten Bergföhrenwald darüber wachsen u. a. Stengelloser Enzian, Thora-Hahnenfuß, Drachenmaul, Alpen-Seidelbast, Aurikel. Dauer etwa fünf Stunden.

Valle Maggia – Lago di Sambuco – Lago di Naret
Die gesamte Strecke, für die Sie einen Tag veranschlagen sollten, kann mit dem Auto zurückgelegt werden. Sie führt durch alle Vegetationsgürtel bis zur alpinen Stufe und ist an

grandiosen landschaftlichen Ausblicken und floristischer Vielfalt kaum zu überbieten. Überall zahlreiche Wandermöglichkeiten.

Lago Ritóm
Mit der Zahnradbahn oder dem Auto gelangt man von Piotta im Val Leventina nach Piora. Von dort führt ein Fußweg durch den größten Arvenbestand des Tessin. Während des Tagesausflugs sehen Sie unter anderem Felsenbirne, Rostrote Alpenrose, Steinröschen und Krähenbeere. Vom Ritomsee erreicht man die Alphütten am Lago Tom und das Moor von Cadagno di Fuori auf einem steilen Weg.

Bolle di Magadino
Mündungsgebiet der Flüsse Verzasca und Ticino in den Lago Maggiore. In einer der letzten Regionen dieser Art in Europa finden Sie u. a. Silberweidenaue, insubrische Weißerlenaue, Großseggenrieder, Flut- und Unterwasserrasen.

Rundhöckerlandschaft von Arcegno
Durchsetzt von zahlreichen Rinnen und Wannen bildeten sich hier die verschiedensten Naßstandorte aus. In trockenen Mulden wachsen Geißbart-Eschenwald, in feuchteren Königsfarn-Erlenbrüche, auf waldfreien Naßstandorten Kleinseggenrasen mit Sonnentau und Weißer Schnabelbinse.

Stadtpark von Lugano
Fruchtbares Schwemmland des Cassarate, auf dem die überwiegend einheimischen Baumarten wie Silberpappel und Stieleiche neben Zedern und Platanen stattliche Höhen bis zu 40 m erreichen; im Unterwuchs farbenprächtige Azaleen und Kamelien.

Brissago-Inseln
Wer nicht genügend Zeit hat, die exotischen Pflanzen in den zahlreichen Gärten und Parks zu betrachten, der sollte auf keinen Fall einen Besuch auf den Inseln von Brissago mit dem *Parco Botanico del Cantone Ticino* versäumen. Mit dem Boot von Locarno, Ascona oder Porto Ronco erreicht man den Botanischen Garten auf der Isola Grande. Für einen groben Überblick über die rund 1800 verschiedenen, meist subtropischen Pflanzenarten sollte mindestens ein halber Tag veranschlagt werden.

Unter wissenschaftlicher Leitung werden hier subtropische Arten im Freien kultiviert. Zahlreiche Eukalyptus-Arten, Sumpfzypresse, Urwelt-Mammutbaum, Mexikanische Bergföhre, verschiedene südafrikanische und australische Proteaceen, Ingwerorchidee, Honigpalme, Baumfarne und viele andere Pflanzen beweisen die Erfolge der Gartenleitung. Rund 60 % der Arten stammen ursprünglich aus Ostasien, 20 % aus Australien, Südafrika und Neuseeland und weitere 20 % aus den USA, Mexico und dem Mittelmeerraum.

Der derzeit nicht zugängliche Isolino dient als Reservat für einheimische, insbesondere stark gefährdete Arten.

Praktische Reisehinweise

Reisevorbereitungen

Auskünfte und Informationsmaterial

Wer nicht auf gut Glück das Tessin erkunden möchte, sondern seine Reise vorbereiten will, wende sich an eine Zweigstelle des ›Schweizer Verkehrsbüros‹:

Kaiserstr. 23
6000 Frankfurt/Main 1, ℘ 069/236061

Leopoldstr. 33
8000 München 40, ℘ 089/347409

Speersort 8
2000 Hamburg 1, ℘ 040/337072

Graf-Adolf-Str. 100
4000 Düsseldorf, ℘ 0211/364322

Österreicher erhalten Informationsmaterial vom:

Schweizer Verkehrsbüro
Kärntner Str. 20
1010 Wien, ℘ 0222/527405

Sollten Sie sich für eine bestimmte Region im Tessin entschieden haben, können Sie von den örtlichen ›Enti Turistici‹ weitere Prospekte anfordern:

Ascona e Losone:
Via Papio, 6612 Ascona, ℘ 093/355544

Bellinzona e dintorni:
Via Camminata, 6500 Bellinzona,
℘ 092/252131

Biasca e Riviera:
6710 Biasca, ℘ 092/721381

Blenio:
6716 Acquarossa, ℘ 092/781765

Brisaggo e Ronco s.A.:
6614 Brissago, ℘ 093/651170

Ceresio:
6815 Melide, ℘ 091/686383

Gambarogno:
6574 Vira, ℘ 093/611866

Leventina:
6760 Faido, ℘ 094/381616

Locarno e Valli:
Via Balli 2, 6600 Locarno, ℘ 093/318633

Lugano e dintorni:
Riva Albertoli 5, 6901 Lugano, ℘ 091/214664

Malcantone:
6987 Caslano, ℘ 091/712986

Mendrisiotto e Basso Ceresio:
6850 Mendrisio, ℘ 091/465761

Tenero e Valle Verzasca:
6598 Tenero, ✆ 093/671661

Valle Maggia:
6673 Maggia, ✆ 093/871885

Valli di Lugano:
6950 Tesserete, ✆ 091/911888

Eine Hotelliste für das gesamte Tessin erhalten Sie vom:

Ente Ticinese per il Turismo
Villa Turrita, Via Lugano 12,
6501 Bellinzona
✆ 092/257056, Telex 846260

Einreise

Bürger der Bundesrepublik Deutschland benötigen einen gültigen Reisepaß oder Personalausweis, Reisende aus West-Berlin einen gültigen ›Behelfsmäßigen Personalausweis‹. Für Kinder unter 10 Jahren ist ein Kinderausweis ohne Photo oder eine Eintragung im Familienpaß erforderlich, West-Berliner Kinder müssen eine Bescheinigung des Polizeipräsidenten von Berlin mit Personalien und Photo mitführen.
Katzen und Hunde dürfen nur mit einem tierärztlichen Zeugnis und einer gültigen Tollwutimpfung mitgenommen werden.

Geld

Ein Schweizer Franken (sFr) = 100 Rappen (Rp). Im Umlauf sind Münzen zu 5, 10, 20, 50 (½ Franken) Rappen, sowie Banknoten zu 10, 20, 50, 100, 500 und 1000 Franken.
Ausländische Währungen, Reise- und Euroschecks werden von Banken, Wechselstuben, in Reisebüros und Hotels umgetauscht. Die Banken sind montags bis freitags von 8.00 Uhr oder 8.30 Uhr bis 12.00 Uhr und von 13.30 Uhr oder 14.00 Uhr bis 17.00 Uhr geöffnet. Inhaber eines Postsparbuches können Franken im Gegenwert bis zu DM 2000,– innerhalb von 30 Tagen abheben.

Zollbestimmungen

Neben persönlichen Gegenständen dürfen niedrigprozentige Alkoholika bis zu 2 l, Getränke mit mehr als 25 % Alkoholgehalt bis zu 1 l, 200 Zigaretten, 50 Zigarren oder 250 g Tabak von Personen über 17 Jahren zollfrei ein- und ausgeführt werden.

Autofahren in der Schweiz

Seit dem 1. 1. 1985 müssen Fahrzeughalter, die Schweizer Autobahnen benutzen (auch wenn es nur wenige Kilometer sind), eine sogenannte ›Vignette‹ erwerben. Für sFr 30,– erhält man sie an jedem Grenzübergang. Der Grenzbeamte klebt die vom 1. 1. bis zum 31. 01. des folgenden Jahres gültige Vignette sofort an die Windschutzscheibe – Vignetten können daher nicht auf andere Fahrzeuge übertragen werden.
In der Schweiz gilt Anschnallpflicht. Die Höchstgeschwindigkeit auf Autobahnen beträgt 130 km/h, auf Landstraßen 100 km/h und in Ortschaften 50 km/h.

Wichtige Adressen in der Schweiz

Botschaft der Bundesrepublik Deutschland:
Willadingweg 78 und 83
3000 Bern, ✆ 440831

Generalkonsulate der Bundesrepublik
Deutschland:
Steinenring 40
4000 Basel, ✆ 39 08 15

49 Ch. Petit-Saconnex 28 C
1200 Genf, ✆ 33 50 00

Kirchgasse 48
8001 Zürich, ✆ 32 69 36

Konsulat der Bundesrepublik Deutschland:
Via Ariosto 1
6900 Lugano, ✆ 22 78 82

Autoreise-Informationen:
Automobil-Club der Schweiz
Wasserwerkgasse 39
3000 Bern 13, ✆ 22 47 22

Touring Club der Schweiz
9 rue Pierre Fatio
1211 Genf, ✆ 36 60 00

Reisen im Tessin

Anreise

Autofahrer erreichen das Tessin am schnell-sten durch den Gotthard-Tunnel. Von der Ostschweiz fährt man über Chur und Thu-sis durch den S. Bernadino-Tunnel und das Misox-Tal nach Bellinzona. Von der West-schweiz gelangt man per Autoverladung von Kandersteg durch den Lötschberg-Tunnel danach über Brig und durch den Simplon-Tunnel (Verladung) nach Domo-dossola, durch das Val Vigesso und die Cen-tovalli in das Tessin.

Reisende aus Österreich fahren durch den Arlberg-Tunnel über Feldkirch, Chur, durch den S. Bernadino-Tunnel und das Mi-sox-Tal in das Tessin. Wer lange Autofahr-ten vermeiden möchte, kann aus Nord-deutschland mit dem Auto-Reisezug von Bremen über Hamburg, Hannover und Lörrach bis nach Mailand fahren. Einzelhei-ten entnehmen Sie der Broschüre ›Auto im Reisezug‹ der Deutschen Bundesbahn und dem Faltblatt ›Mit dem Auto durch die Alp-entunnel‹, das Sie vom Schweizer Verkehrs-büro erhalten.

Bahnreisende gelangen auf der Strecke Basel-Luzern-Chiasso an ihr Ziel. Inner-halb des Tessin gibt es Bahnverbindungen von Bellinzona nach Luino und Locarno, von Lugano nach Ponte Tresa und von Lo-carno nach Domodossola – eine der schön-sten Bahnstrecken der Schweiz, die durch die Centovalli und das Val Vigezzo führt.

Die regionale Fluggesellschaft ›Crossair‹ fliegt Lugano täglich von Zürich, Bern und Genf an.

Postbusse und private Busgesellschaften fahren auch in die entlegensten Gebiete des Tessin. Eine italienische und eine schweizer Gesellschaft betreiben den Schiffsverkehr auf dem Lago Maggiore bzw. dem Luganer See.

Zahlreiche Seilbahnen führen auf die Ber-ge der Region – nähere Informationen erhal-ten Sie in den örtlichen Fremdenverkehrs-büros.

Camping

Campern stehen im Tessin mehr als 50 Cam-pingplätze zur Verfügung, von denen sich die meisten im Seengebiet befinden. Nähere Informationen erhalten Sie vom:

Schweizerischen Camping- und Caravan-ning-Verband
Habsburgerstr. 35, 6000 Luzern
Gegen eine Schutzgebühr verschickt der

Verband die Broschüre ›Campingferien in der Schweiz‹.

Essen und Trinken

Während sich größere Restaurants häufig dem internationalen Geschmack ihres Publikums angepaßt haben, findet man traditionelle Tessiner Gerichte vor allem in den *grotti*. Jahrhundertelang war die *polenta,* ursprünglich ein Hirsebrei, heute vorwiegend aus Mais zubereitet, ›Stammgericht‹ der Tessiner. Kastanien im Winter und *minestrone* im Sommer lockerten den Speiseplan auf.

Auf den Speisekarten Tessiner Restaurants findet man *conigli con polenta* (Kaninchenbraten mit Polenta), *brasato con polenta* (Rinderschmorbraten mit Polenta), *polenta con carne in umido* (Polenta mit Ragout) oder *busecca* (Gemüsesuppe mit Kutteln). Formaggino, einen würzigen Bergkäse, der mit Öl und Essig angerichtet wird, ißt man am besten in einem der vielen *grotti*.

Erst mit der Einwanderung italienischer Bürger im 19. Jahrhundert konnte sich Reis auf Tessiner Speisezetteln durchsetzen. Die alljährlichen Risotto-Essen, die zur Zeit des Karnevals in vielen Gemeinden stattfinden (s. Feste) beweisen, wie populär Reisgerichte inzwischen geworden sind. *Torta di pane* oder *torta di patate* sind typische Desserts, die früher zur Küche der Ärmeren zählten. Die *torta di pane* wird aus Brot, Milch, Rosinen, Kakao, Pinienkernen und Gewürzen hergestellt.

Unter den zahlreichen Fischgerichten ist die *trota in carpione* eine besondere Tessiner Spezialität. Die in Rotwein und Essig eingelegten Forellen werden als kalte Vorspeise gegessen. Ein Gläschen *merlot ticino* fehlt selten bei einem Tessiner Gericht. Die Bordeaux-Rebe, die erst seit Anfang dieses Jahrhunderts angebaut wird, macht inzwischen die Hälfte der Tessiner Weinproduktion aus.

Bei einem Besuch in einem *grotto* sollte man den Tessiner Grappa probieren, einen starken, weißen Traubenschnaps.

Weitere Hinweise zur Gastronomie in Tessin finden Sie u. a. im Guide Michelin ›Italien‹.

Feste und Veranstaltungen

Die Volksfeste im Tessin entstanden aus den traditionellen Bäuchen und Festen des Kirchenjahres. Besonders bekannt sind die öffentlichen Risotto-Essen während des Karnevals. Die *castagnata* zur Zeit des Erntedankfestes erinnert daran, daß Kastanien lange Zeit ein Hauptnahrungsmittel der Tessiner waren. Auf öffentlichen Plätzen werden die *marroni* in großen Pfannen geröstet, die an langen Ketten über einem offenen Feuer hängen.

Neben den Volksfesten finden vor allem im Sommer zahlreiche kulturelle Veranstaltungen statt:

Februar: Öffentliche Risotto-Essen zur Zeit des Karnevals in zahlreichen Gemeinden. Bekannt sind die Feste in Bellinzona, Locarno, Ascona, Brissago und Lugano.

März: Anfang März S. Provino-Fest in Agno. In der ersten Märzhälfte Sagra di Pesce (Kirchweihfest) in Locarno.

Ostern: Gründonnerstags- und Karfreitags-Prozessionen in zahlreichen Gemeinden. Sehens-

	wert ist die Prozession in Mendrisio (s. S. 301)
Mai:	Fischerfest in Brissago, Blumenkorso in Lugano.
Juni:	Orgelfestwochen in Magadino.
Juli:	Festwochen ›Ars et Musica‹ in Aranno im Malcantone. Am ersten Sonntag im Juli Umzug der ›Milizia‹ in Aquila (Val di Blenio) in napoleonischen Uniformen.
August:	Von Mitte August bis Oktober finden die ›Internationalen Musikfestwochen‹ in Ascona statt. Das Programm verschickt das Ente turistico in Ascona.
	Internationale Filmfestspiele in Locarno.
September:	Winzerfeste in Locarno und Mendrisio.
Oktober:	*Castagnate* in zahlreichen Gemeinden.
November:	Am Martinstag Kirchweihfest um S. Martino in Mendrisio.

Fototips

Für Fotofreunde hier einige Tips, die speziell fürs Tessin gelten:
Im Herbst muß damit gerechnet werden, daß in den Tälern des Sopraceneri am Nachmittag schlechte Lichtverhältnisse herrschen. In dunklen Kirchenwinkeln sind Fresken oft kaum zu erkennen. Wenn Sie mit einem Computerblitz fotografieren, werden Sie auf den Abzügen oft erstaunliche Details erkennen, die Sie in natura nicht sehen konnten. Ein ganz besonderes Vergnügen im Tessin ist die Schwarzweißfotografie. Als Motive eignen sich besonders gut Campanili, Bruchsteinhäuser, Steinplattendächer und Barockfassaden.

Einlaß in verschlossene Kirchen

Zahlreiche Kirchen, vor allem in abgelegeneren Gebieten, sind außerhalb der Gottesdienste geschlossen. Nur so können die Gemeinden die Gebäude vor Kirchenraub und mutwilligen Zerstörungen schützen. Verschlossene Kirchentüren sollten interessierte Reisende jedoch nicht davon abhalten, kunstgeschichtliche Kostbarkeiten aufzusuchen. Häufig genügt schon die Nachfrage im örtlichen Lebensmittelladen, im Municipio oder im Pfarrhaus.
Wir haben eine Reihe von Adressen zusammengestellt, die Ihnen weiterhelfen, auch zunächst verborgene Kunstschätze ›entdecken‹ zu können:

Arcegno (bei Losone) S. Antonio Abate: Die Kirche kann sonntags nach der Hl. Messe besichtigt werden. Außerhalb dieser Zeit erhalten Sie den Schlüssel beim Pfarrer in Ronco sopro Ascona.
Biasca (Riviera) SS. Pietro e Paolo: Der Schlüssel hängt meist an der Tür des Pfarrhauses gegenüber der Pfarrkirche S. Carlo.
Camignolo (Vedeggio) Sant'Ambrogio: Die Kirche ist sonntags meistens geöffnet; sonst im Lebensmittelladen fragen.
Campione d'Italia Madonna dei Ghirli: Sonntags geöffnet
Den Schlüssel erhalten Sie im Ente turistico.
Carona (Monte Arbostora): S. Marta, Madonna d'Ongero; Schlüssel bei Signora Solari, evtl. beim Antiquitätenhändler fragen.

Castel S. Pietro (Mendrisiotto) S. Pietro (Chiesa Rossa): Unterhalb der Pfarrkirche von Castel S. Pietro führt die Straße in einer Kurve an einer Wegkapelle vorbei. Links davor einbiegen. Nach 30 m bei Signora Sorelle den Schlüssel holen. Dann weiter bis zum Ende der kleinen Straße zur Chiesa Rossa.

Corzoneso (Valle di Blenio) SS. Nazario e Celso: Den Schlüssel für Kirche und Sakristei erhalten Sie im Pfarrhaus gegenüber.

Croglio (Malcantone) S. Bartolomeo: Den Schlüssel erhalten Sie im Municipio gegenüber.

Curogna (Navegna) S. Cristoforo: Den Schlüssel erhalten Sie im Pfarrhaus von Cugnasco oder oben im Dorf.

Ditto (Navegna) S. Martino: Den Schlüssel erhalten Sie im Pfarrhaus von Cugnasco oder in der Sommersaison oben im Dorf.

Dongio (Valle di Blenio) S. Remigio: Zur Familie Conceprio, bei der Sie den Schlüssel für S. Remigio erhalten, müssen Sie nach der Brücke über den Brenno hinter Dongio links einbiegen und an einer Wegkapelle vorbeifahren bis zur nächsten Einbiegung links im spitzen Winkel um eine Gartenmauer herum auf einen Weg. In dem grauen Haus wohnen die Conceprios. Bis zur Kirche müssen Sie noch 1 km weiterfahren.

Fosano (Gambarogno) S. Maria degli Angeli: Den Schlüssel erhalten Sie im Ristorante Fosanella gegenüber (mittwochs Ruhetag).

Giornico (Valle Leventina) S. Maria di Castello und S. Pellegrino: Die Schlüssel erhalten Sie im Pfarrhaus bei der Pfarrkirche S. Michele, dem Haus links neben dem Oratorio Festivo.

Lugaggia (Capriasca) S. Pietro di Sureggio: Den Schlüssel verwahrt Signora Storni im letzten Haus vor der Kirche links.

Maggia S. Maria delle Grazie in Campagna: Die Kirche ist von Mai bis Oktober von 14–16 Uhr geöffnet. Außerhalb dieser Zeit müssen Sie im Ente turistico in Maggia nach dem Schlüssel fragen.

Mairengo (Valle Leventina) S. Siro: Der Schlüssel wird in der Osteria Mairengo verwahrt.

Magliasina Chiesuola di Mezzo: Den Schlüssel erhalten Sie im Haus hinter der Kirche.

Mezzovico (Vedeggio) S. Mamete: Besichtigung der Kirche nur nach vorheriger telefonischer Anmeldung bei Signore Bruno Rosa, der nur italienisch spricht (⌀ 95 21 97).

Monte Carasso (bei Bellinzona) S. Bernardo: Der Schlüssel wird in der Talstation der Funicolare nach Mornera verwahrt.

Origlio (Capriasca) SS. Giorgio e Maria Immacolata: Über den Verbleib des Schlüssels erhalten Sie im Coop in Origlio Auskunft.

Pedrinate (Mendrisiotto) S. Stefano: Den Schlüssel erhalten Sie im Negozio an der Piazzetta.

Prugiasco (Valle di Blenio) Sant'Ambrogio Vecchio di Prugiasco (Negrentino): Schlüssel für die Kirche erhalten Sie in den Ristoranti der Umgebung; Acquarossa: Ristorante Stazione; Prugiasco: Trattoria Bassa di Nara; Leontica: Ristorante

Quinto (Valle Leventina) SS. Pietro e Paolo: Auf Anfrage im Pfarrhaus wird die Krypta aufgeschlossen.

Ronco di Gerra (Gambarogno) S. Bernardino: Den Schlüssel erhalten Sie im Pfarrhaus in Gerra.

Rossura (Valle Leventina) SS. Lorenzo e Agata: Die Kirche ist sonntags nach der Messe geöffnet. An anderen Tagen erhalten Sie den Schlüssel beim Sakristan in Rossura.

Lavagnago Sant Ambrogio di Segno (Valle Leventina): Der Schlüssel wird im Pfarrhaus in Cavagnago verwahrt.

Serravalle (Valle di Blenio) S. Maria di Castello: Fragen Sie im Negozio Semione nach der Familie Gualtiero Ferrari, die den Schlüssel verwahrt.

Sorengo (bei Lugano) S. Maria Assunta: Im Begegnungszentrum links der Kirche läuten. Sollte sich niemand melden, rufen Sie Don Walter Fontana in der Casa Parocchiale in Sorengo an.

Vogorno (Valle Verzasca) S. Bartolomeo: In der Osteria erfahren Sie, wo der Schlüssel verwahrt wird.

Museen

Ascona

Museo Comunale: Kunstsammlung der Marianne-Werefkin-Stiftung; wechselnde Ausstellungen. März–Dezember: Dienstag–Samstag 10–12 Uhr und 15–18 Uhr; Sonntag 10–12 Uhr.

Museum Ignaz und Mischa Epper: April bis Oktober: Dienstag–Freitag 10–11.30 Uhr und 16–18 Uhr; Sonntag 16–18 Uhr.

Museum Casa Anatta: Dokumentation zur Geschichte des Monte Verità: April–Oktober: Dienstag–Sonntag 14.30–18 Uhr.

Kulturzentrum Beato Pietro Berno, Via Collegio: Wechselnde Ausstellungen und kulturelle Veranstaltungen. Im ersten Stock kunsthandwerkliche Buchbinderschule. April–Oktober: Dienstag–Sonntag 14.30 bis 18.30 Uhr.

Galerie AAA (Associazone Artisti Ascona): Von Künstlern betriebene Galerie mit Wechselausstellungen

Volksbibliothek, Piazza G. Motta: mit dem Dokumentationszentrum Balint zu den alljährlich stattfindenden internationalen Balint-Treffen (psychologische Ausbildung) Bibliothek: Montag–Freitag 16–18.30 Uhr; Mittwoch 16–20 Uhr, Lesesaal: Montag–Samstag 16–18.30 Uhr

Bellinzona

Museo Civico im Castello di Montebello: Archäologische Sammlung aus bronzezeitlichen bis frühmittelalterlichen Fundstätten des Tessin. Ganzjährig täglich außer montags geöffnet: 1. Oktober–31. Mai: 10–12 Uhr und 14–17 Uhr; 1. Juni–30. September: 9.30–12 Uhr und 14–17.30 Uhr.

Tessiner Museum der Künste, Handwerke und Volkstrachten im Castello di Sasso Corbaro: 1. April–31. Oktober: 9–12 Uhr und 14–17 Uhr; montags geschlossen.

Bissone

Casa Tencalla: Patrizierhaus mit Einrichtungsgegenständen des 16.–18. Jahrhunderts: April–Oktober: 10.30–12 Uhr und 14–17 Uhr; samstags geschlossen.

Bosco-Gurin (Valle Maggia/Valle di Bosco): *Walserhaus:* Exponate zur Walserkultur: Mai–Oktober: Dienstag–Samstag 9–11 Uhr und 14–17 Uhr; Sonntag 14–17 Uhr; montags geschlossen.

Cevio (Valle Maggia)
Museo di Valle Maggia: In der Antica Casa Franzoni; Sammlung von Hausgerät, handwerklichen Objekten, alten Möbeln und Gegenständen aus Lavezstein: April–November: täglich 9–11.30 Uhr und 14–18 Uhr.

Gandria (bei Lugano)
Schweizerisches Zollmuseum: An der Schiffsanlegestelle der Cantine di Gandria; umfangreiche Sammlung zum Schweizer Zollwesen und Dokumentation besonders origineller Schmugglertricks.
1. Juli–10. September nachmittags.

Giornico (Valle Leventina)
Museo di Leventina, Casa Stanga: Alte Holzmodelle zur Gebäckherstellung, Maße, Gewichte, Münzen, Stoffe, Trachten, Waffen, volkstümliche Skulpturen und Gemälde, Ex voto, Dokumente zur Geschichte. Ostermontag–30. September, an Samstagen und Feiertagen 15–17 Uhr.

Ligornetto (Mendrisiotto)
Museo Vela: 1. März–15. November: 9–12 Uhr und 14–17 Uhr; montags geschlossen.

Locarno
Museo Civico im Castello Visconteo: Archäologische Sammlung zur Frühgeschichte des Locarnese, römische Gläser, Bauskulptur (S. Vittore di Muralto).
Museo dell'arte moderna: Schenkungen von Hans Arp und Richard Seewald; umfangreiche Ausstellung zum Dadaismus; Gemälde, Reliefs, Plastiken: April–Oktober: 10–12 Uhr und 14–17 Uhr; montags geschlossen.
Museo Madonna del Sasso: Ganzjährig geöffnet.

Loco (Val Onsernone)
Museo Onsernonese: Strohverarbeitung, Kostüme, Uniformen, Möbel, Kupfer- und Zinngeschirr, kirchliche Kunst, Werke des Heimatmalers C. A. Meletta (1800–1875): 1. April–31. Oktober: täglich 10–11.30 Uhr und 14–17 Uhr.

Lottigna
Historisches Museum (Museo storico di Blenio) Im Palazzo del Pretorio; Militärmuseum und Waffensammlung: Ostern–1. November 14–17 Uhr; montags geschlossen.

Lugano
Museo Civico di Belle Arti in der Villa Ciani; Sammlung mit Werken von Pissarro, Rousseau, Matisse, Campigli, Morandi, Nicholson, Sutherland und den Tessiner Künstlern Filippo Franzoni, Edoardo Berta, Pietro Chiesa, Antonio Ciseri, Aldo Patocchi, Carpoforo Tencalla, Domenico Pozzi, Antonio Rinaldi, Giovanni Serodine (Ritratto del padre), Mola, Petrini, Apollonio Pessina (Skulpturen): 10–12 Uhr und 14–18 Uhr, im Sommer 10–12 Uhr und 15–19 Uhr, montags geschlossen.
Freilichtmuseum moderner Plastiken: an der Riva Antonio Caccia, Nähe Piazza Luini (Chiesa Maria degli Angioli).
Museo cantonale di storia naturale (Kantonales Naturhistorisches Museum) Viale Cattaneo 4, im Parco Civico; Objekte italienisch beschriftet: Dienstag–Samstag 9–12 Uhr und 14–17 Uhr.

Lugano–Castangnola
Villa Favorita: Gemäldesammlung aus dem Besitz des Barons von Thyssen-Bornemisza. Italienische Tafelmalerei des 13./14. Jahrhunderts, Werke von Lucas und Hans Cranach, flämische und niederländische Stilleben, Landschafts- und Genremalerei des 17. Jahrhunderts, venezianische Werke des 16. Jahrhunderts, internationale Gotik und Frührenaissance, italienische Hoch- und Spätrenaissance, italienische und französische Malerei des 17. und 18. Jahr-

hunderts, spanische Malerei des 16.–18. Jahrhunderts: Karfreitag bis zum zweiten Sonntag im Oktober Freitag und Samstag 10–12 Uhr und 14–17 Uhr, Sonntag 14–17 Uhr.

Melide
Swissminiature: Die Schweiz mit ihren Burgen, Schlössern, Kirchen, Bauernhöfen usw. im Maßstab 1:25. März–Oktober 7.30–18 Uhr; Juli–August 7.30–22 Uhr.

Mendrisio
Museo d'Arte (Sammlung Grigioni): Werke deutscher, flämischer und italienischer Maler des 16.–17. Jahrhunderts, italienische Meister des 19. und 20. Jahrhunderts, Tessiner Maler des 18.–20 Jahrhunderts. 16. Januar–1. März Sonntag 14–17 Uhr; 2. März–15. November Mittwoch, Samstag und Sonntag 15–18 Uhr; 16. November–8. Dezember Sonntag 14–17 Uhr.

Meride
Museo dei Fossili (Paläontologisches Museum): Täglich 8–17 Uhr.

Olivone
Museo di S. Martino in der Cà da Rivöi: Stiftung Jacob Piazza für die ›Fragia di Supra‹ – das obere Blenio-Tal. Landwirtschaftliches Gerät und Kunstgegenstände in einem typischen Bleniser Haus. Von Ostern–1. November täglich 14–17 Uhr; montags geschlossen.

Rancate
Pinacoteca cantonale Giovanni Züst: Gemäldesammlung; vor allem Tessiner Malerei. März–November 9–12 Uhr und 14–17 Uhr; montags geschlossen.

Ronco s. A.
Museo Ciseri: Einige Werke von Antonio Ciseri sowie eine Porträtserie der Ciseri-Familie von Francesco Borgnis.
Mai–Oktober täglich; samstags und montags geschlossen.

Semione
Mineralien- und Fossilienmuseum in der Casa San Carlo; mit ca. 25000 Objekten. Ostern–1. November 15–17 Uhr.

Sonogno
Museo di Val Verzasca in der Casa Genardini; volks- und heimatkundliche Sammlung. Juli–September täglich 13.30–16.30 Uhr.

Stabio
Museo Contadina (Museum der bäuerlichen Kultur im Mendrisiotto): Dienstag, Donnerstag, Samstag und Sonntag 14–18 Uhr.
Municipio: werktags 10–12 Uhr und 14–16 Uhr.

Post und Telefon

Auch kleinste Dörfer haben ein eigenes Postamt, das mit einem roten Schild gekennzeichnet ist.

Das Schweizer Telefonsystem bietet einen für Urlauber angenehmen Service. Ein längeres Telefongespräch muß nicht vom teuren Hotelapparat oder mit vielen Münzen aus einer Telefonzelle geführt werden. Öffentliche Telefonzellen haben eine eigene Nummer, so daß man dort wieder angerufen werden kann.

Reisezeit

Das Tessin ist zu jeder Jahreszeit ein reizvolles Urlaubsziel. Frühling und Sommer sind die beliebtesten Reisezeiten für den südlichsten Kanton der Schweiz. Im Hochsommer, kann es zu tagelangen Dunst und schweren Gewittern mit starken Niederschlägen kommen. Im Mai gibt es oft längere Regenperioden, ebenso im September. Wenn Sie sich für die Vor- oder Nachsaison entscheiden, sollten Sie bei Ihrer Planung bedenken, daß dann der Schiffsverkehr auf den Seen eingeschränkt und manches *ristorante* oder *grotto* in entlegeneren Gebieten schon geschlossen ist.

Sprache

Das Tessin ist der einzige italienischsprachige Kanton der Schweiz. Urlauber aus dem deutschen Sprachraum könnten daher in entlegenen Gebieten Verständigungsschwierigkeiten haben. Sollten Sie Tessiner treffen, die kein Deusch sprechen, so versuchen Sie es mit einigen Brocken Italienisch – und sei es mit Hilfe eines Wörterbuchs. Man wird Ihre Bemühungen honorieren.

Sportmöglichkeiten

In den Seegebieten kommen die Freunde des Wassersports auf ihre Kosten: Segeln, Surfen, Wasserski und Tauchen gehören dort zu den beliebtesten Sportarten. Zahlreiche Sportschulen am Lago Maggiore und Luganer See vermitteln in Kurzkursen erste Fähigkeiten. Auch Golfer können sich während ihres Urlaubs sportlich betätigen. In Bellinzona, Lugano, Magliaso, Locarno und Ascona finden sie schön gelegene 18-Löcher-Plätze.

Angelsportler können zwischen Berg- und Stauseen, Flüssen und den südlichen Seen wählen. Für alle Gewässer ist jedoch eine Angelgenehmigung erforderlich. Jahreslizenzen kosten ca. sFr 330,–, Touristenlizenzen mit einer Gültigkeitsdauer von 10 Tagen erhält man für sFr 50,–. Die jeweiligen Jahres- und Tageszeiten, zu denen Angeln erlaubt ist sowie die Mindestgröße, die der Fang erreicht haben muß, entnehmen Sie dem Faltblatt ›Fischen im Tessin‹, das Sie vom Schweizer Verkehrsverein erhalten.

Es mag erstaunlich klingen, aber auch im Tessin ist Skisport (alpin und nordisch) möglich. In Höhen zwischen 1000 m und 2000 m findet man Abfahrten jeglichen Schwierigkeitsgrades sowie zahlreiche Loipen.

Unterkunft

Als eines der bevorzugten Reisegebiete der Schweiz ist das Tessin auf Urlauber bestens eingerichtet: Unterkunftsmöglichkeiten jeglicher Preiskategorie sind vorhanden. Das Schweizer Verkehrsbüro verschickt ein Hotelverzeichnis mit Preisliste. Neben Hotels, Motels, Pensionen und Kursanatorien existieren zahlreiche Ferienhäuser und Ferienwohnungen.

In Ferienzeiten und über die Oster- und Pfingstfeiertage sollte man unbedingt im voraus buchen.

Nicht ganz so komfortabel wie im Seegebiet sind die Übernachtungsmöglichkeiten in den oberen Tälern des Sopraceneri. Dort gibt es nur wenige Hotels, in einem *ristoran-*

te con alloggio findet man jedoch gute und preiswerte Unterkunft.

Wandern und Karten

Als herrliche Wanderregion bietet das Tessin vom Spaziergang bis zur extremen Kletterei allen Wander- und Bergfreunden etwas. Von Airolo bis zu den Gebirgszonen des Sottoceneri befindet man sich noch in den Alpen. Vernünftiges Schuhwerk und nicht zu leichte Bekleidung sind unbedingt zu empfehlen, denn so mancher ›Spaziergang‹ wird unversehens zur mittleren Bergtour. Ebenso wichtig ist gutes Kartenmaterial. Als Neuling sollte man sich an die beschilderten Wege halten. Unmarkierte Wege enden oft unvermittelt im Wald oder an einem *privato*-Schild.

Im Verlag Kümmerly und Frey sind vier Wanderbücher zum Tessin erschienen: Band Nr. 33 für die nördlichen Täler Valle Leventina, Valle di Blenio und die Umgebung von Bellinzona; Band Nr. 23 für die Umgebung von Locarno, die Täler der Region und den oberen Verbano; Band Nr. 22 für Lugano und das Sottoceneri sowie ein Band, der eine Auswahl von Rundwanderungen für das gesamte Tessin enthält.

Vom Ente Ticinese per il Turismo (Adresse S. 339) erhalten Sie die Lose-Blatt-Sammlungen ›Tessiner Wanderwege, 2000 Kilometer Natur‹ und ›Wander-Ausflüge im Tessin‹. Diese Sammlungen enthalten genaue Routenbeschreibungen, eine kleine Orientierungskarte sowie Hinweise auf die Sehenswürdigkeiten, die Sie während Ihrer Wanderung passieren.

Abbildungs- und Quellennachweis

Bildarchiv Joachim Kinkelin, Worms; Siegfried Eigstler Farbt. 2, 3, 6, 11, 32; Hans Schlapfer Farbt. 20; Otto Ziegler Farbt. 17

Photo-Löbl-Schreyer, Bad Tölz Farbt. 45

Toni Schneiders, Lindau Umschlagvorderseite, Farbt. 23, Abb. 17

Peter und Walter Studer, Möschberg Abb. 2, 6, 7, 43, 52, 64, 72

Schweizer Verkehrsbüro, Frankfurt Abb. 15, 38, 39, 73, 80, 86

Michael Witschel, Freiburg Farbt. 33–44

Alle übrigen Schwarzweißabbildungen stammen von Gisela Loose, alle übrigen Farbabbildungen von Rainer Voigt.

Die Abbildungen auf S. 94, 139, 268, 271, sind folgenden Werken entnommen: *La Casa Borghese nella Svizzera. Das Bürgerhaus in der Schweiz, Band XXVL, Kanton Tessin, 1. Teil Il Sottoceneri*, Zürich 1934 und *Band XXVIII Kanton Tessin, 2. Teil Il Sopraceneri*, Zürich 1936. Den Abdruck genehmigte freundlicherweise SIA, Schweizer Ingenieure und Architekten, Rüdigergasse 11, CH 8021 Zürich.

Die Zitate auf S. 23, 83, 157 und 202 wurden folgendem Werk entnommen: W. A. Vetterli, *Frühe Freunde des Tessins*. Den Abdruck genehmigte freundlicherweise der Artemis Verlag, Zürich.

Register

Personenregister

Abbondio 9
Allio, Salvatore 310
Ambrosius 9, 44
Andersch, Alfred 205
Antokolski, Markus 256
Atto von Vercelli 10, 36, 41
Augustus 9

Bagutti, Giovanni Battista 300
Bakunin, Michail 96, 106
Ball, Hugo 266
Ball-Hennings, Emmy 266
Bara, Charlotte 103, 108
Baroggio, Giuseppe 129
Benzoni, Martino 85
Beretta, Giovanni 92, 133, 137, 139, 140, 146
Beretta, Pietro 103, 137, 140, 141
Beroldingen, Konrad von 250
Berta, Edoardo 89
Bianchi, Francesco 262
Bianchi, Isidoro 289
Bianconi, Pietro 88, 93, 94, 206, 218, 221
Biucchi, Carlo 65
Bonifatius von Como 262
Bonstetten, Carl Viktor von 14, 205, 208, 216, 307
Borgognone 80
Borgnis, Francesco 102
Borgnis, Giovanni 102
Borgnis, Giuseppe Mattia 213, 216, 221
Borrani, Fam. 138
Borromeo, Carlo 14, 20, 44, 71, 100, 102, 103, 304
Borromini, Francesco 290, 291
Branca, Antonio Francesco 138
Branca, Fam. 137
Buber, Martin 107, 109
Bulotti, Giacomo 151

Camuzzi, Fam. 266
Caresano, Domenico 36, 40, 245
Carmagnola, Graf von 11
Casella, Alessandro 269
Cerro, Alberto 11
Chiesa, Francesco 216, 305
Chiesa, Pietro 305, 312
Chlodwig 46
Ciani, Filippo 256

Ciani, Giacomo 256
Ciseri, Antonio 21, 95, 132, 133, 134, 147, 199
Croce, Andrea della 296

Dufour, Guillaume Henri 16
Duncan, Isadora 107
Duni, Fam. 10, 100, 105, 109, 132

Emden, Max 131, 143, 144
Epper, Ignaz u. Mischa 108, 110

Fiorina, Tommaso 150
Ferrari, Gaudenzio 79
Flach, Jakob 108
Fontana, Demonico 272
Fontana, Giovanni 272
Fontana, Giuseppe 308
Fontana, Luigi 299, 300, 303, 308
Frank, Leonhard 108
Franscini, Stefano 30, 222
Franz I. 12
Franzoni, Fam. 213, 214
Frick, Ernst 106, 108
Friedeberg, Raphael 106
Friedrich I. Barbarossa 10, 41, 83, 251
Frisch, Max 205
Froebe-Kapteyn, Olga 109

Gada, Giovanni 160
Gaggini, Fam. 290
Gala, Jacopo da 91
George, Stefan 107
Gilardoni, Virgilio 133
Giorgioli, Francesco Antonio 309
Godehard 26
Gorla, Allesandro 73, 153, 154
Gorla, Gerolamo 32
Gräser, Gusto 107
Grandis, Andrea de 201
Gregor von Tours 76
Gross, Otto 106
Guerino, Taddeo 150

Hartmann, Franz 106
Helbig, Walter 108
Hesse, Hermann 107, 266
Heydt, Eduard von der 108
Hofer, Karl 108

DuMont Kunst-Reiseführer

»Richtig reisen«